E OS FRACOS SOFREM O QUE DEVEM?

Yanis Varoufakis

E OS FRACOS SOFREM O QUE DEVEM?

Tradução de Fernando Santos

Editora Autonomia Literária
2017

©Autonomia Literária, 2017, São Paulo, para a presente edição.
©Yanis Varoufakis, 2016.

Desenho original da capa foi elaborado sobre a charge do artista Bernhard Gillam (1856 -1896) publicada em 1883 por Keppler & Schwarzmann com o nome de *The protectors of our industries* / Gillam ; Mayer Merkel & Ottmann lith., N.Y..

Esta publicação foi realizada com o apoio da Fundação Rosa Luxemburgo com fundos do Ministério Federal para a Cooperação Econômica e de Desenvolvimento da Alemanha [bmZ].

Coordenação editorial: Cauê Seignemartin Ameni; Hugo Albuquerque & Manuela Beloni
Tradução: Fernando Santos
Revisão e preparação: Hugo Albuquerque
Projeto Gráfico: Cauê Ameni & Fabrício Lima
Diagramação: Manuela Beloni

Dados Internacionais de Catalogação na Publicação (CIP)
Odilio Hilario Moreira Junior CRB-8/9949

V323e Varoufakis, Yanis

E os fracos sofrem o que devem? / Yanis Varoufakis ; traduzido por Fernando Santos. - São Paulo : Autonomia Literária, 2017.
400 p. ; 14cm x 21cm.

Inclui índice.
Tradução de: And the weak suffer what they must
ISBN: 978-85-6953-609-3

1. Europa – Condições econômicas – Século 21. 2. Crise Financeira - Europa. 3. Economia. 4. Governo. 5. Política. I. Santos, Fernando. II. Título.

CDD 330.94
2017-172   CDU 338(4)

Índice para catálogo sistemático
1. Condições econômicas : Europa 330.94
2. Política econômica : Europa 338(4)

EDITORA AUTONOMIA LITERÁRIA
Rua Conselheiro Ramalho, 945
01325-001 São Paulo-SP
autonomialiteraria@gmail.com
www.autonomialiteraria.com.br

SUMÁRIO

SELO ECONOMIA DO COMUM: ANTIAUSTERIDADE 7

PREFÁCIO À EDIÇÃO BRASILEIRA 11

INTRODUÇÃO – O cobertor vermelho 19

CAPÍTULO 1 – Barrados no baile da zona do dólar 39

CAPÍTULO 2 – Uma proposta indecente 79

CAPÍTULO 3 – Fantasia imperial ou internacionalismo? 127

CAPÍTULO 4 – A moeda única como cavalo de troia? 167

CAPÍTULO 5 – A insustentável presença do Reino Unido 205

CAPÍTULO 6 – Transformando ouro em chumbo: a alquimia reversa da União Europeia 239

CAPÍTULO 7 – Chocando o ovo da serpente do fascismo 313

CAPÍTULO 8 – A síndrome de Versalhes: como a crise europeia atinge os Estados Unidos 373

CONCLUSÃO – Da dissonância à harmonia 391

ANEXO – Uma proposta modesta: quatro respostas para quatro crises europeias 395

BIBLIOGRAFIA 408

SOBRE O AUTOR 413

Selo Economia do Comum: Antiausteridade

Assim como o muro de Berlim caiu em ruínas junto com a Cortina de Ferro em 1989, o mundo viu a Crise de 2008 derrubar a muralha de Wall Street. Mais catastrófico do que outras turbulências econômicas, o colapso do setor financeiro rapidamente se transformou em uma crise econômica mundial, tratando de desnudar a aparência de normalidade que reinava sob o pensamento único do neoliberalismo. As mega instituições financeiras foram à bancarrota expondo um sistema assentado em especulações, negociando papéis podres e servindo como o solo pantanoso no qual, afinal, se viu que o edifício global estava construído após a quebra do padrão-ouro em 1971.

A hegemonia do Capitalismo triunfante da década de 1990, que receitava a liberdade absoluta dos mercados, logo mudou de ideia. Rapidamente, a solução da ampla maioria dos governos, EUA e seus sócios minoritários do G7 apoiados pelas estruturas do FMI e do Banco Mundial, foi recapitalizar corporações falidas com dinheiro público. Uma das maiores intervenções estatais que o mundo já viu. Algo não muito diferente que Vladimir Lenin fez após a Revolução Russa em 1917. Só que dessa vez, quem conduzia este processo eram liberais e conservadores. O resultado não podia ser diferente: a "reestatização" dos bancos aplicou um socialismo ao avesso, onde socializavam os prejuízos nas costas dos 99% enquanto capitalizavam os lucros no bolso do 1%. O aumento da desigualdade, do caos e as desastrosas consequências após o colapso deu fôlego a um novo ciclo de lutas e de ativismo a partir de 2011.

A famigerada austeridade econômica tornou-se palatável pelo eufemismo do "ajuste fiscal", e foi apontada como a única saída para o colapso segundo a cartilha liberal, sendo exportada para o mundo quando os países se viram diante do tsunami causado pela crise. Apesar das diferenças econômicas entre os países o lema continuava sendo o mesmo: todos perdem, mas os bancos continuam ganhando. A destruição do estado de bem-estar social com cortes de direitos sociais e políticas de incentivo à produção e ao emprego aprofundaram ainda mais a recessão. O plano da austeridade fez com que a crise econômica se tornasse, ela própria, uma economia de crise. A descrença na política institucional que traíra o povo exigia agora a reinvenção da democracia.

Dentro deste contexto, a editora Autonomia Literária traz a ideia do Selo Economia do Comum: Antiausteridade para debater os grandes problemas econômicos contemporâneos, sobre um viés de crítica profunda, sem concessões e, sobretudo, sem dogmas. Confrontar o amargo remédio da austeridade no labirinto do caos deflagrado pela crise é pensar nas chaves para a construção de uma nova economia, desta vez a serviço dos 99%, do meio-ambiente e do bem-estar — em um momento de franco ataque aos direitos fundamentais aqui e mundo afora.

Para minha mãe Eleni, que teria criticado asperamente, com toda a elegância e compaixão, qualquer um que considerasse que o sofrimento dos fracos é devido

Prefácio à edição brasileira

Tatiana Roque[1] e Esther Dweck[2]

O novo livro de **Yanis Varoufakis**, que chega às mãos do leitor brasileiro, trata da crise que abalou a Europa, especialmente a Grécia, em 2008. O autor conta a história de como o colapso, em 1971, do sistema monetário que os *New Dealers* tinham concebido em 1944 fez a Europa trilhar um caminho equivocado que levou à crise atual. A primeira parte analisa o fim do padrão ouro-dólar, que determina também o fim do sistema monetário internacional iniciado logo após a Segunda Guerra Mundial e que havia sido operacionalizado de forma próspera para economia mundial, levando aos anos dourados das décadas de 1950 e 1960. A segunda parte é a própria construção da zona do euro, concebida como resposta europeia ao que Varoufakis caracteriza como a expulsão da Europa da Zona do Dólar, em 1971. A última parte é dedicada à grande depressão de 2008 e às suas consequências, bem sintetizadas pelo autor como corrosão da solidariedade europeia: "os povos europeus, que até então vinham se unindo de maneira tão admirável, acabaram cada vez mais divididos por uma moeda comum".

O sistema de Bretton Woods foi criado, entre outras coisas, para evitar uma nova guerra mundial. Keynes participou ativamente

---

[1] Professor do Instituto de Matemática e da Pós-Graduação em Filosofia da UFRJ. Preside, no momento, o sindicato docente dessa universidade.
[2] Esther Dweck, professora do Instituto de Economia da UFRJ, foi chefe da assessoria econômica e Secretária de Orçamento Federal de 2011 a 2016.

das discussões com os EUA, iniciadas na década de 1940, sobre uma nova ordem econômica mundial. O novo sistema, a ser construído, deveria observar três pontos: (1) os países superavitários tinham que sofrer algum tipo de sanção, pois eram responsáveis por drenar recursos da economia mundial e, consequentemente, pelo fato de outros países acumularem déficits expressivos; (2) deveria haver maior controle dos fluxos de capital financeiro; e (3) uma moeda internacional teria que ser criada para efetuar transações internacionais, cuja administração deveria ser partilhada por todos os países, de forma que nenhum país pudesse assumir o papel de Banco Central Mundial. Dos três pontos, apenas o segundo foi parcialmente adotado, pois houve algum controle do fluxo de capitais internacionais. Isso foi possível porque havia algum consenso quanto aos efeitos do liberalismo após a crise de 1929. O ano de 1971 é emblemático justamente por marcar o início do fim do pequeno controle sobre a liberdade do fluxo de capitais, com o fim da conversibilidade dólar-ouro.

Mesmo não tendo aceitado as propostas de Keynes, a condução da economia mundial por parte dos EUA entre 1946 e 1971 – e até aproximadamente o período de 1973 a 1979 – foi bastante positiva e estimulou a economia mundial. O país detentor da nova moeda internacional, o dólar, inverteu sua relação com o resto do mundo e reduziu paulatinamente seu superávit, o que, juntamente aos esforços de reparação das economias europeia e japonesa, garantiu um ambiente internacional expansivo e virtuoso. A tese principal de Varoufakis é que, no início da década de 1980, inicia-se um novo momento da economia mundial, com a proeminência de dispositivos inventados para gerir o déficit que os EUA começaram a acumular na década anterior. Tentaremos resumir o argumento nos três próximos parágrafos.

Os países com superávit comercial acumulam lucros em seus bancos que são tentados a emprestar esse dinheiro aos países deficitários (o que é um bom negócio porque nesses países as taxas de juros tendem a ser maiores). Essa transação é chamada "reciclagem de superávits". Em tempos de bonança, os países superavitários exportam muito e acumulam lucros em seus bancos, fazendo com que mais e mais dinheiro seja emprestado aos países deficitários que poderão, assim, continuar comprando dos países superavitários. Trata-se de um comércio controlado pelo vendedor, como designa Varoufakis. Ora, nesse tipo de transação, em algum momento o sistema vai explodir, devido à dependência excessiva da reciclagem de lucros e superávits econômicos baseados em bancos comerciais. É preciso, para evitar o descontrole, introduzir amortecedores de choque, o que implica a criação de mecanismos políticos de reciclagem de superávits capazes de estabilizar o sistema. Sem isso, sempre irá se impor – sobretudo, aos fracos – níveis insuportáveis de austeridade.

Varoufakis foca sua análise na zona do euro, onde a moeda única torna inviável que um país decida desvalorizar sua moeda como meio de amortecer o choque eventualmente causado por um acumulo de déficits que leve ao endividamento galopante. Em países com moeda independente, isso é sempre possível, ainda que eleve o valor pago pelas importações (o que pode não ser um bom negócio para países com balança comercial deficitária). A instauração do Euro inclui, na realidade, um paradoxo político: a moeda comum vinha equipada com um Banco Central Europeu que carecia de um Estado para apoiar suas decisões e abrangia Estados aos quais faltava um Banco Central apto a apoiá-los em momentos difíceis.

Nos anos 1960, os EUA tornam-se deficitários. Com a perda dos superávits, perde-se também o poderoso instrumento de estabilização que manteve o mundo pós-guerra unido e equilibrado. Esse sistema controlava o exercício do poder financeiro dos fortes sobre os fracos, sejam nações ou indivíduos. Nas décadas de 1980 e 1990, os EUA incrementaram seu poderio aumentando, ao mesmo tempo, seus déficits comerciais e orçamentários. Para isso, o resto do mundo teve que pagar, especialmente os fracos.

Uma das teses centrais do livro é a de que a financeirização foi um subproduto decisivo dos esforços estadunidenses para manter seu domínio mesmo após crescentes déficits e desequilíbrios comerciais – esquema que funcionou até 2008. Com o déficit aumentando, era preciso inventar um jeito de continuar atraindo capitais (elevando os juros), mas sem destruir a indústria, que é sempre afetada por juros altos, pois aumentam custos e diminuem o poder de compra dos clientes. Os magos das finanças descobriram, então, uma fórmula para manter os juros altos sem desestimular o setor produtivo: diminuir as expectativas salarias e as garantias dos trabalhadores. Essa receita começa a ser colocada em prática nos anos 1980, levando a uma desvalorização crescente do trabalho. Trabalhadores de todo o mundo entraram em competição negativa, tendo que escolher entre aceitar condições aviltantes ou perder o emprego para trabalhadores de outras regiões. É fato que as políticas dos anos 1950 e 1960 tinham levado a um fortalecimento dos trabalhadores e de suas representações sindicais. Nos anos 1980, expandiu-se a ideia de que o trabalho estava superprotegido e supervalorizado, o que impulsionou um movimento de financeirização também no âmbito do trabalho, com os trabalhadores tendo que assumir riscos do financiamento da casa própria e dos estudos ou da aposentadoria.

Aqui, vemos uma parcialidade no argumento de Varoufakis, ao não levar em conta as mudanças na própria configuração do trabalho, a partir do desenvolvimento tecnológico que, mais ou menos na mesma época, torna obsoletas diversas atividades exercidas anteriormente por seres humanos. Há uma atenção excessiva à economia global e ao papel dos EUA em sua desestabilização, sem levar em conta outros fatores que também contribuíram para as mudanças no mundo do trabalho.

O livro tem sucesso, principalmente, em apontar um aspecto que vai marcar cada vez mais o governo neoliberal da economia global: tornar a política obsoleta (ao menos aparentemente). Desde o início, o autor lembra a lição de Keynes sobre os riscos de se ter uma economia com liberdade de fluxo de capitais sem que haja também um mecanismo político para gerir momentos de crise, que podem afetar de modo crucial os países deficitários. A União Europeia tem sofrido a ausência de um mecanismo dessa natureza, substituído por um Banco Central que extrapola suas funções. Esta frase resume bem o deslocamento conceitual que caracteriza os dispositivos neoliberais e suas estratégias de governo: "Que a união monetária seja boa para a economia da Europa e coerente com a democracia europeia deveria ser um teorema. A Europa, no entanto, decidiu tratá-la como um axioma" (p.109).

Podemos dizer que está em curso uma axiomatização do capitalismo[3]. Essa noção indica um modo de entender o funcionamento do neoliberalismo a partir de suas formas de governo difusas, que partem de princípios disseminados e incorporados ao senso comum sem que seja necessário demonstrar sua validade. Um encadeamento de enunciados, cuja verdade não é demonstrada, leva a conclusões admitidas quase como dogmas. É o caso da famosa "fadinha da confiança": hipótese não verificada empiricamente, mas usada para impor políticas que só agravam a situação econômica de muitos países, especialmente dos fracos. Nas disciplinas científicas efetivamente matematizáveis, a obtenção de uma evidência empírica contrária pode levar à refutação de uma hipótese. Na economia, não é tão simples saber o que constituiria um mecanismo cabal de refutação, por isso ela é um poderoso sistema de manutenção do *status quo* teórico e político, permitindo a disseminação de ideias baseadas em crenças quase exotéricas. O TINA (*There Is No Alternative*), mantra celebrado por Thatcher para disseminar a ausência de alternativas ao neoliberalismo, sintetiza seu funcionamento axiomático – "Por que implementar medidas de austeridade? Porque não há alternativas". A dificuldade de se romper com esse círculo vicioso é fruto, na ciência econômica, da roupagem científica com a qual procura esconder a fragilidade de seus axiomas. No fazer político, é consequência de nossa incapacidade para enxergar os dispositivos de poder que o neoliberalismo coloca em funcionamento com suas axiomáticas.

---

3 Termo sugerido por Guattari e Deleuze em *O Anti-Edipo* e *Mil Platôs*.

Na passagem do fordismo ao capitalismo financeiro, houve uma batalha em diversos níveis: luta pelos salários e garantias do trabalho, luta pelo emprego, manutenção do bem-estar social; mas também uma luta no interior das instituições capitalistas, onde as elites neoliberais batalharam para impor seus axiomas contra as elites keynesianas. As instituições financeiras e bancárias e as instituições políticas transnacionais passaram a enunciar os novos axiomas do capital: reembolsar os credores, cortar despesas sociais, sanear as contas do Estado.[4]

A axiomática é uma política fundada sobre enunciados operacionais, pois os axiomas não indicam em que se deve acreditar, e sim o que deve ser feito. O neoliberalismo constituiu-se a partir de um número restrito de axiomas, como os de que o mercado é capaz de se autorregular, a redução de tributos é produtiva e a privatização é benéfica para todos. Tais enunciados estabelecidos, as outras variáveis devem se adaptar, devem se conformar. Se uma taxa de rentabilidade para as empresas é admitida como axioma, o emprego, os salários, o direito ao trabalho, a localização da produção são variáveis que devem se adaptar, por bem ou por mal. Não está demonstrado que a redução dos tributos para as empresas faça crescer a economia – vimos no Brasil que não é verdade –, mas esse axioma implica imediatamente um funcionamento: contração de despesas sociais e de salários.

Essas são características do capitalismo da dívida, cuja gênese é descrita por Varoufakis e cujo funcionamento micropolítico é analisado por Maurizio Lazzarato. Nessa fase, tudo deve funcionar a partir de um número restrito de axiomas: reembolsar os credores, reduzir salários e serviços sociais, privatizar o estado de bem-estar social. Toda complexidade está subordinada à realização desses axiomas. Trata-se de desfazer o *welfare*, que acabou sendo apropriado pelas mulheres, por trabalhadoras e trabalhadores, pelos desempregados, pelos pobres, pelos jovens, pelos

---

[4] Como mostra Maurizio Lazzarato em *Gouverner par la dette*, Paris: Les Prairies Ordinaires, 2014.

imigrantes, pelas negras e negros, exatamente como ocorre hoje na universidade brasileira. Depois de ter se tornado acessível para uma maior parcela da população pobre e negra, depois de ter se tornado um mecanismo de mobilidade social e de democratização do conhecimento, é preciso desmontá-la e privatizá-la. Não à toa, impõe-se o modelo de ensino e de universidade americanos, paradigmas da especialização, da competitividade e de.um assujeitamento por meio da dívida típico da atual fase capitalista.

O Estado de bem-estar social foi uma invenção do pós-guerra e serviu de base para a socialdemocracia europeia. Mas, em muitas situações, os partidos da socialdemocracia têm agido como linha auxiliar dos mercados no desmonte da proteção social e dos direitos do trabalho, tornando-se cada vez mais incapazes de cumprir seu ideal de conciliar economia capitalista e justiça social.

Ao invés de proteger a população dos efeitos do neoliberalismo, aliaram-se reiteradamente às suas formas de governo. Na verdade, com o neoliberalismo, o Estado passou a ser um ator-chave na implementação de um ambiente fértil para os negócios; passou a ser um dos atores de uma teia complexa que garante a instalação da racionalidade neoliberal em todo o tecido social, visando instalar a concorrência.[5]

Hoje, mais do que nunca – e este livro explicita o problema de forma clara –, está faltando à Europa e ao mundo uma interpretação dos acontecimentos recentes que apontem para um novo arranjo mundial. Os fracos sofrem o que devem ou carregam em suas costas o peso de um mundo cada vez mais desequilibrado?

---

[5] O papel do Estado na instalação da concorrência no neoliberalismo é descrito por Pierre Dardot e Christian Laval em *A Nova Razão do Mundo: ensaio sobre a sociedade neoliberal*, SP: Boitempo, 2016.

INTRODUÇÃO
O COBERTOR VERMELHO

Uma das minhas lembranças de infância mais fortes é o do estalido de um rádio escondido debaixo de um cobertor vermelho no meio da nossa sala de estar. Toda noite, ali pelas 9 horas, mamãe e papai se espremiam debaixo do cobertor com os ouvidos atentos, na maior expectativa.

Depois de ouvir o jingle abafado, seguido pela voz do apresentador alemão, minha imaginação de menino de 6 anos viajava até a Europa Central, um lugar mítico que eu conhecia apenas pelas pinceladas aterrorizantes apresentadas por um livro ilustrado dos Irmãos Grimm que eu tinha no quarto.

Minha família começou a praticar o estranho ritual do cobertor vermelho em 1967, o primeiro ano da ditadura militar grega. *Deutsche Welle*, a emissora de rádio internacional alemã, era nossa mais valiosa aliada contra o poder esmagador da propaganda estatal – uma janela que dava para a longínqua Europa democrática. Ao fim de cada um dos programas especiais da *Deutsche Welle* sobre a Grécia, com uma hora de duração, meus pais e eu nos sentávamos ao redor da mesa de jantar enquanto os adultos discutiam a respeito das últimas notícias.

O fato de não compreender inteiramente as conversas deles não me aborrecia nem me incomodava. Pois eu também estava tomado pelo entusiasmo causado pela estranha realidade de que, para descobrir o que acontecia em nossa própria cidade de Atenas, nós tínhamos de viajar pelas ondas do rádio, escondidos debaixo de um cobertor vermelho, até um lugar chamado Alemanha.

O motivo para usar o cobertor vermelho era um vizinho velho e mal-humorado chamado Gregoris: ele era conhecido por seus contatos com a polícia secreta e por sua predileção em espionar meus pais – em especial meu pai, cujo passado esquerdista o tornava um excelente alvo para um informante ambicioso e abjeto. Depois que o golpe de Estado de 21 de abril de 1967 pôs no poder os coronéis neofascistas, ouvir os programas da *Deutsche Welle* passou a fazer parte de uma longa lista de atividades passíveis de punição (que ia da perseguição à tortura). Tendo percebido Gregoris xeretando no nosso quintal, meus pais resolveram não arriscar. E foi assim que o cobertor vermelho virou nossa proteção contra os ouvidos curiosos de Gregoris.

Durante o verão, meus pais usavam o período de licença para escapar da Grécia dos coronéis durante um mês inteiro. Nós lotávamos nosso Morris preto e rumávamos para o norte, na direção da Áustria e do sul da Alemanha, onde, como meu pai não parava de dizer durante a interminável viagem, "os democratas podem respirar". Willy Brandt, o chanceler alemão, e, um pouco depois, Bruno Kreisky, seu equivalente austríaco, eram citados como se fossem amigos da família que, por acaso, desempenhavam um papel importante no isolamento dos "nossos" coronéis e no apoio aos democratas gregos.

Enquanto passávamos as férias naquelas regiões de língua alemã, longe da estética neofascista *kitsch* da propaganda dos coronéis, o comportamento dos habitantes locais ratificava nossa convicção de que, como gregos fora de casa, éramos recebidos com uma solidariedade sincera. E quando nosso Morris, infelizmente, entrava resfolegando na Grécia, deixando para trás a fronteira cheia de fotografias do nosso ditador louco e dos símbolos de seu poder insano, o cobertor vermelho acenava como o único refúgio seguro.

A Mão Recusada

Quase cinquenta anos depois, fiz minha primeira visita oficial a Berlim como ministro das Finanças da Grécia. Minha primeira parada, naturalmente, foi no Ministério Federal das Finanças, para me encontrar com o célebre Dr. Wolfgang Schäuble. Para ele, e para seus subordinados, eu representava um incômodo. Nosso governo de esquerda acabara de ser eleito, derrotando os aliados do Dr. Schäuble e da chanceler Angela Merkel, o partido Nova Democracia. Nossa plataforma eleitoral era, para dizer o mínimo, um obstáculo ao seu governo democrata-cristão e a seu projeto de manter a zona do euro dentro da "ordem". A porta do elevador se abriu para um corredor longo e frio ao fundo do qual me esperava o grande homem em sua famosa cadeira de rodas. Ao me aproximar, minha mão estendida foi recusada, e, em vez de um aperto de mão, ele me apressou, de forma decidida, a entrar em seu gabinete.

Embora minhas relações com o Dr. Schäuble tenham se tornado mais amistosas nos meses seguintes, a mão recusada foi um símbolo do que estava errado na Europa. Era uma prova simbólica de que o meio século que separava minhas noites debaixo do cobertor vermelho e aquele primeiro encontro tinha mudado profundamente a Europa. Como meu anfitrião poderia sequer imaginar que eu chegara a Berlim com a cabeça cheia de lembranças da infância nas quais a Alemanha fazia o papel do meu cobertor de proteção?

Em 1974, com o apoio moral e político da Alemanha, Áustria, Suécia, Bélgica, Holanda e França, os gregos tinham derrubado o totalitarismo. Seis anos depois, a Grécia ingressou na união democrática das nações europeias, para alegria dos meus pais que, finalmente, puderam dobrar o cobertor vermelho e guardá-lo na cômoda.

Menos de uma década depois, a Guerra Fria tinha acabado e a Alemanha se reunificava com a esperança de ser absorvida, em aspectos importantes, dentro de uma Europa unida. Crucial para esse projeto de encaixar a recém-unificada Alemanha numa recém-unificada Europa era o ambicioso programa de união monetária que poria o mesmo dinheiro, as mesmas cédulas (e as mesmas moedas, que teriam um dos lados repetido em todas elas) no bolso de cada europeu. "Obriguem-nos a usar a mesma moeda", disse-me certa vez um motorista de táxi ateniense no início da década de 1990, "e, antes que eles percebam, estarão sendo engolidos sorrateiramente pelos Estados Unidos da Europa."

Em 2001, os dois países que o cobertor vermelho da nossa família unia nos idos tempos da minha infância – Grécia e Alemanha – passaram a compartilhar a mesma moeda junto com mais de uma dúzia de nações do continente. Era um projeto audacioso impregnado de uma ambição a que nenhum europeu da minha geração podia resistir, mesmo que nossas análises econômicas discordassem com elegância.

Aí é que está o problema. Os povos europeus, que até então vinham se unindo de maneira tão admirável, acabaram cada vez mais divididos por uma moeda comum. O paradoxo de uma moeda comum que provoca discórdia é o tema deste livro. Para compreender isso, é preciso começar em outro lugar – no lugar em que se encontram as raízes históricas do euro: paradoxalmente, nos Estados Unidos da América, onde a maior parte deste livro foi escrito.

Poucos paradoxos estiveram tão repletos de tristeza e de perigo. De tristeza porque a solidariedade da década de 1970 se transformou em resgates financeiros tóxicos que produziram posições psicológicas irreconciliáveis ao longo dos Alpes e no alto Reno. E de perigo porque a desgraça irreprimível que brotou delas tinha o poder de arrasar o projeto europeu e, além do mais, desestabilizar o mundo inteiro. Essas novas divisões nos fazem lembrar que seria imprudente esquecer como a Europa conseguiu, duas vezes no século passado, ficar tão enlouquecida a ponto de impor um prejuízo assombroso a si mesma e ao mundo.

Um Farol na Montanha

O processo de integração europeu começou no final da década de 1940 sob a tutela dos Estados Unidos. Seu prenúncio foi o *Discurso da esperança* feito pelo secretário de Estado americano James Byrnes em Stuttgart em 1946, prometendo ao povo alemão, pela primeira vez após sua derrota, "... a oportunidade, se eles não a deixarem escapar, de aplicar toda sua energia e capacidade em prol da paz (...) a oportunidade de se mostrarem dignos do respeito e da amizade das nações amantes da paz, e, com o tempo, de ocupar um lugar de honra entre os membros das Nações Unidas."

Logo depois, gregos e alemães, junto com outros europeus, começaram a se unir no contexto do que se tornaria mais tarde a União Europeia. Nós estávamos nos unindo apesar das línguas diferentes, da diversidade cultural, dos temperamentos distintos. No processo de aproximação, estávamos descobrindo, com grande alegria, que havia menos diferenças entre nossos países do que as diferenças observadas dentro deles. E quando um país enfrentava um desafio – como ocorrera na Grécia em 1967 com a tomada do poder pelos militares –, os outros todos vinham socorrê-lo. A Europa levou meio século para curar as feridas da guerra por meio da solidariedade e para se transformar em um farol na proverbial montanha da humanidade – mas ela conseguiu.

Há então em guerra com base em mandatos populares assentados na promessa de uma prosperidade compartilhada, da construção de instituições comuns, da derrubada de fronteiras ridículas que anteriormente haviam marcado o continente – tinha sido sempre um desafio formidável, um sonho fascinante e, felizmente, era uma realidade emergente. A União Europeia poderia até posar de modelo para o resto do mundo, que recorreria a ele em busca de coragem e inspiração a fim de erradicar as discórdias e estabelecer a coexistência pacífica em todo o planeta.

De repente, o mundo conseguiu imaginar, de forma realista, que nações diferentes poderiam criar um território comum sem um Império autoritário. Que poderíamos forjar laços que não fossem baseados na afinidade, na língua, na etnia, no inimigo comum – mas em valores comuns e princípios humanistas. Tornou-se factível uma comunidade em que a Razão, a democracia, o respeito pelos direitos humanos e uma rede de segurança social decente oferecessem a seus cidadãos de diferentes países, diferentes línguas e diferentes culturas um espaço no qual eles poderiam se tornar as mulheres e os homens que seus talentos permitissem.

"Quando Posso Receber meu Dinheiro de Volta?"

Então veio a implosão de Wall Street em 2008 e o consequente desastre financeiro global. Nada mais seria como antes. Em 2010, a solidariedade europeia tinha sido corroída por dentro, deixando apenas os destroços do que fora um dia uma verdadeira camaradagem. O "cupim" responsável não foi outro senão o experimento mal concebido com a moeda europeia. Levou alguns anos para cair a ficha de que a tentativa de sustentar o "congraçamento" da Europa por meio de uma união monetária tivera o efeito contrário do esperado.

Como mostrarei no próximo capítulo, tudo começou em 1971. Tendo proporcionado estabilidade financeira aos europeus desde a década de 1940, os Estados Unidos expulsaram a Europa da zona do dólar por motivos que atendiam a seus próprios interesses. A França e a Alemanha tinham bons motivos para tentar pôr outra coisa no lugar do padrão-dólar, do qual a Europa fora expulsa de forma tão humilhante. Porém, eles abordaram a questão da união monetária justamente da maneira errada. Foi assim que um longo processo de convergência monetária solapou, em vez de sustentar, a integração política e econômica na qual os europeus tinham depositado tanta esperança.

A julgar pelo modo como às vezes se repete, a história tem uma queda pela farsa trágica. A Guerra Fria não começou em Berlim, mas em dezembro de 1944, nas ruas de Atenas. A crise do euro também começou em Atenas, em 2010, provocada pelas desgraças da dívida grega. Por um capricho do destino, a Grécia foi o nascedouro tanto da Guerra Fria como da crise do euro. Que um pequeno país seja o epicentro de um desastre global é falta de sorte. Que seja a causa de dois no espaço de uma vida é uma tragédia.

O que provocou a crise do euro? A mídia e os políticos adoram histórias simples. A partir de 2010, a história que circulou na

Alemanha e no Nordeste calvinista dizia mais ou menos o seguinte: como as cigarras gregas não fizeram a lição de casa, seu verão sustentado à base de empréstimos acabou bruscamente um dia. As formigas calvinistas foram então chamadas para salvá-las, a elas e a diversas outras cigarras de toda a Europa. Ora, as formigas ficaram sabendo que as cigarras gregas não queriam pagar o que deviam. Elas queriam continuar levando uma vida desregrada, se divertindo ao sol, além de outro empréstimo que financiasse essa vida. Elas chegaram até a eleger uma camarilha de socialistas e esquerdistas radicais para morder a mão que os alimentava. Essas cigarras tinham de aprender uma lição, senão outros europeus, feitos de material inferior ao das formigas, seriam estimulados a levar uma vida desregrada.

É uma história convincente. Uma história que justifica a postura severa que muitos defendem contra os gregos, contra o governo ao qual eu servi.

"Quando vou receber meu dinheiro de volta?" Perguntou-me um ministro alemão mais moço em tom de galhofa, mas com um toque de agressividade pessimista, após meu primeiro encontro com o Dr. Schäuble. Mordi a língua e sorri polidamente.

Cigarras Por Toda Parte

O problema da fábula de Esopo sobre a cigarra e a formiga é que ela é extremamente enganosa. Ela não consegue reconhecer que todo país tem cigarras poderosas, incluindo a Alemanha e outras nações superavitárias. Ela deixa de mencionar que essas cigarras, do Norte e do Sul, têm o hábito de forjar poderosas alianças internacionais contra os interesses das virtuosas formigas que trabalham incansavelmente não apenas em lugares como a Alemanha, mas também em lugares como a Grécia, a Irlanda e Portugal.

Minha resposta instintiva para a pergunta impertinente do jovem ministro alemão teria sido: "Pergunte aos banqueiros de Frankfurt e Paris quem recebeu, via Atenas, o grosso do dinheiro emprestado à Grécia. Eles é que foram socorridos, não a Grécia".

É claro que eu não disse essas palavras, ansioso que estava em manter o resto de aparência da cortesia diplomática.

No momento em que uma união monetária entre nações diferentes começa a se fragmentar, e as fraturas se ampliam de forma inexorável, somente o diálogo sério e a disposição de voltar à mesa de negociação pode superar as divergências. A falta desse diálogo na década de 1930 levou à desintegração da moeda comum daquela época, o padrão-ouro. E, oitenta anos depois, estava acontecendo tudo de novo na Europa, que não deveria repetir o erro.

Os europeus levaram uma eternidade para compreender que 2008 foi nossa versão da geração trágica de 1929. Wall Street foi o epicentro em ambas as ocasiões, e quando o setor financeiro derreteu, o crédito evaporou e os ativos de papel viraram fumaça, a moeda comum começou a se desfazer. Não demorou para que a classe trabalhadora de um país se voltasse contra a classe trabalhadora de todos os outros países, procurando socorro no protecionismo. A forma que o protecionismo assumiu em 1929 foi a da desvalorização da própria moeda face à moeda dos outros países. Em 2010 ele assumiu a forma da desvalorização do próprio trabalho face ao trabalho dos outros países.

Como seria de se esperar, 2008 deu início a uma reação em cadeia semelhante. Não tardou para que os trabalhadores alemães mal pagos passassem a odiar os gregos e os trabalhadores gregos desempregados passassem a odiar os alemães. Com a zona do euro castigada pelos ventos deflacionários e forçada a superar suas dificuldades por meio das exportações, o mundo inteiro – incluindo os Estados Unidos – observava ansioso para ver qual seria o desenlace dessa versão pós-moderna da década de 1930. Continua observando.

Furioso com a introversão europeia e a facilidade com que nos voltávamos uns contra os outros, naquele dia em Berlim eu decidi, numa tentativa de desabafar um pouco, pôr a culpa em outro grego: Esopo. Pois sua fábula simplista estava, evidentemente, encobrindo completamente a verdade, jogando uma nação europeia orgulhosa contra a outra. Influenciados por ela, parceiros se transformavam em inimigos e todos os europeus corriam o risco de sair derrotados; e os únicos vencedores espreitando nas sombras eram os racistas e aqueles que nunca haviam feito as pazes com a democracia europeia.

Dívida e Culpa

"Dívida é dívida!" Foi o que outro alto funcionário da República Federal da Alemanha me disse durante aquela primeira visita oficial a Berlim. Argumentei calmamente que a reestruturação da dívida pública grega era essencial para criar o impulso de crescimento necessário para nos ajudar a pagar nossas dívidas. A proposta foi recebida com um balde de água fria.

Depois de ouvir aquela declaração, pensei: "Epa! Não vai ser fácil alcançar a reconciliação por meio desses encontros". Uma história de duas dívidas estava se transformando numa peça de fundo moral sem final. A Europa é um velho continente, e nossas dívidas recíprocas remontam a décadas, séculos, milênios. Computá-las de forma vingativa e apontar dedos moralizantes uns contra os outros era justamente do que não precisávamos em meio a uma crise econômica na qual uma dívida volumosa nova, acrescentada a uma herança de encargos, era um mero subproduto.

Manolis Glezos, símbolo grego da resistência contra os nazistas, escreveu em 2012 um livro intitulado *Even If It Were A Single Deutsche Mark* ["Mesmo que fosse um único marco alemão"].[6] Ele transmitia a mesma mensagem do pronunciamento oficial alemão: "Dívida é dívida!". Cada marco alemão das reparações de guerra devidas à Grécia teria de ser pago. Mesmo um único marco alemão que for reembolsado pode ajudar a desfazer uma grave in-

---

6 Glezos, cuja militância política começou em maio de 1941 quando escalou, junto com Apostolos Santas, os muros da Acrópole para remover, sem que as sentinelas alemãs percebessem, a bandeira da suástica, tem liderado a campanha pelo pagamento de reparações de guerra por parte dos alemães, e, o que é mais comovente, pelo reembolso de um "empréstimo" forçado arrancado pelo Alto Comando Alemão do Banco da Grécia durante a Ocupação.

justiça. Do mesmo modo que na Alemanha, quando a crise do euro irrompeu, os gregos são vistos como devedores detestáveis, também na Grécia as dívidas de guerra alemãs não pagas podem continuar para sempre imperdoáveis.

Enquanto tentava estabelecer um espaço comum com o ministro das Finanças da Alemanha, a última coisa de que eu precisava era esse choque de narrativas moralizantes. As questões éticas são fundamentais para aproximar os povos. Era preciso chegar a um "ponto final" para curar as feridas abertas, como a Comissão da Verdade e Reconciliação da África do Sul tão bem demonstrara. Mas quando se trata de administrar as finanças modernas e uma união monetária complexa e mal concebida, a economia bíblica é um inimigo insidioso. Dívida pode ser dívida, mas uma dívida impagável não é paga a menos que seja reestruturada de maneira sensata. Nem os jovens alemães de 1953 – quando os Estados Unidos convocaram uma conferência em Londres para reduzir o valor da dívida pública da Alemanha com, entre outros países, a Grécia – nem os jovens gregos de 2010 mereciam viver na miséria em razão de débitos impagáveis contraídos pela geração anterior.

O capitalismo, caso tenhamos esquecido, só prosperou depois que a dívida foi desmoralizada. As prisões por dívida tiveram de ser substituídas pela responsabilidade limitada, e o setor financeiro teve de passar por cima de todos os sentimentos de culpa que estivessem estorvando os devedores, antes que "o aperfeiçoamento rápido de todos os instrumentos de produção, (...) [e] a imensa facilidade dos meios de comunicação" pudessem arrastar "todas as nações, mesmo as mais bárbaras, para a civilização" – para citar ninguém menos que Karl Marx.[7]

---

7 Ver Karl Marx e Friedrich Engels, *Manifesto do Partido Comunista*.

Fantasmas de um Passado Comum

No dia em que nosso governo tomou posse, no final de janeiro de 2015, o primeiro-ministro Alexis Tsipras depositou uma coroa de flores no monumento em memória de patriotas gregos executados pelos nazistas. A imprensa internacional considerou esse um gesto simbólico de desafio dirigido a Berlim, insinuando que nosso governo estava tentando traçar um paralelo entre o Terceiro Reich e a zona do euro alemã, que impunha à Grécia uma nova medida de opressão. Isso não ajudou minha tarefa de fazer amigos em Berlim, especialmente no excessivamente austero Ministério Federal das Finanças.

Convencido de que era essencial enfatizar que nosso governo não estava traçando nenhum paralelo entre a Alemanha nazista e a atual República Federal, assumi um risco calculado: escrevi o seguinte texto, que se tornou parte da minha declaração na coletiva de imprensa conjunta com o Dr. Schäuble. Era para ser uma proposta de paz:

> *Como ministro das Finanças de um governo que está enfrentando uma situação de emergência provocada por uma brutal crise deflacionária da dívida, sinto que a nação alemã é a que pode entender a nós, os gregos, melhor do que qualquer outra. Ninguém entende melhor que o povo desta terra como uma economia severamente deprimida, associada à humilhação nacional rotineira e ao desespero sem fim pode chocar o ovo da serpente dentro de uma sociedade. Quando eu voltar para casa esta noite, vou me encontrar em um Parlamento no qual o terceiro maior partido é nazista.*

Quando nosso primeiro-ministro depositou uma coroa de flores em um monumento emblemático de Atenas logo depois de sua posse, foi um gesto de desafio contra o ressurgimento do nazismo. A Alemanha pode se orgulhar do fato de que o nazismo foi erradicado aqui. Mas é uma das cruéis ironias da história que o nazismo esteja erguendo sua cabeça hedionda na Grécia, um país que lutou de forma tão admirável contra ele.

Precisamos que o povo da Alemanha nos ajude na luta contra a misantropia. Precisamos que nossos amigos neste país continuem leais ao projeto da Europa do pós-guerra; isto é, que nunca mais permitam que uma depressão, como a da década de 1930, antagonize as admiráveis nações europeias. Nós devemos cumprir nosso dever com relação a isso. E eu estou convencido de que nossos parceiros europeus farão o mesmo.

Podem me chamar de ingênuo, mas confesso que esperava uma resposta positiva ao meu breve discurso. Em vez disso, houve um silêncio ensurdecedor. No dia seguinte, a imprensa alemã me censurou asperamente por ousar mencionar os nazistas no Ministério Federal das Finanças, enquanto grande parte da imprensa grega comemorou por eu ter chamado o Dr. Schäuble de nazista. De volta a Atenas, ao ler essas reações divergentes, me permiti um breve instante de desespero.

América, América

Durante os dias passados no cobertor vermelho com minha família, os Estados Unidos eram o bicho-papão. O golpe de abril de 1967 tinha as digitais da comunidade de inteligência americana por toda parte – não havia dúvida de que ele fora apoiado e estimulado por Washington. Ao mesmo tempo, de maneira confusa para nós, jovens gregos à época, os Estados Unidos também eram uma fonte enorme de esperança.

Numa tarde quente de junho, pouco mais de um ano depois de os coronéis terem jogado um manto de tristeza em nossas vidas, minha mãe e eu estávamos caminhando bem do lado de fora do antigo estádio em que a primeira Olimpíada da era moderna tivera lugar em 1896. Um jornaleiro anunciou, gritando o mais alto que podia, que alguém chamado Bob Kennedy estava morto. Subitamente, os olhos de minha mãe se encheram de lágrimas.

Eu me lembro claramente de suas primeiras palavras depois de se recompor: "Ele era nossa última chance".

Os Estados Unidos já haviam se mostrado a última chance da Europa duas décadas antes. Embora agrade aos europeus pensar que a União Europeia é uma prodigiosa façanha europeia, uma análise cuidadosa e desapaixonada conduz a uma conclusão diferente: a União Europeia foi um projeto americano que se valeu da experiência dos *New Dealers*[8] durante a Grande Depressão e de suas lições para o mundo do pós-guerra. Nesse sentido, Bobby Kennedy talvez fosse o último americano que pudesse manter esse espírito vivo na Casa Branca. Com a saída de cena de Lyndon Baines Johnson, era só uma questão de tempo para que o "choque de Nixon", por volta de 1971, liberasse as forças que desorganizaram a Europa de maneira irreversível.

É óbvio que minha mãe não poderia estar ciente disso. Para ela, Bobby Kennedy representava a esperança de que os Estados Unidos se arrependeriam do apoio dado aos nossos coronéis neofascistas e nos permitiriam retornar à ordem democrática. Involuntariamente, porém, ela havia trazido à baila uma história mais abrangente, que os próximos capítulos pretendem contar. Trata-se da história de como o colapso, em 1971, do sistema monetário

---

[8] Nota do Editor: aqueles que são inspirados ou partidários do chamado *New Deal* (termo inglês para "novo acordo" ou "novo trato"), o qual consistiu no grande conjunto de políticas instituído pelo presidente norte-americano Franklin Delano Roosevelt durante seu governo (1933-1945) em resposta à Grande Depressão (período de crise econômica e social posterior ao *crash* da Bolsa em 1929). Tais políticas tinham como diretrizes básicas a construção de uma economia capitalista com firme participação do Estado em seu planejamento e gestão – para compensar os descompassos da iniciativa privada –, garantia de direitos sociais mais gerais e direitos para os trabalhadores etc. Essa posição, de marco da política americana do século 20, se torna minoritária com o avanço da financeirização e do neoliberalismo na virada entre os anos 1970 e, definitivamente, nos anos 1980: o ganho sobre a escassez, a priori de dinheiro, mas também de imóveis, títulos etc. passa a preponderar sobre a forma de riqueza produzida a partir da exploração do Trabalho e da Produção (isto é, o lucro).

que os *New Dealers* tinham concebido em 1944 fizeram a Europa trilhar o caminho que levou, em 2010, a nossa desgraça atual.

É impossível saber como um governo Bobby Kennedy teria respondido aos desafios do final da década de 1960 ao assim chamado sistema monetário de Bretton Woods, cujo colapso final em 1971 pôs a Europa em um estado de pânico do qual ela ainda não se recuperou. Não obstante, é possível imaginar uma transição mais suave para um sistema monetário global mais flexível, comparada à descontinuidade abrupta que, em 1971, obrigou Paris e Bonn, então a capital da Alemanha Ocidental, a reagir com uma inclinação para a integração monetária cuja conclusão lógica foi nosso mal concebido euro.

É claro que hipóteses não passam de exercícios intelectuais. Pode ser que o motivo de eu ter me permitido levantar essa hipótese específica seja a lembrança do comentário feito por minha mãe. Pois ele constituiu meu primeiro *insight* acerca da importância dos Estados Unidos para a vida de um jovem como eu, que estava crescendo na periferia da Europa.

As Origens deste Livro e Alguns Agradecimentos

Este livro foi concebido para ser uma continuação de *O Minotauro Global*[9], no qual eu esbocei minha "opinião" sobre as causas e a natureza do *crash* global de 2008. Diferente do *Minotauro*, onde os Estados Unidos tiveram o papel principal, este livro põe a Europa como protagonista. Mas embora a Europa seja o protagonista do novo livro, são os Estados Unidos que fornecem o ar que nosso protagonista respira, os nutrientes que o alimentam, o contexto global no qual ele evolui, além de representar uma possível vítima dos fracassos evitáveis da União Europeia.

O livro dirige seus holofotes para três momentos "históricos" que unem, ao mesmo tempo que afastam, os destinos da Europa e dos Estados Unidos.

---

[9] Nota do Tradutor: publicado no Brasil em 2016 pela Autonomia Literária.

O primeiro "momento" ocorreu em 1971, quando, na tentativa de preservar sua ascendência econômica global, os Estados Unidos expulsaram a Europa da zona do dólar. Sua influência pode ser sentida até hoje em toda a Europa, e, na verdade, repercute nos próprios Estados Unidos (ver capítulos 1 e 2).

O segundo "momento" foi mais prolongado, e surgiu quando uma Europa atordoada tentou por diversas vezes compensar sua expulsão da zona do dólar juntando suas diferentes moedas numa espécie de união monetária – primeiro no Sistema Monetário Europeu, depois em sua própria zona do euro (ver capítulos 3, 4 e 5). Grande parte do livro é dedicada a mostrar como a união monetária da Europa surgiu e, de maneira importante, o modo pelo qual sua evolução foi conduzida, muitas vezes de forma imperceptível, por decisões econômicas passadas e atuais tomadas em Washington.

O terceiro "momento" começou, mais uma vez, nos Estados Unidos com a implosão de Wall Street, que desencadeou uma reação em cadeia à qual a frágil união monetária da Europa nunca fora projetada para sobreviver (ver capítulos 6 e 7). Em seguida o livro aborda as causas profundas do fracasso europeu em lidar com a crise de forma racional e eficaz; as consequências terríveis desse fracasso sobre os povos da Europa; e seu impacto prejudicial nos esforços americanos para se recuperar da crise interminável provocada pelo "momento" de 2008 (ver capítulos 7 e 8).

Resumindo, procurei que este livro fosse um relato da crise da Europa, de sua ligação histórica com as tentativas dos Estados Unidos de regular o capitalismo global e, algo crucial, uma advertência de que a crise do euro é importante demais para que os Estados Unidos a deixem a cargo dos europeus, ou, pior, a ignorem. De fato, como adverte o último capítulo, a crise do euro está sobrecarregando os Estados Unidos de um modo prejudicial para o futuro de todos.

Comecei a escrever *E os Fracos Sofrem o que Devem?* em 2012, depois de minha esposa Danae e eu termos nos mudado para Austin, onde eu assumira um cargo na Faculdade de Assuntos Públicos Lyndon B. Johnson da Universidade do Texas. Meu livro se beneficiou da interação com os alunos da Faculdade LBJ, bem como do enorme estímulo que recebi em Austin de duas pessoas muito especiais: Danae e meu grande amigo e colega James Galbraith.

Logo depois que eu comecei a fazer as pesquisas para escrever o livro, Wendy Strothman apostou todas as suas fichas em mim e se tornou minha agente literária, a *Nation Books* concordou em publicá-lo e o livro começou a ganhar forma. Infelizmente, não consegui terminar a primeira versão antes de janeiro de 2015. Esse atraso se mostrou importante diante da dissolução inesperada do Parlamento grego e da convocação repentina de eleições gerais para o dia 25 de janeiro – que resultou na minha eleição para Parlamento e posterior indicação para o cargo de ministro das Finanças da Grécia. O livro passou imediatamente para segundo plano.

Seis meses depois, eu já deixara de ser ministro. Na verdade, em setembro de 2015 o Parlamento para o qual eu fora eleito também tinha sido dissolvido. Foi assim que encontrei tempo, durante o verão de 2015, para retomar meus originais. Com a cabeça cheia de fatos e imagens novas, assistindo à crise da Europa de um lugar na primeira fila, editei os capítulos já escritos e acrescentei material novo.

Tomei o cuidado de não misturar neste livro minhas experiências com as negociações de que eu participara durante a primeira metade de 2015 e deixar fora da narrativa o "suspense" que levou o novo governo a entrar em conflito com a "Europa oficial" e com o Fundo Monetário Internacional – um conflito que terminou no *coup d'état* por meio do qual nosso governo foi, de fato, derrubado, permitindo que eu... terminasse este livro.[10] Só os *insights* pertinentes ao meu relato do que conduziu à inevitável crise do euro (em 2010) e à incapacidade da Europa em lidar com

---

10 Estritamente falando, o governo do Syriza sobreviveu, com o primeiro-ministro Tsipras e a maioria dos ministros ocupando suas posições. No entanto, nosso governo foi forçado a se destruir, ou seja, abandonar seus princípios mais caros como o preço que seus membros tiveram de pagar para se manter em seus cargos. Foi um preço que eu não estava disposto a pagar.

ela de forma eficaz desde então (2010-2015) entraram no livro. (O "suspense" terá de esperar outro livro para ser contado como merece, com um distanciamento maior.)

Quero agradecer do fundo do coração a Alessandra Bastagli e a outras pessoas admiráveis da *Nation Books* pelo maravilhoso trabalho de edição; bem como a meu companheiro de lutas Nicholas Theocarakis, por seus comentários habituais e meticulosos. Por último, gostaria de agradecer às inúmeras pessoas que partilharam ideias, fatos, fofocas e análises perspicazes comigo, em especial lorde (Norman) Lamont, por sua bondosa orientação com relação aos acontecimentos de 1990-1993 (ver capítulo 5).

CAPÍTULO 1
BARRADOS NO BAILE DA ZONA DO DÓLAR

Eu parto do princípio de que todos os estrangeiros querem nos foder, e a nossa tarefa é fodê-los primeiro – John Connally[11]

Era pleno verão em Camp David quando o secretário do Tesouro de Richard Nixon e ex-governador do Texas John Connally convenceu o presidente a pôr em prática o infame "choque de Nixon" contra os incautos líderes políticos europeus. Ao término de um fim de semana crucial de consultas com seus principais assessores, o presidente Nixon decidiu fazer um anúncio surpreendente na televisão: o sistema monetário global, que os Estados Unidos haviam concebido e estavam apoiando desde o final da guerra, seria desmantelado de uma tacada só.[12] O calendário marcava 15 de agosto de 1971, um domingo.

---

11 Esta frase obscena de John Connally está citada em Schaller (1996, 1997). Nixon ficou tão impressionado com a abordagem direta de Connally a respeito do que precisaria ser feito com a Europa (e, em menor grau, com o Japão) que, de acordo com Kissinger (1979), Ambrose (1989) e Hersh (1983), pediu a seus confidentes mais próximos que "descobrissem um jeito de fazer [o vice-presidente] Agnew renunciar logo", com o objetivo de substituí-lo por Connally; seu "sucessor natural", como Nixon o chamava.

12 A "tacada" em questão era o descolamento do valor do dólar do ouro. Até o "choque de Nixon", o governo dos Estados Unidos se comprometia a entregar uma onça de ouro a qualquer pessoa que possuísse 35 dólares. Com o rompimento dessa ligação, o dólar deixou de se vincular ao ouro. E como todas as outras moedas (como veremos adiante) estavam ligadas, com uma taxa de câmbio fixa, ao dólar, o anúncio de Nixon equivalia (A) a uma declaração de que o sistema monetário global não estava mais ligado ao ouro e (B) ao prenúncio do fim das taxas de câmbio fixas entre o dólar e as outras moedas,

Poucas horas depois do discurso televisionado do presidente, exatamente ao soar a meia-noite, um avião militar de transporte decolou da Base Aérea de Andrews para a Europa. A bordo, Paul Volcker, subsecretário de Connally, estava decidido a enfrentar os ministros das Finanças europeus que já se encontravam à beira de um colapso nervoso.[13] Enquanto isso, o próprio Connally estava preparando um discurso à nação antes de voar para a Europa para comunicar a uma assembleia de arrogantes primeiros-ministros, chanceleres e presidentes europeus, que o "jogo tinha acabado". Washington estava decidido a desligar a tomada de um sistema financeiro global que ele concebera em 1944 e que apoiara com todo o carinho desde então.[14]

Enquanto Volcker tratava com ministros das Finanças e banqueiros em Londres e Paris, tentando acalmá-los, Connally estava transmitindo, em primeira mão e pessoalmente, uma mensagem mais direta aos chefes de Estado europeus. Na verdade, ele estava dizendo o seguinte: cavalheiros, durante anos vocês desprezaram nossa mordomia do sistema financeiro global do pós-guerra – aquele que nós inventamos para ajudá-los a se erguer das cinzas que vocês mesmos criaram. Vocês se sentiram à vontade para violar seu espírito e suas regras. Vocês imaginaram que nós continuaríamos, como Atlas, a sustentá-lo a qualquer preço e apesar dos seus insultos e atos de sabotagem. Mas vocês estavam enganados! No domingo, o presidente Nixon cortou a ligação entre o dólar e o ouro. Num piscar de olhos a ligação entre o dólar e as suas

---

principalmente as europeias. Na verdade, Nixon chocou o mundo ao anunciar que o sistema monetário que todos consideravam inabalável estava sendo desmantelado incontinenti. Naturalmente, o presidente Nixon disfarçou esse anúncio terrível como se fosse uma questão de política interna americana – "... um Novo Programa Econômico completo, com redução tributária e congelamento de salários e preços por noventa dias". (Ver Eichengreen, 2011, p. 60).

13 Ver Silber (2012), capítulo 5.

14 A referência aqui é ao sistema financeiro global conhecido geralmente como Bretton Woods, uma vez que ele foi inicialmente aprovado numa célebre conferência convocada em 1944 pelo presidente Franklin D. Roosevelt, durante a guerra, em Bretton Woods, New Hampshire. Ver a seguir.

moedas também terá desaparecido.[15] Vamos ver como vocês vão se virar! Meu palpite é que suas moedas vão se parecer a botes salva-vidas lançados do admirável navio USS Dólar, açoitados pelo alto-mar para o qual nunca foram projetados, chocando-se uns contra os outros e, geralmente, incapazes de estabelecer sua própria rota.[16]

E numa frase que ainda hoje repercute em toda a Europa, Connally resumiu tudo de forma sucinta, embaraçosa e brutal: cavalheiros, o dólar é *nossa moeda*. E de agora em diante, ele é *problema seu*![17] Os líderes europeus perceberam imediatamente a gravidade da situação em que se encontravam. Eles responderam rapidamente com uma

---

15 Durante os dez meses que se seguiram ao "choque de Nixon", Washington atendeu aos desejos dos europeus, negociando uma forma de restabelecer as taxas de câmbio fixas entre o dólar e as moedas europeias. Chegou-se, de fato, a um acordo (chamado de Acordo ou Tratado de Smithsonian). Infelizmente, era tarde demais, e nem os Estados Unidos, nem Connally ou Volcker – na verdade, ninguém mais – acreditava realmente que, uma vez quebrado, o "vaso" pudesse ser consertado.

16 Embora estas não tenham sido as palavras exatas de Connally (que não foram registradas para a posteridade), elas captam de forma bastante precisa o espírito de sua mensagem. Na saída desses encontros, ele, diplomaticamente e de forma enganosa, fazia uma cara "de americano carente" ao se dirigir aos repórteres que cobriam seu giro pelas capitais europeias. Ele dizia precisamente o seguinte: "Dissemos a eles que estamos aqui como uma nação que tinha dado grande parte dos nossos recursos, e nossos recursos materiais e de outros tipos, para o mundo, a tal ponto que, francamente, estamos agora amargando um déficit que já dura vinte anos, e ele exauriu nossas reservas, exauriu nossos recursos a tal ponto que não podemos mais suportá-lo, e francamente, estamos em dificuldade, e viemos aqui pedir ajuda a nossos amigos, assim como eles vieram nos pedir ajuda tantas vezes no passado quando estavam em dificuldade. Essa é a essência do que lhes dissemos". Transcrito do material de arquivo do programa "Análise: Dólares e predominância", da Rádio BBC 4, transmitido no dia 23 de outubro de 2008, quinta-feira, às 20h30, pelo horário britânico de verão.

17 Connally usou precisamente essa frase em novembro de 1971, num encontro de ministros de finanças em Roma, no contexto de um encontro regular do G10. Foi amplamente noticiado que ele teria usado a mesma frase, a portas fechadas, durante seu giro pelas capitais europeias em agosto do mesmo ano. Ver Crawford e Keever (1973).

série de reações automáticas que os levaram de um erro a outro, culminando quarenta anos mais tarde na atual situação europeia.

Em 2010, a Europa teve de enfrentar as consequências de quarenta anos de erros acumulados (ver capítulos 2, 3 e 4). A crise de sua moeda comum, conhecida como euro, deveu-se a fracassos que remontam aos acontecimentos de 1971, quando a Europa foi expulsa da "zona do dólar" por Nixon, Connally e Volcker.[18] A "comédia de erros" com a qual os líderes europeus responderam à crise do euro posterior a 2010 (ver capítulos 5 e 6) também pode ser atribuída à reação desajeitada da Europa ao "choque de Nixon". Por fim, como se fosse para confirmar a predileção da história pela ironia, hoje a incapacidade permanente da Europa de recuperar seu equilíbrio depois do "choque de Nixon" dificulta a própria tentativa americana de retomar depois do terremoto financeiro de 2008.[19]

---

18 Paul Volcker, que mais tarde se tornaria presidente do Banco Central de Nova York, antes de o presidente Carter nomeá-lo presidente do Banco Central em 1978, ajudou a convencer John Connally a convencer o presidente Nixon a "expulsar" a Europa. Nem todos os membros do governo estavam de acordo. Na verdade, Arthur Burns, que fora nomeado em 1970 presidente do Banco Central por Richard Nixon (e a quem Volcker substituiria em 1978), fez este comentário ácido: "O pobre e desprezível Volcker – que nunca teve opinião formada sobre nada – tinha conseguido instilar um medo irracional do ouro em seu tirânico chefe [N.B., ele se referia a John Connally], a quem procurava agradar sempre privilegiando o que ele ouvia dos estrangeiros (particularmente dos franceses) em vez privilegiar sua capacidade (não muito grande) de raciocinar direito". Ver Ferrell (2010), p. 65..

19 No dia 30 de outubro de 2013, o secretário do Tesouro Jack Lew apresentou o *Relatório ao Congresso sobre Políticas Econômicas e de Taxa de Câmbio*. O documento dizia que "... o ritmo anêmico do crescimento da demanda interna de Berlim e sua dependência das exportações haviam dificultado o reequilíbrio", basicamente acusando a Alemanha de exportar a depressão econômica para a zona do euro e, na verdade, para a economia global, dificultando o esforço americano para superar a crise que começara em 2008 e que se recusava a ir embora.

Demorou para Acontecer

Nixon não concordou facilmente com a filosofia rude de Connally. Nem a filosofia de Connally era tão rude como ele gostava de apregoar. O sistema financeiro do pós-guerra que o anúncio feito por Nixon em pleno verão destinou à lata de lixo da história estava rangendo como um casco de navio condenado cujo naufrágio inevitável ameaçava acabar com a hegemonia americana do pós-guerra.

Lyndon B. Johnson, antecessor imediato de Nixon na Casa Branca, texano como Connally e seu conselheiro político, também tinha percebido que o sistema financeiro do pós-guerra concebido pelos americanos não podia continuar existindo.[20] Numa discussão que teve em 1966 com Francis Bator, seu subconselheiro de Segurança Nacional, o presidente Johnson deixou claro que estava disposto a acabar com ele e cortar o vínculo entre o dólar e o ouro do qual o sistema global dependia:

> *Eu não vou deflacionar a economia americana, atrapalhar minha política externa desperdiçando ajuda ou reduzindo tropas, nem virar protecionista, só para podermos continuar entregando ouro aos franceses a 35 dólares a onça.*[21]

No entanto, entretido com os projetos da Grande Sociedade, a intensificação da Guerra do Vietnã e a relutância de simplesmente explodir um sistema que os New Dealers haviam montado duas décadas atrás, Johnson permitiu que ele continuasse se arrastando.[22]

---

20 Curiosamente, tanto John Connally como Paul Vocker eram democratas de longa data recrutados por Nixon para fazer parte do seu governo republicano. Esse fato os deixou em desacordo com inúmeros republicanos do mesmo governo que se opunham a seu esforço conjunto para convencer o presidente Nixon a fazer seu anúncio chocante em 1971.

21 Ver Bator (2001).

22 Francis Bator, que atuou próximo do presidente Johnson a respeito da decisão do que fazer com Bretton Woods, publicou na época um artigo na *Foreign Affairs* (ver Bator, 1968) no qual explicava detalhadamente os planos

Quando chegou à Casa Branca, Nixon também tentou adiar o inevitável. Muito embora sua equipe briguenta de gestores políticos estivesse concordando cada vez mais que o sistema monetário global estava falido, apenas suas advertências não teriam sido suficientes para convencer Nixon a soltar seu "choque" (e John Connally) em cima dos perplexos europeus.

Na verdade, como veremos a seguir, foram necessários vários movimentos agressivos por parte dos franceses, alemães e britânicos, entre 1968 e o verão de 1971, para vencer sua resistência. Foram esses desafios insensatos à gestão americana do capitalismo global que deram a Connally e "àquele maldito Volcker"[23] a oportunidade de inculcar no presidente a ideia de que não havia alternativa: ele *tinha* de se livrar do sistema monetário internacional conhecido como Bretton Woods, e *tinha* de se livrar da Europa junto com ele.

Será que as coisas poderiam ter tomado outro rumo? Todos sabiam que Bretton Woods, o sistema financeiro global do pós-guerra, tinha sido enfraquecido por poderosas forças econômicas ocultas que estavam fora do controle tanto dos Estados Unidos como da Europa. O erro da Europa foi que, em vez de procurar reformar um sistema claudicante por meio da negociação, seus líderes superestimaram uma mão fraca contra uma grande potência audaciosa.[24] Agora eles teriam de sofrer as consequências. E a

---

do governo para realizar uma transformação gradual de Bretton Woods. A ideia era introduzir uma flexibilidade muito maior no sistema sem, contudo, "explodi-lo", uma vez que sua desintegração repentina causaria um enorme prejuízo social, tanto dentro como fora dos Estados Unidos.

23 Essa caracterização de Volcker foi feita por Richard Nixon. Ele o chamou disso quando soube que Volcker poderia ter sido responsável por uma história vazada para o *Wall Street Journal* que dizia que os Estados Unidos estavam enfrentando uma "enorme crise na frente monetária internacional". Nixon temia que Volcker tivesse vazado a história para pressionar Connally a fazer o que, no final, o próprio Nixon fez no dia 15 de agosto de 1971: pôr fim ao sistema de Bretton Woods!

24 A descrição completa das forças econômicas ocultas que enfraqueciam a ordem financeira global concebida pelos EUA e dos erros estratégicos europeus aparecem a seguir.

Europa de fato sofreu. Na verdade, a Europa *ainda* está sofrendo as consequências, de Dublin a Atenas e de Lisboa a Helsinque.

Uma Ideia Simples para uma Europa Ferida

O sistema financeiro que o presidente Nixon "exterminou" em 1971 nasceu em julho de 1944 nas salas de conferência do Hotel Mount Washington, localizado na cidade de Bretton Woods, em New Hampshire. O cenário imaculado não poderia estar em maior desacordo com os acontecimentos forjados em sangue e aço na Europa e no Pacífico.

O Dia D precedera a conferência de Bretton Woods em apenas três semanas, e seu preço terrível ainda não tinha sido assimilado pelas dezenas de milhares de famílias enlutadas, em grande parte americanas. Durante a própria conferência, o Exército Vermelho libertou Minsk com grandes perdas humanas, a Força Aérea americana bombardeou Tóquio intensamente pela primeira vez desde 1942, Siena era conquistada por tropas argelinas sob o comando do general Charles de Gaulle e foguetes V1 martelavam Londres impiedosamente. No dia 20 de julho, um dia antes da Conferência de Bretton Woods se encerrar com êxito, Claus von Stauffenberg liderou a Conspiração Rastenburg para assassinar Adolf Hitler. Embora os conspiradores tenham fracassado, as cartas já estavam lançadas... Julho de 1944 foi, sem dúvida, o momento certo para que os Aliados começassem a planejar a ordem das coisas no pós-guerra.

Com a cabeça voltada para o conflito em seus países, e uma grande incerteza acerca de sua própria posição na ordem do pós-guerra, os delegados das quarenta nações aliadas que participaram da conferência elaboraram um acordo financeiro impressionante no espaço de três semanas. Na expectativa de que as armas se silenciariam na Europa, e antes que a União Soviética tivesse surgido como o dragão a ser abatido, os New Dealers no poder perceberam que os Estados Unidos estavam prestes a herdar o papel histórico de refazer o capitalismo global à sua própria imagem.

Na cerimônia de abertura da conferência, em julho de 1944, o presidente Franklin D. Roosevelt declarou que seu governo estava abandonando qualquer resquício do isolacionismo americano: "A saúde econômica de cada país", anunciou, "é um tema adequado de preocupação para todos os seus vizinhos, próximos e distantes". Claramente, os Estados Unidos, o único país que saíra da guerra (salvo, talvez, a irrelevante Suíça) com seu sistema monetário intacto, sua indústria em expansão e com um saudável superávit comercial, tinham a intenção de acolher debaixo de suas asas um mundo dilacerado pela guerra.

Uma das vítimas da guerra europeia foi a moeda. Regimes aliados dos nazistas nos países ocupados haviam imprimido uma quantidade tão grande das moedas locais, para apoiar o esforço de guerra do Eixo, que o dinheiro no bolso dos europeus não valia nem o papel em que estava impresso. E mesmo nos países que haviam escapado da ocupação como a Grã-Bretanha, o custo da guerra e o colapso do comércio tinham levado a uma associação de endividamento governamental e destruição do valor que tornava a moeda inútil, ao menos na esfera do comércio internacional. Resumindo, o papel-moeda americano era o único com prestígio e capacidade para lubrificar o comércio mundial.

Washington percebeu que sua primeira tarefa, após a derrota dos exércitos alemães, era remonetizar a Europa. É claro que era mais fácil falar do que fazer. Com o ouro da Europa gasto ou roubado, suas fábricas e sua infraestrutura em ruínas, hordas de refugiados vagando pelas estradas e caminhos, os campos de concentração ainda impregnados com o mau cheiro da indescritível crueldade humana, a Europa precisava de muito mais do que cédulas de papel novinhas em folha. Algo precisava agregar *valor* às novas cédulas. Não surpreende que os New Dealers tenham apresentado uma ideia simples do que aquele "algo" devia ser: o dólar. Os Estados Unidos estavam prestes a compartilhar seu papel-moeda com os países europeus que, com o término da guerra, passaram a ficar debaixo do seu guarda-chuva geopolítico.

O que isso acarretou na prática foram novas moedas europeias sustentadas pelo dólar a uma taxa fixa, de modo que todos saberiam que uma certa quantidade de marcos alemães, francos franceses ou libras britânicas – ou até mesmo dracmas gregas – valeriam uma quantidade pré-definida e constante de dólares. Foi essa salvaguarda do dólar que daria valor global instantâneo ao novo dinheiro da Europa.

Será que com isso não se corria o risco de desvalorizar o dólar? Se o dólar deveria ser a âncora das novas moedas europeias, o que sustentaria o próprio valor do dólar? Aproveitando uma longa tradição de "ancorar" o papel-moeda a metais preciosos que nenhum alquimista seria capaz de falsificar, a resposta foi: os Estados Unidos garantiriam uma taxa de câmbio fixa e a conversibilidade plena entre o dólar e o ouro que eles mantinham em um depósito subterrâneo no prédio do Banco Central de Nova York, bem como em Fort Knox.

Era uma ideia simples para um mundo mais simples: ao proprietário de um punhado de dólares (35 foi o "número" finalmente escolhido) seria oferecido o direito ilimitado a uma onça de ouro de propriedade dos Estados Unidos, independentemente da nacionalidade do proprietário ou da sua localização no planeta. Do mesmo modo, o proprietário de outro punhado da nova moeda europeia teria assegurado uma determinada quantidade de dólares, que, por sua vez, garantiria acesso ao ouro americano. Basicamente, o papel-moeda americano lastreado no ouro tornou-se a salvaguarda das moedas dentro do novo sistema financeiro global que passou para a história pomposamente como o sistema de Bretton Woods.

Um Discípulo que Superou o Mestre

Harry Dexter White representou o presidente Franklin D. Roosevelt nas negociações de Bretton Woods. Sua tarefa principal era evitar que os ambiciosos europeus tentassem distorcer o projeto do novo sistema financeiro em seu benefício. White era um New Dealer convicto, além de ser um economista keynesiano.[25] Numa curiosa guinada do destino, o único europeu que ele teve de enfrentar em Bretton Woods foi um certo John Maynard Keynes, que fora despachado pelo governo de união nacional da época da guerra liderado por Winston Churchill para representar o último, e declinante, império da Europa.[26]

Keynes tinha planejado tudo muito antes de chegar aos Estados Unidos. Trouxera com ele uma visão extremamente crítica dos métodos do capitalismo, uma compreensão sem igual das forças econômicas que tinham provocado a Grande Depressão, um plano brilhante para reformar as finanças globais e, por último mas não menos importante, uma forma poética de lidar com as palavras e

---

[25] White obtivera o doutorado em economia em Harvard e ocupara o cargo de assistente do secretário do Tesouro americano Henry Morgenthau. Internacionalista convicto, ele não apenas ajudara a criar o FMI (que, com o Banco Mundial, fora concebido em Bretton Woods como um dos dois pilares institucionais do sistema), mas também se tornara seu primeiro diretor administrativo. Renunciou abruptamente em 1947 devido a uma onda de insinuações de que havia atuado como espião soviético. Morreu no ano seguinte vítima de um ataque cardíaco.

[26] A guerra produz, certamente, aliados curiosos. Em 1925 John Maynard Keynes fora o autor de um panfleto intitulado *As consequências econômicas do Sr. Churchill,* repreendendo severamente Churchill (que em 1944 o mandaria a Bretton Woods como representante do seu governo) por ter arrastado a Grã-Bretanha de volta ao padrão-ouro. Keynes argumentava no panfleto que a libra tinha sido fixada em um valor muito alto *vis-à-vis* o ouro, prevendo, de forma correta, que o padrão-ouro se transformaria nos grilhões da economia britânica, provocando uma recessão desnecessária e interminável. O panfleto de Keynes pode ser considerado o responsável pela diminuição do apoio ao padrão-ouro entre os formadores de opinião, a tal ponto que, depois da Crise de 1929, a Grã-Bretanha foi um dos primeiros países a abandoná-lo. Ela tomou essa decisão em 1931 para abrandar a Grande Depressão, dois anos antes que o presidente Roosevelt também retirasse os Estados Unidos do padrão-ouro. Talvez valha a pena observar também que o título do panfleto acima mencionado era um jogo de palavras com o livro anterior que tornara Keynes famoso: *As consequências econômicas da paz,* publicado em 1919, que alertava para a previsão de que as duras reparações de guerra impostas pelo Tratado de Versalhes à Alemanha derrotada imporiam, por seu turno, o mesmo sofrimento a vencedores e derrotados.

um talento de romancista para a narrativa.[27] A única pessoa na conferência de Bretton Woods que lhe poderia negar a glória suprema de deixar sua marca no novo sistema global era seu discípulo americano Harry Dexter White. E foi exatamente isso que White fez.

A proposta de Keynes era cheia de vigor intelectual. White não cabia em si com a autoridade de que fora investido pela força econômica e militar americana.

Keynes defendia um sistema global que pudesse estabilizar o capitalismo por um período incrivelmente longo. A orientação de White era impor um sistema coerente com o recém-descoberto poderio americano, mas que só fosse viável se os Estados Unidos permanecessem a nação superavitária *excepcional*.

Era, portanto, inevitável que houvesse um choque entre os dois e que White levasse a melhor, mesmo que Keynes tenha conseguido convencer seu adversário em cada um dos pontos teóricos importantes.

Foi assim que, em julho de 1944, com o Dia D ainda fresco na memória, com as tropas americanas avançando tanto na Europa como no Pacífico e com o resto do mundo em dívida com os Estados Unidos, Keynes retornou derrotado a Londres, recusando-se a discutir em detalhe tanto o acordo que, basicamente,

---

27 Ao examinar as atas do Tratado de Versalhes quando era jovem, Keynes escreveu *as consequências econômicas da paz*, um panfleto que antevia que o tratamento duro dispensado à Alemanha derrotada, após a Primeira Guerra Mundial, provocaria um grande colapso econômico em toda a Europa (ver Keynes, 1920). Em 1936, as teorias de Keynes sobre o capitalismo foram resumidas no magistral *A teoria geral do emprego, do juro e da moeda* (ver Keynes, 1936). Em 1941, Keynes tinha introduzido esses conceitos em um "projeto" para o futuro do capitalismo global, que ele apresentou em Bretton Woods em 1944 (ver Keynes, 1980). Sua visão da tarefa que ele e seus colegas negociadores empreenderam na conferência de Bretton Woods está resumida na frase: "Nós tínhamos de cumprir ao mesmo tempo as tarefas atribuídas ao economista, ao financista, ao político, ao jornalista, ao publicitário, ao jurista, ao estadista – e até, penso, ao profeta e ao adivinho". (Ver Moggridge, 1980, p. 101).

fora imposto pelo lado americano[28] como seu plano, que White desfigurara no Hotel Mount Washington.

Pouco tempo depois, Keynes investiu as energias que lhe restavam em outra negociação com os New Dealers de Washington, numa conferência em Savannah, Geórgia, para tentar convencê-los a reduzir o valor dos gigantescos empréstimos de guerra britânicos. Não se saiu bem. Durante a negociação, que Keynes descreveu como um "inferno", ele teve o primeiro ataque do coração. Logo depois de retornar à Inglaterra, com a idade de 62 anos, outro ataque pôs fim a sua vida.

E os Fracos Sofrem o que Devem...

Quarenta anos depois, em 1988, enquanto examinava os documentos e livros de Keynes no King's College, em Cambridge, me deparei com um exemplar da *Guerra do Peloponeso*, de Tucídides, escrito no grego antigo original. Peguei-o e folheei rapidamente suas páginas. Ali estava, sublinhada a lápis, a célebre passagem em que os poderosos generais atenienses explicavam aos desamparados melianos por que os "direitos" só são pertinentes "entre aqueles que têm o mesmo poder" e, por esse motivo, eles estavam prestes "a tratá-los como lhes aprouvesse". Era porque "os fortes na verdade fazem o que podem e os fracos sofrem o que devem".[29]

---

28 O sistema de Bretton Woods que, ao final, foi estabelecido na conferência está explicado de forma completa mais adiante.

29 Tucídides, *A história da Guerra do Peloponeso*, Livro 5, s89: "…δυνατὰ δὲ οἱ προύχοντες πράσσουσι καὶ οἱ ἀσθενεῖς ξυγχωροῦσιν". [N. do E.: que também pode ser verificada aqui: http://catalog.perseus.org; em português, a tradução mais comum desse trecho é " os mais fortes fazem o que podem e os mais fracos sofrem o que merecem", o que se trata, a bem da verdade, de uma tradução bastante livre, uma vez que o original, na língua helênica do século 5º a. C., significa, em uma tradução mais literal, "os fortes podem chegar antes e aos fracos resta acompanha-los"; uma vez que a tradução mais convencionada toma sua licença poética, decidimos traduzir merecem por **devem**, pois, isso ao mesmo tempo em que conserva o sentido original do dito, também trabalha com a ambivalência de dever em português: seja ter obrigação mais geral

Essas palavras estavam ressoando na minha cabeça durante a primavera de 2015 enquanto eu enfrentava a Troika de credores da Grécia e seu compromisso inabalável de submeter nosso governo, para desestimular outros que quisessem brincar com a noção de soberania. Tenho certeza de que essas palavras também deviam estar ressoando na cabeça de Keynes em Bretton Woods. No entanto, eu me pergunto se ele também se sentiu tentado a se dirigir a White com uma versão da fala dos melianos que, na tentativa de se salvar, procuraram apelar ao interesse próprio dos atenienses:

> *Então, do nosso ponto de vista (já que vocês nos obrigam a basear nossos argumentos no interesse próprio em vez de baseá-lo no que é correto) é conveniente que não destruam um princípio que atende ao bem geral – a saber, que aqueles que se encontram nas garras do infortúnio devem (...) ter a permissão de prosperar além dos limites estabelecidos pelo cálculo preciso de seu poder. E este é um princípio que não lhes concerne menos, uma vez que* **sua própria ruína seria visitada pela mais terrível vingança, perante os olhos do mundo inteiro**.[30] *[destaque meu]*

No caso dos arrogantes atenienses, essas palavras certamente ressoaram anos depois quando seus inimigos mortais, os espartanos, escalaram as muralhas de Atenas com o propósito de destruí-los. Talvez também tenha sido assim que os New Dealers sobreviventes tenham se sentido em meados da década de 1960 quando o sistema que White tinha imposto, contra o bom-senso de Keynes, começou a se desfazer. A essa altura, é claro, era tarde demais para fazer qualquer coisa. E, em vista das reações grosseiras e teimosas dos europeus, o "choque de Nixon" assumia um caráter de inevitabilidade a cada dia que passava.

Quando veio, o "choque de Nixon" cuidou para que os Estados Unidos, diferentemente de Atenas, continuassem a desfrutar dos

---

ou precisar pagar algo a outrem – o que é exatamente o caso neste verdadeiro drama histórico]
30 Tucídides, *A história da Guerra do Peloponeso*, Livro 5, s90, tradução do Autor.

privilégios da hegemonia incontestável – pelo menos até 2008. Foi basicamente isso que John Connally tinha proposto ao presidente: "Foda-os antes que eles nos fodam!"

Consequentemente, embora a Europa e o Japão tenham sido severamente "fodidos"[31], o mesmo aconteceu com o projeto político dos New Dealers que tinham deixado de lado as propostas de Keynes em 1944.

De fato, depois de 1965 eles e seus sucessores perderam todas as batalhas domésticas contra os revigorados republicanos. Pode-se dizer que seu fracasso absoluto em ressuscitar o espírito do New Deal, mesmo por meio dos presidentes democratas que podem ter querido ressuscitá-lo (Jimmy Carter, Bill Clinton e Barack Obama, por exemplo), tem origem na rejeição às propostas de Keynes em 1944.[32]

---

31 O descolamento do dólar do iene, do franco e do marco alemão fez com que a indústria europeia e japonesa perdesse grande parte de sua vantagem frente às multinacionais americanas (quando o dólar despencou). Por outro lado, o preço em dólar do petróleo explodiu, expondo a um perigo ainda maior a indústria europeia e japonesa, cuja vulnerabilidade com relação à importação de petróleo sempre fora maior que a dos industriais americanos.

32 Talvez o epitáfio mais chocante da proposta de Keynes tenha surgido em 2011 em meio à crise do euro. Foi assim que eu o descrevi no epílogo do meu livro *O Minotauro Global – A verdadeira origem da crise financeira e o futuro da economia* – ver Varoufakis (2016): "Fiquei extremamente surpreso ao ouvir outro dia uma entrevista que Dominique Strauss Kahn, diretor geral do FMI deu a uma rádio. Em resposta a um jornalista que perguntou como a economia global deveria ser reconfigurada depois da crise de 2008, ele deu uma resposta espantosa: "Jamais uma instituição como o FMI foi tão necessária como hoje... *Há sessenta anos, Keynes já previa o era preciso fazer; mas ainda era prematuro demais. O momento é agora, e creio que estamos prontos para fazê-lo!*" [Destaque meu]. Era o dia 21 de janeiro de 2011. Quatro meses depois, Strauss Kahn foi obrigado a renunciar à presidência do FMI, depois de ter sido preso em Nova York acusado de agressões sexuais – acusações essas que foram posteriormente retiradas."

Reciclagem em Tempos de Bonança

A proposta de Keynes era radicalmente internacionalista e multilateral. Tinha uma base histórica (a catástrofe de 1929 provocada pelo padrão-ouro) e se apoiava teoricamente num conceito óbvio para todos, com exceção, naturalmente, da maioria dos economistas: *o capitalismo global é profundamente diferente da economia isolada de Robinson Crusoé.*

Uma economia fechada e autárquica como a de Robinson Crusoé, na literatura, ou, talvez, a da Coreia do Norte hoje, pode ser pobre, isolada e não democrática, mas, pelo menos, está livre dos problemas causados pelos déficits ou superávits externos.[33] Diferente da economia fechada, podemos supor que todas as economias se encontram numa relação assimétrica umas com as outras. Pense na Grécia em relação à Alemanha, o Arizona em relação à vizinha Califórnia, o Norte da Inglaterra e o País de Gales em relação à região metropolitana de Londres ou, certamente, os Estados Unidos em relação à China – todos casos de desequilíbrios com uma capacidade impressionante de resistência. Resumindo: os desequilíbrios são a regra, nunca a exceção. Fixar a taxa de câmbio em economias cuja balança comercial vive desequilibrada é uma receita para a desgraça.

Em 1944 Keynes admitiu que, diante da situação terrível da Europa, não havia alternativa a um regime de taxas fixas de câmbio baseadas totalmente no dólar. No entanto, embora a dolarização da Europa resolvesse um problema, o sistema de taxa fixa de câmbio ancorado no dólar criaria outros infortúnios no futuro – infortúnios que, ele pressentia, resultariam do crescimento dos desequilíbrios comerciais, com consequências terríveis, primeiro para os países deficitários e, em seguida, para todos os outros países. Mas por que Keynes temia que a dolarização generalizada faria os desequilíbrios comerciais saírem do controle?

---

33 Ver "The Recycling Problem in a Currency Union", de George Krimpas, que aparece como um adendo ao capítulo 12 de Varoufakis et al. (2011).

A lógica de Keynes sobre o motivo pelo qual as taxas fixas de câmbio gerariam instabilidade num mundo de superávits e déficits era incontestável. Além disso, estava baseada diretamente nos acontecimentos que levaram à Grande Depressão que os New Dealers conheciam tão bem.

Do mesmo modo que a dívida de uma pessoa é o ativo de outra, o déficit de um país é o superávit de outro. Num mundo assimétrico, os bancos ajudam a manter uma aparência de equilíbrio durante os períodos de bonança: o dinheiro que as economias superavitárias recolhem por venderem mais produtos para as economias deficitárias do que aquilo que compram delas fica acumulado em seus bancos. Em seguida, esses bancos ficam tentados a emprestar grande parte desse dinheiro a regiões ou países deficitários, onde as taxas de juro são sempre mais altas porque o dinheiro é muito mais escasso. E, se a taxa de câmbio for fixada, os bancos emprestam mais para o país deficitário, sem se preocupar com a possibilidade de uma desvalorização que dificultaria que os devedores do país os reembolsassem.

Nesse sentido, os banqueiros são recicladores de superávits em tempos de bonança. Eles lucram pegando boa parte do excesso de dinheiro dos países superavitários e reciclando-o nos países deficitários. E se a taxa de câmbio for fixada, eles endoidecem, transferindo montanhas de dinheiro para as regiões deficitárias enquanto não há nuvens carregadas, o céu está azul e as águas financeiras estão tranquilas. Sua "linha de crédito" permite que aqueles que estão em situação deficitária continuem comprando cada vez mais das economias superavitárias, que prosperam com a farra das exportações. As empresas ligadas à importação e à exportação incham por toda parte, a renda cresce rapidamente tanto nos países superavitários como nos deficitários, a confiança no sistema financeiro aumenta, os superávits ficam maiores e os déficits mais profundos.

Enquanto o tempo financeiro continua estável, a reciclagem de superávits dos tempos de bonança prossegue. Com a certeza e a brusquidão que um monte de areia implode quando lhe é acrescentado um grão decisivo, o comércio financiado pelo vendedor sempre sofre um espasmo repentino e violento. Ninguém pode prever quando, mas só os tolos duvidam de que acontecerá. O equivalente do grão de areia decisivo pode ser um contêiner cheio de produtos importunados que um importador insolvente não reclama ou um empréstimo que algum empresário do setor imobiliário excessivamente alavancado deixa de honrar. Basta uma única falência num país deficitário para desencadear uma espiral de pânico entre os bancos dos países superavitários.

De um momento para o outro, banqueiros confiantes que rodavam o mundo viram geleia. Os empréstimos, até então feitos de forma temerária, desaparecem. Importadores, incorporadores, governos e municipalidades de regiões deficitárias, que tinham se tornado dependentes dos bancos, são deixados à míngua. O preço das casas despenca, as obras públicas são abandonadas, prédios de escritórios se transformam em torres fantasmas, as lojas ficam atulhadas de produtos, os salários viram pó e os governos, previsivelmente, anunciam a austeridade. De maneira quase instantânea, os banqueiros se veem às voltas com "empréstimos sem retorno" do tamanho do Himalaia. O pânico atinge um grau ensurdecedor, e as palavras inimitáveis de Keynes ressoam uma vez mais: "Assim que a tempestade engrossa", os banqueiros se comportam como um "marinheiro de águas calmas" que "abandona os botes que poderiam conduzi-lo à segurança pela pressa em empurrar o vizinho para fora e a si próprio para dentro".[34]

A sina da reciclagem do superávit em tempos de bonança é estimular o colapso e ocasionar a interrupção total de qualquer reciclagem. Foi isso que aconteceu em 1929. E é isso que vem acontecendo desde 2008 na Europa.

---

34 Ver Keynes (1932).

Reciclagem Política do Superávit ou Barbárie

Quando o valor da moeda de um país é flexível, ele funciona como um para-choque que absorve os golpes causados por uma crise bancária ocasionada por um comércio insustentável e pelos fluxos de dinheiro. Quando práticas bancárias insustentáveis provocaram o colapso da Islândia em 2008, sua moeda despencou, o peixe que a ilha exporta para o Canadá e os Estados Unidos ficou baratíssimo, as receitas aumentaram e, de crucial importância, as dívidas denominadas na moeda local encolheram (pelo menos em termos de dólares, euros e libras esterlinas). É por isso que, após ter sofrido um choque terrível, a Islândia se recuperou com tamanha rapidez.

Mas quando a moeda de um país deficitário é trocada em proporções inalteradas pela moeda de seus parceiros comerciais superavitários, seu valor internacional é fixo. Isso parece ótimo quando se vive num país como esse e se possui uma grande quantidade dessa moeda. Só que é algo terrível para a vasta maioria da população, que tem uma pequena quantidade dela. Uma vez iniciadas as falências em série, as receitas fatalmente caem, enquanto as dívidas privadas e públicas junto aos bancos estrangeiros continuam inalteradas. O preço de uma taxa fixa de câmbio é um Estado falido num abraço de morte com os cidadãos desmonetizados e um setor privado insolvente. Uma espiral mortal e um turbilhão hediondo conduzem a maioria à servidão por dívida, o país à estagnação e a nação à humilhação.

John Maynard Keynes conhecia muito bem isso.[35] O mesmo acontecia com Harry Dexter White, um sobrevivente da devastação dos anos 1930 que lhe revelara, em primeira mão, o que acontece quando o peso do ajuste recai de forma esmagadora so-

---

35 Nas palavras de Keynes, com taxas fixas de câmbio: "... o peso do ajuste [recairá] no país que está na posição de *devedor* no balanço internacional de pagamentos, ou seja, o país que (nesse contexto) é teoricamente *o mais fraco* e, acima de tudo, *o menor* em comparação com o outro lado da balança, que (para esse propósito) é o resto do mundo." [Destaques do original] Keynes (1980, p. 27).

bre os ombros dos mais fracos: os devedores definham nas regiões deficitárias onde as receitas são comprimidas, o investimento se evapora e a única coisa que cresce cada vez mais é o buraco negro da dívida e das perdas bancárias. White compreendia tudo isso muito bem, exatamente como os gregos, os irlandeses, os espanhóis e vários europeus compreendem hoje.

Foi por reconhecer esse problema que White concordou com Keynes num ponto crucial: algum mecanismo *alternativo* de absorção do choque teria de ser introduzido no sistema global que eles estavam criando. Um mecanismo ausente do padrão-ouro da década de 1920 e do qual, tragicamente, a Europa está precisando desesperadamente hoje. Um mecanismo que entre em funcionamento no momento em que a reciclagem de superávits em tempos de bonança feita pelos banqueiros desapareça, de modo a evitar que o circuito mortal crie raízes e mergulhe primeiro os países deficitários e depois o capitalismo global em mais uma espiral depressiva e num conflito selvagem. O que seria esse "mecanismo"? A reposta foi: um conjunto de instituições políticas que entre em cena e recicle os superávits quando a reciclagem de superávits em tempo de bonança empacar.

Os New Dealers, representados por White em Bretton Woods, já tinham atacado esse problema no contexto americano. Eles haviam criado instituições federais cujo papel em tempos de crise era reciclar automaticamente superávits para onde eles fossem mais necessários. Resumindo, uma reciclagem política do superávit. O propósito mesmo do New Deal, que precedera a conferência de Bretton Wood em quase uma década, era exatamente esse: a seguridade social, um esquema federal de depósito de seguro (administrado pela FDIC[36]) para todos os bancos em todos os estados, o Medicare[37], cartões de

---

36 *The Federal Insurance Deposit Corporation* [Corporação Federal de Depósito de Seguro].
37 N. do T.: Sistema de seguros de saúde gerido pelo governo federal americano e destinado às pessoas com 65 anos de idade ou mais ou que se enquadrem em determinadas faixas de rendimento.

alimentação, o orçamento militar etc. eram instituições adaptadas à reciclagem política de superávits, de modo a combater a Grande Depressão e a evitar que ela ocorresse de novo.[38]

O impacto terapêutico do mecanismo de reciclagem política do superávit ainda pode ser sentido hoje nos Estados Unidos. Quando Wall Street implodiu em 2008, Nevada foi um dos estados em que o sofrimento foi sentido mais intensamente. Quando o desemprego, as falências e as penhoras dispararam em Las Vegas e nos subúrbios próximos, o custo extra do seguro-desemprego, bem como os financiamentos necessários para reerguer os bancos de Nevada, não foram bancados pelos contribuintes do estado, e sim pelo governo federal e pelas autoridades monetárias de Washington (o Banco Central e a FDIC).[39]

---

38 Quando o presidente Roosevelt sugeriu que os americanos só deveriam "temer o próprio medo", ele estava se referindo ao temor autorrealizável que impede que recursos superavitários sejam investidos onde são mais necessários, e à necessidade de uma intervenção política que supere esse medo através de investimentos diretos em estados e regiões onde estão concentrados o maior endividamento e os níveis mais elevados de desemprego e déficit. A visão de Roosevelt seria fortalecida posteriormente, depois de Pearl Harbor, pela experiência reveladora do seu governo na administração da economia de guerra, reunindo provas definitivas – se é que eram necessárias – de que o desemprego elevado não tem nada de natural e que a depressão significa um fracasso de política, não um ato divino ao qual devemos nos submeter..

39 Vale a pena comparar o destino de Nevada com o da Irlanda – um Estado-membro da "outra" união monetária, a zona do euro. Exatamente como Nevada, em 2008 a Irlanda enfrentou um colapso generalizado dos setores imobiliário e bancário. Diferentemente de Nevada, porém, a Irlanda teve de se virar sozinha quando precisou amparar seus bancos e pagar o seguro-desemprego. Sem dispor de uma máquina de imprimir dinheiro, ela teve de ir com o chapéu na mão aos mercados financeiros para emprestar enormes quantidades de recursos, que, no caso de Nevada, tinham sido bancados em nível federal. Naturalmente, os mercados financeiros, prisioneiros de uma mentalidade de restrição de crédito, só liberavam dinheiro com taxas de juro próximas às dos agiotas. Desse modo, a Irlanda acabou aceitando um vultoso empréstimo dos governos europeus, do Banco Central Europeu e do Fundo Monetário Internacional que tornou o Estado irlandês insolvente e impôs a sua população um patrimônio líquido negativo crônico. Nevada, por sua vez, saiu rapidamente da crise e, em termos comparativos, com uma dívida muito pequena..

Não era um simples gesto de solidariedade do resto dos Estados Unidos para o estado de Nevada. Em vez disso, tratava-se de um mecanismo automático que entrou em cena para impedir que o mal-estar de Nevada se espalhasse para outras regiões. Através da seguridade social, da intervenção da FDIC, do Medicare etc., superávits de estados superavitários como Califórnia, Nova York e Texas foram redirecionados *automaticamente* para as planícies desertas de Nevada a fim de interromper o processo degenerativo. Muitos americanos consideram natural esse mecanismo de reciclagem política do superávit, esquecendo-se de que ele foi implantado pela primeira vez no governo Roosevelt, poucos anos antes de as mesmas pessoas serem as anfitriãs da conferência de Bretton Woods.[40]

Desse modo, Keynes tinha bons motivos para esperar que pudesse apelar a um New Dealer como White que ele aumentasse a dolarização da Europa com a criação de um mecanismo político para reciclar superávits em escala global. Pois, se a "zona do dólar" se expandisse para incluir a Europa e, mais tarde, o Japão, certamente a reciclagem política do superávit teria de ter estendida até os limites da jurisdição de Bretton Woods.

---

40 O mesmo aconteceu com o orçamento militar americano, que, a partir da fase inicial da Segunda Guerra Mundial, foi mobilizado não apenas para vencer a guerra contra o Japão e a Alemanha, mas também a guerra contra o flagelo do desemprego e a angústia da pobreza que persistiam na esteira da Grande Depressão. Até hoje, quando a Boeing ou a Lockheed recebem contratos de defesa, eles vêm com condições que as obrigam a construir fábricas em estados deficitários como Tennessee ou Missouri. Essa reciclagem do superávit, utilizada pela primeira vez pelos New Dealers nas décadas de 1930 e 1940, conferiu à "zona do dólar", também conhecida como os... Estados Unidos da América, um nível de proteção contra recessões que começavam nas regiões deficitárias e se espalhavam como ameaçadores focos de incêndio para os estados superavitários..

"Os Superávits são nossos, os Mecanismos de Reciclagem também"

O modelo institucional de Keynes para o sistema de Bretton Woods era admiravelmente ambicioso. Ele incluía a criação de uma nova moeda mundial, um sistema de taxas fixas de câmbio entre essa moeda mundial e as moedas nacionais e um banco central mundial que controlaria todo o sistema.

A criação desse sistema teria o propósito de preservar a estabilidade monetária por toda parte, manter tanto os superávits como os déficits sob controle no Ocidente e, ao primeiro sinal de crise num país convulsionado, direcionar rapidamente a ele os superávits reciclados, a fim de evitar o contágio com o resto dos países.

White também percebia a importância da reciclagem política de superávits no interior do sistema global que eles estavam estabelecendo. Só que as propostas de Keynes pareciam ridículas aos seus ouvidos de americano. Será que esse inglês esperto, ele pode ter perguntado, estava propondo seriamente que os europeus deveriam ter o poder de decidir como os *nossos* superávits são reciclados? Será que ele está falando sério?

Como bom keynesiano, White concordava que Bretton Woods não devia se limitar a simplesmente dolarizar o mundo ocidental. Ele reconhecia a necessidade de um mecanismo de reciclagem de superávit administrado politicamente (fora do mercado), o que, naturalmente, significava reciclar os superávits americanos para a Europa.

No entanto, a ideia de que os europeus falidos, que já tinham feito o mundo passar pelo calvário de duas guerras mundiais em menos de três décadas e ainda ansiavam pela reconstituição de seus impérios repulsivos, passariam a controlar o superávit americano era um pesadelo para um New Dealer anti-imperialista e patriota como White. Keynes certamente não iria obter nada disso. Como única nação superavitária, os Estados Unidos decidiriam *sozinhos* como, quando e para quem iriam reciclar seu superávit. Ainda assim, White ouviu respeitosamente enquanto Keynes apresentava seu esquema ambicioso.

Seria criado um Fundo Monetário Internacional (FMI) para desempenhar o papel de Banco Central do mundo. Como qualquer outro Banco Central, ele emitiria a moeda mundial – o bancor, como Keynes a chamou provisoriamente. O bancor não seria impresso, exatamente da mesma forma que a cripto-moeda bitcoin não existe de forma concreta hoje, apenas como números numa planilha eletrônica ou aparelho digital. Não obstante, ela funcionaria como a moeda do mundo. Todo país teria uma conta em bancors junto ao FMI, da qual sacaria quando adquirisse bens importados de outros países e na qual outros países depositariam bancors quando seus cidadãos ou corporações adquirissem bens e serviços dele. Dessa forma, todo o comércio internacional seria denominado em bancors do FMI, a moeda global, enquanto as moedas nacionais continuariam lubrificando as engrenagens das economias nacionais.

Crucial para o sistema era uma taxa de câmbio fixa entre as moedas nacionais e o bancor, e, portanto, entre todas as moedas nacionais participantes. O Conselho do FMI, no qual todas as nações estariam representadas, decidiria essas taxas de forma centralizada e por meio de negociação. Sempre que necessário, elas seriam ajustadas para que as moedas dos países com superávits persistentes comprassem uma quantidade cada vez maior de bancors (para tornar suas exportações mais caras e suas importações mais baratas), e vice-versa com relação às nações com déficit permanente.

De forma ainda mais radical, o FMI de Keynes, reconhecendo que o déficit de um país é o superávit de outro, cobraria um tributo da conta em bancors de um país se suas importações e exportações divergissem demais. A ideia era penalizar os dois tipos de desequilíbrio (superávits exagerados e déficits exagerados; as Alemanhas e as Grécias do mundo) e, ao longo do processo, construir um fundo de reserva de bancors no FMI, de modo que, quando estourasse uma crise, os países deficitários em dificuldade poderiam ser sustentados e impedidos de cair no buraco negro da dívida e da recessão, que poderia se espalhar por todo o sistema de Bretton Woods.

White deu uma olhada naquele projeto imponente e imediatamente rejeitou duas de suas principais características: a ideia de uma moeda nova, não oficial e global (o bancor) que seria administrada por um comitê de governança do FMI no qual os Estados Unidos seriam um entre muitos. E a ideia, relacionada à primeira, de tributar os países superavitários; isto é, os Estados Unidos.

Para White, a sorte já estava lançada: a Europa deveria ser dolarizada e o dólar seria a moeda mundial. O bancor era uma grande ideia num mundo multilateral, mas uma piada num mundo em que o dólar já tinha sido coroado rei e rainha. Além do mais, a ideia de que o comitê de governança do FMI, em que os europeus eram majoritários, iria tributar os superávits americanos lhe parecia ridícula demais para ser traduzida em palavras. Os Estados Unidos eram donos de seus superávits e os reciclariam sozinhos, sem pedir permissão a um grupo de europeus falidos.

A Defesa da Região

Quando a conferência de Bretton Woods chegou ao fim, White tinha escolhido de forma tão eclética os pontos da proposta de Keynes que lhe interessavam que seu espírito multilateralista desapareceu. É verdade que o FMI seria criado, mas seu propósito não seria emitir uma nova moeda mundial.[41] A perda do bancor e a ascensão oficial do dólar à condição de moeda mundial significou que o FMI não

---

41 Além do FMI, que existe até hoje (desempenhando, depois de 1971, um papel muito diferente do que fora imaginado para ele em Bretton Woods), uma outra instituição foi criada na conferência de 1944: o Banco Internacional para a Reconstrução e Desenvolvimento (BIRD), hoje conhecido simplesmente como Banco Mundial. Ao passo que a proposta de Keynes para o FMI era que ele fosse o Banco Central do mundo, para emitir e administrar a moeda mundial, o propósito do BIRD era mobilizar poupanças ociosas e transformá-las em investimentos produtivos em países relativamente subdesenvolvidos e deficitários. E assim como o FMI acabou funcionando de maneira muito diferente, o mesmo aconteceu com o Banco Mundial. Não

poderia funcionar como o Banco Central do mundo. Esse papel foi então atribuído, *de facto*, ao Banco Central americano, o FED.

Privado da função de Banco Central, o FMI acabaria se parecendo com o conselho monetário de uma mini Nações Unidas onde representantes de governos nacionais, uns mais "iguais" que outros, ficavam pechinchando a respeito das taxas de câmbio de cada moeda com relação ao dólar. Quanto ao valor do dólar, ele foi vinculado, por sua vez, a uma quantidade fixa de ouro armazenada pelo governo dos Estados Unidos (35 dólares por onça, para ser exato), contra a convicção de Keynes de que ligar o novo sistema aos metais preciosos – no caso, o dólar – significava um perigoso retrocesso a um passado funesto.

Essa "arquitetura" global pôs o Banco Central americano – o Federal Reserve Bank – numa situação difícil: exigia-se que ele emitisse a moeda mundial sem poder interferir diretamente em suas taxas de câmbio *vis-à-vis* o marco alemão, o franco francês, a libra esterlina etc. Os Bancos Centrais europeus enfrentavam um desafio semelhante: os políticos negociariam as taxas de câmbio (sob os auspícios do FMI), mas a defesa dessas taxas, principalmente contra os especuladores, seria deixada a cargo dos dirigentes dos Bancos Centrais.[42]

Era como se o sistema de Bretton Woods tivesse sido concebido para opor os dirigentes dos Bancos Centrais aos governos; um conflito que ficaria bastante evidente quando o sistema começou a ratear, por volta do final da década de 1960. As finanças globais pareciam às vezes um veículo dirigido por diversos motoristas teimosos, alguns segurando a direção enquanto outros se revezavam pisando no breque e no acelerador.

Defender as taxas de câmbio escolhidas pelos políticos não era uma tarefa técnica simples a ser delegada a dirigentes tecnocratas

---

obstante, dessas duas instituições de Bretton Woods, o Banco Mundial é a que continua mais fiel aos planos que Keynes tinha para ele.

42 Nesse contexto, o FMI tinha um papel suplementar: ele forneceria empréstimos de curto prazo aos países que precisassem defender sua taxa de câmbio devido a um déficit comercial inesperado ou durante o processo de aprovação da desvalorização pelo FMI.

dos Bancos Centrais. Ela exigia uma coordenação fina e permanente entre os Bancos Centrais de vários países na defesa de taxas que não haviam sido escolhidas por eles, e com relação às quais eles frequentemente tinham "ressalvas". O plano de Keynes de um Banco Central único e universal pode ter parecido utópico em 1944, mas no início da década de 1960 o sistema implementado na prática estava se mostrando ainda mais artificial.

Naturalmente, a ação coordenada entre os Bancos Centrais foi indispensável desde o começo. Mas ela ficou cada vez mais decisiva (e cada vez menos próxima) à medida que o sistema foi desestabilizado pelos desequilíbrios comerciais e as resultantes reciclagens de superávit dos tempos de bonança intermediadas pelos bancos que tanto haviam preocupado Keynes. A cada Volkswagen Fusca adquirido por uma família francesa sem que, em contrapartida, uma família alemã adquirisse um automóvel Renault ou caixas suplementares de vinho francês, a pressão sobre o valor em francos do marco alemão subia. Se o déficit comercial francês crescesse continuamente, em algum momento o conselho do FMI teria de decidir desvalorizar o franco francês (em relação ao marco alemão e, por extensão, ao dólar), numa tentativa de baratear o vinho francês na Alemanha e deixar o Volkswagen mais caro na França.

Mesmo o menor sinal de que tal desvalorização poderia ocorrer era o bastante para inflar as velas dos especuladores com ventos indesejáveis, fornecendo-lhes a dica para apostar na queda do franco. Como funcionavam essas apostas? Considerando que nenhuma agência de apostas sensata ofereceria vantagens nos movimentos de moeda, os especuladores apostavam de forma diferente: eles tomavam empréstimos em Paris em francos franceses e os utilizavam para comprar marcos alemães pelas taxas de câmbio vigentes. Em seguida, eles esperavam que o franco se desvalorizasse em relação ao marco. Se ele *de fato* se desvalorizasse, eles usavam os marcos reservados para comprar uma quantidade muito maior de francos do que aquela que haviam inicialmente emprestado (graças ao valor mais baixo do franco), quitavam as dívidas em franco e embolsavam uma bela diferença.

Diferentemente das apostas nas mudanças meteorológicas ou nos esportes – que não tornam o acontecimento previsto mais provável pelo simples fato de terem sido feitas –, as apostas na queda do franco aumentavam a probabilidade que ele *caísse*. Cada franco que os especuladores tomavam emprestado em Paris para comprar marcos empurrava um pouco para baixo o valor do franco no mercado do franco turismo, nos negócios informais entre corporações estrangeiras etc. Subitamente, tornava-se pública a diferença irreconciliável entre o valor oficial e o valor não oficial do franco. Para defender a taxa de câmbio oficial, o Banco Central da França – o Banque de France – tinha de usar todos os marcos disponíveis em seus cofres para comprar francos, na esperança de defender a taxa franco-marco. Tinha se iniciado o jogo da galinha. Quem piscaria primeiro? Os especuladores ou o Banque de France?

A resposta, naturalmente, dependia do Banco Central da Alemanha, o outrora temido e estimado Bundesbank. Será que ele viria em socorro do Banque de France? Se não viesse, o Banque de France ficaria sozinho na luta contra os especuladores, e não demoraria para que sua montanha de marcos e outras moedas estrangeiras se esgotasse. Nesse momento crítico, o Banco Central da França poderia prolongar um pouco a agonia aumentando as taxas de juros, para atrair recursos externos para a França, que seriam utilizados como munição contra os especuladores. No entanto, as taxas de juros mais altas significariam que as empresas francesas teriam de pagar mais para investir, levando a uma queda acentuada da atividade econômica – não exatamente o que a titubeante economia francesa precisava.

Uma alternativa seria o Banque de France aceitar o remédio amargo e telefonar ao ministro das Finanças francês para lhe dar a terrível notícia: "Não conseguiremos defender o franco enquanto nossos compatriotas continuarem comprando tantos Volkswagens. Está na hora de chamar o FMI e acertar sua desvalorização em relação ao marco alemão e ao dólar". Nessa altura, os especuladores fariam explodir as vendas do melhor champanhe francês, ávidos para comemorar em grande estilo sua lucrativa vitória sobre o franco.

Não havia dúvida de que o único obstáculo no caminho da riqueza e da glória dos especuladores era o Bundesbank. Se ele estivesse disposto a imprimir marcos alemães (algo que, naturalmente, o Banque de France não podia fazer) para comprar francos até que os especuladores desistissem, o sistema levaria a melhor apesar do crescente déficit comercial da França com a Alemanha. Nunca houve nenhuma dúvida de que o Bundesbank tivesse a capacidade de fazer isso, já que era o dono da impressora de marcos alemães. A questão era se ele estava *disposto* de fazê-lo.

Por um lado, ele tinha a responsabilidade, perante o sistema de Bretton Woods, de defender a região, de afastar os especuladores, de guardar posições. Por outro lado, o Bundesbank tinha uma profunda aversão a imprimir marcos alemães para defender taxas de câmbio que ele *não* escolhera, e em quantidades que ele abominava; marcos que ameaçam inundar a Alemanha, fazendo com que os preços internos se elevassem como uma maré inesperada que trazia à lembrança a hiperinflação do início da década de 1920.

Será que o Bundesbank e os Bancos Centrais das outras nações superavitárias "fariam o que fosse preciso" para apoiar os Bancos Centrais das nações deficitárias, como se esperava que fizessem segundo as normas do sistema de Bretton Woods? Sim, ainda que relutantes, eles o fariam *desde que sentissem que o sistema de Bretton Woods era confiável*. E o sistema seria confiável enquanto os Estados Unidos estivessem superavitários em relação ao resto do mundo. Mas quando os superávits americanos murcharam a confiança em Bretton Woods começou a diminuir, e Bancos Centrais como o Bundesbank começaram a fazer corpo mole ao serem chamados a defendê-lo.

Déficit Americano, Apreensão Alemã e Presunção Francesa

Os superávits americanos eram o fator mais importante. Diferentemente da Europa de hoje, onde os superávits alemães não desempenham nenhum papel estabilizador[43], a ordem global do pós-guerra, bem como a estabilidade europeia, dependia inteiramente dos superávits americanos. Eles sustentavam o processo indispensável de reciclagem do dólar (entre os Estados Unidos e a Europa) e garantiam o futuro do sistema de Bretton Woods. Enquanto os Estados Unidos vendessem uma quantidade suficiente de "coisas" para os europeus, os dólares que os americanos mandavam para a Europa (como ajuda, ou para adquirir produtos europeus ou mesmo para financiar as bases militares americanas no continente) eram regularmente repatriados.

Cada avião que a Boeing vendia para os europeus e cada escavadora John Deere que cruzava o Atlântico absorvia uma parte da moeda americana que circulava na Europa (a qual veio a ser conhecida como eurodólar) e a trazia para casa. Esses dólares que voltavam sustentavam o dólar contra as moedas alemã, francesa e italiana. Desse modo, o FED podia entrar em cena e utilizar sua montanha infinita de dólares para comprar quantos francos, libras ou liras fossem necessários para defender suas taxas de câmbio oficiais contra o marco alemão. Nesse sentido, os superávits americanos geraram estabilidade dentro da Europa e deram motivo suficiente para que os europeus pensassem nos dólares reciclados como "papel-ouro".

As coisas começaram a dar errado, como Keynes previra que dariam, quando os Estados Unidos começaram, de forma constante, a gastar mais dinheiro com bens europeus e japoneses do que os estrangeiros estavam gastando com produtos *made in*

---

43 Os superávits alemães só são reciclados para o resto da Europa por meio daquilo a que me referi mais no início como "reciclagem dos tempos de bonança" – isto é, o tipo de reciclagem realizada pelos bancos comerciais de Frankfurt. Como expliquei anteriormente, esse tipo de reciclagem infla as bolhas durante os "bons" tempos e não faz nada para ajudar a retomada quando as bolhas explodem. Em comparação, os superávits americanos durante a Era de Bretton Woods eram direcionados por meio de um mecanismo político de reciclagem que atenuava a falta de crédito nos países deficitários em momentos de crise e evitava a criação de bolhas durante os períodos de crescimento.

America.⁴⁴ Naquele momento, quando o superávit americano se transformou em déficit, o fluxo líquido de dólares mudou de direção, alimentando um oceano de eurodólares cada vez maior. No final da década de 1960, esse fluxo tinha se transformado numa enxurrada, o oceano de eurodólares tinha se tornado maior que o Mar Cáspio e o sistema de Bretton Woods ficou sitiado.

Os governos europeus e, naturalmente, os especuladores sabiam que o volume total de dólares na Europa excedia em muito o valor em dólar das reservas americanas de ouro.⁴⁵ Isso significava que se os europeus exigissem que os Estados Unidos trocassem mesmo uma fração de seus eurodólares (como Bretton Woods permitia que eles fizessem), o país esgotaria suas reservas de ouro em questão de minutos. É claro que os Estados Unidos não permitiriam isso. Antes desmontar o sistema de Bretton Woods (como Nixon fez em 1971), deixando o preço do ouro chegar a 70 ou até 100 dólares a onça. De um jeito ou de outro, o preço do ouro em dólar aumentaria substancialmente.

Com essa certeza em mente, os especuladores não perderam tempo: correram a emprestar dólares para comprar ouro pelo preço oficial de Bretton Woods de 35 dólares a onça, convencidos de que em breve poderiam vendê-lo com um belo lucro. E, ao fazê-lo, o preço do ouro esticou a guia de Bretton Woods com a ferocidade de um pitbull ensandecido.

Para manter o sistema de pé, os americanos tinham de confiar na "bondade dos estrangeiros". A defesa do preço de 35 dólares pela onça de ouro exigia que os Bancos Centrais da Europa se juntassem ao FED na venda de ouro pelo preço baixo oficial.⁴⁶

---

44 Uma transformação que se deveu em parte ao aumento da produtividade e ao avanço tecnológico das indústrias alemãs e japonesas; avanços que provavelmente não teriam se concretizado sem o apoio constante dos gestores políticos americanos.

45 Calculadas pela taxa fixa de Bretton Woods de 35 dólares a onça.

46 A situação desesperadora de 1968 exigia uma medida desesperada. Os Bancos Centrais concordaram em se ater ao preço de 35 dólares a onça de ouro quando negociassem o metal brilhante entre si, mas permitiram que o preço

Eles também eram obrigados a continuar imprimindo uma quantidade maior de sua moeda para continuar comprando dólares – absorvendo a enxurrada de dólares que inundava a Europa vinda dos Estados Unidos. Essa "solidariedade" europeia com Washington foi prejudicada não apenas por um pessimismo generalizado com relação às perspectivas de longo prazo do sistema, mas também pelas fraturas intransponíveis que estavam surgindo, naturalmente, entre os países europeus cuja moeda estava em ascensão (países superavitários como Alemanha e Holanda) e aqueles cuja moeda estava perdendo valor (países deficitários que alimentavam um déficit crescente como a França, p. ex.).

Já em 1961 o Bundesbank começara a refugar diante da perspectiva de aumentar o valor do marco alemão ou imprimir a quantidade de marcos necessária para defender seu valor de então. A revalorização do marco penalizaria os exportadores alemães. Imprimir uma quantidade maior de marcos era flertar com a inflação. Não fazer nenhuma coisa nem outra, como era o hábito do Bundesbank, prejudicaria Bretton Woods e deixaria Washington furioso.

Nesse ínterim, as autoridades monetárias francesas, refletindo o descontentamento de De Gaulle com a forma como Washington administrava o capitalismo global, não apenas se recusaram a vender ouro para sustentar o valor do dólar, mas, na verdade, fizeram o oposto: *compraram* ouro dos Estados Unidos a 35 dólares a onça, para mandar um recado de insatisfação a Washington.

---

comercial do ouro subisse à vontade. Esse preço duplo – um oficial, outro não oficial – representou uma derrota importante para o capitalismo global. O Ocidente não podia mais criticar os soviéticos por mentir a respeito do valor real do rublo, cotando uma taxa de câmbio oficial que não tinha nenhuma relação com o valor do rublo no mercado paralelo. O dólar agora também tinha dois valores em termos do ouro – um oficial, outro não oficial. Além disso, essa "solução" não resolveu realmente nada. Quanto maior a diferença do preço não oficial do ouro em relação ao valor oficial de 35 dólares maior a confiança dos especuladores de que conseguiriam, no final, forçar Washington a desvalorizar o dólar em relação ao ouro e a outras moedas.

Os políticos dos Estados europeus deficitários (como França e Itália) tinham motivos para estar irritados com os Estados Unidos. À medida que as moedas de seus países eram esmagadas pelo marco alemão, eles sentiam a terra lhes fugindo dos pés. Uma coisa era Paris ou Roma solicitarem uma desvalorização *vis-à-vis* o dólar. Outra muito diferente era perder terreno constantemente com relação ao marco alemão, cujo valor era estimulado pelo superávit comercial da Alemanha. Com a incapacidade do FED de defender o franco ou a lira, agora que os Estados Unidos estavam deficitários, o ônus de sustentar o franco e a lira (contra o marco) e o dólar (contra o ouro e o marco) coube cada vez mais ao Bundesbank. Desse modo, a França e a Itália começaram a perceber que corriam o risco de se transformar, financeiramente falando, em Estados vassalos da Alemanha; uma perspectiva não muito animadora, transcorridos apenas quinze anos do fim da Segunda Guerra Mundial.

Nada disso deixou os gestores políticos alemães muito satisfeitos. O excesso de dólares na Europa e a queda simultânea do franco, da lira e da libra significavam que o Bundesbank tinha de acelerar as impressoras de marcos alemães *ad nauseam* no interesse de quase todo mundo. Os gestores políticos alemães viram-se de repente diante de um dilema cruel que os dividiu profundamente: imprimir marcos em defesa de Bretton Woods com o risco de uma inflação provocada por uma barragem de marcos alemães? Ou arriscar-se a pôr abaixo um sistema financeiro internacional que, na sua visão, era a base econômica da *Pax Americana* (que mantinha os soviéticos à distância) e da União europeia (que oferecia à Alemanha talvez sua única oportunidade de se tornar um Estado europeu "normal")?

Ao mesmo tempo que a Alemanha começava a relutar em apoiar o sistema global sustentado pelo dólar, o presidente francês De Gaulle estava ficando cada vez mais furioso com um sistema global que diminuía a influência francesa. No final de 1967 seu governo tentou inverter essa maré negativa iniciando um severo esforço de austeridade cujo objetivo era fortalecer o franco. Infelizmente, o resultado foi a depressão e o aumento do desemprego, seguidos por uma grande agitação social que culminou com a mundialmente célebre rebelião de maio de 1968.

Enquanto estudantes e trabalhadores tomavam conta das ruas de Paris, o soldado que fora feito prisioneiro de guerra na cidade alemã de Ingolstadt antes de se tornar o herói francês da Segunda Guerra Mundial duas décadas depois – o extremamente orgulhoso presidente Charles de Gaulle – perdeu o controle do centro de Paris e passou a vergonha de ter de fugir para, quem diria, a Alemanha.

Embora o exército francês o tenha recolocado no poder e ele tenha obtido outra vitória esmagadora para presidente, um ano depois ele renunciou, deprimido e em meio à retomada das pressões sobre o franco. Enquanto isso, a Grã-Bretanha também estava em apuros. Com o Império quase perdido, sua indústria perdendo clientes tanto no exterior como no mercado doméstico, e com o veto de De Gaulle a sua entrada na União Europeia (em parte como um sinal a Washington de que a França estava descontente e sem disposição de acomodar seu "lacaio" europeu)[47], a Grã-Bretanha voltou-se para os Estados Unidos para estabilizar sua balança comercial. Só que os Estados Unidos estavam se preparando para fazer exatamente o contrário: descartar o grupo todo.

Em termos vulgares, mas de uma forma que refletia o estado de espírito de John Connally e Paul Volcker em 1971, o navio global estava adernando e os diversos tipos de roedores estavam testando a temperatura da água. A Alemanha, ao deixar de defender, de propósito, a taxa de câmbio do marco alemão. A França, ao insultar Washington sempre que possível e trocar seus dólares pelo ouro americano. A Grã-Bretanha, ao exigir favores especiais e também trocar seus dólares pelo ouro americano. O Japão, ao se recusar a solicitar, dentro do sistema de Bretton Woods, que o valor do dólar

---

[47] A "relação especial" que a Grã-Bretanha estava anunciando com os Estados Unidos, em substituição à extensão do seu império, foi interpretada por De Gaulle como uma prova de que, se a Grã-Bretanha fosse admitida na União Europeia, ela atuaria como um cavalo de troia de Washington.

em ienes fosse aumentado. Era só uma questão de tempo para que Connally e Volcker convencessem o presidente Nixon de que a situação era insustentável. A Europa tinha de ser descartada!

Epílogo

A Europa nunca se recuperou realmente do "choque de Nixon" que acabou com Bretton Woods.

A fim de manter suas moedas alinhadas e o sonho da unidade europeia vivo os líderes europeus tentaram criar sua própria versão de Bretton Woods. Só que criaram uma versão de terceira classe, que deu origem a crises periódicas cada vez mais destrutivas.

O que os europeus não perceberam é que Bretton Woods não dependia da reciclagem "dos tempos de bonança". Eles não deram atenção ao que White e Keynes tinham identificado como o calcanhar de Aquiles dos sistemas de taxas de câmbio fixas anteriores, como o padrão-ouro do período de entreguerras: dependência excessiva da reciclagem de lucros, ganhos líquidos e, de modo geral, superávits econômicos baseados em bancos comerciais.

Os criadores de Bretton Woods (gente como White e Keynes) percebiam que o capitalismo global precisava de um mecanismo político que regulasse o fluxo de superávits para as regiões às quais os bancos comerciais acorriam impacientes durante os bons tempos e que eles abandonavam sem pestanejar durante os períodos de crise, deixando um rastro de destruição.

Sem um mecanismo político de reciclagem que estabilizasse o "sistema" – e exatamente igual ao padrão-ouro do período de entreguerras –, o sistema monetário europeu sempre iria impor aos fracos níveis de "ajuste" de austeridade que eles não conseguiriam suportar. Resumindo: em vez de um Bretton Woods europeu, em 1971 a Europa enveredou por um caminho que acabaria recriando em seu interior mais um malfadado padrão-ouro.

Esse paradoxo lamentável tem sua origem no modo como Bretton Woods lentamente se desintegrou. A partir do início da década de 1960, embora os Estados Unidos estivessem perdendo seus superávits, eles não estavam dispostos, compreensivelmente, a apertar o cinto, quebrar sua própria economia e perder sua hegemonia global para preservar Bretton Woods. Alguma coisa teria de acontecer, e os desentendimentos entre a França e a Alemanha foram o prelúdio daquela ruptura épica.

Assustada com o declínio de sua importância, ao mesmo tempo em que o Plano Global Americano estava se fragmentando, a elite francesa se comportou com relação à Alemanha como um boxeador que abraça um adversário temido procurando interromper sua sequência de golpes. Por volta de 1963, Paris procurou seduzir a Alemanha com um abraço tão apertado a ponto de conter seu vigoroso poderio econômico. A união monetária foi a forma que o "abraço" sufocante da França assumiu. A Alemanha, é claro, recuou. O "casamento forçado" que os Estados Unidos tinham imposto à França e à Alemanha Ocidental no final da década de 1940[48] tinha se transformado num abraço desordenado que, pouco a pouco, moldou a União Europeia disfuncional de hoje.

Com a ilusão de que podiam contar com os Estados Unidos, fosse qual fosse a situação, para manter o "seu" sistema financeiro global, vários funcionários europeus abusaram da paciência de Washington. O Bundesbank, que se esforçava para conservar sua independência dos políticos alemães (a quem considerava influenciáveis pela "gravata" francesa), recusou-se reiteradamente a cumprir suas obrigações de ajudar a estabilizar o valor do ouro em dólar e o franco francês. Totalmente dependente do Bundesbank para defender o franco, Paris não perdia oportunidade de insultar verbal e simbolicamente os americanos, como na ocasião em que um vaso de guerra francês foi enviado a Nova Jersey cheio de dólares a serem trocados pelo ouro americano. Sentindo que seu império estava desaparecendo e que De Gaulle mantinha a

---

48 Ver capítulo 2.

Grã-Bretanha fora da União Europeia, Londres também começou a testar a firmeza americana.[49]

Desse modo, em 1971 a Europa foi expulsa da "zona do dólar" pelos Estados Unidos, que tinham o objetivo de preservar sua hegemonia e não estavam dispostos a tomar medidas de austeridade para salvar Bretton Woods. A resposta da Europa foi a criação de seu próprio substituto, uma espécie de Bretton Woods europeu, culminando, após inúmeras tentativas e tribulações, numa moeda única – o euro. Infelizmente, aqueles que construíram a versão europeia de Bretton Woods não tinham nada de Harry Dexter White ou de John Maynard Keynes. Desconhecendo os problemas macroeconômicos que as uniões monetárias produzem, eles criaram um sistema que removeu todos os amortecedores de choque, mas, ao mesmo tempo, assegurou involuntariamente que quando o choque viesse, como aconteceu em 2008, ele seria gigantesco, fazendo com que a Europa se voltasse para si mesma.

No dia 18 de outubro de 2008, em meio à versão de 1929 da nossa geração, logo antes de embarcar num avião para Washington, onde se encontraria com o presidente George W. Bush (para conversar sobre o modo de reagir ao colapso do "sistema" financeiro global que ficara no lugar de Bretton Woods), o presidente francês Nicolas Sarkozy declarou aos jornalistas em seu

---

[49] Em 1965, o presidente De Gaulle ordenou a retirada de 25.900 barras de ouro, pesando mais de 350 toneladas, dos porões do Banco Central de Nova York e seu transporte para Paris. Foi um pesadelo logístico cujo simbolismo se tornou mais penoso porque foi um pesadelo e porque envolveu o retorno inamistoso da Marinha francesa ao litoral americano. (Ver *The New York Times*, 2 de março de 1965, p. 45.) No entanto, o que desencadeou o "choque de Nixon" foi a exigência do governo britânico de que 3 bilhões de dólares mantidos no Banco da Inglaterra fossem trocados por ouro americano pela taxa oficial de 35 dólares a onça (pelo menos 18 dólares a menos que a cotação não oficial). Esse anúncio foi feito no dia 11 de agosto de 1971, uma quarta-feira. Foi a gota d'água que, instrumentalizada por John Connally e Paul Volcker, iria destruir Bretton Woods. E foi isso que eles convenceram o presidente Nixon a fazer no fim de semana seguinte nas reuniões em Camp David.

estilo enfático habitual: "A Europa quer isso. A Europa exige isso. A Europa conseguirá isso."

O que era exatamente que "a Europa exigia" e "conseguiria", de acordo com *Monsieur* Sarkozy? A resposta, dada por Manuel Barroso, presidente da Comissão Europeia à época, foi: uma "nova ordem financeira global".[50]

Nicolas Sarkozy, naturalmente, não "conseguiu" aquilo que o levou a viajar aos Estados Unidos para exigir em nome da "Europa" em 2008. Do mesmíssimo modo que seu antecessor, o presidente Georges Pompidou, não tinha conseguido, durante o final de 1971, convencer os Estados Unidos a anular o "choque de Nixon" e reconstituir Bretton Woods, ainda que com novas taxas de câmbio.[51] No entanto, as declarações impetuosas de Sarkozy confirmam que, oito anos depois da criação da moeda comum da Europa (o euro), a França e a Comissão Europeia ainda continuavam ansiando por um sistema nos moldes daquele que Nixon, Connally e Volcker puseram abaixo naquele dia de agosto.

Embora tenham ocorrido em 1971, os problemas da Europa continuam assombrando o Velho Continente décadas mais tarde, e apesar (na verdade, *por causa*) da criação de uma moeda comum que não assimilou nenhuma das lições que os planejadores de

---

50 Ver Stephey (2008).

51 Depois do "choque de Nixon", o governo francês mudou imediatamente de tom. De uma hostilidade aberta à ideia de um sistema financeiro global baseado no dólar (ver Capítulo 3), o presidente Pompidou começou a exigir que os Estados Unidos restabelecessem Bretton Woods, mesmo que isso significasse um valor menor do dólar (em relação ao ouro e às outras moedas). Quando Washington rechaçou as "exigências" do presidente francês, Pompidou começou a implorar. O presidente Nixon cedeu a ele em dezembro de 1971, fazendo um acordo no Instituto Smithsonian, em Washington, durante um encontro do G10. A ideia era dar mais uma oportunidade a Bretton Woods, com taxas de câmbio novas e mais "realistas". Só que era tarde demais. O gênio tinha saído da garrafa e se recusava a entrar nela de novo. Transcorridos dezoito meses, as principais moedas estavam flutuando "livremente" e a Europa enfrentava grandes dificuldades. Mas daremos mais detalhes no próximo capítulo.

Bretton Woods tinham aprendido com o padrão-ouro do período de entreguerras.

John Connally certamente teria dado um sorrisinho diante de sua capacidade infinita de assombrar os líderes europeus. Só que sua alegria seria prejudicada por uma percepção aguda do perigo evidente e atual que uma Europa desequilibrada oferece ao mundo traiçoeiro pós-2008.

CAPÍTULO 2
UMA PROPOSTA INDECENTE

Kurt Schmücker não era uma pessoa facilmente impressionável. Porém, na manhã do dia 23 de março de 1964 ele teve dificuldade de acreditar no que estava ouvindo, mal podendo conter sua perplexidade. Como ministro da Economia alemão[52], Herr Schmücker estava acostumado a se encontrar regularmente com seu homólogo francês, Valéry Giscard d'Estaing, ministro das Finanças do general Charles de Gaulle e que, dez anos depois, se tornaria por sua vez presidente da França. Portanto, quando Giscard chegou ao seu escritório de Bonn para uma conversa de duas horas, o ministro Schmücker estava descontraído, prevendo mais uma reunião sem importância como as anteriores – uma tentativa de simular um show de unidade europeia entre os dois

---

52 Kurt Schmücker não fugia do figurino dos democratas-cristãos que governaram a Alemanha Ocidental ininterruptamente entre 1949 e 1969. Com a tenra idade de 18 anos ele se filiou ao Partido Nazista e, três anos depois, partiu para a guerra, servindo na Wehrmacht até o doloroso fim. Um ano depois do término da guerra, ele se juntou aos democratas-cristãos, tornando-se o membro mais jovem do partido a ser eleito para o Parlamento Federal em 1949. Em 1963, depois que Ludwig Erhard (um talentoso economista que fora ministro das Finanças desde 1949 e que presidira a impressionante reconstrução econômica da Alemanha entre 1949 e1963) se tornou chanceler da Alemanha, Schmücker assumiu o cargo de ministro da Economia. Tendo concluído apenas o curso de tipografia, Schmücker ficou muito preocupado acerca de sua capacidade para assumir o papel de Erhard. Acontece que ambos (Erhard e Schmücker) foram demitidos do governo em 1966 em consequência da primeira recessão alemã do pós-guerra, que, pode-se dizer, foi engendrada pelo Banco Central do país – o ameaçador Bundesbank – com objetivos políticos. Ver a seguir.

antigos inimigos que assumiam a responsabilidade de construir uma União que se encontrava nas fases iniciais de crescimento.[53]

Schmücker e Giscard geralmente expunham de forma polida seus pontos de vista sobre a política econômica um do outro, sobre como os dois países lidavam com o movimento de divisas através de suas fronteiras, sobre taxas de juros e balanças comerciais, sobre suas posturas a respeito da tributação das empresas e, naturalmente, sobre seus esforços conjuntos para solidificar uma União Europeia que ainda estava engatinhando. Ocasionalmente eles também trocavam histórias problemáticas sobre as relações tensas com seus próprios Bancos Centrais, o Bundesbank e o Banque de France. Em outras palavras, nada que tivesse preparado Herr Schmücker para o que ele estava prestes a ouvir. Naquela manhã, porém, após trocarem as gentilezas de praxe, Giscard apresentou uma proposta chocante: *a França e a Alemanha deveriam criar uma moeda comum*, convidando os outros quatro membros da União Europeia (Bélgica, Itália, Luxemburgo e Holanda) a aderir quando e se estivessem dispostos.

Schmücker levou alguns minutos para recuperar a compostura. Que cargas d'água o aristocrático francês estava dizendo? Alemanha e França compartilhando as mesmas cédulas, as mesmas moedas, o mesmo Banco Central? E qual? O Bundesbank? *Pelo amor de Deus!* ele deve ter pensado com seus botões. Externamente, ele fez uma cara sombria e glacial, fingindo não ter sido pego de surpresa. Na verdade, o que ficou registrado é que ele reagiu como se não tivesse ouvido a proposta catastrófica. Por que não ser mais modesto, contrapôs? Por que não tentamos simplesmente estabilizar nossas taxas de câmbio por meio dos nossos Bancos Centrais e com base (o sonho erótico de todo conservador alemão) numa "disciplina rígida"

---

53 À época, a União Europeia era chamada de Comunidade Econômica Europeia (CEE) e era composta de seis membros, os signatários do Tratado de Roma (assinado em 24 de março de 1957): Alemanha, França, Holanda, Luxemburgo, Bélgica e Itália. A CEE foi rebatizada de União Europeia com o Tratado de Maastricht, de 1º. de novembro de 1993 – no mesmo momento em que foram acordadas as regras que regeriam a moeda comum, o euro. Neste livro me refiro à CEE como União Europeia por uma questão de continuidade.

e em "regras contratuais"?[54] Giscard não estava admitindo nada daquilo: "Por que escolher esse sistema, que só funciona se todos estiverem de acordo?"[55], replicou ele vigorosamente, acrescentando que sua proposta vinha dos mais altos escalões – do presidente Charles de Gaulle em pessoa. Estupefato, Schmücker procurou alertar o

---

[54] A conversa começou com Schmücker tratando das preocupações de Giscard de que o livre comércio dentro da União Europeia criaria desequilíbrios comerciais que desestabilizariam a taxa de câmbio entre o franco e o marco alemão. Ele sugeriu que os membros da UE (ou CEE, como era então chamada) deveriam assinar um contrato formal e aceitar regras de contato acordadas com relação às políticas governamentais fiscal e monetária, de modo que o sistema pudesse se manter estável. Giscard tinha outra opinião. (O diálogo a seguir está citado em Schoenborn, 2014):

Giscard: Isso é muito pouco! Ainda não conversamos sobre isso no governo, mas De Gaulle me disse que os acontecimentos perigosos que estão ocorrendo agora não podem ser evitados ou superados sem que os países da CEE tenham uma moeda comum. *Precisamos de uma moeda única para a CEE!* [N. de B. destaque meu]

Schmücker: Pode-se alcançar o mesmo resultado mantendo nominalmente as moedas enquanto a política monetária de cada Estado-membro é submetida a uma disciplina rígida por meio de regras contratuais.

Giscard: Por que escolher esse sistema que só funciona se todos estiverem de acordo?

Schmücker: Estou apenas buscando um método eficaz que não obrigue a França a renunciar a sua soberania. Uma moeda única para a CEE seria uma questão supranacional. Até o momento a França tem se oposto a qualquer tipo de acordo supranacional.

Giscard: De Gaulle me disse explicitamente que considera indispensável que a CEE tenha uma moeda única. Sua opinião é que não resta nenhuma outra saída. Se um Estado empurra repetidamente o outro para uma situação de inflação, os únicos beneficiados são os socialistas.

Schmücker: O que faremos se os outros quatro não aderirem? A criação da união monetária é um passo político decisivo. Uma vez realizada a união monetária, automaticamente se seguirão outras consequências políticas. As tentativas feitas por Erhard para promover a união política não produziram a resposta desejada de todos os governos. Consequentemente, podemos esperar que a proposta seja recebida com ceticismo. Ou você imagina que a França e a Alemanha devem tomar a dianteira?

Giscard: Um acordo entre a França e a Alemanha só deve ser cogitado se outros não participarem. Nesse caso, o acordo deve ser redigido de tal maneira que os outros tenham a opção, tanto legal como praticamente, de aderir a qualquer momento.

[55] Ver Gray (2007).

ministro das Finanças francês para o significado mais profundo da proposta de De Gaulle: *A França se dispunha a abrir mão da sua soberania nacional!* Paris estava falando sério? Giscard não confirmou nem negou a questão evidente apontada por Schmücker. Ele a ignorou, insistindo para que agissem rapidamente de modo a criar sem demora uma moeda franco-alemã, deixando em aberto a adesão a ela por parte dos outros membros da União Europeia.

E foi assim que, pela primeira vez, se examinou, se discutiu e se ignorou de forma espetacular uma moeda comum europeia. Como sabia que não tinha nenhuma autoridade para se envolver seriamente naquele assunto, Schmücker transmitiu a proposta de De Gaulle para o chanceler Ludwig Erhard.

Depois de ouvir o relato conciso de Schmücker, o Dr. Erhard desconfiou de uma tramoia. Não havia a menor possibilidade de que a França quisesse abrir mão de maneira tão despreocupada do seu poder de fixar tributos, gastar recursos públicos, definir taxas de juros, adotar sua adorada "economia planejada".[56] De Gaulle devia estar tramando alguma coisa de novo, pensou Erhard. Afinal de contas, o único motivo pelo qual Ludwig Erhard assumira o mais alto cargo na Alemanha, alguns meses antes, foi por ter impedido a realização dos projetos de De Gaulle.[57] Essa proposta exorbitante, pensou Erhard, só podia fazer sentido como a continuação dos mesmos projetos.

Sem querer entrar num confronto oficial e público com a França, o chanceler Erhard "extraviou" conscientemente o relatório

---

56 "Economia planejada" se refere à predileção que os administradores franceses tinham desde a época de Napoleão por planejamentos grandiosos e de larga escala. Entre os exemplos de "economia planejada" estão o desenvolvimento urbano, a política energética (especialmente o planejamento que resultou na produção extraordinária de mais de 95% da eletricidade por meio de usinas nucleares projetadas e controlados pelo Estado), a criação de um complexo industrial-militar avançado, as redes de trens de grande velocidade que cruzam a França e se chegam à Grã-Bretanha e à Bélgica, e até projetos como o do supersônico Concorde e da indústria Airbus – a bem-sucedida concorrente da Boeing.

57 Ver a seguir um relato completo dos "projetos" de De Gaulle cuja realização Erhard impediu, o que lhe valeu o cargo de chanceler da Alemanha.

de Schmücker e fingiu nunca o ter recebido. No entanto, ao ser afastado em 1966 da chancelaria, entre os poucos documentos que Erhard levou consigo para seu retiro estava aquele relatório – uma recordação da primeira aparição oficial do euro.[58]

Um Abraço Francês Recusado Duas Vezes

Giscard d'Estaing nunca tinha sido um fiel servidor de De Gaulle. Na verdade, De Gaulle o demitiu do Ministério das Finanças em 1966, e Giscard teve de esperar três anos até que um novo presidente, Georges Pompidou, ocupasse o Palácio do Eliseu para reivindicar o Ministério das Finanças – do qual ele ascendeu em 1974 para a presidência da República francesa. Naturalmente, em 1964 Giscard empenhou-se em servir lealmente a De Gaulle, contrariando muitas vezes sua opinião mais sensata a respeito das antigas fixações do general, seja no campo da política econômica[59] ou na determinação do presidente francês de prejudicar o predomínio geopolítico dos Estados Unidos sobre a Europa. No entanto, naquela ocasião – o dia 23 de março de 1964 – a "proposta indecente" que ele apresentou a Bonn estava em completa sintonia com seu modo de pensar.

Giscard compartilhava uma opinião crucial com De Gaulle: a superpotência queria chegar à Lua. Literal e metaforicamente. Os americanos estavam começando guerras na Indochina; estavam anunciando programas sociais domésticos grandiosos e dispendiosos. Suas corporações adquiriram empresas europeias respeitáveis e as trataram de forma vergonhosa.[60] E como eles

---

58 Ver Schoenborn, 2014.
59 Giscard era um keynesiano convicto que não respeitava muito as visões conservadoras de De Gaulle acerca da administração da economia. Ele tinha um grande desprezo, particularmente, por Jacques Rueff, um economista que acreditava profundamente no padrão-ouro e que De Gaulle considerava seu guru econômico. Em consequência disso, o mandato de Giscard como ministro das Finanças no gabinete de De Gaulle foi marcado pela instabilidade.
60 Para dar um exemplo, em 1962 a General Motors demitiu operários franceses sem consultar o governo francês. Um ano depois ela adquiriu a fabricante

pagavam por tudo isso? Imprimindo dólares que, uma vez em circulação, inundavam as economias da Europa, obrigando os europeus a pagar pela liberalidade americana com uma inflação mais alta. O fato de a França ser mais suscetível do que os outros países a essas forças inflacionárias, por conseguinte, influenciava bastante o raciocínio de De Gaulle e de Giscard nesse sentido.

Do ponto de vista de Giscard, os americanos estavam forçando a Europa a lhes emprestar o dinheiro com o qual compravam a Europa toda e desestabilizavam as finanças globais. Giscard resumiu esse veredito numa célebre expressão de duas palavras: "privilégio exorbitante". Uma vantagem irregular desfrutada pelos Estados Unidos e por sua moeda, que o país esbanja; uma vantagem que precisaria ser eliminada antes que o capitalismo mundial fosse desestabilizado de vez e os adversários da burguesia no poder, especialmente na França, assumissem o controle.

Desde que foi cunhada por Giscard, a expressão "privilégio exorbitante" passou a ser usada para descrever o poderio financeiro americano, e assim continua sendo até hoje.[61] Mas o que poderia ser feito para restringi-lo? Do ponto de vista de Giscard no início de

---

de automóveis Simca e imediatamente começou a dispensar parte de sua mão de obra. Enquanto isso, a General Electric estava "de olho" em várias fábricas francesas que Paris considerava estrategicamente importantes para a França.

61 A expressão "privilégio exorbitante" é atribuída frequentemente, e erradamente, a De Gaulle. Seu autor legítimo foi Giscard. Foi assim que Jacques Rueff, o economista francês cujas teorias econômicas Giscard rejeitava (mas com quem tinha de trabalhar, já que De Gaulle o considerava seu pensador econômico favorito), explicou o que Giscard queria dizer com "privilégio exorbitante": "...[Quando um país que tem uma moeda essencial incorre em déficit no balanço de pagamentos – ou seja, os Estados Unidos, por exemplo –, ele paga aos país credor com dólares, que acabam indo para o Banco Central deste último. Mas os dólares não têm nenhuma serventia em Bonn, Tóquio ou Paris. No mesmíssimo dia, eles são novamente emprestados para o mercado financeiro de Nova York, retornando assim a seu lugar de origem. Desse modo, o país devedor não perde o que o país credor ganhou. Portanto, o país que têm uma moeda essencial nunca sente o efeito do déficit em sua balança de pagamentos. E a consequência principal disso é que não existe motivo algum para que o déficit desapareça, porque ele não aparece". Rueff (1971), p. 78.

1964, era possível imaginar que a única maneira de pôr fim à supremacia monetária irresponsável dos Estados Unidos era se a França e a Alemanha – as duas nações europeias mais importantes – se juntassem para criar uma moeda comum, superando, assim, sua dependência monetária dos imprevisíveis Estados Unidos. Mas será que isso não poria em risco, como Schmücker advertira, a soberania da França? Claro que sim. Esse era um preço com o qual Giscard, um crente resoluto nos Estados Unidos da Europa, não se preocupava muito.

Giscard talvez não se importasse com a perda da soberania nacional francesa. Mas seu chefe, o presidente De Gaulle, certamente se importava. A Europa era importante para De Gaulle, assim como era para Giscard. Ela tinha de ser "conquistada". Mas, no que dizia respeito a De Gaulle, não a qualquer preço. E certamente não ao preço de "perder" a França durante o processo. Portanto, por que De Gaulle enviou seu ministro das Finanças a Bonn com uma proposta que, se aceita, desmontaria as alavancas do poder econômico de Paris? Uma moeda comum com a Alemanha privaria Paris do controle da economia francesa. Mas uma *proposta* para uma moeda comum *não* era a mesma coisa que uma moeda comum de verdade.

Não podemos nos esquecer de que De Gaulle era, *par excellence*, um militar especializado em tática. Propostas de tratados e moedas comuns, assim como manobras no campo de batalha, eram movimentos num tabuleiro de xadrez, cheios de intenções diversionistas. A União Europeia começou a interessar De Gaulle bem mais tarde (por volta de 1958), e somente quando ele começou a enxergá-la como uma nova perspectiva de grandeza para o Estado nacional francês; em claro contraste com os dois primeiros chanceleres alemães, Konrad Adenauer e Ludwig Erhard, para quem a União Europeia era um caminho de fuga *do* seu próprio Estado nacional.

Janeiro de 1963 foi um mês de chuva de fogo e enxofre, com Paris no centro. No dia 14 de janeiro o presidente De Gaulle deu uma entrevista coletiva de imprensa que equivalia a uma declaração de guerra contra a anglosfera. Contrariando os desejos expressos de Washington, ele anunciou que estava vetando a entrada da Grã-Bretanha na União Europeia. E como se isso não bastasse, ele recusou, ao mesmo tempo, uma oferta americana de cooperação nuclear no interior de uma força multilateral.

Oito dias depois, no dia 22 de janeiro, o chanceler alemão Konrad Adenauer foi a Paris. No magnífico Palácio do Eliseu, em meio a grande pompa e cerimônia, Adenauer e De Gaulle assinaram o Tratado do Eliseu; um tratado que foi apresentado ao mundo como a pedra angular da reconciliação entre França e Alemanha, um testemunho da cessação definitiva das hostilidades entre as principais nações europeias e o começo de uma "bela amizade". Washington ficou enfurecido. George Ball, subsecretário do Departamento de Estado, escreveu mais tarde: "É difícil superestimar o choque produzido em Washington por esse gesto ou pela especulação que se seguiu, particularmente na comunidade de inteligência".[62]

A ira de Washington não tinha nada a ver com a oposição à celebração da paz entre França e Alemanha, à aproximação entre ambas e ao fortalecimento da União Europeia. O governo americano estava incomodado com a possibilidade de que De Gaulle estivesse "tramando algo"; "algo" que visava o predomínio militar dos Estados Unidos sobre a Europa Ocidental, bem como seu controle financeiro da ordem capitalista global. Mais precisamente, eles estavam preocupados que De Gaulle estivesse tentando atrair Adenauer para uma aliança estratégica com um duplo objetivo: no nível das finanças internacionais, enfraquecer o sistema de Bretton Woods baseado no dólar, enquanto, no nível geopolítico, ignorar a OTAN ao oferecer a Moscou um pacto de não agressão, deixando os Estados Unidos de fora.

O trunfo mais convincente de De Gaulle era sua visão de uma Europa que se estenderia "do Atlântico aos Urais". Ela atraía a maioria dos europeus, ansiosos para afastar a ameaça nuclear que pairava sobre o continente (especialmente depois da Crise dos Mísseis em Cuba no mês de outubro anterior) e esperançosos em erguer a Cortina de Ferro, que o dividia de forma tão cruel. Para os alemães em

---
62 Ver Ball, 1982, p. 271.

particular, uma Europa "do Atlântico aos Urais" tinha mais um significado, pois sugeria a reunificação alemã. Washington estava convencido de que De Gaulle estava envolvendo Adenauer numa aliança que poria fim ao predomínio americano na Europa. Esses temores foram alimentados pelo fato de que o chanceler alemão era um anglófobo católico que há muito buscava a união com a França.[63]

Um dia antes da assinatura do Tratado do Eliseu, um diplomata americano[64] recrutou o único membro do gabinete de Adenauer com o poder, e o interesse, de se opor à intenção de Adenauer de cair nos braços de De Gaulle: Ludwig Erhard. Respeitado ministro das Finanças de Adenauer, Erhard supervisionara o *Wirtschaftswunder* da Alemanha, o "milagre" econômico que tinha transformado a Alemanha de 1949 até aquele momento. O "fenômeno" industrial alemão, cujos méritos couberam a Erhard, se baseara num crescimento extremamente rápido induzido pelo investimento e ajudado por políticas americanas maciças de alívio

---

63 Konrad Adenauer deixou sua marca na política alemã muito antes da Segunda Guerra Mundial, sendo prefeito de Colônia de 1917 a 1933. Católico devoto e adversário convicto do predomínio da Prússia sobre a Alemanha, ele usou seu cargo para defender um novo Estado renano, dentro da República de Weimar e livre da opressão de Berlim. Quando seus esforços não deram em nada, ele iniciou conversações com funcionários públicos franceses visando estabelecer uma Renânia autônoma dentro do contexto de um grandioso projeto para a Europa Central que produziria a reconciliação franco-alemã. Embora tenha sido posteriormente condescendente com a o Partido Nazista em ascensão, que ele tentou acomodar dentro do governo municipal, os nazistas consideravam Adenauer um patriota "perigoso" (por ter se aproximado demais dos franceses na década de 1920). Com o final da guerra, uma Colônia arrasada pelas bombas acabou ficando na Zona Britânica, e Adenauer foi convidado a servir novamente como prefeito da cidade. Embora tenha aceito, em dezembro de 1945 ele passou pela humilhação de ser dispensado por um general do Exército britânico por "incompetência" – quando, na verdade, sua dispensa se deveu às declarações públicas condenando o bombardeio indiscriminado da cidade pela RAF. Adenauer nunca perdoou os britânicos por essa humilhação.
64 John Wills Tuthill, à época embaixador americano na Comunidade Econômica Europeia.

da dívida alemã[65], estimulando Wall Street e as multinacionais americanas a investir na República Federal Alemã e tornando possíveis (através do sistema de Bretton Woods) preços estáveis e um grande número de mercados para as exportações alemãs.

Erhard não agiu de forma precipitada. Ele ganhou tempo antes de se posicionar firmemente do lado de Washington e contra o plano de Adenauer de unir forças com De Gaulle. Quando Adenauer convocou o gabinete federal em Bonn no dia 25 de janeiro para discutir o Tratado do Eliseu, Erhard permaneceu quieto. No entanto, quatro dias depois ele pronunciou um violento discurso criticando a política externa francesa, e tomando a iniciativa inédita de "prever" que o Tratado do Eliseu nunca seria implementado.

Na reunião de gabinete seguinte, em Bonn, no dia 30 de janeiro, Erhard ficou fora de si, falando contra a "ditadura francesa de De Gaulle"[66], chegando mesmo a comparar o presidente francês a Hitler. Num artigo publicado em *Die Zeit* no dia 5 de fevereiro, Erhard advertiu seus compatriotas de que a Alemanha "não podia correr com a lebre e caçar com os cães", sinalizando claramente sua fidelidade a Washington e desafiando Adenauer por ele ter se tornado perigosamente próximo de De Gaulle. No mesmo dia, o presidente Kennedy sinalizou que a Alemanha tinha uma clara "opção entre trabalhar com os franceses ou trabalhar para nós".[67] Erhard liderou a oposição a Adenauer, fazendo com que o gabinete alemão pendesse para o lado americano.

Em abril de 1963, a intervenção decisiva de Erhard tinha diminuído o prestígio de Adenauer entre os membros do Partido

---

65 Ficou célebre a conferência convocada pelos Estados Unidos em 1953, em Londres, para "induzir" os credores a aceitar uma enorme redução da dívida do país derrotado a eles.

66 Ver Schoenborn, 2014.

67 Ver memorando da reunião do NSC [sigla em inglês do Conselho de Segurança Nacional] de 5 de fevereiro de 1963, 16h30, FRUS, 1961-63, vol. 13, 175-9; Memorando de Conversa, Carstens e Rusk, 5 de fevereiro de 1963, 18h00, ibid., 186; reunião do NSC, 31 de janeiro de 1963, ibid., 162, Biblioteca Kennedy.

Democrata-Cristão, então no governo. Erhard emergira como o único candidato do partido para substituir o idoso chanceler. No dia 16 de maio, após uma série de manobras de bastidores, Erhard e seus aliados conseguiram aprovar no Parlamento Federal uma emenda ao Tratado do Eliseu na forma de um Preâmbulo, que enterrava o sonho de De Gaulle de uma aliança franco-alemã contra os Estados Unidos.[68] Enquanto isso, certo de que De Gaulle tinha sido "dispensado", o Departamento de Estado americano recalibrou sua estratégia europeia, evitando outros confrontos com ele e, em vez disso, dedicando-se a cultivar laços mais sólidos com Bonn. Em outubro de 1963 Ludwig Erhard mudou-se para a chancelaria, deixando Kurt Schmücker no Ministério da Economia.

O Segundo Abraço

Com seu abraço tendo sido rejeitado de forma tão espetacular, chamou a atenção que o presidente De Gaulle não tenha guardado nenhum rancor do novo chanceler alemão. Mesmo o fato de ter sido comparado a Hitler aparentemente não deixou nenhuma marca. Quando se tornou chanceler, Erhard fez questão de visitar imediatamente Paris para reafirmar a "nova amizade importante entre os dois países"[69] e seus líderes. O presidente De Gaulle recebeu-o de braços abertos, como se ele fosse um velho amigo. E seis meses depois ele despachou seu ministro das Finanças, o encantador Va-

---

68 O Preâmbulo enfatizava "a suprema importância da cooperação transatlântica", tendo sido pensado primeiramente como uma "solução" para o "problema" do Tratado do Eliseu pelos funcionários americanos, que não perderam tempo em informar o gabinete de Erhard que ele devia ser contemplado. Basicamente, o Preâmbulo anulava a intenção do tratado de criar uma aliança franco-alemã independente dos Estados Unidos. De acordo com a apresentação feita por Erhard aos parlamentares de Bonn, o Preâmbulo era fundamental para "liberar o Tratado do Eliseu de qualquer interpretação incorreta da diplomacia alemã".
69 Ver Schoenborn, 2014.

léry Giscard d'Estaing, a Bonn para surpreender Herr Schmücker com a proposta de uma união monetária franco-alemã imediata.

Será que De Gaulle não estava "entendendo" que a Alemanha era avessa a outro de seus abraços asfixiantes? Seja o que for que estivesse passando pela cabeça do general, uma coisa é certa: ele não tinha nenhuma ilusão. A ideia que De Gaulle esperava que Erhard concordasse com uma moeda comum franco-germânica é tão absurda como a ideia alternativa, ou seja, que De Gaulle desejava tal moeda. A proposta de uma moeda compartilhada tinha duas características táticas que atraíam o presidente da França, afeito a estratégias: o elemento-surpresa e a capacidade (mesmo que a proposta fosse ignorada ou rejeitada) de enredar a Alemanha num relacionamento suficientemente estreito com a França que permitisse a De Gaulle níveis maiores de liberdade em sua oposição aos Estados Unidos.

O elemento-surpresa certamente estava presente. Erhard e Schmücker tinham todos os motivos para esperar que, depois da "partida" de Adenauer, De Gaulle os deixaria em paz. Uma moeda comum era a última coisa que eles previram. Como Schmücker disse a Giscard, nada no comportamento de Paris indicava uma disposição de perder a soberania nacional ou mesmo de transferir decisões importantes relacionadas à economia francesa a instituições supranacionais. Ele estava certo. A França, e De Gaulle em particular, estava guardando zelosamente suas alavancas econômicas, e não tinha nenhum interesse em abrir mão delas. Por mais de uma década[70] De Gaulle resistira sozinho, em meio aos políticos conservadores europeus, numa oposição obstinada ao novo relacionamento econômico franco-alemão que os New Dealers estavam ansiosos em transformar na espinha dorsal da emergente União Europeia.[71]

---

70 De 1945 a 1958.

71 A oposição de De Gaulle à ideia de uma Comunidade Econômica Europeia concebida pelos americanos (que surgiu formalmente em 1950 como a Comunidade Europeia do Carvão e do Aço) era tão violenta que ele ficou no ostracismo político até 1958, quando o colapso da Quarta República lhe deu a oportunidade de reformar a Constituição francesa, e a política francesa, à sua imagem.

Diferentemente de muitos de seus compatriotas fascinados, que se orgulhavam muito do projeto de integração europeia e se referiam a ele de forma eloquente como uma grande conquista do espírito europeu, De Gaulle identificava o esquema da União Europeia como um "projeto americano" que privilegiava a indústria alemã, a fim de consolidar a supremacia global americana. O mercado comum europeu e o processo de integração europeia constituíam, para ele, parte de um Plano Global Americano que De Gaulle considerava sem fundamento e insustentável, e, portanto, prejudicial tanto para a França como para a Europa.[72]

Finalmente, em 1958, De Gaulle suavizou sua oposição à União Europeia, depois que os americanos lhe deram várias garantias na década de 1950 de que a França continuaria o centro administrativo da Europa. Mas ele só aceitou a União Europeia desde que, de acordo com suas próprias palavras a um jornalista, a ela fosse igual a "um cavalo e uma carruagem: a Alemanha [seria] o cavalo e a França... o cocheiro".[73]

Infelizmente, em 1963 ficou claro que o "cavalo" estava tendo ideias próprias e o "cocheiro" estava perdendo o controle sobre ele. O rápido crescimento do déficit comercial francês com a Alemanha significava que Paris seria forçada a uma eterna escolha de Sofia: ir de tempos em tempos ao FMI com o chapéu na mão pedir autorização para desvalorizar o franco, admitindo uma "fragilidade nacional" permanente; ou contar para sempre com o Bundesbank, esperando que ele emitisse marcos alemães para comprar francos, reconhecendo uma dependência eterna do antigo inimigo.

---

72 O leitor americano precisa ter em mente que a crítica severa de De Gaulle ao Plano Global Americano do pós-guerra era compartilhada por importantes gestores políticos americanos. Por exemplo, George F. Kennan (um diplomata cujo "longo telegrama" de Moscou deu início à lógica da "contenção" da URSS) e Robert Taft (líder republicano no Senado que se opunha ao New Deal do presidente Roosevelt) também deploravam a perspectiva de um mundo dividido numa esfera americana e numa esfera soviética, uma em oposição à outra. Sua diferença de De Gaulle era que o presidente francês dispunha dos meios e da determinação de tornar o "bloco" americano ingovernável.

73 Ver Connally (1993), p.7.

De uma forma ou de outra, as aspirações francesas de dominar política e diplomaticamente a União Europeia estavam se desfazendo.

Foi um pesadelo para De Gaulle, mas também para o *establishment* francês, que via no general um intrépido defensor de seus interesses e ambições, tanto no plano doméstico como em toda a Europa. Embora a insolência de De Gaulle às vezes entrasse em choque com o senso de decoro da sociedade refinada, a elite francesa gostava da desconfiança inata de seu presidente, de sua disposição de falar francamente, bem como de seu compromisso com a "moeda forte" – uma moeda estável e não inflacionária que renovaria a imagem da França, estimularia seu setor bancário e, importante, enfraqueceria os recalcitrantes sindicatos franceses.[74]

De Gaulle sempre foi cauteloso a respeito de uma união cada vez mais estreita com a Alemanha. Ele considerava a unidade através do Reno com um sentimento nobre, embora perigoso, quaisquer que fossem as recompensas para a França. Mesmo depois de 1958, quando aceitou a ideia de uma União Europeia erguida ao longo do eixo franco-alemão, De Gaulle continuou reticente a respeito dela. Quando Henry Kissinger lhe perguntou certa vez como a França evitaria que a Alemanha dominasse a União Europeia, o presidente francês respondeu: "*Par la guerre!*"[75] O herói de guerra francês não estava brincando. Na

---

[74] O raciocínio de De Gaulle era simples: se o Estado francês perdesse o direito de emitir dinheiro (voltando ao padrão-ouro ou adotando o marco alemão), os preços parariam de subir e os sindicatos perderiam todo seu poder de barganha juntos aos empregados: com a incapacidade do governo de estimular a demanda agregada, especialmente durante uma crise econômica, os sindicatos teriam de escolher entre o desemprego alto (que destruiria sua base de poder) e os salários baixos. Resumindo: ao perder o direito de emitir dinheiro o Estado francês garantiria que a classe trabalhadora se tornasse menos combativa, mais "alemã". E se isso também significasse uma maior propensão para a recessão, o preço a pagar era considerado baixo. Hoje, com a França permanentemente estagnada dentro do euro, as elites francesas, ao mesmo tempo que não sentem remorso algum com relação àquela escolha estão preocupadas com a onda crescente de descontentamento e de ultranacionalismo antieuropeu e racista.

[75] P*ela guerra!* Ver Connally (1993), p.7.

verdade, sua proposta indecente de uma moeda comum com a Alemanha, que Giscard transmitiu ao estupefato Schmücker, era uma forma de guerra por outros meios.

O chanceler Erhard sabia disso. Assim que examinou a proposta de moeda única feita por De Gaulle, ele percebeu que se tratava de uma manobra para asfixiar seu país, neutralizar o Bundesbank e provocar uma divisão entre a Alemanha e Washington.[76] Erhard tinha enfraquecido Adenauer e arriscado tudo para ajudar seu país a escapar do primeiro abraço de De Gaulle; ele não iria se submeter ao segundo. Não desejando recusar publicamente pela segunda vez em um ano o amplexo de De Gaulle, Erhard fingiu nunca ter recebido o memorando de Schmücker.

E foi assim que, no início de março de 1964, o projeto do euro iluminou os céus da Europa de maneira extremamente fugaz e invisível à maioria dos europeus. Só quando a Europa foi completamente alijada da "zona do dólar"[77] é que ele ressurgiu.

A Guerra por Outros Meios

Impassível diante da recusa silenciosa de Bonn, De Gaulle decidiu tocar o projeto sozinho. No dia 4 de janeiro de 1965 ele convocou uma coletiva de imprensa. Com um sentimentalismo exuberante, respondeu ao temor que seus compatriotas sentiam da decadência nacional com um ataque direto ao "privilégio exorbitante" dos Estados Unidos, visando restaurar a glória da França ao demonstrar que ela era a única potência ocidental capaz de, e disposta a, enfrentar a superpotência. Com seus ataques negativos apontados para o dólar e para a alegada incapacidade dos Estados Unidos de administrar de forma adequada as finanças globais, De Gaulle exigiu uma nova moeda global.

---

76 A revolta de Erhard contra Adenauer deve ser situada no contexto do temor que muitos alemães sentiam de um retraimento americano. O biógrafo de Paul Volcker conta que ele disse que "… se lembrava da ameaça de JFK… de cortar a ajuda militar à Europa a menos que os europeus prometessem não atacar a posição do dólar como moeda mundial". Ver Silber (2012), p. 55.

77 Lembrem-se do capítulo anterior.

E o que ele poria no lugar do dólar? Sua resposta maliciosa foi exigir a restauração do ouro a seu trono de direito:[78]

> *Nós... consideramos indispensável que o sistema de trocas internacionais seja restabelecido... numa base monetária incontestável que não traga a marca de nenhum país específico. Qual base? Eh! Oui. O ouro, cuja natureza não se modifica... que não tem nacionalidade, que se mantém eterna e universalmente como o valor fiduciário inalterável por excelência".*[79]

Por trás da retórica eloquente, o presidente francês estava apenas dizendo que o ouro deveria subir e o dólar cair, porque ele sentia, de forma bastante perspicaz, que, desgastado, Bretton Woods não era mais compatível com sua ambição de que a França controlasse a Europa.[80]

---

78 Numa fascinante e extremamente rara coincidência de opiniões, tanto o *Wall Street Journal* como o *Pravda* (jornal oficial do Partido Comunista da União Soviética) saudaram a exigência de retorno ao padrão-ouro feita por De Gaulle como "inspirada". O *Wall Street Journal* agiu assim porque nunca gostara dos New Dealers, devido ao modo como o governo Roosevelt tratara Wall Street; ao passo que os soviéticos, por serem um dos principais produtores de ouro do mundo, tinham todos os motivos para pleitear a ascensão do ouro!
79 Citado em Laughland (1997), p.231.
80 Jacques Rueff era um economista influente que De Gaulle conhecia de longa data, desde quando recorreu a ele, em 1958, para desinflacionar a economia francesa à época em que o general retornou à cena política (e fundou a Quinta República, antes de se tornar seu primeiro presidente). De Gaulle tinha dolorosas lembranças do modo como perdera poder logo depois do final da guerra, por causa da inflação descontrolada. Portanto, quando Rueff conseguiu acabar com a inflação em 1958 (que implicou eliminar vários zeros da moeda, vincular firmemente o valor do novo franco ao dólar e manter sob rígido controle as despesas do Estado), De Gaulle ficou impressionado. Rueff era um "partidário do padrão-ouro" que acreditava na vinculação da quantidade de papel-moeda à quantidade de ouro de posse do Estado, como uma tentativa de evitar que os políticos interferissem no valor da moeda. Isso ajuda a explicar por que De Gaulle, ao tentar desacreditar o sistema financeiro global americano baseado no dólar, escolheu a alternativa do padrão-ouro. No entanto, este autor está plenamente convencido de que De Gaulle adotou o fetiche do ouro

É tentador desconsiderar as "intervenções" de De Gaulle como os caprichos de um homem amargurado pelo empenho, durante a guerra, em fazer com que britânicos e americanos reconhecessem a França derrotada, e ele próprio, como um dos Aliados que puseram a Alemanha de joelhos. De Gaulle nunca perdoou os americanos por terem negado à França um lugar na mesa dos vencedores nas etapas finais da Segunda Guerra Mundial, especialmente nas reuniões de Ialta entre Franklin D. Roosevelt, Winston Churchill e Joseph Stálin. Imaginar, porém, que era esse o motivo por trás de seu ataque, em 1965, ao dólar e ao Bretton Woods americano, seria subestimar as legítimas preocupações racionais de De Gaulle em relação à tendência das superpotências de se tornar arrogantes, acabando, finalmente, se desestabilizando.[81]

As objeções de De Gaulle ao Plano Global Americano do pós-guerra remontavam pelo menos a 1946. Em 6 de setembro de 1946, para ser exato, quando o secretário de Estado americano James F. Byrnes viajou a Stuttgart para apresentar o *"Discurso da esperança"* – uma importante reformulação da política americana com relação à Alemanha. Até então, os Aliados estavam unidos no compromisso de converter a "Alemanha num país de natureza principalmente agrária e pastoral".[82]

---

de forma oportunista, diferentemente de Rueff, que realmente acreditava nele. Talvez também seja importante observar que Rueff era membro da libertária Sociedade Mont Pelèrin, ao lado de economistas como Friedrich von Hayek e Milton Friedman— para avaliar a importância dessa sociedade, ver Mirowski e Plehwe (2009). De Gaulle, que era ligado à tradição francesa da economia estatal planificada, só tolerava as teorias econômicas libertárias de Rueff porque, diferentemente de Hayek, ele aceitava o papel de destaque do Estado nas questões éticas, culturais e sociais..

81 De acordo com Allin (2011), De Gaulle achava que do mesmo modo que a URSS ocupava um espaço exagerado na Europa em termos logísticos e militares, os Estados Unidos também ocupavam um espaço financeiro exagerado no sistema de Bretton Woods.

82 Ver Dallek (1995). A volta da Alemanha a uma economia pastoril era o propósito explícito do Plano Morgenthau, que recebeu esse nome por causa do secretário do Tesouro americano Henry Morgenthau Jr, tendo sido coas-

O discurso de Byrne foi o primeiro sinal recebido pelo povo alemão no pós-guerra do fim de um movimento revanchista de desindustrialização que, no final da década, tinha destruído 706 plantas industriais. As palavras de Byrne anunciaram uma importante inversão de política com a frase: "[não] podemos... negar ao povo alemão o uso... das economias que conseguirem juntar por meio do trabalho árduo e da vida frugal para construir sua indústria com propósitos pacíficos".[83]

Naturalmente, a esperança de um é o pesadelo do outro. De Gaulle, por exemplo, ficou furioso. Pois ele sabia que, no contexto de um sistema financeiro atrelado ao dólar, uma Alemanha reindustrializada e com superávits de exportação tornaria a França financeiramente dependente da anglosfera; dos Estados Unidos e até da Inglaterra, Deus me livre!

O general De Gaulle encarnava a obsessão do exército francês com o poder militar e industrial prussiano. Ele temia e admirava, em igual medida, a determinação e a eficiência da Alemanha. Na década de 1930 ele se opusera à construção da defensiva Linha Maginot, acusando o ministro da Defesa francês de tentar lutar a Grande Guerra de novo. A visão de De Gaulle da Segunda

---

sinado pelos Estados Unidos e pela Grã-Bretanha no dia 16 de setembro de 1944. Na primavera de 1945, depois da rendição da Alemanha aos Aliados, o general Eisenhower emitiu uma diretriz aos comandantes americanos na Alemanha – cujo código era JCS1067 – ordenando que eles desistissem de "... tomar medidas que visassem a recuperação da Alemanha [ou] que se destinassem a preservar sua economia". A JCS1067 mencionava claramente que o propósito era a desindustrialização da Alemanha e a redução do padrão de vida alemão. No dia 1º de agosto de 1945, com o Acordo de Potsdam entre os Estados Unidos, a URSS e a Grã-Bretanha, os três Aliados concordaram em "reduzir ou destruir toda a indústria pesada civil com potencial militar" e em "reestruturar a economia alemã direcionando-a para a agricultura e a indústria leve". Em 1946, os Aliados reduziram a produção de aço alemã a menos de 6 milhões de toneladas por ano, ou seja, cerca de 75% da produção de aço alemã antes da guerra. Quanto à produção automobilística, a decisão foi que a produção deveria declinar para cerca de 10% do que era antes de a Alemanha invadir a Polônia..

83 Ver Dallek (1995).

Guerra Mundial vindoura era exatamente igual àquela que o Alto Comando nazista estava planejando: extremamente móvel, baseada em colunas de tanques que se moviam rapidamente e livres de divisões de infantaria se arrastando atrás (elas deveriam seguir posteriormente de caminhão e de trem). Quando a guerra estourou, as unidades de tanques de De Gaulle foram as únicas que tiveram um desempenho um pouco honroso, enquanto as defesas imóveis da Linha Maginot se mostraram uma vergonha nacional.

O ódio de De Gaulle diante do fracasso do seu país era pleno de respeito pelo modo como as táticas e a indústria alemã se juntaram para humilhar a França, estender sua ocupação até onde aprouvesse a Berlim, criar um Estado nazista vassalo com a cidade de Vichy como capital e começar outra guerra civil francesa (opondo os apoiadores e colaboradores de Vichy à Resistência e a seu espírito) que durou, no nível do discurso, até quando a década de 1980 já ia adiantada.

É uma marca das sociedades antigas que as tribulações contemporâneas reinventem velhos temores. De Gaulle nasceu e se criou à sombra da vergonha nacional. Em 1862, 28 anos antes do seu nascimento, o chanceler da Prússia Otto von Bismarck fizera o *Discurso do sangue e do ferro*, no qual ele previu que a Prússia resolveria a "grande questão do momento" não "por meio de discursos e decisões majoritárias..., mas por meio de *ferro e de sangue*". A proposta de uma Alemanha reindustrializada, acionando sua produção de aço na década de 1950, jamais poderia ter a simpatia de um homem que, desde a mais tenra idade, fora influenciado por imagens do ferro alemão derramando sangue francês.

Pior ainda, De Gaulle estava incomodado com a capacidade dos franceses de derramar seu próprio sangue enquanto fundidores alemães e conversores Bessemer cuspiam aço de alta qualidade. Em 1871, enquanto Bismarck anunciava a unificação alemã e coroava seu rei da Prússia imperador do Império Alemão, o exército francês entrava na capital francesa para dar início a uma luta impiedosa contra os revolucionários da Comuna de Paris, matando dezenas de milhares de pessoas durante os combates. Para De Gaulle, a primeira metade do século 20 nada mais era que uma recapitulação daquele lamentável contraste: a impotência francesa justaposta ao êxito industrial alemão que tornou a França dependente dos anglo-saxões.

A feroz resistência francesa à mudança que o secretário Byrnes tinha previsto em seu *Discurso da esperança* de 1946 retardou o processo de reabilitação da Alemanha. No entanto, quando Washington decidiu, por razões próprias, que a Alemanha devia desempenhar um papel decisivo no projeto americano para o mundo do pós-guerra, era só uma questão de tempo até que ela fosse, de fato, reabilitada e sua base industrial não fosse apenas poupada, mas também fortalecida. Num discurso de 18 de março de 1947, Herbert Hoover, o antecessor do presidente Roosevelt, sinalizou a nova política americana para a Europa: "Existe a ilusão", disse ele, "de que a nova Alemanha... pode ser reduzida a uma condição pastoral. Isso não pode ser feito, a menos que exterminemos ou removamos 25 milhões de pessoas do país".[84]

Foi então que o general De Gaulle e a maioria dos gestores políticos franceses compreenderam que estavam diante de um novo conflito, que exigia outra estratégia para conter a nova Alemanha. A estratégia que ele escolheu foi estranha, mas não desprovida de lógica: um abraço asfixiante com o qual a França tentaria sufocar o vizinho ressuscitado. O Tratado do Eliseu, em janeiro de 1963, e a proposta indecente de Giscard, em março de 1964, foram as primeiras manifestações dessa estratégia. Muitas outras viriam.

O Plano Global Americano[85]

Não foi por razões humanitárias que Washington resolveu poupar a Alemanha do retorno a um passado bucólico.[86] Nem a mudança

---

84 Ver Reinert (2004), p.158.
85 Para uma exposição mais longa dos acontecimentos históricos dessa passagem, ver *O Minotauro Global*, capítulo 3.
86 Muito embora – é preciso mencionar – os Estados Unidos já tivessem assumido essa postura antes: depois do Tratado de Versalhes, de 1919, que impôs reparações intoleráveis à Alemanha após a Grande Guerra, os Estados Unidos foram o único entre os vitoriosos a ter apoiado a economia alemã por meio de

de ânimo dos Estados Unidos foi provocada exclusivamente pelas nuvens da Guerra Fria que se formavam e pela necessidade, bastante concreta, de conter a União Soviética. Embora o estímulo geopolítico fosse claro e presente, New Dealers como James Byrnes, James Forrestal[87], George Marshall[88] e Dean Acheson[89] tinham outro excelente motivo para permitir que a Alemanha reassumisse seu lugar entre as nações industrializadas.

O sistema de Bretton Woods, já implantado em 1944[90], pôs o dólar como a única peça que mantinha unido o edifício do comércio e das finanças globais. Se, por um motivo qualquer, a economia americana entrasse em colapso, o dólar poderia funcionar como um supercondutor de ondas recessivas que imediatamente se moveriam sem obstáculos para as regiões mais distantes do capitalismo global. Mesmo recessões leves nos Estados Unidos poderiam ganhar velocidade e violência e atingir a Europa, o Japão e o resto da Ásia, onde poderiam provocar um prejuízo muito maior que em Chicago ou Ohio. Era preciso criar urgentemente amortecedores que impedissem isso.

Num sistema global de taxas de câmbio fixas, os amortecedores exigem moedas regionais sólidas, emitidas por Bancos Centrais poderosos que atuem como pilares secundários de apoio do pilar principal do sistema – o dólar. Era necessário haver pelo menos um desses pilares na Europa e outro na Ásia. Naturalmente, moedas regionais sólidas não podem ser sacramentadas pelo Congresso; é preciso haver uma indústria dinâmica para sustentá-las. Mas existe um elemento complicador: indústrias dinâmicas produzem mais bens manufaturados que o mercado doméstico é capaz de absorver – basta pensar na China hoje. Para continuar funcionando, as economias "dinâmicas"

---

créditos e acordos bilaterais que aliviaram a carga insuportável que o tratado impusera ao país derrotado.

87 Secretário da Defesa e ex-secretário da Marinha.

88 Sucessor de James Byrne como secretário de Estado e "portador" do famigerado Plano Marshall.

89 Sucessor de George Marshall no Departamento de Estado.

90 Lembrem-se do capítulo 2.

precisam de mercados – regiões próximas que estejam em déficit permanente com elas para que possam se manter superavitárias.[91] Quais seriam as economias "dinâmicas" da Europa e na Ásia que iriam escorar a própria economia americana e seu dólar?

Na Europa, o Reino Unido foi o primeiro candidato. Só que, como a maioria dos favoritos, a Grã-Bretanha foi ignorada. Suas elites estavam decididas a manter o controle de um império que, aos olhos de Washington, era detestável e insustentável. Ao regressar, seus soldados – que tinham derramado o sangue pelo rei e pelo país – estavam decididos a não aceitar os salários desprezíveis e as condições de vida miseráveis de antes da guerra. Foi por esse motivo que Winston Churchill, o baluarte nacional da época da guerra, sofreu uma derrota esmagadora em 1945, a qual deu início a um governo trabalhista que soava radical (especialmente aos ouvidos americanos).

Um ano depois, uma crise fiscal pôs fim à conversibilidade da libra esterlina e manchou ainda mais a "candidatura" da Grã-Bretanha a pilar europeu do Plano Global Americano. Esses acontecimentos encheram Washington de dúvidas, que foram multiplicadas várias vezes pela ilusão do *establishment* britânico de que, como *ele* tinha vencido a guerra, merecia ditar as condições em tempo de paz.

Olhando para o Extremo Oriente, o governo americano percebeu que o único país capaz de desempenhar ali o papel indispensável de amortecedor e criar uma moeda adequada era o Japão: uma grande potência industrial cujas fábricas estavam em grande medida incó-

---

[91] Os "centros" da indústria pesada se caracterizam por corporações grandes, interligadas e poderosas. Para cobrir seus custos fixos elas precisam produzir muito e controlar o custo da mão de obra. Isso significa que a população local (assalariada, em sua maioria) não consegue consumir tudo que as fábricas produzem. É por isso que as economias dinâmicas exigem um "interior" próximo que gere a demanda indispensável para a produção excedente. Se a taxa de câmbio entre a economia dinâmica e o "interior" for fixa, o "interior" se manterá permanentemente deficitário em relação à economia "dinâmica". Para continuar financiando esses déficits permanentes, é necessário reciclar o superávit. Nos "bons tempos" os bancos desempenham esse papel, que o capítulo 1 descreveu como "reciclagem dos tempos de bonança".

lumes (exceto, talvez, em Hiroshima e Nagasaki), cuja mão de obra era altamente especializada e admiravelmente disciplinada, cuja Constituição os Estados Unidos tiveram a oportunidade de redigir e, por último, mas certamente não menos importante, um país governado pelas Forças Armadas americanas. Quando voltaram seu olhar para a Europa, o problema desapareceu: a Alemanha Ocidental era, obviamente, o equivalente do Japão, e, na verdade, uma excelente candidata para o papel de pilar amortecedor europeu do Projeto Global – a Grã-Bretanha é que não era!

Por que não a França? Por três excelentes motivos. Primeiro, a indústria alemã era muito mais avançada que a francesa. Em 1945, apesar do massacre infligido pelos Aliados nas etapas finais da guerra, as fábricas alemãs produziam mais que o dobro das francesas. Segundo, os alemães derrotados, temendo um futuro pastoral, respirariam aliviados se os Estados Unidos favorecessem sua economia, investissem nela e, de modo geral, a protegessem. Por outro lado, o general De Gaulle e a grande maioria dos franceses ficariam furiosos diante de qualquer alusão a semelhante intervenção, quanto mais a uma "tomada de controle". Terceiro: assim como no caso do Japão, os Estados Unidos redigiram a Constituição da República Federal Alemã e até criaram o Bundesbank do zero. O fato de as Forças Armadas americanas controlarem o território, os mares e o espaço aéreo da Alemanha Ocidental também não prejudicava o raciocínio...

O *Insight* de De Gaulle

Para levar esse plano adiante, da concepção à implementação, Washington precisava derrotar De Gaulle, em particular, e a oposição da França, em termos gerais. O general De Gaulle percebia aquilo tudo evoluindo para um sistema global em que a França seria reduzida a uma potência de terceira classe – trazendo de volta lembranças difíceis da humilhação pela qual seu país passara durante a guerra. Sua oposição a esse cenário bateu de frente com a unanimidade conservadora da Europa Central do pós-guerra, entusiasmada com a dolarização da Europa. No dia 20 de janeiro de 1946, a inflação alta e uma insatisfação generalizada com o conservadorismo austero de De Gaulle provocaram seu afastamento do cargo de líder do Governo Provisório francês. A pergunta interessante é esta: por que De Gaulle não tentou voltar logo depois? Por que ele se colocou voluntariamente à margem da política e permaneceu ali até 1958?[92]

De Gaulle sentia que as elites francesas não estavam muito interessadas em partilhar sua apreensão profunda acerca do Plano Global Americano e arriscar, com isso, as estimulantes vantagens que os Estados Unidos ofereciam para quem concordasse com o projeto. Ele tentou alertá-las contra a proposta de um padrão-dólar global que teria o marco alemão como moeda de sustentação na Europa. Ele percebia que, para desempenhar esse papel, o marco alemão exigia uma indústria pesada que, por sua vez, precisava de países vizinhos com um déficit comercial permanente com a Alemanha. Só assim podia ser gerada a demanda que faltava às exportações alemãs. Será que "seu" povo não conseguia enxergar isso? Conseguia. Só que Washington fez uma jogada esperta com os funcionários e banqueiros franceses, oferecendo-lhes algo que não podiam recusar: a oportunidade de administrar a Europa unida emergente sob a égide da Pax Americana.

---

[92] De Gaulle voltou brevemente de seu retiro em 1954 para fulminar, na Assembleia Nacional francesa, a proposta de uma Comunidade Europeia de Defesa, confirmando sua rejeição vigorosa de uma aliança franco-alemã sob o guarda-chuva da Pax Americana. Desse modo, em 1958, quando a França estava profundamente envolvida na terrível guerra colonial argelina, ele foi convidado a ser primeiro-ministro para resolver a confusão. Somente ele, como herói de guerra nacional, tinha autoridade para retirar as tropas francesas do Vietnã, até então colônia francesa. Depois disso, e com as reformas monetárias bem-sucedidas de Jacques Rueff que liquidaram a inflação, o caminho estava livre para que o general reescrevesse a Constituição (criando, assim, a chamada Quinta República) e ocupasse a presidência. Foi nessa etapa que ele, muito hesitante, aceitou a proposta de uma Europa unida que girasse em torno do eixo franco-alemão e na qual a França desempenharia os principais papéis administrativos.

A vantagem comparativa da França sempre foi a qualidade de seus administradores. Todo ano as principais Écoles produzem um fluxo constante de homens – e algumas mulheres – extremamente cultos, com predileção pelo serviço público, excelente habilidade com os números e uma capacidade de administrar burocracias multinacionais com eficiência e estilo. Essa foi a herança duradoura, o presente à nação francesa que Napoleão Bonaparte deixou. Além disso, os bancos franceses eram muito mais sofisticados que os alemães. Conscientes disso, os New Dealers ofereceram ao *establishment* francês um poderoso incentivo para concordar com a reindustrialização da Alemanha: em troca de aceitar o poderio industrial alemão, e a ascendência inevitável do marco alemão, os administradores franceses dirigiriam uma Europa Central unificada (de Paris e de Bruxelas), enquanto os bancos franceses controlariam o fluxo de capital e os lucros alemães tanto dentro como fora dessa União Europeia.

De Gaulle talvez fosse uma das poucas figuras do *establishment* francês que se recusava a ser seduzido por essa "oferta" tentadora. Figuras como Jean Monnet (um dos "pais" da União Europeia), Jacques Rueff (um influente economista) e Robert Marjolin (que comandaria a administração do Plano Marshall, embrião da atual OCDE – Organização para a Cooperação e Desenvolvimento Econômico) perceberam que De Gaulle não aceitaria nada daquilo. Diferente deles, ele desconfiava que, apesar das promessas de Washington, a França definharia se o Plano Global Americano fosse implementado.

A verdade é que – e nisso De Gaulle tinha razão – uma Alemanha reindustrializada e voltada para a exportação sempre obteria um franco fraco dentro de um sistema monetário global com taxas fixas de câmbio dependentes do dólar. A França passaria a depender então do apoio de Washington para manter a paridade de sua moeda com a moeda alemã. Mas esse apoio transatlântico à França só poderia ser fornecido se os Estados Unidos continuassem a gerar superávits. De Gaulle pressentia que os Estados

Unidos iriam esbanjar seus superávits e, quando isso acontecesse, Paris se tornaria dependente da boa vontade do Bundesbank. Que é exatamente o que aconteceu...

O Gatilho Grego

"Obama vai transformar os Estados Unidos na Grécia" era um slogan do Partido Republicano na eleição presidencial de 2012, após a intensa cobertura da "crise grega" pela mídia que dominava as manchetes desde 2010. No entanto, o que a maioria das pessoas ignorava é que meu minúsculo país tinha sido o precursor de um drama mais antigo e mais importante: a Guerra Fria!

O primeiro choque entre o Leste e o Oeste ocorreu nas ruas de Atenas como consequência da retirada dos nazistas em abril de 1944, envolvendo direitistas apoiados pela Grã-Bretanha e guerrilheiros de esquerda apoiados pela URSS. Esses choques aumentaram de intensidade em dezembro de 1944, culminando mais tarde na sórdida guerra civil grega de 1946-49 que deixou cada família grega que eu conheço indelevelmente marcada.

Ela foi o prelúdio de um confronto entre o Leste e o Oeste que ofereceu aos Departamentos do Tesouro e do Estado americanos a oportunidade, e o empurrão do Congresso, para pôr em prática uma experiência audaciosa na Europa: juntar a França e a Alemanha numa União Europeia que fosse parte integrante de um projeto econômico global.

A reversão do plano de destruir a indústria pesada alemã foi facilitada por essas tensões crescentes, que irromperam primeiramente em Atenas. O "longo telegrama" que o diplomata americano George Kennan enviou de Moscou advertindo a respeito das ambições expansionistas soviéticas imbuíram Washington da urgência de conter a URSS, e coincidiram com a escalada total da guerra civil grega. O "Discurso da Esperança" de Byrne prenunciando a reabilitação definitiva da Alemanha foi feito depois que os gregos tinham mergulhado no desespero de um conflito fratricida odioso que foi o primeiro confronto por procuração entre as superpotências que surgiram com a Guerra Fria.[93]

Embora o foco da Doutrina Truman fosse conquistar a Grécia para o Ocidente[94], o mais importante foi que ela representou o anúncio não oficial da Guerra Fria por parte do presidente.[95] Ela moldou a Europa do ponto de vista americano. Daquele momento de 1947 em diante, e começando com a Grécia, os Estados Unidos fariam da contenção da influência soviética sua principal prioridade. Assim que ouviu a proclamação de Truman, Paris sentiu um arrepio!

Os líderes franceses, e De Gaulle mais do que todos eles, perceberam que a nova ênfase americana na contenção soviética significava o renascimento industrial alemão. A reindustrialização alemã só aconteceu porque os Estados Unidos assim o decidiram. Do mesmo modo, a União Europeia foi criada porque Washington percebeu que um marco alemão forte precisava de uma indústria pesada alemã bem-sucedida, que precisava de merca-

---

[93] Kennan trabalhava na embaixada americana em Moscou, de onde, em fevereiro de 1946, enviou o "Longo telegrama" analisando os motivos pelos quais os Estados Unidos deveriam considerar a tarefa de conter a URSS como sua prioridade principal. Ao mesmo tempo, guerrilheiros de esquerda gregos, que tinham liderado uma resistência gloriosa contra os nazistas, estavam sendo perseguidos pelo governo apoiado pelos britânicos e por simpatizantes nazistas. Em março de 1946 um regimento desses guerrilheiros declarou guerra contra o governo, dando início, assim, à segunda e mais devastadora guerra civil grega. A Doutrina Truman significou a declaração americana de que aquilo que tem início na Grécia acaba se tornando um importante confronto com a URSS. O "Longo telegrama" de Kennan e a guerra civil grega iniciaram a Guerra Fria.

[94] A Doutrina Truman comprometeu fundos e recursos para apoiar o exército nacional grego contra os guerrilheiros, que não receberam quase nenhum apoio da União Soviética, obrigada pelos compromissos do Acordo de Ialta a aceitar que a Grécia permanecesse na esfera de influência britânica. E quando a Grã-Bretanha se retirou da guerra civil grega em 1946, esgotada por sua própria crise econômica, ela passou o bastão para o presidente Truman. Foi assim que a Guerra Fria começou oficialmente.

[95] Harry Truman tinha passado a ocupar a Casa Branca após o falecimento do presidente Roosevelt em 1945. Ele anunciou sua doutrina no dia 12 de março de 1947.

dos vizinhos para seus produtos, que precisavam que os Estados Unidos e a França chegassem a um acordo. Um acordo que o *establishment* francês aceitou com relutância, mas que afastou De Gaulle da política por mais de uma década.

Alguns anos depois, em 1953, Hermann Josef Abs, diretor do Deutsche Bank durante o período nazista[96], liderou uma delegação do governo alemão a Londres. O motivo era participar de uma conferência convocada pelos americanos que culminou no chamado Acordo da Dívida de Londres. Basicamente, os Estados Unidos confiavam que Grã-Bretanha, França, Grécia, Itália, Espanha, Suécia, Iugoslávia, Noruega, Suíça, além de vários outros países, perdoassem a maior parte da dívida contraída pela Alemanha antes da guerra. A Grã-Bretanha protestou, argumentando que a Alemanha tinha tanto a capacidade como a obrigação moral de pagar. Washington vetou a posição de Londres e, para dar o exemplo, perdoou imediatamente os novos empréstimos que concedera a Bonn depois de 1945. Desse modo, a dívida da Alemanha com os países credores e com os credores privados foi "podada" em mais de 70%.[97]

O alívio da dívida é fundamental para qualquer pessoa, empresa ou país que tenha caído nas garras implacáveis da insolvência. Sem ele, os indivíduos são vítimas da prisão por dívida e os países definham até que seus habitantes migrem ou se levantem contra os credores e seus Quislings.[98]

Se durante o século XIX o capitalismo cresceu de maneira cada vez mais vigorosa foi porque as prisões por dívida foram substituídas pela responsabilidade limitada. Se a General Motors está forte e ativa hoje é porque em 2009 o governo do presidente Obama perdoou 90% de sua dívida. Se a Alemanha

---

96 Que voltaria em 1957 como presidente do Deutsche Bank, cargo que ocupou até 1967.
97 Ver Becker (2013).
98 N. do T.: Referência a Vidkun Abraham Lauritz Jonssøn Quisling, oficial da Marinha real norueguesa e o principal colaborador com o ocupante nazista durante a Segunda Guerra Mundial.

se ergueu na década de 1950 e se tornou uma superpotência econômica, ela o fez porque os Estados Unidos obrigaram outros países europeus a reduzir substancialmente sua dívida.

Foi assim que a nação derrotada da Europa, a Alemanha, emergiu das cinzas, enquanto a Grécia, o primeiro país a repelir uma invasão militar do Eixo[99], foi primeiro destruído pelas chamas da guerra civil de 1944-49 e depois, com o fim desse episódio lamentável, foi quase esvaziado de sua população, que pegou a longa rota da emigração que a levou aos Estados Unidos, ao Canadá, à Austrália, à Bélgica e, ironicamente, à Alemanha – como *Gastarbeiters* (trabalhadores convidados) altamente produtivos. Enquanto isso, França e Grã-Bretanha, os supostos vencedores da guerra, se preparavam emocionalmente para enfrentar momentos econômicos interessantes pela frente.

Ironicamente, se a Grécia continua atualmente numa recessão profunda é porque (desde 2010) a Alemanha tem se recusado categoricamente a conceder a Atenas um alívio da dívida, e ninguém, incluindo os Estados Unidos, está disposto ou é capaz de obrigar Berlim a fazer pela Grécia o que os Estados Unidos fizeram pela Alemanha em 1953. A consequência não é apenas uma previsível depressão econômica, mas também o avanço dos nazistas do Partido da Aurora Dourada.

---

99 No dia 28 de outubro de 1940, enquanto as Forças Armadas alemãs derrotavam facilmente as forças Aliadas, Mussolini deu um ultimato ao governo grego: ou ele se rendia ou o país seria invadido. A Grécia rejeitou o ultimato, a Itália invadiu o país a partir da Albânia já ocupada e o precário exército grego derrotou os invasores, registrando a primeira vitória Aliada da Segunda Guerra Mundial. Hitler foi obrigado a adiar a invasão da União Soviética e direcionar suas forças para os Bálcãs a fim de reprimir os "irritantes" gregos. Esse adiamento de cinco meses ajudou imensamente os soviéticos, pois quando as tropas alemãs alcançaram as estepes russas, elas tiveram de enfrentar o.... general inverno. Além disso, de 1942 a 1944 os guerrilheiros gregos não deram trégua aos ocupantes nazistas, provocando estragos consideráveis e confinando-os aos centros urbanos. A população grega pagou um preço enorme em termos de assassinatos, perseguição, destruição da infraestrutura do país e fome.

Em minha primeira visita a Berlim, no dia 5 de fevereiro de 2015, invoquei o fantasma dos nossos nazistas gregos e a depressão alimentada pela dívida que os conduziu ao Parlamento como o terceiro maior partido grego (lembrem-se do Prefácio). O misto de contrariedade e rejeição com que meu apelo foi recebido confirmou os meus – e os do resto da Europa – piores temores: ou o *establishment* alemão se esquecera completamente do gesto de clemência dos Estados Unidos para com a Alemanha ou acreditava que o Estado alemão merecia, logo depois de uma guerra terrível iniciada por ele, um tratamento especial que outros Estados europeus não mereciam.

Cartel Dolarizado

Para assentar o pilar europeu do seu Plano Global, Washington teve de fazer uma concessão importante. A união econômica europeia que ele cobiçava para ser o "mercado interno" do marco alemão teria de ser construída em torno de um cartel centro-europeu da indústria pesada que desfrutasse de um grau de participação no mercado ao qual os New Dealers eram alérgicos. Mas eles não tinham opção: os dois únicos movimentos europeus unificadores dos quais eles poderiam obter apoio, e com os quais poderiam trabalhar, eram a esquerda marxista internacionalista e uma tradição centro-europeia conservadora, consagrada pelo tempo, associada a lemas como *Mitteleuropa* ou *Pan-Europa*. Não havia o que discutir.

Em seu aspecto mais benéfico, a *Mitteleuropa* evocava um ideal racional multinacional e multicultural de uma Europa Central unida que uma parte não chauvinista de suas elites conservadoras apreciava bastante. No entanto, *Mitteleuropa* também era o título de um livro influente de Friedrich Naumann, escrito no meio da Grande Guerra[100], que defendia a integração econômica e política da Europa Central, governada de acordo com as normas alemãs e com os países "secundários" colocados sob o controle alemão.

---

100 Naumann, F. (1915, 2012).

Uma concepção um bocado mais liberal que a *Mitteleuropa*, a *Pan-Europa* era uma invenção do conde Coudenhove-Kalergi, um intelectual liberal de origem austríaca e japonesa que lutou a vida inteira para criar uma união política e econômica pan-europeia.[101] Apesar das diferenças, tanto a *Mitteleuropa* como a *Pan-Europa* tinham o propósito de proteger o "centro" da Europa das intromissões geopolíticas e econômicas da Rússia, vindas do leste, e da anglosfera, vindas do oeste. Elas também compartilhavam a visão de que a unidade europeia teria de se sobrepor às instituições nacionais existentes na Europa Central e, na verdade, às estruturas de poder corporativo predominantes.

Uma União Europeia coerente com as visões da *Mitteleuropa* e da *Pan-Europa* teria de funcionar restringindo a competição entre as corporações, entre as nações e entre o capital e o trabalho. Resumindo: a Europa Central se pareceria a uma gigantesca corporação estruturada hierarquicamente e governada por tecnocratas cuja tarefa seria despolitizar tudo e minimizar todos os conflitos.

Não é preciso dizer que a visão da *Mitteleuropa-Pan-Europa* entusiasmou os industriais alemães. Walter Rathenau, presidente da AEG (Allgemenine Elektricitäts-Gessellschaft) e posteriormente ministro das Relações Exteriores da Alemanha, chegou ao ponto de sugerir que a união econômica da Europa Central seria a "maior conquista da civilização".[102] A ideia agradava bastante não apenas a corporações como AEG, Krupp, Siemens etc., mas também à Igreja Católica e a políticos como Robert Schuman, outro dos pais da União Europeia, que nasceu na Alemanha e se tornou francês graças a uma alteração de fronteira.

Em setembro de 1947, enquanto os New Dealers estudavam um formato de União Europeia que fosse coerente com seu Plano Global, o conde Coudenhove-Kalergi discursava na Conferência da União Parlamentar Europeia, convocada por ele para reunir os par-

---

101 Ver Coudenhove-Kalergi (1923).
102 Palavras empregadas por ele numa carta de 7 de setembro de 1914, citadas em Laughland (1997), p.115.

lamentares europeus. O tema de sua fala era a necessidade urgente de criar uma Europa Unida por meio da construção de um grande mercado centro-europeu com uma moeda estável. O que ele omitiu foi que esse "mercado" seria, inevitavelmente, dominado por algumas grandes corporações, que teriam a liberdade de combinar seus preços de modo a impedir qualquer concorrência verdadeira entre elas, com novas empresas e, importante, com a anglosfera.

Era com essa gente, pessoas capazes como o conde Coudenhove-Kalergi, Robert Schuman e Jean Monnet, que os americanos tinham de negociar. Uma vez iniciado, o processo de construção da Europa *Mittel-Pan* foi inexorável. Em janeiro de 1946, sob o comando da Missão Francesa dos Estados Unidos, a Comissão de Planejamento (*Commissariat du Plan*) foi instituída em Paris. Alguns meses depois de a Doutrina Truman vir a público, George Marshall, secretário de Estado de Truman, dirigiu-se a uma plateia de Harvard com um discurso que marcou o início do Plano Marshall: um pacote de ajuda maciça equivalente a mais de 2% do PIB americano que deu o pontapé inicial na dolarização da Europa.[103]

Em algumas semanas, o *Commissariat du Plan* já distribuía um terço de toda a ajuda do Plano Marshall para a Europa, definia metas de crescimento em todo o continente e empregava para isso nada menos que três mil funcionários em Paris. No dia 3 de abril de 1947, o presidente Truman instituiu a Administração de Cooperação Econômica e treze dias depois os Estados Unidos e seus aliados europeus criaram a Organização para Cooperação Econômica Europeia (OCEE), com o objetivo de planejar para onde, em que condições e com que finalidade o financiamento seria canalizado. Em 1961 a OCEE mudou de nome, passando a

---

[103] Durante o primeiro ano do Plano Marshall, a soma total envolvida foi da ordem de US$ 5,3 bilhões, um pouco mais de 2% do PIB dos Estados Unidos. Em 31 de dezembro de 1951, quando o Plano Marshall chegou ao fim, haviam sido gastos US$ 12,5 bilhões. O resultado final foi o aumento brusco da produção industrial europeia (cerca de 35%) e, mais importante, a estabilização política e a criação de uma demanda sustentável de produtos manufaturados, tanto europeus como americanos..

se chamar OCDE – Organização para Cooperação e Desenvolvimento Econômico – nome que conserva até hoje.

Enquanto as elites francesas estavam sendo aplacadas com funções administrativas suntuosas – e com rios de dinheiro para executá-las –, o jogo de verdade acontecia no campo da indústria pesada. Em 1950 a União Europeia nasceu oficialmente sob a forma de um cartel de carvão e aço dominado pela Alemanha e dirigido, naturalmente, por uma administração internacional dominada pelos franceses com sede em Bruxelas.

Seu nome? Comunidade Europeia do Carvão e do Aço. Ela representou um distanciamento notável dos princípios americanos de governança, que, desde o presidente Theodore Roosevelt, incluíam uma dose considerável de controle dos cartéis. No entanto, não seria possível lançar o Plano Global Americano a menos que ele fizesse as pazes com a ideologia da *Mittel-Pan* Europa, intimamente associada aos cartéis da Europa Central.

Ao fazer as pazes com o corporativismo da Europa Central, os gestores políticos americanos tiveram de engolir não apenas o projeto de construção de uma Nova Europa com base num cartel de grandes empresas, mas também a intragável pauta política que o acompanhava. Corporativistas como Robert Schuman e Jean Monnet tendiam a construir a burocracia baseada em Bruxelas como uma zona não democrática. O conde Coudenhove-Kalergi sintetizou a ideia em poucas palavras em um de seus discursos ao declarar seu desejo de que a Europa "suplantasse a democracia" e que a democracia fosse substituída por uma "aristocracia social do espírito".[104] Como sempre acontece quando uma tecnocracia que nutre um desprezo profundo e platônico pela democracia alcança um poder excessivo, acabamos numa autocracia antissocial, melancólica e estúpida.

Os europeus identificam isso atualmente na burocracia baseada em Bruxelas. Toda pesquisa de opinião pública revela grandes maiorias que não confiam nas instituições europeias. Os ameri-

---
104 Ver Rosamund (2000), pp.20-21.

canos também nutrem um ressentimento profundo em relação às elites de Washington. Mas existe uma enorme diferença.

O governo dos Estados Unidos, juntamente com sua burocracia, foi criado num período de intensos conflitos entre grupos de interesse e classes sociais. Proprietários de terra escravistas, principalmente do Sul, entravam em choque com comerciantes da Costa Leste e industriais de Illinois, Boston e Wisconsin. A aquisição da Louisiana desencadeou uma série de novos conflitos entre diversos grupos de interesse. Uma brutal guerra civil, que se mostrou impossível de evitar, facilitou a consolidação dos Estados Unidos. Mais tarde, o surgimento dos sindicatos e do complexo industrial-militar apontou para novas rivalidades. Para unir o país e homogeneizar suas instituições de modo a lidar com as crises políticas, sociais e financeiras que essas tensões trouxeram à tona, o Congresso teve de desempenhar um papel de equilíbrio fundamental. Na verdade, nenhuma autoridade americana pode desafiar nem ignorar o Congresso. Quaisquer que sejam as falhas que a democracia americana apresente, não existe nenhuma dúvida de que o processo democrático é essencial para impedir que a união se desfaça.

As instituições da União Europeia, por outro lado, não evoluíram em resposta a conflitos sociais semelhantes. Os parlamentos e as instituições nacionais fizeram o trabalho pesado em termos de aliviar os conflitos sociais, enquanto a burocracia de Bruxelas foi concebida com o propósito de administrar os negócios de um cartel industrial formado pela indústria pesada da Europa Central. Na falta de um *demos*, de um "Nós, o povo" que os mantivesse amedrontados – e, na verdade, que legitimasse suas atividades –, os burocratas de Bruxelas menosprezaram a democracia e ficaram a salvo de seus freios e contrapesos. Enquanto o cartel que eles administravam ia bem, sob os auspícios do sistema financeiro global concebido pelos Estados Unidos, as instituições da União Europeia desfrutaram de uma ampla aceitação. No entanto, diferentemente do sistema americano cujo centro é o Congresso, a União Europeia carecia do processo democrático ao qual era indispensável recorrer em períodos de dificuldade.

Do ponto de vista de sua ideologia oficial, a União Europeia parecia muito similar aos Estados Unidos, mesmo para a Grã--Bretanha liberal. O liberalismo de livre mercado parecia estar na ordem do dia, e um mercado único livre da proteção estatal era seu objetivo. Não obstante, chama muito a atenção que a União Europeia tenha surgido como um cartel de produtores de carvão e ferro que, de maneira aberta e legal, controlava os preços e a produção por meio de uma burocracia multinacional investida de poderes legais e políticos que suplantavam os parlamentos nacionais e os processos democráticos. O equivalente nos Estados Unidos teria sido uma burocracia que atuasse em Washington sem um Senado ou uma Casa dos Representantes para manter os burocratas sob controle, embora fosse capaz de desconsiderar os governos estaduais em quase tudo e estivesse decidida a fixar preços em níveis superiores aos de mercado. Basta mencionar isso a um americano para que ele se arrepie todo!

Na verdade, a tarefa inicial da burocracia de Bruxelas era moldar um cartel de produtos de aço e de carvão, fixando seus preços, mas também removendo todas as restrições ao movimento e ao comércio de aço e carvão entre os países membros do cartel. Curiosamente, talvez, isso fazia todo o sentido: qual seria a função de um cartel internacional se seus produtos fossem parados nas fronteiras, taxados e na maioria das vezes barrados por funcionários públicos nacionais?

A etapa seguinte também era óbvia: uma vez removidas as tarifas do carvão e do aço, fazia sentido remover todas as tarifas. Só que os agricultores franceses, que sempre exerceram uma influência excepcional no sistema político francês, não gostaram da ideia de concorrer livremente com o leite, o queijo e o vinho importados. Portanto, para cooptar os agricultores franceses, instituiu-se uma chamada "política agrícola comum". Seu propósito? Assegurar o consentimento dos agricultores a uma zona de livre comércio cedendo-lhes uma parte dos lucros monopolistas do cartel.

No final da década de 1950, uma União Europeia madura (conhecida então como Comunidade Econômica Europeia, que representava a "evolução" da Comunidade Europeia do Carvão e do Aço[105]) tinha brotado do cartel multinacional da indústria pesada e de sua encarnação política em Bruxelas. Dolarizada pelos Estados Unidos, ela logo começou a gerar grandes superávits, que financiaram a prosperidade da Europa Central do pós-guerra no ambiente mundial estável proporcionado pelo sistema de Bretton Woods, permanentemente estabilizado pelos Estados Unidos, que estavam prontos e dispostos a reciclar para a Europa uma grande fatia dos superávits americanos. Teve início uma Idade de Ouro transbordando de crescimento, desemprego inexistente, inflação baixa, e gerando aos poucos o sonho da Europa como o reino de uma prosperidade compartilhada. Era um triunfo americano, que as elites europeias estavam decididas a apresentar como se fosse delas.

Tumulto no Outro Lado do Reno

A Idade de Ouro da Europa começou a se esgotar assim que os superávits americanos evaporaram. O aumento das exportações de manufaturados alemães e japoneses, que os Estados Unidos apoiaram de várias maneiras, levou seus dois protegidos a gerar seus próprios superávits. E já que o superávit de uma economia é o déficit da outra, os superávits alemães e japoneses aconteceram às custas dos Estados Unidos, que estavam mais preocupados em manter a estabilidade da economia mundial do que em pre-

---

105 Tecnicamente falando, a União Europeia foi formada em 1993, com o Tratado de Maastricht. Antes disso ela era conhecida como Comunidade Econômica Europeia ou Mercado Comum Europeu – a evolução "natural" da Comunidade Europeia do Carvão e do Aço original. Para simplificar, utilizei ao longo do livro a expressão "União Europeia" para me referir à série contínua de instituições e tratados que começaram em 1950 e, no processo, produziram a União Europeia atual.

servar seus próprios superávits. Assim, Washington continuou fornecendo a quantidade necessária de dólares para alcançar esse objetivo, entrando cada vez mais no vermelho, mas confiando, no que dizia respeito a sua prosperidade, na ideia de que detinha o monopólio da única moeda mundial – o dólar.

Enquanto isso, a Europa dos Estados Unidos começou a se voltar para dentro de si. As duas tentativas que De Gaulle fez, em 1963 e novamente em 1964, de atrair a Alemanha para um abraço asfixiante eram uma mera reação a sua ansiedade diante da visão de um Plano Global Americano que começava a fazer água e que ameaçava a predominância política da França no interior da União Europeia.

Quando o chanceler Erhard rechaçou sua proposta de uma união monetária imediata, De Gaulle reagiu aumentando a aposta contra os Estados Unidos e Bretton Woods. Convencido de que os Estados Unidos tinham mais poder do que lhes convinha (mas menos do que eles muitas vezes imaginavam), alguns meses depois da provocadora coletiva de imprensa de janeiro de 1965, onde ele exigira a volta ao padrão-ouro, o presidente francês ordenou a retirada de 25.900 barras de ouro, pesando mais de 350 toneladas, do subsolo do Banco Central de Nova York e seu transporte imediato para Paris.[106] Ninguém pode negar que, quando se trata de semiótica, os franceses são imbatíveis!

A notícia levou várias empresas europeias, e diversos Bancos Centrais europeus, a exigir que as autoridades americanas lhes dessem ouro em troca de suas montanhas de eurodólares. Sentindo cheiro de "sangue", os especuladores se juntaram a eles e, subitamente, o preço do ouro no "mercado negro" subiu para mais de US$ 70 a onça, quando os Estados Unidos ainda eram legalmente obrigados a vender ouro por apenas US$ 35 a onça. Para piorar a situação, De Gaulle também retirou as forças mili-

---

106 Ver *The New York Times*, 2 de março, p. 45.

tares francesas da OTAN, exigindo a remoção imediata de todas as instalações da OTAN em solo francês.[107]

Enquanto isso, na Alemanha, um drama paralelo estava se desenrolando. A relutância do Bundesbank em emitir marcos alemães (para continuar absorvendo dólares e francos em apoio ao sistema de Bretton Woods) estava chegando ao clímax. Os sensíveis funcionários do Banco Central alemão viam no chanceler Ludwig Erhard um personagem asqueroso. Eles o consideravam um "homem de Washington", um político que estava mais preocupado em ajudar os Estados Unidos a estabilizar Bretton Woods (e combater as "propostas" de De Gaulle) do que com a cruzada do Bundesbank para pôr um freio nos preços alemães. Com a memória ainda fresca e a língua afiada, eles nunca tinham perdoado Erhard por ter (quando era ministro das Finanças, em 1961) desconsiderado suas objeções a uma "solicitação" americana de que o marco fosse valorizado.

O que fizeram então esses funcionários do Bundesbank? Num lance que lembrava mais uma república das bananas do que uma democracia europeia, o Banco Central alemão planejou uma recessão aguda para forçar a queda do governo. De fato, seu presidente, Karl Blessing, admitiu mais tarde que: "Tivemos de usar da força bruta para pôr as coisas em ordem".[108] O que Herr Blessing chamava de "ordem" era a ascensão à chancelaria de Georg Kiesenger, outro antigo membro do Partido Nazista, que liderou um grande governo de coalizão entre direita e esquerda que assegurou ao Bundesbank, graças à fragilidade da nova administração, muito mais liberdade para fazer corpo mole na defesa do sistema de Bretton Woods.

Nos três anos que se seguiram ao "putsch" do Bundesbank, nasceu uma monarquia dupla. Democratas-Cristãos (a direita) e

---

107 Lyndon B. Johnson teve de impedir que seus próprios funcionários de governo atacassem a França. Instigado por eles a reagir agressivamente, ele se recusou terminantemente a fazê-lo, dizendo que "quando alguém pede que saiamos de sua casa, nós saímos". Ver Bator (2001).
108 Ver Connally (1995), p.7.

Social-Democratas (a esquerda) governaram juntos[109] como parte de um esforço de união nacional para superar uma recessão que seu Banco Central tinha provocado na tentativa de colocá-los no lugar de Erhard. Com essa finalidade, eles propuseram o chamado Pacto de Estabilidade e Crescimento – um plano de recuperação que se baseava numa lógica simples: contenção salarial (para manter a inflação alemã mais baixa que a francesa, a britânica e a americana) e um estímulo para aumentar as exportações. A Alemanha se recuperou, enquanto as exportações alemãs inundaram a França, a Grã-Bretanha e os Estados Unidos, às custas de todo mundo, desestabilizando ainda mais o sistema de Bretton Woods.[110]

Enquanto isso, a oeste do Reno, a França estava a ponto de explodir. De Gaulle sabia que seu controle sobre os trabalhadores organizados era minúsculo comparado ao das elites alemãs, que não apenas tinham incorporado os sindicatos ao governo (graças à participação dos social-democratas nele), mas também nos conselhos empresariais, em que os sindicalistas tinham assento ao lado dos diretores da empresa, entregando "contenção salarial" em troca de poder. De Gaulle imaginou que a adoção da moeda forte – fosse ela o padrão-ouro ou o marco alemão – fortaleceria o Estado francês e enfraqueceria a ralé esquerdista. Entretanto,

---

109 Willy Brandt, o líder progressista social-democrata, era o vice-chanceler. Ele emergiu dessa função com a reputação e a imagem de tal maneira fortalecidas que, na eleição geral de 1969, conseguiu obter um número suficiente de votos para formar o primeiro governo social-democrata (em aliança com o pequeno Partido Democrático Livre), empurrando pela primeira vez os democratas-cristãos para a oposição. Karl Schicker, dos social-democratas, e Franz Josef Strauss, líder da ultraconservadora União Social-Cristã bávara, dividiram os ministérios econômicos durante os anos dessa grande coalizão. (Strauss foi ministro das Finanças e Schiller ministro da Economia. Mais tarde, em 1971, Schiller foi para o Ministério das Finanças.)

110 Corta para 1997. A Europa estava se preparando para adotar a moeda comum e a Alemanha estava impondo suas condições para abandonar seu querido marco alemão e transformar o Bundesbank numa franquia do Banco Central Europeu de "propriedade" comum. Uma dessas condições era que toda a Europa se submetesse a um... *Pacto de Estabilidade e Crescimento* impregnado da filosofia de 1967.

como a Alemanha tinha recusado suas propostas e a volta ao padrão-ouro não passava de retórica, De Gaulle estava atolado num pântano de inflação descontrolada e descontentamento crescente. Numa última defesa contra a maré, ele ordenou que Giscard d'Estaing apertasse o controle monetário na tentativa de deixar o franco mais forte e mais parecido com o marco alemão.

O resultado foi o pior dos dois mundos: a oferta de emprego na França encolheu, os preços continuaram a subir, a balança comercial França-Alemanha entrou ainda mais no vermelho e os especuladores continuaram emprestando francos para comprar marcos alemães, prevendo mais um Waterloo para o franco. Em maio de 1968 os estudantes franceses lideraram uma rebelião que marcaria uma geração e causaria um enorme embaraço a De Gaulle, uma vez que o presidente francês teve de deixar Paris às pressas e buscar asilo, quem diria, na Alemanha. Muito embora tenha conseguido se manter na presidência com o apoio do exército, ele renunciou um ano depois, passando o bastão para o vice, Georges Pompidou.

Em uma de suas primeiras entrevistas, quando lhe pediram para comentar a respeito da fragilidade econômica da França em relação à Alemanha, sua resposta perturbadora foi: "Os alemães têm o marco alemão e nós temos a *bombinette*".[111] O *establishment* francês tinha se curvado claramente à predominância financeira alemã, que era, para eles, tão inescapável como abominável, esperando que as armas nucleares francesas pudessem compensar sua inferioridade econômica.

Alguns meses depois, em setembro de 1969, a Alemanha teria eleições gerais. Os especuladores sentiram que o próximo governo precisaria valorizar o marco alemão a fim de restaurar um pouco de equilíbrio no comércio europeu. Portanto, eles tomaram emprestado dólares, francos, liras ou mesmo ouro, onde fosse possível, para comprar marcos. A Alemanha foi invadida por uma enxurrada de dinheiro, ameaçando com o aumento de preços uma nação que tinha fobia à inflação. O governo formado

---

[111] Ele se referia, naturalmente, à bomba nuclear francesa, usando um diminutivo efeminado para ela. Ver Stuermer (2011).

pela direita e pela esquerda fechou a bolsa de valores e o sistema financeiro por quatro dias, na esperança de conter a maré.

O resultado da eleição foi confuso. Embora os democratas-cristãos tivessem recebido a maioria dos votos, os social-democratas de Willy Brandt foram os que mais cresceram, e reivindicaram o direito de formar governo em aliança com o pequeno Partido Democrático Livre. Enquanto esse acordo não era fechado, o governo interino de Kissinger teve de pensar no que fazer com o mercado financeiro. Os social-democratas do ministério surpreenderam a todos ao sugerir que o governo deveria engolir a seco e valorizar o marco de forma acentuada – isso era o equivalente a um democrata que defendesse hoje um aumento do valor do dólar com relação ao yuan chinês. Kissinger se recusou a fazê-lo, preocupado que os industriais alemães e diversos exportadores pudessem se voltar contra ele.

Durante o impasse, o vice-presidente do Bundesbank, Otmar Emminger, sugeriu um acordo intrigante: "Não façam nada. Liberem-nos, simplesmente, da obrigação de defender o valor do dólar!" Exaustos, os políticos deram sinal verde ao Bundesbank: Bretton Woods seria deixado de lado, ainda que temporariamente, enquanto o marco alemão flutuaria por águas desconhecidas.[112]

Quando os mercados abriram, o marco começou a subir, enquanto o Bundesbank, numa flagrante violação de suas obrigações com Bretton Woods, não fez nada. Durante um mês inteiro, até o governo de Willy Brand tomar posse, o Bundesbank permitiu que a moeda alemã subisse em relação ao dólar, intervindo, porém, para impedir sua subida em relação ao franco, de modo a favorecer as exportações alemãs para a França. Paris ficou furiosa, enquanto Washington permaneceu indiferente. Giscard d'Estaing enviou cartas veementes a Bonn e Frankfurt, culpando os alemães pela destruição da ordem monetária do pós-guerra e por pôr em risco a União Europeia.

A hesitação inicial de Washington em censurar Bonn foi consequência de um certo alívio ocasionado pela calmaria temporária da pressão para defender o dólar: enquanto o marco subia, estan-

---

112 Veja Grey (2007).

cando o fluxo de dólares para a Alemanha e limitando a compra de automóveis Mercedes-Benz pelos americanos, o FED podia relaxar um pouco. Não tardou, porém, para que o governo Nixon encarasse a flutuação unilateral do marco como um gesto agressivo. Muito embora Bonn estivesse impaciente para explicar que a flutuação era temporária e que o marco alemão só teria a permissão de oscilar um pouco até que fosse levado de volta (com um valor mais alto) a estação de Bretton Woods que lhe cabia, era evidente que de fato seria muito difícil pôr o gênio de volta na garrafa.

A Grã-Bretanha e a França estavam de joelhos. A alta do marco não era suficientemente rápida para reequilibrar seu comércio com a Alemanha, mas era suficientemente forte para provocar um êxodo de dinheiro de Paris e Londres para Frankfurt. Giscard d'Estaing se lembrou da viagem que fez em 1964 a Bonn e lançou novos apelos para uma moeda comum, só que dessa vez (livre do general De Gaulle) ele queria incluir outras nações europeias nas deliberações. Bonn repetiu seu argumento sensato de que uma moeda comum teria de ser precedida pela integração política, algo que a França não aceitaria.

Esse padrão iria se repetir inúmeras vezes nas décadas de 1970, 1980, 1990, na verdade até os dias de hoje: Paris exigiria uma união monetária e o governo alemão concordaria desde que houvesse uma união política que permitisse a ele controlar o gasto do governo francês. Mesmo depois que a união monetária foi implementada, e especialmente quando o euro começou a sentir a pressão de sua crise, continuou havendo o mesmo desentendimento. Testemunhei, por volta de 2015, discussões acaloradas entre altos funcionários franceses e alemães justamente nessa linha. Na verdade, ficou claro para mim, como resultado desses encontros, que a crise do euro se mantém aguda porque Paris e Berlim não conseguem chegar a um acordo a respeito dessa questão fundamental (para outras informações sobre o tema, ver Capítulo 4), além de fazer parte da estratégia de Berlim para levar Paris a aceitar a supervisão de seu orçamento nacional.

Voltando por ora a março de 1971, o mundo financeiro deparou-se certa manhã com uma notícia inacreditável: a República Federal Alemã detinha mais reservas estrangeiras – em dólares, ienes etc. – do que o governo americano. Essa nova realidade incrível acelerou a fuga de capitais para a Alemanha. A expectativa de que os Estados Unidos teriam de abandonar sua promessa de resgatar uma onça de seu ouro por míseros 35 dólares ficou cada vez mais forte, convencendo os especuladores de que o preço do ouro em dólar estava prestes a explodir. Dólares foram trocados por ouro a rodo. E quando os negociantes não conseguiram encontrar ouro suficiente para comprar, convencidos de que o dólar estava condenado, eles começaram até a trocar seus dólares por francos e libras. Paris e Londres se viram às voltas com outra montanha de dólares, muito embora continuassem perdendo terreno para a Alemanha.

No dia 9 de maio de 1971 o chanceler Brandt procurou acalmar os nervos do presidente Pompidou com uma carta escrita à mão na qual reafirmava seu compromisso pessoal inabalável de "implantar a união econômica e monetária [europeia]". Pompidou não se convenceu.[113] Ao mesmo tempo que Brandt o tranquilizava, Pompidou sabia de fonte segura que o Bundesbank estava preparando uma nova flutuação do marco, como fizera em 1969. As consequências disso seriam terrivelmente desestabilizadoras tanto para a França como para a Grã-Bretanha. Com o verão se aproximando, Paris pediu aos americanos para trocar sua recém-descoberta montanha de dólares por ouro. Washington ficou lívido. Assim, quando no dia 11 de agosto de 1971 Londres se juntou a Paris, exigindo que US$ 3 bilhões de sua própria montanha de dólares fossem trocados por ouro americano, Paul Volcker disse a John Connally – que concordou imediatamente – que estava na hora de convencer o presidente Nixon a punir severamente os europeus. No dia 15 de agosto, os europeus ouviram a notícia: fim de jogo.[114]

---

113 Ver Gray (2007).
114 Foram esses os acontecimentos e as transformações que nos levam de volta ao ponto de partida, ao início do Capítulo 1 e ao apelo ofensivo que

Epílogo

Uma amiga íntima me contou certa vez que, depois de comunicar ao pai que ia se casar, a reação dele foi: "*Contra* quem?" Foi exatamente esse o espírito da proposta de casamento monetário feita por De Gaulle à República Federal Alemã em 1964. Sem ter o poder econômico para vencer a indústria alemã e o Bundesbank num confronto direto, a França oferecia, em vez disso, sua mão num matrimônio monetário.

A França sempre pensara em fazer uma união monetária *contra*, e não *com*, a Alemanha. O número de vezes que essa tentativa se repetiu desde então comprova que isso não era apenas uma das ideias fixas de De Gaulle. Talvez o melhor exemplo tenha ocorrido no dia 18 de setembro de 1992, logo depois que a França e a Alemanha recém-unificada concordaram em criar uma moeda comum – o euro. Nesse dia, a primeira página do diário conservador *Le Figaro* trazia o seguinte:

> *Na década de 1920 foi dito que a Alemanha pagaria reparações. Agora ela está pagando. O Tratado de Maastricht*[115] *é um Tratado de Versalhes sem guerra!*[116]

Os funcionários alemães sabiam disso em 1964, como o sabiam em 1992: para as elites francesas, uma moeda comum com a Alemanha era uma tentativa de neutralizá-la; na verdade, de subjugar o Bundesbank sem dar nenhum tiro. Os gestores políticos alemães, especialmente os funcionários do Bundesbank, nunca se permitiriam esquecer disso.

Mas por que a Alemanha finalmente concorda com a união monetária, sabendo muito bem que essa união fazia parte da es-

---

John Connally (secretário do Tesouro de Nixon) fez ao presidente, para que ele "fodesse os estrangeiros".
115 O Tratado de Maastricht foi a base legal do euro, a nova moeda comum.
116 Devo esta citação a Klaus Lastner.

tratégia francesa contra ela? A sabedoria convencional sustenta que o chanceler Helmut Kohl se curvou às exigências francesas da união monetária como preço pela reunificação alemã. Embora esse não fosse um motivo insignificante, a resposta é outra: a verdade nua e crua é que a economia alemã, comandada pela exportação, jamais conseguiria propiciar sua própria moeda genuinamente flutuante. A razão é simples: se o valor internacional do marco alemão fosse definido livremente nos turbulentos mercados financeiros, os superávits alemães criariam uma demanda pela moeda alemã, e isso elevaria seu valor até que os produtos alemães ficassem tão caros no exterior que os superávits alemães desapareceriam. O desejo de continuar sendo um país superavitário não podia ser satisfeito por um marco flutuante.

Enquanto o marco estivesse incrustado no Plano Global Americano, e seu valor fosse fixado dentro do sistema monetário internacional de Bretton Woods, os líderes e funcionários alemães podiam se comportar como gerentes de uma bela oficina da reluzente fábrica da Europa. Nesse mundo, eles podiam se concentrar unicamente em construir carros robustos e utensílios excelentes, deixando que os Estados Unidos se preocupassem com o capitalismo global. Exatamente como os Estados Unidos tinham planejado no final da década de 1940.

Infelizmente, uma vez que os Estados Unidos descartaram Bretton Woods – e junto com ele a Europa –, os líderes alemães não podiam mais tratar o ambiente global como tratavam o clima; ou seja, como um sistema "natural" imune a seus atos e crenças. Eles tiveram de admitir que o ambiente econômico internacional não era mais determinado por Deus e independente do que *eles* decidissem. Em outras palavras, eles tinham de fazer alguma coisa para *moldar* esse sistema internacional de um modo que fosse compatível com o ininterrupto sucesso econômico alemão.

Hesitando em raciocinar globalmente ou em tentar moldar o mundo a sua imagem, os funcionários alemães assumiram a posição minimalista: imaginaram que um Bretton Woods europeu poderia bastar como substituto do original americano. E se esse sistema monetário europeu *pudesse* ser levado a funcionar de acordo com os interesses da indústria alemã, a moeda comum que Paris não parava de sugerir poderia, finalmente, se tornar aceitável para eles. Mas *somente* depois de acabar com as ambições francesas de ficar no assento do cocheiro enquanto a indústria alemã "puxava" sozinha a carruagem.[117]

---

[117] Quatro anos depois do artigo ultrajante do *Le Figaro*, Lucas Delattre escreveu no pró-europeu *Le Monde*: "No fundo, o chanceler Kohl conseguiu obter pacificamente o que outros, desde Bismarck, tentaram obter por meio da conquista: uma zona de paz e prosperidade ao redor de toda a Alemanha" (1º de janeiro de 1996). O que mudou? Como passamos do euro que funcionava como outro Tratado de Versalhes que fazia a Alemanha "pagar" para uma vitória alemã que Bismarck teria aplaudido? A resposta é que, em 1993, o Bundesbank tinha assegurado a destruição das ambições monetárias da França. O fato de que milhões de europeus fossem atingidos pelo desemprego e passassem privações durante o processo nada mais era que um dano colateral. Retomaremos esse assunto nos próximos capítulos.

CAPÍTULO 3
FANTASIA IMPERIAL OU INTERNACIONALISMO?

Numa tarde nublada de outono, dois homens de terno transpirando uma enorme autoridade entraram na Catedral de Aachen. Eles estavam ali para fazer uma breve visita aos restos mortais de Carlos Magno, o rei franco do século IX que reunificara por um breve período o Império Romano e cuja personalidade sintetizava, ao menos para os centro-europeus tradicionalistas, o desejo de um reino europeu cristão sem fronteiras – *Mitteleuropa* ou *Pan-Europa*, como eles o chamavam.

De pé ao lado do túmulo do guerreiro cristão, e próximos de seu antigo trono, os dois homens procuravam controlar sua grande agitação, provocada por aquilo que eles tinham acabado de fazer: comprometer seus dois países, França e Alemanha, a unir suas moedas. Mais cedo naquele dia, na manhã do dia 15 de setembro de 1978, eles tinham assinado um acordo bilateral para criar o chamado Sistema Monetário Europeu (SME) – o precursor do euro.[118]

"Enquanto discutíamos questões monetárias", disse um dos peregrinos a um jornalista italiano naquela mesma tarde, "talvez o espírito de Carlos Magno tenha pairado sobre nós."[119] Seu nome? Valéry Giscard d'Estaing. O ministro das Finanças que o presidente De Gaulle enviara expressamente a Bonn em março de 1964 para surpreender o governo alemão com uma proposta de união monetária imediata, que era agora o vaidoso ocupante do Palácio do Eliseu, o vigésimo presidente francês. O segundo pere-

---

118 O Sistema Monetário Europeu foi pensado como uma versão europeia de Bretton Woods, em seguida ao colapso desde último depois do "choque de Nixon" de 1971 – ver Capítulo 2. Ver Ludlow (1982).
119 *Corriere Della Sera*, 16 de setembro de 1978.

grino que invocava a "aprovação" do fantasma de Carlos Magno à união monetária com a França era o chanceler alemão Helmut Schmidt, um social-democrata com um compromisso com os Estados Unidos da Europa tão sincero como o de Giscard.[120]

Eurocéticos intransigentes, especialmente os de extração anglo-saxônica[121], descartam a visita de Giscard e Schmidt à última morada de Carlos Magno como mais um exemplo de euro-kitsch, como um capítulo da novela centro-europeia que pretendia conquistar o apoio dos eleitores franceses e alemães tradicionalistas. Qualquer um que tenha assistido a um concurso de canções do Festival Eurovisão vai identificar elementos de sentimentalismo vulgar na ideia de que o presidente da França e o chanceler da Alemanha sentiram a necessidade de visitar o túmulo de um antigo rei para obter sua benção para a tentativa deles de implantar uma união monetária. Embora declarações posteriores de que o espírito de Carlos Magno instilou neles a ideia de um Banco Central Europeu[122] estendam a credulidade além do suportável, não há nenhuma dúvida de que os dois homens tinham bons motivos para ficar muito, muito preocupados. Temos notícia de temores menores que levaram homens importantes a peregrinações mais estranhas.

Giscard era perseguido pela lembrança da saída tardia da França de uma experiência catastrófica anterior com uma união monetá-

---

120 Schmidt também era o ex-ministro das Finanças (1972-74) que substituíra o popular chanceler Willy Brandt em 1974 depois que um escândalo de espionagem envolvendo um auxiliar de Brandt obrigou este último a renunciar. Assim como Brandt, Schmidt governou em coalizão com o pequeno Partido Democrático Liberal (FDP, na sigla em alemão). Em 1982, porém, o FDP mudou de lado, votou pela saída de Schmidt e formou uma nova coalizão com os democratas-cristãos, sob a liderança do chanceler Helmut Kohl – o homem que, juntamente com o sucessor de Giscard, o presidente François Mitterrand, daria início ao euro em 1992 (assinando o chamado Tratado de Maastricht, que substituiu o SME pela moeda comum conhecida como euro.).
121 Ver, por exemplo, Connally (1995).
122 Marshall (2012) conta que Giscard e Schmidt deram a entender, mais tarde, que a ideia de um Banco Central Europeu "veio" até eles na catedral de Aachen quando estavam rendendo homenagem a Carlos Magno.

ria – o padrão-ouro do período de entreguerras. Diferentemente da Grã-Bretanha, que se desvencilhara em 1931 da "gravata" asfixiante de um padrão-ouro fragmentado, e diferentemente dos Estados Unidos, que seguira a Grã-Bretanha no início de 1933, a França aguentara firme até o amargo fim – até 1936. O resultado foi a destruição da economia francesa pela recessão[123], resultando no caos político; além disso, o país todo estava a tal ponto fragilizado que a isso se seguiu a derrota humilhante de 1939 nas mãos da Alemanha nazista.[124] Naturalmente, a união monetária com a Alemanha fora ideia do próprio Giscard, ideia essa que ele apresentara, sem êxito, a Bonn em 1964. Ainda assim, por ser uma pessoa inteligente, Giscard devia estar terrivelmente consciente de que o mais vingativo dos deuses atende aos nossos desejos mais sinceros. Será que a França se sairia melhor nesta nova união monetária do que se saíra entre as duas guerras? Será que ele fizera simplesmente um acordo com uma instituição que poderia "perder" a França sem "ganhar" uma Europa unida com a extensão do império de Carlos Magno? Não ficaria surpreso se Giscard, de fato, tivesse feito uma breve oração invocando o espírito de Carlos Magno

Helmut Schmidt também estava muito preocupado. A lembrança do que acontecera ao chanceler Ludwig Erhard em 1966 o afligia bastante. Pois se o Bundesbank considerara justificável maquinar uma recessão para derrubar um chanceler durante a calma relativa de meados da década de 1960, pelo "crime abominável" de ter discordado dele uma vez a respeito da taxa de câmbio do

---

123 Lembrem-se da explicação no Capítulo 1 sobre o porquê de uma moeda comum ou taxas fixas de câmbio pressionarem as nações deficitárias nos períodos de crise quando não existe uma reciclagem política do superávit – algo que certamente faltava ao padrão-ouro.

124 Que, sob as ordens do ministro das Finanças e diretor do Reichsbank (como era conhecido o Banco Central Alemão durante a antes da guerra) Hjalmar Schacht, não sofria as restrições do padrão-ouro e tinha a liberdade de ajustar a quantidade moeda de uma forma que permitiu ao regime nazista aumentar a produção e o emprego de 1933 a 1938.

marco alemão em relação ao dólar[125], Schmidt tinha bons motivos para sentir calafrios quando pensava na reação do Bundesbank se soubesse o que ele estivera planejando com Giscard desde o mês de abril daquele ano. De fato, Schmidt mantivera o Bundesbank e seu próprio ministério desinformados a respeito do projeto do Sistema Monetário Europeu, para evitar que ele fosse torpedeado. Não seria surpreendente se, de pé ao lado do túmulo de Carlos Magno, Schmidt também tivesse feito uma breve oração mais ou menos nestes termos: "Por favor, Carlos Magno, não permita que o Bundesbank se lance sobre mim, pensando que eu estou transformando sua autoridade sobre a moeda alemã num dote para os franceses".

Uma Cobra Desliza num Mundo Atordoado

Os terremotos terríveis levam as serpentes a sair a céu aberto, fazendo-as deslizar atordoadas até que as placas tectônicas tenham se acomodado novamente. O "choque de Nixon" foi um desses terremotos. Ele provocou uma profusão de fraturas na Europa das quais surgiu, quase imediatamente, uma serpente digna de nota. A assim chamada "serpente" foi a reação inicial da Europa ao colapso do sistema de Bretton Woods.

Quando o dólar começou a despencar e o marco alemão subiu, as moedas europeias estavam fadadas a perder o rumo. Algumas conseguiram manter a paridade com o marco, outras acompanharam a queda do dólar. Se não se fizesse nada para recompô-la de novo rapidamente, os exportadores alemães ficariam em pé de guerra. Seus carros e máquinas de lavar estavam ficando proibitivamente caros na Grã-Bretanha, na Itália e na França, onde outro tipo de descontentamento estava criando raízes: a cólera diante da alta dos preços e da queda do padrão de vida.

Antes de 1971, a Europa tinha sido embalada por uma falsa sensação de estabilidade administrada pelos americanos. As nações eu-

---

125 Ver o Capítulo 2 para recordar como o presidente do *Bundesbank* admitiu ter "agido com firmeza" para derrubar o governo de Erhard.

ropeias tinham se acostumado com o dinheiro do pós-guerra escorado pelo papel-moeda "verde" e variando apenas levemente de valor de um país europeu para o outro. As instituições da União também estavam calibradas para funcionar com o pressuposto de que todas moedas europeias se movimentariam juntas e de forma gradual, como barcos que subissem ou baixassem conforme o movimento das marés, e que só ocasionalmente fossem sacudidas por uma onda imprevisível.

Portanto, quando em 1971 a Europa foi excluída da "zona do dólar" e as taxas de câmbio entre as moedas europeias oscilaram loucamente para cima e para baixo – algumas delas caindo violentamente enquanto outras subiam –, a União Europeia teve muita dificuldade para lidar com o cartel industrial e com a política agrícola que faziam parte do seu núcleo. Sem preços estáveis do aço, do carvão e dos produtos agrícolas na França, Alemanha, Bélgica, Holanda e Itália, a fixação de preços cartelizados era impossível. E sem o cartel centro-europeu, a União Europeia perderia sua *raison d'être*, descambando para guerras de preços que desmontariam a distribuição do poder político existente. Não tardaria para que a isso se seguisse a debandada das burocracias de Bruxelas, o antagonismo aberto entre as capitais europeias e a agitação social descontrolada, num continente que estava lutando para deixar para trás um passado violento.

Assim nascia a "cobra no túnel" da Europa. A ideia por trás dela era simular dentro da Europa as taxas fixas de câmbio de Bretton Woods. Embora a Europa nada pudesse fazer para convencer Washington a vincular novamente suas moedas ao dólar, seus líderes começaram a imaginar que as moedas europeias poderiam se unir, atreladas ao marco alemão, predominante no continente. Foi assim que em 1972 os países da União Europeia, além de Grã-Bretanha, Irlanda, Dinamarca e Noruega[126], concordaram em restringir as flutuações das taxas de câmbio entre suas moedas em torno de

---

126 Países que pretendiam se juntar à União no ano seguinte. No final, somente Grã-Bretanha, Irlanda e Dinamarca se juntaram em 1973, enquanto a Noruega se recusa a fazê-lo até hoje.

limites extremamente rígidos.[127] Para descrever esse sistema de taxa de câmbio quase fixa, utilizou-se a infeliz metáfora de uma cobra, para transmitir a ideia de que cada taxa de câmbio (entre, digamos, o franco e o marco alemão) seria autorizada a "deslizar" para cima e para baixo dentro de um "túnel" muito curto.

A cobra europeia serpenteou alegremente pelo túnel durante alguns meses. A parte principal de seu corpo eram as economias centralizadas na Alemanha; seu rabo incluía nações deficitárias como França, Itália, Grã-Bretanha e Irlanda. Infelizmente, quando o preço do petróleo em dólar explodiu em 1973, o rabo da cobra desprendeu-se como rabo de uma lagartixa em tempos de dificuldade.

O motivo de a cobra não conseguir mais segurar o rabo era o mesmo que estava por trás do fim de Bretton Woods: na falta de um Leviatã que reciclasse os superávits para as regiões do sistema que apresentavam déficits debilitantes, as nações deficitárias não conseguiam sustentar uma taxa de câmbio fixa com as outras, especialmente em períodos de crise. Para permanecer dentro da cobra monetária da Europa, um país que apresentasse déficit comercial – a França, por exemplo – tinha diante de si a tarefa urgente de atrair recursos externos para financiar suas importações líquidas. Recursos externos são atraídos por altas taxas de juro e dissuadidos pela expectativa de que o Estado não seja capaz de pagar suas contas ou reembolsar seus credores. Em outras palavras, para continuar na cobra, Paris teria de tornar o empréstimo mais atraente para o emprestador e, ao mesmo tempo, reduzir o gasto

---

127 Os limites eram ainda mais rígidos que em Bretton Woods. Ao passo que sob Bretton Woods as moedas podiam flutuar em mais ou menos 1% em relação ao dólar, na "cobra" da Europa as oscilações autorizadas estavam limitadas a mais ou menos 0,75% em relação ao marco alemão. Isso significava que, por exemplo, o franco belga deveria permanecer dentro dos limites extremamente rígidos de 19,85 FB e 20,15 FB por marco alemão. Para confinar o franco belga a um "túnel" extremamente "curto" como esse, os Bancos Centrais da Bélgica e da Alemanha teriam de intervir constantemente, com o primeiro usando suas reservas de marcos e dólares para comprar francos belgas e o último emitindo marcos alemães também para comprar francos belgas.

público. Mas o dinheiro mais caro reduziria os investimentos das empresas francesas, o que, por sua vez, diminuiria o emprego e as rendas privadas. E, se além de tudo, o gasto governamental também fosse reduzido para acalmar os investidores estrangeiros, o gasto total (privado mais público) diminuiria. Mas a que equivale o gasto total? À renda nacional, é claro! Resumindo: para que a França, a Grã-Bretanha, a Itália e a Irlanda permanecessem na cobra, elas precisariam ter arrebentado suas economias.[128]

Sair da cobra também não era muito divertido. Significava desvalorizar a moeda em relação ao marco alemão, forçando a alta nos países deficitários não apenas dos Volkswagens, mas também dos preços do maquinário importado que fazia o Sistema Nacional de Saúde Britânico operar, os reatores nucleares da Alstom funcionarem, os carros da Fiat acelerarem e os trens andarem no horário. Liderada pelos preços cada vez maiores das importações, entre elas o petróleo, o fantasma da inflação generalizada ameaçava enfurecer a classe operária e os agricultores – uma combinação que aterroriza o *establishment* francês desde a década de 1780.

Diante da opção desagradável de destruir a própria economia ou desencadear conflitos sociais provocados pela inflação, a maioria dos governos – certamente Washington – teria escolhido o menor dos males, a inflação, que deixava a cobra comprometida. A Grã-Bretanha é um excelente exemplo. No entanto, do outro lado do Canal da Mancha outra prioridade ocupava a vontade coletiva do *establishment*: salvar o incrivelmente lucrativo – para as elites – cartel centro-europeu e sua imensa burocracia multinacional de Bruxelas.

É claro que nenhum imperativo econômico parcial, de interesse de uma elite relativamente pequena, consegue prevalecer automaticamente sobre os interesses da grande maioria. Para que isso

---

[128] "... Uma vez iniciada a série de falências, as rendas estão fadadas a cair enquanto as dívidas privadas e públicas para os bancos estrangeiros continuam inalteradas. O preço de uma taxa de câmbio fixa é um Estado falido num abraço de morte com cidadãos sem recursos e um setor privado insolvente." - conforme Capítulo 1.

aconteça é preciso que exista uma ideologia dominante que permita que as elites cooptem o resto da sociedade, que apresente seus próprios interesses ocultos no quadro mais geral de uma Vontade Geral. O Ideal Europeu era, e continua sendo, essa ideologia. Nesse contexto, a imagem de Carlos Magno não é tão *kitsch* e insignificante como pode parecer àqueles que residem fora da Europa Central.

O Ideal Europeu, sem dúvida poderoso e respeitável por si só, ofereceu aos políticos de Paris e Roma um disfarce ideológico glamouroso para encobrir a determinação oculta de fazer "o que fosse preciso" para não ser afastados das posições de poder e do acesso aos recursos que o braço político-administrativo do cartel propiciava. Mesmo que isso significasse uma recessão aguda e dolorosa para suas economias domésticas, eles geralmente podiam contar com políticos nacionais oriundos de países ligados umbilicalmente ao cartel para manter seus países presos a ele para sempre.

O que leva à pergunta: por que as elites francesas, belgas, holandesas e italianas abandonaram a primeira experiência de união monetária da Europa – a cobra – de maneira relativamente rápida? Seria por causa do sacrifício econômico que ela impunha a suas populações, especialmente aos trabalhadores que não viviam de renda? A julgar pela tenacidade com que se apegaram a reencarnações mais recentes da cobra[129], é pouco provável que a explicação seja essa.

Uma explicação *mais compatível* com a realidade centro-europeia tem a ver com o fracasso da cobra em oferecer perspectivas adequadas de emprego aos ambiciosos formandos das *grandes écoles* francesas e a outros alunos dos diversos "viveiros" europeus que formam a nova geração de burocratas baseados em Bruxelas. A cobra não apresentou nenhuma nova instituição dedicada a essa tarefa – nada de prédios com seu logotipo, nenhum exército de burocratas cujo sustento e regalias dependessem dela, nem cargos impressionantes para funcionários cuja atividade mais importante seria entoar loas à serpente. Resumindo: como não era amada pelas

---

[129] Por exemplo, o Mecanismo Europeu de Taxas de Câmbio (ERM, na sigla em inglês) do início da década de 1990.

elites, a cobra estava condenada desde o começo. Um ano depois do seu nascimento, tinha perdido o rabo, e o que restou dela era praticamente inútil para a Alemanha, uma humilhação viva para a França e um incômodo embaraçoso para os tecnocratas de Bruxelas.

O Sistema Monetário Europeu (SME) que Giscard e Schmidt criaram em 1978 para substituir a cobra falecida não se limitou a invocar o espírito de Carlos Magno no universo monetário europeu: ele veio completo, com novos empregos e oportunidades para a burocracia de Bruxelas. Diferentemente da cobra, que não gerara nenhuma "inovação" institucional, o SME exigia uma direção centralizada a cargo dos burocratas de Bruxelas, que iriam administrá-lo juntamente com os burocratas das grandes capitais europeias – uma perspectiva de dar água na boca das elites que buscavam um panorama mais amplo no qual pudessem expandir seus poderes.

Uma Proposta Estranhamente Decente

Cinco meses antes da peregrinação a Aachen[130], Helmut Schmidt tinha se encontrado com Roy Jenkins, então presidente da Comissão Europeia e ex-ministro do governo do Partido Trabalhista. Nesse encontro, Schmidt confidenciou a Jenkins que, se a esquerda francesa perdesse as eleições parlamentares do mês seguinte – como o social-democrata alemão esperava que acontecesse – ele iria propor "um passo importante na direção da união monetária; mobilizar e pôr todas as nossas reservas num fundo comum... para forma um bloco monetário".[131]

A diferença entre esse bloco monetário e a finada cobra não podia ser mais marcante. Um mecanismo ou bloco monetário como

---

[130] Mais precisamente, no dia 28 de fevereiro de 1978.
[131] Ver Gilbert (2003), p. 143. A preferência de Schmidt por uma vitória da direita na França é menos enigmática do que parece à primeira vista. Muito embora pertencesse à centro-esquerda, ele temia que um governo de centro--esquerda na França promovesse uma gastança desenfreada que o *Bundesbank* consideraria um *casus belli*, impossibilitando que Schmidt convencesse as elites alemãs a aceitar a união monetária com a França.

o sugerido SME precisaria ter regras novas e uma burocracia para impô-las. Do mesmo modo que Bretton Woods e, em menor grau, o Banco Mundial dependiam do FMI, o desejado SME exigia uma burocracia que reunisse as trocas externas dos Bancos Centrais participantes, coordenasse seu desenvolvimento e, esperava-se, estabilizasse as taxas de câmbio. Era indispensável que houvesse uma burocracia supranacional com o poder de tomar essas decisões fora dos limites dos governos nacionais. Bruxelas foi subitamente bafejada por uma nova fonte de poder: o poder sobre as reservas geradas pelas trocas externas e as taxas de juro dos Estados-membros.

Era uma mudança de postura importante do chanceler alemão, diferente daquela de alguns meses antes, quando ele dissera "sim à união monetária, mas não se isso significasse que a inflação alemã chegaria a 8%". O que Schmidt pretendia com a condição referente à inflação alemã? O chanceler estava, de maneira sensata, aludindo ao temor da Alemanha de que se repetisse o cenário dos últimos anos de Bretton Woods, quando, para estabilizar o franco, o Bundesbank teve de continuar emitindo marcos – uma reação inevitável à tendência de desvalorização do franco francês, graças ao superávit comercial da Alemanha com a França.[132]

De fato, a única maneira que o valor em marcos do franco pudesse se manter constante era se o Bundesbank continuasse fazendo a única coisa que ele abominava: comprar francos de forma contínua usando marcos recém-emitidos. Se esses marcos ficassem guardados nos cofres do Banco Central francês ou, a propósito, em qualquer outro lugar, o Bundesbank não teria se importado muito. Só que essas cédulas alemãs novinhas não ficavam trancadas a chave, mas eram regularmente repatriadas para a Alemanha, uma vez que a França as utilizava para adquirir mais Volkswagens; além disso, os especuladores estavam trocando seus francos por marcos, convencidos de que, num determinado momento, o Bundesbank deixaria o franco cair, o que lhes traria um ganho substancial. E por que o Bundesbank permitiria que o

---

132 Lembrem-se do Capítulo 2.

franco caísse? Porque os marcos repatriados estavam aumentando a quantidade de dinheiro em circulação na Alemanha, pressionando os preços para cima e provocando inflação, num país que detestava profundamente a alta de preços: um país que confiava que o Bundesbank impediria que isso acontecesse.

O temor de Schmidt de que o bloco monetário e a taxa fixa de câmbio entre a França e a Alemanha levariam a um aumento crescente dos preços alemães e à preocupação do Bundesbank era uma crença generalizada em Bonn e Frankfurt. O atrelamento do franco ao marco poderia facilmente fazer o Bundesbank e o governo federal retornar à situação que eles tanto abominavam na década de 1960: de ter de emitir dinheiro alemão para sustentar a moeda francesa, com Paris pressionando a Alemanha ininterruptamente para emitir mais, enquanto, ao mesmo tempo, criticava severamente Bonn por não ser um bom cidadão europeu.

Não obstante, fiel à palavra empenhada, quando a direita francesa – a coalizão de governo de Giscard – ganhou inesperadamente a eleição em 2 de abril de 1978, Schmidt se reuniu com Giscard em Rambouillet e lhe comunicou que havia mudado de ideia. O rosto de Giscard se iluminou e, juntos, eles tramaram os próximos passos que os levariam, alguns meses mais tarde, a visitar o túmulo de Carlos Magno, depois de assinar o acordo franco-alemão sobre o SME. O que levanta várias perguntas: o que levou Helmut Schmidt a fazer a Giscard a proposta estranhamente generosa que ele mencionara de passagem a Roy Jenkins? Havia novos motivos para adotar o plano de Giscard de 1964, o mesmíssimo plano que o chanceler Erhard rejeitara com tanta falta de cerimônia? Havia uma razão para que a proposta estivesse condicionada à derrota da esquerda francesa? E onde ele encontrou coragem para agir nas costas do Bundesbank, arriscando despertar sua fúria?

O chanceler Schmidt era um europeísta convicto, disso não havia dúvida. Isso explica por que ele queria a união monetária, econômica e política, e não necessariamente nessa ordem. Mas isso não explica sua súbita mudança de opinião, sua rejeição do nervosismo com relação à inflação e o pouco caso "despreocupado" com um Bundesbank potencialmente vingativo. Para entender sua oferta generosa ao presidente francês é preciso lembrar que, além de europeísta, Schmidt era um atlantista convicto.

Enquanto conversava com os franceses e discutia com os britânicos, o olhar de Schmidt estava voltado para o outro lado do Atlântico, sintonizado na forma como a grande potência do pós-guerra, que havia moldado a Europa do pós-guerra, organizava seus vastos recursos para alcançar seus objetivos hegemônicos intocados. Schmidt deixou de lado sua relutância em se arriscar a provocar inflação na Alemanha e a desagradar o Bundesbank por causa de um acontecimento histórico que, segundo ele, tornava oportuna a criação de um Sistema Monetário Europeu: o surgimento de um novo tipo e de uma nova era de predominância financeira americana que se organizaria a partir da década de 1980.

Aquele "Maldito" Volcker de Novo

Estávamos em 1960. A supremacia monetária americana do pós-guerra, na forma do sistema de Bretton Woods, estava sólida como uma rocha. Certa manhã, um jovem banqueiro do Chase Manhattan ficou chocado quando um auxiliar irrompeu em sua sala trazendo notícias terríveis: "O ouro atingiu US$ 40!" Num mundo feito à imagem dos Estados Unidos, onde o ouro estava supostamente fixado *ad infinitum* em 35 dólares a onça, a notícia estarreceu Paul Volcker, o jovem banqueiro da nossa história, como algo apocalíptico. Nesse dia, Volcker "sacou": o sistema de Bretton Woods estava obsoleto. Será que a hegemonia americana do pós-guerra pereceria com ele? Não necessariamente, concluiu ele.

Enquanto os anos 1960 se esvaíam, jovens de todo mundo se revoltavam contra a incômoda afluência trazida por Bretton Woods e celebravam cada sinal de sua fraqueza. A revolta de 1968 em Paris, e mesmo Woodstock, eram ecos políticos e culturais de um sistema global em dificuldade. Nessa época, Volcker já tinha galgado as fileiras de sucessivos governos democratas e republicanos, onde contribuíra de forma decisiva para desmantelar o sistema de Bretton Woods.[133]

O anúncio do "choque de Nixon" de 1971 talvez seja lembrado com o sotaque texano de John Connally, mas provavelmente foi o trabalho intelectual e técnico do "maldito Volcker" – como o presidente Nixon se referiu certa vez a Paul – que o sustentou. Qual era a preocupação e o objetivo de Volcker? Assegurar que o fim do sistema de Bretton Woods, que se tornara inevitável com a paulatina transformação dos Estados Unidos de país superavitário em país deficitário, conferisse *mais* poder ao país, não menos.

Poucas semanas depois da peregrinação de Giscard e Schmidt ao túmulo de Carlos Magno, tendo assinado o acordo franco-alemão referente ao Sistema Monetário Europeu, Volcker proferiu um importante discurso aos alunos e professores da Universidade de Warwick.[134] Foi no dia 9 de novembro de 1978, sete anos depois do "choque de Nixon", e Volcker se dirigiu ao público na qualidade de presidente do Banco Central de Nova York. Dez meses depois, o presidente Carter o nomearia presidente da organização do Banco Central, dando-lhe a oportunidade de pôr em prática aquilo que sua palestra em Warwick prenunciara.

Embora o discurso[135] feito por Volcker em Warwick seja relativamente desconhecido, ele de fato deve ser considerado como provavelmente o discurso mais importante de toda a história dos Bancos Centrais.[136] "É tentador considerar o mercado como um árbitro imparcial", disse Volcker, empregando uma fraseologia tão banal que faria bocejar até um calouro de economia. O sarcasmo, é claro, estava na palavra "tentador", já que Volcker não é uma pessoa

---

133 Lembrem-se do relato detalhado no Capítulo 2.
134 Localizada em Coventry, Inglaterra.
135 Ver Volcker (1978-79).
136 Ele também está cheio de pistas referentes ao pensamento do chanceler Schmidt acerca da necessidade de um Sistema Monetário Europeu. Mas nos estenderemos sobre esse tema mais adiante...

que costuma se deixar atrair pela meiguice. A frase seguinte, construída para deixar isso claro, trazia um grau de sinceridade brutal que foge ao figurino dos funcionários dos Bancos Centrais:

> *"Porém, ao comparar as exigências de um sistema internacional estável com o desejo de conservar a liberdade de ação das políticas nacionais, inúmeros países, entre os quais os Estados Unidos, optaram por este último".*

E como se não bastasse essa dose descontrolada de franqueza, Volcker acrescentou uma frase que equivalia à derrubada de todos os pressupostos sobre os quais a Europa Ocidental e o Japão tinham construído seus milagres econômicos do pós-guerra: "[uma] desintegração controlada da economia mundial é um objetivo legítimo para a década de 1980".

Foi um epitáfio apropriado para o sistema de Bretton Woods e a mais clara exposição do início da segunda fase do pós-guerra, na qual Volcker vinha trabalhando com afinco para implementar. Mas por que uma "desintegração da economia mundial", ainda que "controlada", seria útil para os Estados Unidos na década de 1980?

Volcker vinha tentando responder às perguntas que ele mesmo se fizera em 1960 quando, inesperadamente, o preço do ouro disparou para 40 dólares: como os Estados Unidos podem manter sua hegemonia uma vez que se tornassem deficitários em relação ao Japão, à Alemanha e, mais tarde, à China? Se os Estados Unidos não dispunham mais de superávits para reciclar, como poderiam controlar o capitalismo global? Volcker demorou um pouco para elaborar uma resposta completa. Em 1978 ele estava preparado para apresentá-la ao público de Warwick, logo antes de se transferir do poderoso Banco Central de Nova York para o todo-poderoso FED.

A essência da palestra que ele apresentou na Universidade de Warwick era: se os Estados Unidos não podem reciclar seus superávits por terem passado a uma posição deficitária em meados da década de 1960, eles agora precisam reciclar os superávits dos outros! É razoável perguntar, porém, como uma nação deficitária pode reciclar os superávits de outras nações? Certamente os detentores do dinheiro, os donos do superávit, têm o poder de fazer o que quiserem com ele, não dando a mínima aos devaneios dos países deficitários. Habitualmente, mas não sempre, pensou Volcker.

Volcker acreditava que o truque para que os Estados Unidos adquirissem o poder de reciclar os superávits dos outros países na década de 1980 era convencer os capitalistas estrangeiros a enviar voluntariamente seu capital para Wall Street. Complicado, mas não impossível. O truque era acertar simultaneamente dois alvos normalmente contraditórios: jogar as taxas de juro nas nuvens enquanto se assegurava que o retorno ao capital oferecido por Wall Street fosse mantido num patamar superior aos disponíveis no setor financeiro de Londres, Frankfurt, Tóquio, Paris etc.

Taxas de juros elevadas são maravilhosas para quem vive da renda de atividades não produtivas, os chamados rentistas[137], embora não sejam tão boas para os industriais, que veem seus custos explodir e o poder de compra de seus clientes despencar. Combinar retornos elevados ao capital financeiro com altas taxas de lucro para as empresas americanas não seria fácil, e Volcker sabia disso. Essa combinação só poderia dar certo se, de um lado, o FED jogasse as taxas de juros nas nuvens, enquanto, ao mesmo tempo, o governo federal fechasse os olhos (e, na verdade, estimulasse) às políticas que destruíssem as expectativas salariais legítimas dos trabalhadores americanos.

Pela primeira vez na história dos Estados Unidos, incluindo a época da Grande Depressão[138], os operários americanos iriam en-

---

[137] "Renda de atividade não produtiva" se refere a aluguéis, rendimento derivado da posse de ativos em papel (títulos e ações, p. ex.), direitos de propriedade sobre um pedaço de terra que por acaso contenha gás ou petróleo etc. Por sua vez, "renda produtiva" se refere a salários por trabalho executado e lucro proveniente de atividade empresarial.

[138] Paradoxalmente, durante a Grande Depressão os salários reais não caíram. Na verdade, eles aumentaram um pouco. É claro que os salários em dinheiro – isto é, os salários medidos em dólares – caíram abruptamente. Mas os preços caíram mais rapidamente ainda, garantindo a quem estava empregado

frentar um período de queda real de salário. Essa queda impiedosa, numa economia global golpeada pela "desintegração controlada" a que Volcker se referia de forma tão despudorada, era o preço que os americanos mais pobres iriam pagar para que os Estados Unidos pudessem manter o controle do mundo apesar de sua condição de "nação deficitária". Não tardaria para que o destino da classe trabalhadora americana contaminasse a condição de vida dos cidadãos vulneráveis da Grã-Bretanha, da França e, na década de 1990, até mesmo da Alemanha. Quanto aos cidadãos vulneráveis da África e da América Latina, as perdas que elas sofreram só os grandes romancistas têm condições de começar a descrever.

Uma vez instalado na presidência do Federal Reserve, Volcker não demorou muito para pôr em prática seu plano. As taxas de juros do dólar passaram dos 20%, a inflação americana foi derrotada, o Terceiro Mundo quebrou, a claudicante industrialização da África foi destruída, os satélites soviéticos que tinham se endividado excessivamente em dólares (Iugoslávia, Polônia e Romênia, p. ex.) e os trabalhadores de toda parte foram obrigados a participar de uma competição predatória, tendo de escolher entre aceitar o salário pago aos trabalhadores de outras regiões ou perder o emprego.

A desintegração estava por toda parte, e a maioria das pessoas na maioria dos países acabou concordando com a ideia de que o trabalho estava supervalorizado e superprotegido, a indústria estava supervalorizada, enquanto o setor financeiro estava subvalorizado e precisava ser "liberado". Tudo se tornou cada vez mais redutível a seu valor financeiro. Indústrias de destaque como a General Motors, nos Estados Unidos, e os fabricantes de chocolate Cadbury, na Grã-Bretanha, foram rebaixados ao seu valor na Bolsa, perdendo o lugar de instituições respeitáveis na consciência do público. Engenheiros perderam o lugar para jovens e impetuosos formandos com MBA que, apesar da inexperiência gritante, assumiram o comando

---

um aumento no poder de compra. O problema, naturalmente, que tornou a depressão "grande", foi que muito poucos trabalhadores conseguiram manter seus empregos, de modo a se beneficiar do aumento do salário real.

de gigantes como a Ford e a General Electric. Os trabalhadores também foram "financeirizados", já que foram obrigados a assumir riscos cada vez maiores no mercado imobiliário e com suas aposentadorias. Nascia o novo mantra: "não existe nenhuma alternativa" (ou TINA, sigla em inglês de "There is no alternative"), que logo recebeu um manto ideológico de Margareth Thatcher na Grã-Bretanha e de Ronald Reagan nos Estados Unidos. Cidadãos pressionados financeiramente, e que chegaram a essa condição por falta de acesso a bens de capital e a rendas não oriundas do trabalho, estavam sendo atacados como nunca tinham sido desde a década de 1930; um ataque que os programas do *New Deal* e da Grande Sociedade nos Estados Unidos, e o contrato social implícito na economia cartelizada da União Europeia supostamente tinham tornado impossível no período do pós-guerra.

Na Europa continental, uma economia cartelizada sem fronteiras que abrangia diferentes jurisdições de circulação enfrentava desafios excepcionais. A "desintegração" de Volcker inseria a lâmina fina de uma grande cunha em sua carne. Cada elevação da taxa de juros, cada choque de discordância sobre o valor das moedas das nações europeias superavitárias e deficitárias fragmentava ainda mais a Europa que os Estados Unidos tinham construído no final da década de 1940. Políticos centro-europeus como Schmidt e Giscard apegavam-se à esperança de que seu Sistema Monetário Europeu poderia funcionar como o cimento que manteria unidas suas "realidades" do pós-guerra. A história comprovaria que eles estavam profundamente enganados.

Não por Escolha

A história não pode esperar pelos processos democráticos. Ela simplesmente avança como um rolo compressor decidida a esmagar nossas preferências coletivas. Às vezes isso é benéfico. Se pedíssemos aos europeus que viviam no feudalismo para "escolher" a futura revolução industrial em lugar dos seus vínculos feudais, é quase certo que eles recusariam. O colapso de Bretton Woods não foi um acontecimento desse tipo. Mesmo Paul Volcker, que tivera um papel importante em seu fim, teria preferido que ele sobrevivesse. E ele estaria certo!

Bretton Woods foi concebido para ser um sistema equilibrado de comércio internacional e de fluxos financeiros. Os Estados Unidos se envolveram na Guerra Fria em nome de um mundo ocidental controlado e equilibrado. Embora imperfeito, o New Deal que estabilizou o país na década de 1930 foi internacionalizado depois da guerra, estendendo sua capacidade virtuosa aos quatro cantos do chamado hemisfério ocidental.

O fato de a desigualdade entre os países e dentro deles ter diminuído durante Bretton Woods foi uma decorrência da característica do modelo.[139] O resultado foi que os pobres "nunca estiveram tão bem" como nas décadas de 1950 e 1960, graças a um Leviatã profundamente consciente de que seus interesses eram mais bem atendidos por um equilíbrio do capitalismo mundial que implicava o controle do setor financeiro, limites a todos os tipos de exploração e efetiva redistribuição de renda para os despossuídos.

Essencial para esse plano global, do qual Bretton Woods era o elemento monetário, era a posição superavitária dos Estados Unidos: o fato de que o país saíra da guerra exportando muito mais produtos manufaturados e agrícolas do que importava. Para manter estável seu controle global, eles utilizavam seu superávit comercial de forma criteriosa, política e hegemônica, plenamente conscientes da diferença profunda entre hegemonia e autoritarismo. Nesse mundo, banqueiros como Paul Volcker não tinham voz ativa.

De fato, durante as décadas de 1950 e 1960 os banqueiros americanos foram obrigados a trabalhar dentro de limites rígidos estabelecidos pelas instituições do New Deal. Embora fossem bem remunerados, seus salários eram seis ou, no máximo, sete vezes o de um zelador, comparados aos multiplicadores obsce-

---

[139] Esse é um tema familiar em todos os estudos sérios sobre desigualdade. Ver Galbraith (2012), Stiglitz (2013) e Piketty (2014).

nos de trezentas vezes ou mais que existem hoje. Os níveis de tributos que eles pagavam fariam rir os banqueiros de hoje; além disso, não dispunham do arquipélago de paraísos fiscais aos quais recorrer. As taxas de juros eram fixadas por volta de 5%, e as oportunidades de apostar com o dinheiro dos correntistas eram severamente limitadas por restrições draconianas que remetiam ao governo de Franklin Delano Roosevelt.

Bretton Woods mantivera Paul Volcker e seus colegas banqueiros na rédea curta fabricada nas oficinas da Grande Depressão e concebida para evitar que outro surto de "financeirização"[140] do estilo do da década de 1920 destruísse novamente o capitalismo. No entanto, seria um grave equívoco supor que Volcker pretendia demolir Bretton Woods por causa das restrições a sua "liberdade" de lucrar. Desregulamentação bancária não era com ele. Na verdade, Volcker era um New Dealer que, com unhas e dentes, protegia, defendia e tentava manter estável o sistema de Bretton Woods. Só quando ele se convenceu de que o equilibrismo global de Bretton Woods estava condenado por forças que fugiam ao controle dos Estados Unidos foi que seu pragmatismo entrou em cena.

Em vez de entrar no *bunker* para defender um sistema que estava desmoronando em cima deles – como os europeus costumam fazer –, Volcker e muitos outros da sua laia fizeram o que sabiam fazer melhor: tentaram tomar a frente dos acontecimentos, conduzi-los, erguer o novo sistema financeiro global das ruínas daquele que eles tinham destruído quando perceberam que

---

[140] Nas duas primeiras décadas do século 20, a financeirização ocorreu juntamente com a criação das primeiras redes de corporações. Como a construção de usinas e redes de transmissão de energia elétrica exigiam investimentos maciços de capital, os bancos pequenos juntaram suas forças e criaram megabancos para financiar as novas megacorporações (como Edison, General Electric, Ford etc.). O surgimento dos megabancos pôs uma montanha de dinheiro novo nas mãos de particulares (uma vez que os bancos tinham a capacidade de emprestar quantias muito maiores), impulsionando a Bolsa de Valores e criando os "extravagantes" anos 1920 – que, naturalmente, explodiram e viraram cinza em 1929.

era inútil tentar salvá-lo. Volcker simboliza o gestor político americano autoconfiante cujo maior defeito é a convicção inabalável de que o que é bom para os Estados Unidos é bom para o mundo; uma fraqueza compensada por uma capacidade extraordinária de encarar o futuro e distinguir entre o desejável e o factível.

Se Volcker pudesse, teria escolhido reparar e conservar Bretton Woods, apesar das restrições que este impunha a suas atividades de banqueiro. Por quê? Porque ele sabia que a hegemonia verdadeira e sustentável exige a rejeição da lógica dos generais atenienses na *Guerra do Peloponeso* de Tucídides.[141] Os New Dealers podem ter parecido insuportavelmente arrogantes aos olhos de europeus como o presidente De Gaulle; apesar disso, porém, eles reconheciam uma verdade simples: se os fracos sofrerem o que "devem", sua própria capacidade – para não falar da disposição – de multiplicar o poder dos fortes despenca abruptamente.

O Pequeno Segredo de Condorcet

Será que os fracos realmente multiplicam o poder dos poderosos? Será que os fortes não fazem o que querem sem a ajuda dos fracos, para quem o único consolo vem da glorificação moralista da sua miséria?

Em 1794, quando a Revolução Francesa se preparava para dar lugar a um novo despotismo, o pensador francês marquês de Condorcet (1795) referiu-se de maneira brilhante ao "segredo de que o verdadeiro poder não se encontra com os opressores, mas com os oprimidos".[142] Esse era um aspecto do qual os New Dealers estavam penosamente cientes, mas que as elites europeias ainda tinham de compreender.

O poder de acumular superávits comerciais, de juntar grande parte da riqueza produzida coletivamente, de definir a pauta; essas não são formas de poder que podem ser mantidas durante muito

---

141 Lembrem-se do diálogo, na *Guerra do Peloponeso* de Tucídides, entre os generais atenienses e os melianos que eles escravizaram depois de terem arrasado sua cidade. Ver Capítulo 2.
142 Ver marquês de Condorcet (1795).

tempo com base na força bruta ou no autoritarismo. Oprimir os que se encontram numa posição deficitária quando não podem honrar seus compromissos certamente acabará por destruir a posição superavitária dos seus parceiros mais fortes. Prender os caloteiros por dívida garante que suas dívidas nunca sejam pagas. Além disso, só quando os fracos têm motivos razoáveis para defender o sistema que reproduz sua subserviência é que o reino dos poderosos tem uma possibilidade de sobreviver.

Como todos os New Dealers, Volcker tinha uma consciência profunda da capacidade que o poder tem de minar a si próprio, tanto no nível da economia nacional como, e de forma mais acentuada, internacionalmente. Ele assistira, na juventude, o modo como a financeirização desregrada levara à liquidação generalizada de capital e como as relações internacionais descontroladas levaram à morte indiscriminada de milhões de pessoas nos campos de batalha, nos campos de concentração e nas regiões áridas durante a Grande Depressão.

Não é provável que Volcker tenha lido o relato que Tucídides fez do discurso dos representantes dos melianos ou o *insight* do marquês de Condorcet. No entanto, ele pertencia a uma geração para a qual os poderosos só podiam pisotear os fracos correndo risco. Ainda assim, ele supôs em 1978 que a tentativa que os Estados Unidos fizeram no pós-guerra de criar um sistema que protegesse os cidadãos e as nações economicamente fragilizadas não estava funcionando mais.

Para salvar o "modo de vida" americano e seu predomínio global, a economia mundial tinha de ser "desintegrada" de forma "controlada". E a política monetária, sobre a qual Paul Volcker estava prestes a adquirir um poder decisivo, seria sua arma de destruição em massa.

Volcker Aceita o Desafio

Volcker se sentiu obrigado a aumentar as taxas de juros a níveis até então desconhecidos nas principais economias capitalistas. A interpretação clássica de que ele estava usando uma bala de prata no espantalho da inflação é uma parte muito pequena da história. Seus motivos eram muito mais profundos.

O sistema do pós-guerra que controlava de forma admirável o exercício do poder financeiro dos fortes sobre os fracos – tanto indivíduos como nações – estava *em frangalhos*. E isso acontecera porque os Estados Unidos tinham perdido seus superávits – aquele fantástico instrumento de estabilização que mantivera o mundo do pós-guerra unido.

Quando John Connally explicou cruamente ao presidente Nixon, com base na análise subjacente de Volcker, que "todos os estrangeiros querem nos foder, e a nossa tarefa é fodê-los primeiro"[143], o que ele queria dizer é que o equilibrismo de Bretton Woods estava ficando desequilibrado pelos superávits de países como Alemanha e Japão.

Insensíveis à responsabilidade global que acompanha os grandes superávits comerciais, esses "estrangeiros" procuravam, de maneira infantil, tirar partido do compromisso dos Estados Unidos com o equilíbrio global, resultando no colapso total do equilíbrio do pós-guerra. Como crianças imaturas que não sabem o que é bom para elas, os governos europeus e japonês, ostentando superávits cada vez maiores, estavam se aproveitando da dificuldade que os Estados Unidos tinham para manter a "ordem", com consequências prejudiciais para todos. Eles tinham de ser enquadrados.

E eles foram enquadrados, não uma vez, nem duas, mas três. A primeira vez em 1971, quando as moedas europeias foram expulsas da zona do dólar – um acontecimento que os jornalistas hoje poderiam ter chamado de "Eurexit". A segunda vez com as crises do petróleo de 1973 e 1979, que limitaram a vantagem de preços dos europeus e japoneses com relação aos Estados Unidos. E por último, mas não menos importante, os aumentos das taxas de juros feitos por Volcker entre 1979 e 1982, que tiveram um impacto muito maior na Europa e no Japão do que na economia americana, mais sólida.

---

143 Lembrem-se das linhas iniciais do Capítulo 1.

O discurso que Volcker fez em Warwick em 1978 fora um aviso mais que suficiente aos europeus. De fato, ele desafiou Bonn, Paris, Londres e Tóquio. Ele estava, nas entrelinhas, prenunciando a segunda fase do domínio global americano do pós-guerra: em 1971, Volcker comunicara implicitamente ao público que os Estados Unidos tinham desmontado o sistema monetário cuja integridade os europeus tinham minado de maneira irresponsável. Seu próximo passo seria criar um sistema global extremamente desequilibrado que os Estados Unidos controlavam plenamente, *por causa* – e não apesar – dos déficits gêmeos americanos (o déficit comercial e o déficit do orçamento do governo federal).

O preço desse novo sistema, que ampliaria o domínio americano, era alto: as pessoas vulneráveis e os países frágeis ficavam, mais uma vez, entregues à própria sorte, suportando não o que era ideal globalmente, mas o que eles "deviam", numa economia mundial que não contava mais com as regras e instituições do New Deal.

O clima político ficaria envenenado, a solidariedade social ficaria mais frouxa, as relações internacionais mais sórdidas, as condições odiosas de pobreza se multiplicariam na América Latina e na África. Não obstante, os Estados Unidos estavam fadados a emergir como os beneficiários finais dessa dolorosa "desintegração", uma ideia que consolou Volcker por seu papel na desconstrução da versão universalizada do New Deal que o influenciara quando era um jovem ávido por dedicar a vida ao serviço público.[144]

O início dessa era nova e menos segura foi o que tornou 1978 um ano tão importante, motivando o chanceler Schmidt a reconsiderar a ideia da união monetária franco-alemã proposta inicialmente por Valéry Giscard d'Estaing em 1964. O novo Plano Global Americano, baseado na "desintegração controlada" do comércio e do setor bancário conduzida por Washington tornaram subitamente atraente a ideia de uma *Mitteleuropa* institucionalizada e monetariamente unida.

---

144 O fato de a esfera de influência soviética também ser gravemente prejudicada representou um estímulo considerável ao seu projeto.

O espírito de Carlos Magno ganhava uma versão pós-moderna no momento em que o chanceler Schmidt, tendo o presidente Giscard a reboque, aceitava o desafio de Volcker.

Um Triunfo do Otimismo?

O Sistema Monetário Europeu (SME) nasceu quando Volcker estava preparando sua "desintegração controlada". O chanceler alemão identificou que, no admirável mundo novo financeiro de Volcker, o SME poderia proporcionar mais do que empregos lucrativos para os "jovens da elite" da Europa Central em novas diretorias suntuosas em Bruxelas. De acordo com as condições do novo papel dos Estados Unidos, era *perfeitamente* possível que o SME funcionasse, demonstrando ser mais do que um triunfo qualquer da esperança sobre a experiência.

O chanceler Schmidt sabia que os americanos estavam prestes a lançar a economia global nas corredeiras da financeirização, usando as taxas de juros americanas como alavanca. Desde a época de Erhard, Bonn estava mais sintonizado com os métodos de Washington, pelo menos comparado com os funcionários autossuficientes do Eliseu, para quem importava mais desprezar os Estados Unidos do que tentar prever o que eles fariam. Enquanto a equipe de Giscard estava hipnotizada com o que acontecia em Bruxelas e absorvida com a postura da Alemanha diante de suas propostas, os funcionários alemães estavam ocupados resolvendo o provável impacto de um bloco monetário que tinha de prosperar dentro do novo esquema de Volcker.

Eles sabiam que a cobra fracassara por dois motivos, cada um deles perfeitamente capaz de explicar seu fim prematuro. Um era a falta de instituições comuns que permitissem adotar uma política monetária comum. O SME teria essas instituições, na forma de "comitês" em Bruxelas novinhos em folha. O segundo motivo, possivelmente mais importante, era o mesmo que condenara Bretton Woods no final da década de 1960: a falta de um mecanismo que sustentasse as taxas de câmbio fixas por meio da reciclagem dos superávits – isto é, pegando os lucros extraordinários dos países que os "geravam" e redirecionando-os para regiões ou nações deficitárias.

O sistema de Bretton Woods, no qual tudo isso acontecia, possuía as instituições indispensáveis para coordenar as taxas de juros e as intervenções dos Bancos Centrais nos mercados financeiros. Mas isso não ajudou a aliviar as tensões entre o Bundesbank e o governo federal alemão depois que os Estados Unidos perderam a capacidade de regular os fluxos comerciais e financeiros por meio da exportação de seus próprios superávits. Por que o SME, mesmo que possuísse as instituições "adequadas", seria bem-sucedido no final da década de 1970 e início da década de 1980 onde Bretton Woods tinha fracassado no final da década de 1960?

O chanceler Schmidt teve uma ideia que o encheu de esperança: se o projeto global de Volcker pudesse ocasionar um fluxo constante de capital alemão que irrigasse Wall Street para sempre, talvez a união monetária com a França pudesse funcionar. "Desta vez as coisas podem ser diferentes", foi a expectativa otimista que explica, ao menos parcialmente, sua mudança de atitude. Será que esse otimismo era uma premonição sensata ou uma promessa vazia desejada?

As décadas de 1980 e 1990, e mesmo a primeira década do século 20, confirmaram que o otimismo por trás do SME fazia um certo sentido. A "desintegração" de Volcker, executada inicialmente por meio de aumentos consideráveis da taxa de juros, permitiu que os Estados Unidos realizassem um feito único na história: aumentar o poder de seu império aumentando seus... déficits comerciais e orçamentários! Somente gestores políticos americanos poderiam ter imaginado isso. Os burocratas alemães se flagelariam se sua mente permitisse um dia que essa ideia penetrasse insidiosamente. Diante do aumento dos déficits gêmeos, eles imediatamente puxariam os freios fiscal e monetário.

Os principais gestores políticos americanos decidiram fazer o oposto: estimular os déficits do país! "Mas quem vai pagar por eles?", os calvinistas poderiam ter perguntado. "O resto do mundo!", teria retrucado Paul Volcker. "Como?" "Por meio de uma transferência constante de capital que fluísse ininterruptamente através dos dois grandes oceanos para financiar os déficits gêmeos americanos", foi a resposta que os gestores políticos deram na prática, embora nunca o fizessem de forma tão explícita.

Embora os funcionários alemães preferissem morrer a imitar as extravagâncias do planejador americano, a equipe de Helmut Schmidt viu uma abertura para um Bretton Woods europeu, um SME, dentro da nova fase da predominância americana movida pelo déficit. Os déficits americanos em contínua expansão funcionariam como um gigantesco aspirador, absorvendo o excesso de bens e de capital. Nessas circunstâncias, havia a possibilidade de atrelar o franco francês ao marco alemão sem correr risco.[145]

Como no final dos anos 1960, o Bundesbank teria de emitir marcos e comprar francos, para impedir a queda da moeda francesa. Porém, diferentemente daquele período, a inflação alemã, com Volcker à solta, não chegava a representar uma ameaça. Agora era possível contar com o aspirador americano, movido pelas altas taxas de juros de Volcker, para sugar os marcos alemães recém-emitidos, evitando que eles retornassem imediatamente da França para a Alemanha. Desse modo, a República Federal Alemã podia, pela segunda vez desde o *Discurso da Esperança* feito por Byrne em 1946, buscar a ajuda dos Estados Unidos para consolidar sua posição – e sua reputação – de centro nevrálgico da Europa.

Ao concordar com os planos de união monetária do presidente Giscard d'Estaing, o chanceler Schmidt podia esperar se beneficiar com a estabilização da União Europeia ao longo do eixo franco-alemão, apoiando o cartel industrial centro-europeu e mantendo constante a demanda da França, e de outros países latinos ligados a ela, por produtos industriais alemães. E tudo isso sem a antiga preocupação com a inflação alemã que enfurecia o Bundesbank.

---

[145] A mesma postura reapareceu em Berlim no início dos anos 2000, quando recursos privados americanos permitiram que o resto da Europa aumentasse a compra de produtos alemães enquanto o Estado alemão controlava os salários e os gastos governamentais.

O fato de a ira do Bundesbank não ter sido, no final, evitada, confirmou que Schmidt tinha razão de se preocupar quando pôs sua assinatura no acordo do SME. Ainda assim, não estava totalmente incorreto prever que "desta vez as coisas podem ser diferentes". Alimentadas pelos déficits americanos, as principais economias superavitárias – Alemanha, Japão e, mais tarde, China – continuaram a produzir freneticamente os produtos que os Estados Unidos absorviam. Quase 70% do lucro europeu estava retornando aos Estados Unidos, na forma de fluxos de capital para Wall Street. E o que Wall Street fazia com ele? Financiava o crescimento da financeirização, um processo a que os bancos franceses e alemães aderiram com entusiasmo.

A "libertação" dos banqueiros dos grilhões do New Deal foi tanto um sintoma como um pré-requisito da nova fase do domínio americano. Quem senão os banqueiros podiam facilitar a imensa transferência de capital, o tsunami incessante de capital, indispensável para saciar os déficits americanos que *tinham* de continuar crescendo para manter a ilusão do que Bem Bernanke, um dos sucessores de Volcker, chamou de "Grande Moderação"? Uma versão ampliada da reciclagem dos tempos de bonança tinha tomado o lugar da reciclagem política e planejada que constituía a essência do sistema de Bretton Woods. Embora não pudesse acabar bem, ele teve a capacidade de lançar a economia global numa farra de gastos que durou três décadas, até que entrou em colapso em 2008.[146]

Os bancos franceses e alemães participaram alegremente de tudo isso por meio de empréstimos frenéticos, sustentaram a tentativa da Europa de fazer uma união monetária – primeiro o SME, depois a moeda única. Foi só em 2008 que a Europa se veria face a face com o tremendo prejuízo que seus bancos tinham causado ao projeto de união monetária. Dois anos mais tarde, em 2010, a crise do euro estava no auge e a Europa, numa situação caótica.

---

[146] Lembrem-se da explicação no Capítulo 1 do motivo de o capitalismo enfrentar uma escolha difícil entre a reciclagem política do superávit e a reciclagem em "tempos de bonança" que acaba levando à barbárie.

Uma Besta Atemporal

Como conta um célebre mito grego, era uma vez um reino – governado pelo rei Minos – que garantia a Paz, permitia que os mercadores cruzassem os mares em navios suntuosos e estendia o braço benevolente da prosperidade aos quatro cantos do mundo. Infelizmente, um terrível segredo estava enterrado nas profundezas dos porões do palácio do bom rei.

Pois dentro do porão do palácio, conhecido como Labirinto, vivia uma criatura ameaçadora e infeliz. Fruto do incesto da rainha com um touro sagrado, sua profunda solidão era comparável apenas ao temor que inspirava por toda parte. O Minotauro, esse era o nome trágico da besta, tinha um apetite voraz que só era saciado com carne humana. E o demônio tinha de ser saciado, ou o reinado do soberano seria abreviado pela ira dos deuses.

De tempos em tempos, um navio carregado de jovens partia da distante Atenas, uma cidade que Minos conquistara numa batalha, com destino a Creta, onde entregava o tributo humano para ser devorado pelo Minotauro. Era um ritual tão repulsivo como essencial para preservar a Paz naquele período e para reproduzir sua prosperidade.

O fantasma do Minotauro, confinado durante milênios na mitologia, emergiu novamente para assombrar a Europa quando Paul Volcker fez seu discurso na Universidade de Warwick. Involuntariamente, Volcker apresentou uma narrativa que tinha uma semelhança impressionante com o relato do mito de Creta a respeito de como um terrível segredo sustentaria uma ordem mundial aparentemente estável.[147]

Em ambas as narrativas o equilíbrio e a prosperidade baseada no comércio foram erguidos sobre os tributos que vinham da periferia (Atenas nos tempos mitológicos, Europa e Ásia na versão de Vol-

---

[147] Usei pela primeira vez a imagem de um Minotauro Global, por meio do qual descrevo a segunda fase do domínio americano no pós-guerra, num artigo que escrevi em coautoria com Joseph Halevi – ver Halevi e Varoufakis (2003). Depois ele virou o título do meu livro sobre a crise global – ver Varoufakis (2016).

cker) para a sede do poder (Creta e Wall Street, respectivamente). Esses tributos continuavam alimentando a aberração ameaçadora da história – o Minotauro num caso, o déficit comercial americano no outro. Era como se Volcker estivesse delineando o nascimento de um novo Minotauro Global, cujo Labirinto estava localizado nas entranhas da economia americana e que assumia a forma do déficit comercial americano, que devorava as exportações do resto do mundo e mantinha suas indústrias em pleno funcionamento.

O que para os comentaristas astutos parecia uma "Grande Moderação" era o equilíbrio mais desordenado e menos estável que a economia mundial havia experimentado. O segredo que todos conheciam, mas que ninguém ousava discutir abertamente, era que a nova ordem mundial dependia do aumento contínuo dos déficits gêmeos dos Estados Unidos. Em outras palavras, a "Grande Moderação" estava montada nas finas paredes de uma bolha gigantesca que não parava de crescer.

Quanto mais os déficits americanos cresciam, maior era o apetite do Minotauro pelos capitais europeus e asiáticos. Seu verdadeiro significado global se devia ao papel que ele tinha na reciclagem do capital financeiro (lucros, poupanças, excesso de liquidez) por meio dos circuitos internacionais que Wall Street tinha estabelecido. Ele mantinha as reluzentes fábricas alemãs ocupadas. Ele devorava tudo que era produzido no Japão e, mais tarde, na China. E, para fechar o círculo, os proprietários estrangeiros (e muitas vezes americanos) dessas fábricas distantes enviavam seus lucros, seu dinheiro, para Wall Street – uma forma de tributo moderno ao Minotauro Global.

O que fazem os banqueiros quando um tsunami de capital como esse chega até eles diariamente? Quando bilhões de dólares líquidos passam por suas mãos toda manhã, semana após semana? Eles encontram formas de fazê-lo se reproduzir a seu favor! Ao longo das décadas de 1980 e 1990, e até 2008, Wall Street absorveu o fluxo diário de capital externo e ergueu, em cima dele, montanhas de derivativos que, com o tempo, adquiriram as características de dinheiro privado.

A financeirização, como agora chamamos esse processo, foi o subproduto decisivo da manutenção e o do fortalecimento do domínio americano que resultou dos crescentes desequilíbrios comerciais e do interesse em financiar os déficits gêmeos americanos em contínua expansão. Ela começou como uma espuma por cima da corrente de lucros que fluíam da Alemanha e do Japão para Wall Street, quando a "desintegração controlada" da economia mundial feita por Volcker estava começando a surtir efeito. Mas não tardou para que a espuma começasse a assumir o controle, usurpando a corrente subjacente de valores reais e transformando o setor financeiro no condutor e a indústria em seu empregado.

Exatamente igual a seu antecessor mitológico, nosso Minotauro Global manteve a economia mundial funcionando. Quer dizer, até 2008, quando as pirâmides de dinheiro privado erguidas sobre o delírio que alimentava o Minotauro desabaram devido ao peso insuportável. O sistema monetário europeu, nascido em 1978, sofreria um golpe fatal. Os Estados Unidos também sentiriam seu impacto, mas foi o elo mais fraco da Europa, a Grécia, que foi arrasada.

Peregrinação para Atenas

A ditadura grega ruiu no verão de 1974, quando eu estava terminando o primeiro ano colegial. Assim que o regime militar se desfez, o avião presidencial de Valéry Giscard d'Estaing trouxe um político grego, e amigo pessoal do presidente francês, a Atenas para assumir as rédeas do governo. Cinco anos depois, em 1979, e um ano depois de assinar o acordo do Sistema Monetário Europeu franco-alemão, o mesmo avião trouxe Giscard a Atenas.

Durante o dia e a noite anteriores, as autoridades gregas demonstraram sua *capacidade* de ser brutalmente eficazes ao completar numa velocidade temerária a estrada com várias pistas que ligava o velho aeroporto ao centro de Atenas. Era um gesto modernizante dirigido a um presidente francês que visitava a capital grega com um propósito solene: assinar o tratado por meio do qual, em 1980, a Grécia se tornaria um membro pleno da União Europeia.

A União Europeia sempre fora um projeto político com fortes traços ideológicos que ecoavam em ao menos três direções. Havia a Europa Central das grandes formações militares, do complexo industrial-financeiro que se estendia de Frankfurt e da região do Reno a Paris, das associações das grandes empresas, dos sindicatos corporativistas cooptados, da gigantesca burocracia de Bruxelas. Em segundo lugar, havia o verniz ideológico do *laissez-faire* com o qual a realidade econômica cartelizada governada pela burocracia de Bruxelas se cobria despudoradamente. Em terceiro lugar, havia a dimensão simbólica que se baseava no legado de Carlos Magno, mas, também, na antiga tradição democrática grega.

Foi assim que Giscard relatou ao principal diário francês os motivos que estavam por trás de sua peregrinação a Atenas em 1979, que marcou a entrada da Grécia na União Europeia:

> *Nossos parceiros estavam extremamente hesitantes. O país [Grécia] estava desorganizado, sua democracia ainda não tinha se solidificado e faltava a ele uma fronteira comum com qualquer Estado-membro. Tomei a decisão enfatizando que tínhamos de fazer aquilo [introduzir a Grécia na União Europeia] a fim de fortalecer a democracia. Como à época eu ocupava a presidência rotativa do Mercado Comum Europeu, no dia 28 de maio de 1979 assinei em Atenas o decreto por meio do qual a Grécia foi admitida na comunidade. A lógica da minha decisão foi puramente política. Era fundamental que a Grécia fosse apoiada após ter se livrado da ditadura. Mas ela também tinha uma importância simbólica. Minha formação e a formação da minha geração se basearam nas noções de democracia e de política, noções essas que tiveram origem naquele país. Para nós, a Grécia é sinônimo de civili-*

zação. Nesse sentido, a ideia de que ela pudesse ficar do lado de fora dos portões da Europa era insuportável.[148]

Trinta e seis anos mais tarde, menos de um mês depois de eu ter me tornado ministro das Finanças da Grécia, Giscard daria uma entrevista a outro jornal francês[149] argumentando que, "embora a Grécia pertença à União Europeia", ela deveria deixar sua união monetária – a moeda única que era a conclusão "natural" do tratado do SME de 1978, dele e de Schmidt. Assim como Volcker, Connally e Nixon tinham começado a pensar no Euroexit como a solução para as dificuldades da zona do dólar, hoje também alguns dos pioneiros da zona do euro estão jogando com o Grexit como a saída para a moeda comum.[150] Alguma coisa certamente tinha dado muito errado.

Independentemente do fato de Giscard estar certo ao trazer a Grécia para a União Europeia em maio de 1979 ou ao defender o "Grexit" em fevereiro de 2015, uma magnífica ironia se revelava diante de todos: a união monetária que ele e Schimdt inauguraram em setembro de 1978 primeiro asfixiou nosso governo durante a primavera de 2015 e, depois, no dia 12 de julho do mesmo ano, esmagou de maneira irresponsável a democracia grega – a mesmíssima democracia que Giscard se empenhara tanto em proteger quando trouxe a Grécia para a União Europeia.

Epílogo

A década de 1980 e o início da década de 1990 não foram complacentes com o Sistema Monetário Europeu.[151] A década começou com uma grave recessão mundial (1979-1982), que complicou a

---

148 Ver *Le Monde*, 16 de novembro de 2011.
149 Ver *Les Echos*, 18 de fevereiro de 2015.
150 Euroexit é um neologismo criado por mim para definir a exclusão da Europa da zona do dólar, em seguida ao "choque de Nixon" de 1971. Em relação ao Grexit, Giscard não é o único pioneiro da zona do euro a considerá-lo seriamente. O ministro das Finanças alemão, Wolfgang Schäuble, é outro.
151 Como o próximo capítulo comprova.

tarefa de manter as moedas europeias atreladas umas às outras. E no momento em que houve o retorno a uma certa estabilidade, induzindo a Europa a tentar estreitar sua união monetária, uma nova recessão no início dos anos 1990 deixou-a arrasada.

Depois de quase duas décadas de tentativas e fracassos de fixar suas taxas de câmbio e de criar um Bretton Woods europeu na esteira do "choque de Nixon", os líderes europeus se viram diante de uma escolha simples: abandonar completamente a união monetária ou "pisar no acelerador", transformando um sistema de várias moedas com taxas de câmbios semifixas numa única moeda: o euro.

Naquela conjuntura, entre 1991 e 1993 para ser preciso, eram os sucessores diretos de Giscard e Schmidt – o presidente da França François Mitterrand e o chanceler Helmut Kohl – que representavam a força motriz por trás do projeto do euro. O ex-ministro das Finanças de Mitterrand, Jacques Delors, à época o todo-poderoso presidente da Comissão Europeia, advertiu Mitterrand que uma união monetária apropriada exigiria mais do que "regras" e comitês baseados em Bruxelas. No mínimo, ela exigia uma dívida pública comum (segundo a visão de Alexander Hamilton) e uma política de investimento comum (como os New Dealers conheciam bem).

Como de costume, a reação de Mitterrand, *circa* 1993, foi matizada: sim, ele reconheceu, precisamos de algum nível de dívida comum e de um programa de investimento que leve em conta toda a União. *Porém*, isso exige um grau de união política que ele e Helmut Kohl não tinham a capacidade de impor às poderosas elites francesas e alemãs.

A "solução" de Mitterrand foi pôr, intencionalmente, o carro na frente dos bois e esperar que um grande solavanco na estrada convencesse os passageiros descontentes da Europa que era preciso mudar a configuração. Primeiro as moedas europeias seriam unidas. E quando surgisse a próxima crise global, ela convenceria as personalidades influentes da França e da Alemanha a fundir seus sistemas políticos numa espécie de federação.

Mitterrand avaliou que implantar uma moeda única sem uma dívida comum ou uma política de investimento agregado que tirasse os superávits dos países superavitários para investi-los nos países deficitários era o mesmo que procurar confusão. Pelo menos foi isso que ele admitiu a Jacques Delors em particular.[152] Ele percebeu que uma crise financeira aguda pegaria o euro desprotegido. Mas ele também acreditava, lá no fundo, que quando a próxima crise global viesse seus sucessores e os sucessores de Kohl não teriam alternativa senão concordar com a união política indispensável para salvá-lo. Se não o fizessem, o euro encolheria e pereceria.

Infelizmente, faltou muito pouco para que os sucessores de Mitterrand e de Kohl chegassem a essa situação quando a mãe de todas as crises financeiras estourou em 2008, jogando o euro numa espiral descendente dezoito meses depois. Durante a primavera de 2015, tive o enorme "privilégio" de participar de longas reuniões com eles, ou de ouvi-los em teleconferências que se estendiam até as primeiras horas da manhã. Posso testemunhar de forma inequívoca: Mitterrand devia estar se revirando no túmulo ao ver como seus herdeiros e os herdeiros de Kohl não conseguiram estar à altura do momento quando a crise do euro explodiu. Eles tiveram inúmeras oportunidades de ajudar a construir a união política que faltava, como Mitterrand esperara. Mas eles perderam cada uma delas (ver Capítulo 5). A pergunta era: por quê? Por que a Europa não conseguiu se consolidar em resposta a sua longa crise pós-2008? Os Estados Unidos saíram de cada crise financeira (do início do século XIX em diante) mais fortes e mais unidos. Por que não a Europa?

Os europeus costumam lamentar a falta de uma liderança qualificada e ansiar pelos líderes das décadas passadas. "Se ao menos tivéssemos um Mitterrand, um Giscard, um Kohl ou um Schmidt no governo", é o lamento típico que se ouve hoje nos bares, táxis e até parlamentos da Europa, subentendendo-se que, se eles existissem, a

---

[152] Esse diálogo entre Mitterrand e Delors me foi relatado pelo ex-parlamentar britânico e professor de economia Stuart Holland, um colega e amigo que trabalhava na época – início dos anos 1990 – como conselheiro de Delors. Stuart estava a par dessas conversas, e seu relato constará de sua biografia – quando ela estiver terminada!

Europa estaria unida agora como os Estados Unidos estavam depois de 1929, sob o comando de Franklin D. Roosevelt. Mas as coisas não são tão simples assim. Primeiro, existem motivos pelos quais os líderes políticos atuais não são o que costumavam ser no mundo inteiro. Segundo, a união da Europa não tem nada a ver com a dos Estados Unidos, por razões já expostas de forma resumida.[153]

O motivo de os níveis de liderança política terem declinado no mundo todo não se deve, é claro, a uma deterioração do gene de liderança da atual geração. A despolitização da vida política, ela própria facilitada e estimulada pela tecnocrática união monetária europeia, afastou da política animais políticos com talentos naturais. Quanto menor o número de homens e mulheres talentosos que entra na política, mais as decisões políticas cruciais são transferidas para "tecnocratas" medíocres não eleitos. Eu me pergunto: será que o jovem Mitterrand teria entrado na política numa Europa em que as questões das taxas de juros, da taxação e da política de bem-estar social são transferidas para burocratas sem rosto?

Mitterrand e Kohl colaboraram inadvertidamente com uma tecnocracia que gira em torno de uma união monetária que erradicou o tipo de liderança indispensável para intervir durante a crise e completar a criação deles. Para acrescentar uma amálgama política à união monetária que Schmidt e Giscard começaram, e que levaram tão longe, são necessários líderes que sua união monetária eliminou.

Não se trata, portanto, de um simples caso em que herdeiros e sucessores não se mostram à altura da tarefa a eles confiada pelos pioneiros. Trata-se, em vez disso, de um caso em que os pioneiros implantam instituições monetárias que precisam, simultaneamente, de políticos que as "completassem" no futuro *e* que assegurassem que essa classe de político seria afastada da política. A essência da tragédia fora introduzida na união monetária europeia desde o começo.

---

153 Lembrem-se da descrição feita nos capítulos anteriores sobre a construção da União Europeia como um cartel da indústria pesada centro-europeia, diferente dos Estados Unidos, que sempre foi um mecanismo político por meio do qual se fazia a mediação entre classes sociais hostis e grupos de interesse antagônicos.

Existe um sentido em que os pioneiros do euro, de Giscard e Schmidt a Mitterrand e Kohl, devem ser desculpados. A União Europeia começou como um cartel de indústrias pesadas da Europa Central cujo subproduto crucial foi a impossibilidade de envolvimento em outra guerra europeia, já que os instrumentos indispensáveis para isso tinham sido europeizados. Por que eles não deveriam supor que a união política viria como decorrência da europeização da moeda?

Será que Mitterrand podia saber que a união monetária teria o efeito oposto daquele que ele previa? Que ela tornaria a união política mais difícil, em vez de fazer dela um desdobramento natural de uma moeda única? Que ela poderia até destruir, em sequência, a democracia, começando com elos frágeis como a Grécia até provocar um dano considerável na democracia da França e da Alemanha?

Permito-me sugerir a resposta: Mitterrand e Kohl não somente poderiam, mas *deveriam* ter sabido!

> *É um perigoso engano acreditar que a união monetária e econômica pode preceder a união política ou que ela atuará (nas palavras do relatório Werner*[154]*) "como um fermento para o desenvolvimento de uma união política da qual, de todo modo, ela não conseguirá prescindir no longo prazo".*

Estas palavras foram escritas pelo economista de Cambridge Nicholas Kaldor, não em 2015 ou 1993, mas em... 1970, numa época em que o admirável professor percebeu que o "choque de Nixon" era iminente e que a Europa estava louca para reagir pondo o carro na frente dos bois.[155] Kaldor já tinha tido provas suficientes de que os europeus estavam prestes a cometer um "perigoso engano". O con-

---

[154] Ver a nota de rodapé do Relatório Werner, que foi redigido em 1969 e submetido à Comissão Europeia em 1970, prefigurando a união monetária europeia.
[155] Ver o artigo publicado na *The New Statesman* de 12 de março de 1971 intitulado "The Dynamic Effects of the Common Market" [Os efeitos dinâmicos do Mercado comum]. Ele também foi reproduzido em Kaldor (1980).

fronto entre a França e a Alemanha já estava vindo à tona mesmo naquela etapa inicial, e as antenas sensíveis de Kaldor o captaram.

O Relatório Werner de 1970, que Kaldor lera e ao qual fazia referência, mencionava explicitamente a necessidade de "coordenar os gastos e a taxação nacionais" como um pré-requisito de uma união monetária exequível. Essa referência foi posta no Relatório Werner pelos representantes alemães, com a ajuda de seus colegas italianos e holandeses, porém contra os desejos expressos dos franceses. A França, refletindo a visão de De Gaulle de utilizar a Europa como um instrumento para fortalecer (em vez de reduzir) o Estado-nação francês, opunha-se a essa dimensão federalista.

Paris queria ficar com o bolo (um marco alemão europeizado) e também comê-lo (conservar a soberania nacional em questões orçamentárias). Quando a Comissão Europeia apoiou Paris, como costumava fazer no período anterior ao euro, o entusiasmo da Alemanha com a ideia toda foi por água abaixo. Somente oito anos depois, em 1978, é que o chanceler Schmidt, influenciado pelo novo "jogo" dos Estados Unidos, iria ressuscitar a ideia.

Kaldor deu uma olhada rápida naquela oposição emergente ao longo do eixo franco-alemão e, muito antes de Giscard e Schmidt terem assumido o poder, lançou um alerta inequívoco:

> *[Se] a criação de uma união monetária e do controle da Comunidade nos orçamentos nacionais gerar pressões que levem ao colapso total do sistema, ela impedirá, em vez de promover, o desenvolvimento de uma união política.*[156]

Em vez de dar atenção a esse conselho sensato, a Europa oficial preferiu bailar alegremente em meio a um oceano de mitos pretensiosos. A negação das leis básicas da economia tinha se tornado seu alicerce, e a arrogância sua resposta aos protestos da realidade. A Nêmeses, como poderiam ter advertido os autores das tragédias gregas, estava esperando pelo momento certo, por seu momento na história.

---

[156] Ver nota anterior.

CAPÍTULO 4
A MOEDA ÚNICA COMO CAVALO DE TROIA?

Londres, novembro de 1990. Após semanas de uma luta sem trégua se defendendo de ministros arrogantes firmemente decididos a derrubá-la, Margaret Thatcher apresentou sua última defesa numa célebre reunião de gabinete no número 10 de Downing Street. O tema que uniu os líderes do Partido Conservador contra sua primeira-ministra era a união monetária europeia. Ela não queria nem ouvir falar no assunto. Eles estavam ansiosos para vincular a libra esterlina britânica ao Sistema Monetário Europeu.

Logo depois de iniciada a reunião de gabinete, ficou claro que seus onze anos de reinado tinham chegado ao fim. Um depois do outro, mesmo os ministros que até então haviam se mantido fiéis abandonaram o navio, com a covardia que se espera dos políticos que percebem que seus interesses serão mais bem atendidos, e seus assentos ficarão mais seguros, com um novo líder. Diz-se que a Dama de Ferro derrubou uma lágrima, um sinal de humanidade cuja existência muitos duvidavam.

Naquela mesma tarde ela fez sua última aparição na sessão de perguntas da Câmara dos Comuns. Foi um desempenho inesquecível. Utilizando-se de seu controle impressionante do Parlamento, Thatcher não perderia uma última oportunidade de se vingar dos colegas demonstrando, literalmente cara a cara, que nenhum deles jamais dominaria a oposição do modo que ela o fazia. Sua lágrima inicial transformou-se subitamente numa catarata retórica temperada de humor, arrasando a oposição.

O líder da oposição, Neil Kinnock, deve se arrepender até hoje por ter escolhido a união monetária europeia como um tópico por meio do qual marcaria pontos contra a premiê de saída. "Será que a primeira-ministra", perguntou um dos deputados de Kinnock, na falsa expectativa de que Thatcher ficaria embaraçada com o tema, "poderia nos dizer se continuará sua luta pessoal contra uma moeda única e um Banco Central Europeu independente?". Antes que ela pudesse responder, outro deputado da oposição acrescentou jocosamente: "A presidente [do Banco Central Europeu] deveria ser ela!"

"Que boa ideia!", replicou Thatcher, depois de a Câmara ter sido tomada por uma alegria ruidosa. E então prosseguiu, brincalhona:

> *Não tinha pensado nisso. Mas se eu fosse, não existiria nenhum Banco Central Europeu que não prestasse contas a ninguém, especialmente que não prestasse contas aos parlamentos nacionais. Porque sob as ordens desse tipo de Banco Central não haverá democracia, [e o Banco Central] tirará os poderes de cada um dos parlamentos, e conseguirá incorporar uma moeda única, uma política monetária e uma política de taxa de juros que tirará todo o poder político de nós.*[157]

Foi talvez a primeira e a última vez que um primeiro-ministro de uma nação europeia importante descreveria exatamente a causa do problema com respeito à natureza da união monetária europeia. A ideia de que a moeda pode ser administrada de forma apolítica, apenas por meio de instrumentos técnicos, é uma leviandade perigosa da maior gravidade. A ilusão de uma moeda neutra foi o que tornou o padrão-ouro do período de entreguerras um sistema tão primitivo cujo fim inevitável gerou os assassinos fascistas e nazistas que todos conhecemos e lamentamos.

---

[157] O leitor pode assistir a esse discurso *online*. Basta acessar o YouTube e digitar na caixa de busca "Margaret Thatcher's last speech as Prime Minister" ou "in Parliament".

De fato, o padrão-ouro apoiava-se na ideia de despolitização da moeda vinculando sua quantidade à quantidade de ouro – um metal que os políticos não podiam fazer surgir como por encanto do nada, já que era fornecido "externamente" pela natureza. Hoje, a mesma ilusão de uma moeda apolítica pode ser encontrada não apenas na construção de um Banco Central Europeu que não tenha de prestar contas a nenhum parlamento (como Thatcher ressaltou de forma tão perspicaz), mas também nas novas moedas digitais da última moda como o bitcoin, cuja estratégia de venda é justamente a ausência de uma autoridade política sobre elas. O argumento valioso de Margaret Thatcher era que o controle das taxas de juros e a oferta de dinheiro é uma atividade fundamentalmente política que se fosse tirada da jurisdição de um Parlamento democraticamente eleito representaria o caminho certo para o autoritarismo.

Sua última frase sobre o assunto ecoou em minha mente durante os cinco meses em que servi como ministro das Finanças da Grécia. Toda vez que eu olhava para o outro lado da galeria do Parlamento grego e via os assassinos da Aurora Dourada me ofendendo, e a cada reunião do Eurogrupo[158] em que Mario Draghi, o presidente do Banco Central Europeu, definia os parâmetros dentro dos quais nós, os políticos, teríamos de trabalhar, sem poder recorrer a qualquer parlamento ou a qualquer processo que pudesse ser considerado democrático, as palavras de Thatcher soavam como verdade: "A moeda única tem a ver com a política europeia".[159]

---

[158] O Eurogrupo é, na verdade, o organismo que toma todas as decisões importantes referentes à administração da zona do euro – uma das maiores economias do mundo. Ele é composto pelos ministros das Finanças dos Estados-membros da zona do euro, do presidente do Banco Central Europeu, do comissário de Economia e Finanças da Comissão Europeia e, curiosamente, de um representante do Fundo Monetário Internacional (normalmente o chefe da seção europeia do FMI, mas ocasionalmente o próprio diretor-presidente). Incrivelmente, o Eurogrupo é um organismo informal! Embora seu poder seja imenso, ele não existe na legislação europeia e não presta contas a nenhum organismo devidamente instituído (isto é, não responde ao Parlamento Europeu). Em nenhum outro lugar o déficit democrático europeu é tão pronunciado como no Eurogrupo.
[159] Ver nota anterior.

Às vezes revejo o vídeo desbotado da última atuação parlamentar de Thatcher como primeira-ministra para extrair dele uma alegria amarga. "Estou gostando disso! Estou gostando disso!", Thatcher concluiu alegremente antes de se sentar, satisfeita por lembrar a seus algozes como eles eram medíocres.

Tendo passado a juventude participando de todas as manifestações contra a senhora Thatcher e suas políticas de governo, minha avaliação pessoal de sua crítica profética ao déficit democrático intrínseco ao euro é particularmente deliciosa. Hoje compreendo que o melhor da política é quando ela nos ilumina por meio de um *insight* do adversário. Nos encontros em que discursei em setembro de 2015 em Londres para comemorar a ascensão de Jeremy Corbyn à liderança do Partido Trabalhista, ousei mencionar essa avaliação da crítica de Margareth Thatcher à moeda apolítica. Para minha grande satisfação, a multidão pareceu receber com agrado meu tributo a uma personalidade política que, para nós da esquerda, simbolizava tudo aquilo que havíamos combatido.

O Erro de Thatcher

Nunca se questionou que a união monetária era um projeto político. Seus pioneiros assumiam aberta e orgulhosamente sua pauta política. O presidente Giscard e o chanceler Schmidt aludiram em 1978 à criação de um espaço centro-europeu que o espírito de Carlos Magno aprovaria. No final da década de 1980 e no início da década de 1990, o presidente François Mitterrand imaginou que a moeda única seria o prelúdio da federação. Nas palavras de Thatcher, o euro sempre "tivera a ver com a política europeia".

A pergunta era: que tipo de política? O tipo que promove a ideia de prosperidade comum dentro de uma Europa democrática? Ou o outro tipo, que divide os europeus e transforma suas democracias em camisas vazias penduradas no varal de um Banco Central que não tem de prestar contas a ninguém?

Infelizmente, essa pergunta nunca foi colocada seriamente. A dimensão política da união monetária ficou confinada a sermões sobre como ela fazia parte da responsabilidade histórica da Europa com uma "união cada vez mais estreita". Qualquer preocupação que uma moeda compartilhada pudesse, talvez inadvertidamente, provocar rupturas na economia social da Europa era prontamente descartada como os resmungos de populistas perigosos e iludidos que não tinham condições de participar de uma sociedade refinada. De fato, na corrida para implantar o euro, a menor objeção acerca da solidez estrutural da nova moeda era habitualmente usada como prova de que o cético era antieuropeu, nacionalista, populista, quem sabe um charlatão. Não era um tratamento muito diferente do dispensado nos Estados Unidos aos críticos dos planos do Pentágono que antecederam a invasão do Iraque ou do Afeganistão.

Embora os políticos do *establishment* não ousassem apresentar opiniões nuançadas da união monetária, às vezes os burocratas davam nome aos bois. Em 1991, um ano depois do espetáculo de Thatcher na Câmara dos Comuns, o economista e político alemão Wilhelm Nölling, que era membro do Conselho de Governança do Bundesbank, ratificou sua avaliação: "Não devemos nos iludir: a atual controvérsia a respeito da nova Ordem Monetária Europeia tem a ver com poder, influência e a busca dos interesses nacionais".[160]

É desconcertante que a Europa tenha sido embalada na ilusão de que a crítica a sua união monetária seja guiada, necessariamente, pelo nacionalismo, e, por outro lado, que a defesa da moeda comum estava reservada àqueles que tinham afastado seu interesse nacional em favor da Europa. Nölling argumentava, corretamente, que os líderes franceses e alemães encaravam a união monetária como um instrumento para aumentar seu poder e perseguir o que consideravam ser seu interesse nacional, muitas vezes contrário aos interesses de seus parceiros europeus. A guerra por outros meios –

---

160 Citado em Connally (1995), p. 121.

como o presidente De Gaulle considerava seu próprio projeto de união monetária com a Alemanha nos idos de 1964.[161]

Em termos ideais, as instituições europeias deveriam harmonizar os interesses nacionais de seus membros numa Vontade Europeia comum. Porém, *pressupor* que a união monetária alcançaria automaticamente essa harmonia, contanto que a moeda da Europa se mantivesse unida, era um delírio fantasioso perigoso. Que a união monetária seja boa para a economia da Europa e coerente com a democracia europeia deveria ser um teorema. A Europa, no entanto, decidiu tratá-la como um axioma.

A crítica de Margaret Thatcher, que, por acaso, coincidia com a da esquerda radical europeia, era composta de duas partes: a união monetária produziria um desastre econômico; e enfraqueceria os parlamentos junto com direitos democráticos duramente conquistados. Numa entrevista que concedeu alguns meses depois de seu afastamento, ela previu que: "Como todos os regimes de taxas fixas de câmbio, esta moeda única vai acabar desmoronando. Ela não vai resultar em situações harmoniosas".

É inevitável a crise em larga escala quando o controle da moeda de diferentes países é transferido a "tecnocratas" que não estão sujeitos a um processo parlamentar que eles temam ou que os apoie quando necessário. Quando a crise inevitável se abate, os interesses nacionais ressurgem com ímpeto. É preciso ser muito ingênuo para concordar com Mitterrand que a união política conteria a ascensão do fanatismo nacionalista.

Resumindo: Thatcher estava reproduzindo o argumento profético (lembrem-se do epílogo do capítulo anterior) de Nick Kaldor de que a união monetária impediria, em vez de possibilitar, a formação de uma união política democrática em toda a Europa. No momento em que o controle da moeda de jurisdições políticas independentes é "despolitizado" e a tomada de decisão sobre assuntos importantes é retirada dos parlamentos, estes perdem sua *raison d'être*, a legitimidade democrática se esvai e, quando a

---

161 Lembrem-se do Capítulo 3.

crise econômica inescapável se abate, soluções autoritárias e profundamente políticas surgem como a única alternativa. A querida TINA [acrônimo de "There is no alternative", "Não existe alternativa"] de Thatcher surge então em sua forma mais aterradora – uma forma que até mesmo Thatcher temia.

Existe, no entanto, uma questão crucial sobre a qual Thatcher havia se enganado. Referindo-se à moeda única naquele debate na Câmara dos Comuns, Thatcher afirmou que ela estabelecia: "A federação europeia pela porta dos fundos". É verdade que alguns de seus adversários do outro lado do Canal da Mancha tinham essa intenção. O presidente Mitterrand, o charmoso antagonista de Thatcher, pretendia, de fato, que o euro fosse um cavalo de troia que permitisse introduzir às escondidas através das defesas europeias uma federação que, de outro modo, os europeus teriam rejeitado, por não estar preparados nem dispostos a transferir poder político de seus parlamentos nacionais para uma instituição federal situada em Bruxelas.

O erro de Thatcher foi supor que o esquema de Mitterrand teria êxito. Ela não conseguiu perceber, como Mitterrand também não tinha conseguido, que construir uma federação a partir das dificuldades da sua união monetária não fazia parte do DNA da Europa. O cavalo de troia monetário não daria à luz nenhuma federação. Como explico a seguir, não fazia parte da natureza do "monstro" (isto é, dos euros e de suas mentes burocráticas) gerar uma federação. De seu baixo-ventre de madeira só podia emergir um autoritarismo ineficaz e radical.

Não estava em sua natureza

Se os guardiões da união monetária da Europa fossem criptofederalistas, como Thatcher temia e Mitterrand esperava, por que a federação europeia está hoje mais distante do que nunca? François Mitterrand, e provavelmente o chanceler alemão Helmut Kohl também, sabia que a moeda comum iria dar início a um fluxo insustentável de recursos dos países superavitários para os países deficitários. Eles percebiam que uma crise em grande escala era inevitável. Contudo, esperavam que a crise criasse o impulso político na direção de uma Europa federal. Não foi o que aconteceu.

A crise aguda do euro de 2010, que começou na Grécia, era a oportunidade perfeita para que os políticos e burocratas que desejavam a federação tomassem uma atitude. Quando alguns bancos afundaram, levando com eles os governos que tiveram de socorrê-los (Irlanda e Espanha, p. ex.), enquanto outros estavam sendo levados à falência pelos países insolventes em que estavam sediados (p. ex., Grécia e Portugal), a criação de instituições apropriadas de tipo federal teria sido o remédio perfeito.[162]

Em vez disso, os servidores públicos europeus ainda hoje fazem tudo que está ao seu alcance para evitar medidas que levem à federação. Ao preço de estimular desnecessariamente a crise, foi criada uma série de simulacros capengas de instituições federais, sempre tomando o cuidado de assegurar que elas parecessem federais quando, no fundo, eram tudo menos isso.[163] Foi assim que emergiu, das queixas oriundas das economias sociais pressionadas, um conluio de incompetentes, como um desmentido da ansiedade de Thatcher.

---

[162] Quando a crise financeira atingiu os Estados Unidos em 2008, o estado de Nevada não teve de contrair empréstimos junto a investidores internacionais para socorrer os bancos que operavam no estado, nem de pagar os benefícios sociais dos trabalhadores da construção civil demitidos. O governo federal se encarregou disso através do FDIC e dos fundos federais de seguridade social e de seguro-desemprego. É por isso que Nevada se recuperou, em vez de mergulhar no buraco negro do estado de insolvência que levaria a uma profunda austeridade, que, por sua vez, encolheria ainda mais a economia do estado. O que a zona do euro precisava, claramente, era de instituições federais capazes de estabilizar tanto os bancos como os governos federais – p. ex., uma associação de bancos adequada que contasse com poderes semelhantes aos do FDIC para decidir e recapitalizar ao nível da união.

[163] Entre os exemplos estão a Facilidade de Estabilização Financeira Europeia, seu sucessor (o Mecanismo Europeu de Estabilidade) e a chamada União Bancária, instituída em 2014, que se assemelha bastante a um sistema federal de tipo americano que supervisiona e se ocupa das falências bancárias (o FDIC-Fed), mas que, na verdade, é uma pseudounião que, de forma contumaz, viola os princípios federais em vez de observá-los. Ver Capítulo 5.

Será que os criptofederalistas que a Sra. Thatcher via por toda parte em 1990 tinham se calado em 2010? Ou será que, antes de mais nada, eles nunca tinham sido predominantes? Já tomei partido nessa questão, argumentando nos capítulos anteriores que desde o início, desde 1950, os genes da União Europeia tinham sido postos a serviço da despolitização das decisões políticas. O que as elites europeias queriam era uma megaburocracia mancomunada com grandes empresas oligopolistas, sem os "caprichos" de uma política democrática federal. Foi com esse estado de espírito que foi fundada a "Europa dos Estados", em oposição intencional à "Europa dos Cidadãos".

Bruxelas foi construída nos moldes de "Nós, os Governos" para impedir o ideal de "Nós, o Povo". Ela foi pensada como uma megaburocracia criada para servir a um cartel de grandes empresas que buscavam normas comuns e padrões industriais, totalmente independentes de qualquer Parlamento que tivesse autoridade real sobre suas ações. Não é por acaso que faltava ao Parlamento Europeu, quando foi instituído para dar à União Europeia uma aparência democrática, a capacidade de legislar.[164]

A grande esperança dos democratas europeus era que, de um jeito ou de outro, a democracia se introduziria imperceptivelmente na União Europeia exatamente como fizera nas instituições de Estados-nação como Grã-Bretanha, França etc. Os Estados-nação surgiram como os instrumentos dos poderosos em resposta à

---

164 Tradicionalmente, as leis da União Europeia foram propostas, discutidas e aprovadas no Conselho Europeu, composto pelos chefes de governo europeus (bem como pelos conselhos de ministros, que representavam os Estados-membros em questões específicas). A legislação europeia é estabelecida em nível intergovernamental; os parlamentos nacionais dão seu "de acordo" sem ter qualquer oportunidade de introduzir emendas às leis sobre as quais os chefes de governo concordaram anteriormente. Esse método europeu de legislar antecedeu a criação do Parlamento Europeu. Graças à "chegada" tardia ao cenário político europeu, o Parlamento Europeu sempre desempenhou um papel secundário com relação ao Conselho Europeu. Mesmo hoje, depois de décadas de luta para conquistar mais poderes legislativos, o Parlamento Europeu não tem o direito nem a capacidade de propor legislação, ficando reduzido a um papel burocrático

mercantilização de tudo, e com a finalidade de impedir o acesso dos *sans culottes* a posições de poder, especialmente quando o propósito destes era representar os interesses dos fracos nos salões e corredores que os poderosos consideravam exclusivamente seus. Se esses Estados-nação puderam ser democratizados, por que o mesmo destino não poderia transformar Bruxelas?

O euroceticismo inglês retruca que a verdadeira democracia parlamentarista se constrói sobre os alicerces dos laços comuns e das convenções maduras que só uma nação pode gerar. Se assim for, jamais uma Europa plurinacional poderá se transformar num espaço democrático. De acordo com essa interpretação cética, "europeu" é um significante geográfico e possivelmente cultural que não pode funcionar como o cimento da democracia europeia porque será sempre pelas "peculiares" identidades francesa, italiana, alemã ou grega.

Essa visão, porém, ou é logicamente incoerente ou profundamente ofensiva aos escoceses, por exemplo. Pois se estiver correta, ela certamente significa que ou falta legitimidade democrática ao Reino Unido ou que os escoceses e os ingleses não são mais nações genuínas. Pensem por um instante nisto: se os escoceses são uma nação "peculiar", a visão de que um único parlamento deve corresponder a uma única nação só pode levar à conclusão de que a Câmara dos Comuns sediada em Londres não é representativa da nação escocesa, e que ela simplesmente ajuda a projetar a autoridade ilegítima da Inglaterra para o norte da Muralha de Adriano.[165] A única alternativa coerente com o ponto de vista de "uma nação, uma soberania" é que os escoceses não constituem mais, por si mesmos, uma nação, mas foram incorporados numa nação britânica. Porém, se assim for, os ingleses também não constituem uma nação "legítima", uma vez que as duas identidades distintas (inglesa e escocesa) foram absorvidas há algum tempo num caráter britânico abrangente, capaz de sustentar uma democracia parlamentar britânica.

---

165 Que, naturalmente, é a alegação feita pelo Partido Nacional Escocês e por sua campanha pela independência nacional escocesa.

Nesse sentido, conservadores que defendem uma única nação – sejam eles membros do Partido Conservador britânico ou oponentes da independência da Catalunha da Espanha baseados em Madrid –, é melhor chegarem a um acordo: se uma identidade comum europeia e um senso de pertencimento supranacional são impossíveis, a União Europeia precisa ser dissolvida; ao mesmo tempo, escoceses e catalães também se movimentar em defesa da independência da Escócia e da Catalunha de Londres e de Madrid. Por outro lado, se uma identidade supranacional europeia é possível e capaz de gerar uma comunidade europeia soberana, então uma União Europeia democrática é possível.

A maioria dos europeus (inclusive o autor) estão do lado da segunda visão, convencidos de que as dificuldades da União Europeia não se devem à impossibilidade de forjar uma identidade europeia abrangente que absorva as identidades nacionais particulares. Eles simplesmente estão enganados sobre o modo como a União Europeia pode se transformar, de um conjunto de instituições burocráticas a serviço de um cartel econômico numa democracia europeia a serviço de uma comunidade europeia soberana.

O século XIX está cheio de exemplos de como a mercantilização, a vitória da acumulação do capital sobre a autoridade feudal e a concomitante remoção das fronteiras internas pôs no liquidificador da criação identitária uma diversidade de caracteres regionais para construir identidades nacionais. A unificação alemã, realizada com mão de ferro pela Prússia, é um excelente exemplo. A ideia de que a união econômica geraria um dia uma identidade europeia – um "Nós, o Povo da Europa" – não era nem artificial nem prejudicial. Na verdade, a trajetória da consolidação institucional que tinha se iniciado nos anos 1950 poderia muito bem ter seguido esse caminho. Os programas de intercâmbio estudantil são o melhor exemplo de um processo orientado por Bruxelas que promove a esperança de instilar uma identidade europeia na juventude da Europa.

A perspectiva que a União Europeia tinha de se transformar numa federação democrática erguida sobre os ombros de uma identidade europeia progressista foi profundamente prejudicada por nossa união monetária e seus descontentes, não pela impossibilidade de uma identidade europeia evoluída. A unificação da moeda europeia ampliou tanto o poder dos burocratas sobre os funcionários eleitos como a força de qualquer futura crise econômica. Um alimentou continuamente a outra, fazendo da perspectiva de democratizar a União Europeia a vítima suprema.

Como Margareth Thatcher e François Mitterrand previram, a união monetária gerou uma crise em larga escala. O que nenhum dos dois políticos perspicazes anteviu foi que a crise, por sua vez, permitiu que os burocratas aumentassem a autoridade[166] por meio do qual eles barraram todas as pressões democráticas para reduzir seu poder.

A união monetária, a crise econômica e o déficit democrático iriam crescer juntos, fortalecendo-se mutuamente num ciclo infindável. Nenhuma federação pode surgir de uma mistura tóxica como essa. E, consequentemente, não surgiu.

A Forte Influência de Frankfurt

O Banco Central alemão, o Bundesbank, compreendia o propósito de reduzir as flutuações da taxa de câmbio, e mesmo de fixá-las. O que ele abominava era a ideia de que essa fixação ficasse a cargo dos políticos, mesmo que eles fossem alemães.

Quando Helmut Schmidt anunciou que ele e Giscard pretendiam criar o Sistema Monetário Europeu (SME), o Bundesbank apressou-se a impor limites ao novo organismo, aos políticos e, naturalmente, aos burocratas de Bruxelas. Ele também iniciou uma campanha para reverter a promessa feita por Schmidt a Giscard de criar um fundo de "salvamento" – que se chamaria Fundo Monetário Europeu – cujo objetivo seria emprestar a Estados-membros que estivessem "temporariamente" incapazes de acompanhar o marco alemão.

---

166 Sob o pretexto da "emergência" que a união monetária tinha amplificado.

O valor da moeda alemã seria determinado pelo Bundesbank, com sede em Frankfurt, insistiu seu conselho diretor. Ponto final. O ônus de qualquer ajuste no valor das outras moedas, para manter o SME funcionando, caberia às moedas mais fracas, não ao marco alemão. Dito de maneira simples, o Bundesbank exigia o controle da taxa de câmbio do marco em relação ao dólar e ao iene, "permitindo" que os "vagabundos" da Europa, especialmente a França, fizessem o que estivesse ao seu alcance para acompanhar. Sua exigência equivalia a uma declaração de que ele nunca aumentaria o valor do marco alemão para ajudar Paris.

Se o franco francês caísse abaixo do valor mínimo do SME, os franceses teriam de aprofundar a recessão, graças às taxas de juros extremamente mais elevadas, para elevar o franco ao patamar que o tratado do SME dizia que ele deveria estar. Frankfurt recusava-se terminantemente a baixar as suas taxas de juros para estender a mão ao franco. É por esse motivo que o antipático Norman Tebbit, ministro favorito de Margaret Thatcher, gostava de se referir ao Mecanismo de Taxas de Câmbio (a parte do SME cujo objetivo era manter estáveis as taxas de câmbio) como Mecanismo da Eterna Recessão.[167]

O chanceler Schmidt fez o possível para aplacar o Bundesbank em 1978. A certa altura, exasperado, ele recorreu à chantagem, dizendo ao seu presidente que mais um desafio de Frankfurt o obrigaria a promulgar uma lei que reduziria a desejada autonomia do Bundesbank. Seu sucessor, o chanceler Helmut Kohl, teria de repetir essa ameaça quinze anos mais tarde, em 1993, para fazer com que o Banco Central concordasse em participar da implantação do euro. Dizer que o relacionamento entre os políticos da Alemanha e seu Banco Central era difícil seria um grande eufemismo.

De forma inesperada, ao menos do ponto de vista de Frankfurt, no começo o SME – com o Mecanismo das Taxas de Câmbio (MTC) embutido nele – funcionou bem. O motivo? O esquema

---

[167] N. do T.: O ministro de Thatcher jogava com o duplo sentido (em inglês) da sigla ERM: *Exchange Rate Mechanism* (Mecanismo de Taxas de Câmbio) e *Ethernal Recession Mechanism* (Mecanismo da Eterna Recessão).

de Volcker estava funcionando do modo que o chanceler Schmidt astutamente previra: os shopping centers de todos os Estados Unidos estavam abarrotados de produtos alemães, japoneses e, mais tarde, chineses, enquanto Wall Street era inundada com recursos que jorravam do resto do mundo. Embora os operários americanos tivessem despencado da escada rolante que por mais de um século mantivera seu salário real numa trajetória ascendente, eles agora podiam contar com crédito fácil e rápido e com a esperança de que sua casa hipotecada se valorizasse de forma expressiva. Do ponto de vista de Helmut Schmidt, a economia americana tinha começado a funcionar como um aspirador de pó, sugando para os Estados Unidos o superávit alemão e evitando, com isso, que as pressões inflacionárias aumentassem na República Federal Alemã.

A valorização do dólar, em decorrência das exorbitantes taxas de juros de Volcker, era um presente dos céus para o Bundesbank, fortalecendo sua postura diante do SME. Conforme o valor do marco alemão diminuía em relação à moeda americana, ele declinava até mesmo em relação à lira italiana e à peseta espanhola, moedas tradicionalmente mais sensíveis ao dólar. Confortavelmente instalado na média do valor pretendido *vis-à-vis* seus homólogos latinos, o marco alemão conheceu, entre 1978 e 1980, dois ou três anos de tranquilidade no âmago da recém-nascida união monetária europeia.

O lado negativo da "desintegração" de Volcker não estava muito distante[168]. Em 1980, ele provocou a diminuição do ritmo de atividade global. O primeiro-ministro francês Raymond Barre assumiu para si a tarefa de se ater seriamente ao projeto do SME-MTC, e, embora o desemprego na França estivesse subindo, ele adotou o que hoje conhecemos como austeridade (i. e. cortes de benefícios, aumento do tributo sobre a venda, redução do investimento público), sacrificando assim uma quantidade muito maior de pos-

---

168 Lembrem-se do discurso feito por Volcker na Universidade de Warwick (ver seção intitulada "O maldito Volcker de novo", no Capítulo 3) no qual ele defendeu uma "... desintegração controlada da economia mundial" como "um objetivo legítimo para a década de 1980".

tos de trabalho no altar constituído pela manutenção do valor do franco em relação ao marco alemão dentro dos limites acordados. Um ano depois, o aperto fiscal de Barre custou a presidência a Giscard e trouxe o socialista François Mitterrand para o Eliseu.

Do outro lado do Reno, o chanceler Schmidt estava agitado. Preocupado que pudesse vir a ter o mesmo destino de Giscard, ele tomou a direção oposta. Ansioso em estimular o emprego, ele permitiu que o orçamento federal alemão ficasse deficitário. Embora o nível de emprego tivesse se mantido, conforme o planejado, a aversão ao déficit do Bundesbank decretou que os dias de Schmidt na chancelaria estavam contados. Com a retomada da inflação e o déficit sem precedentes da balança comercial alemã, o Bundesbank reagiu violentamente.

Helmut Schlesinger, o vice-presidente do Bundesbank, convenceu o conselho a superar Volcker e levar as taxas de juros de curto prazo a espantosos 30%. O parceiro da coalizão de Schmidt, o Partido Democrático Liberal (FDP, na sigla em alemão), exigiu austeridade. Assim, a combinação de taxas de juros sem precedentes determinadas pelos Bancos Centrais e o corte de gastos pelo governo federal asseguraram que, em 1982, o desemprego alemão tivesse dobrado.

Nessa altura, o rabo do governo federal alemão balançou o corpo: o pequeno FDP "demitiu" Schmidt e seus social-democratas, entrando numa coalizão com os democratas-cristãos de Helmut Kohl. Ao longo do governo de Schmidt, sua promessa aos franceses de acrescentar um Fundo Monetário Europeu ao SME fora derrotada. Não havia mais nenhuma possibilidade de que o Bretton Woods europeu se parecesse com o projeto original americano.

Em 1982, Volcker provocara de forma não intencional a substituição na Europa da dupla Giscard-Schmidt por outra dupla franco-alemã de vital importância: François Mitterrand e Helmut Kohl. Enquanto os Estados Unidos começavam a desempenhar para valer seu papel "minotáurico" no cenário mundial, a dupla que criou a união monetária em 1978 passou adiante o bastão cortesmente a outra dupla, que, em 1994, fundaria o Banco Central Europeu e batizaria seu novo rebento: o euro.

Nunca muito distante dessa longa sequência de concessões, acordos e trapaças, e contra o pano de fundo de acontecimentos mundiais graves (como o fim da Guerra Fria), o Bundesbank sempre esteve presente, guiando, possibilitando e debilitando ativamente o eixo franco-alemão em torno do qual a União Europeia girava.

Ralé Ambiciosa

O eixo franco-alemão é a União Europeia. Embora ninguém jamais admita isso, outros Estados-membros como Itália, Espanha, Holanda etc., e ainda mais os Estados que posteriormente "desertaram" da influência soviética para se juntar ao bloco, consideram sagrada qualquer decisão tomada pelos líderes alemães e franceses.

A influência do centro franco-alemão nunca enfraqueceu, mesmo quando as fronteiras da União se expandiram, dando origem a uma crescente periferia europeia cada vez maior. Depois da peregrinação de Giscard a Atenas em 1979, que trouxe a Grécia para o aprisco em 1980, a União Europeia passou de dez para 28 membros, e continua crescendo. Depois de incorporar antigas ditaduras de direita (Grécia, Espanha e Portugal), o fim da Cortina de Ferro abriu um vasto interior que foi assimilado de maneira ininterrupta, incluindo três ex-repúblicas soviéticas.

Com a Alemanha e a França lutando ativamente para manter a chama da união monetária viva, os novos Estados-membros abandonaram rapidamente sua independência monetária e apostaram todas as fichas em qualquer proposta oriunda do laboratório monetário franco-alemão. Paradoxalmente, a união monetária foi fortalecida pelas aspirações dos menos capazes de sobreviver – muito menos de prosperar – dentro dela.

A preferência dos centros nevrálgicos europeus por uma moeda comum é fácil de entender[169]. Mas o que dizer da predileção

---

[169] Uma empresa automobilística alemã que fabrique a caixa de câmbio em Portugal, o motor na Eslováquia e os componentes eletrônicos na Alemanha, e que planeje vender esses carros na Europa, sente-se tranquila quando esses países

de sociedades frágeis, como a Grécia, por uma moeda forte que ameaça arrancar o couro delas? Depois do "choque de Nixon" e dos grandes surtos inflacionários que se seguiram durante os anos 1970, as elites de lugares como Milão e Atenas se cansaram das desvalorizações de moeda. Seus iates, suas casas elegantes na cidade, suas mansões no campo, as participações nas empresas locais, bem como o saldo de suas contas bancárias domésticas perdiam constantemente valor em dólares e marcos alemães.

Toda vez que visitavam Londres para acompanhar a temporada teatral ou iam esquiar na Suíça elas percebiam que o valor líquido de sua fortuna doméstica tinha diminuído. O remédio era liquidar ativos em casa e encontrar uma forma de violar os controles de capital do país para exportar capital para Genebra, Londres, Wall Street ou Frankfurt. Se ao menos houvesse uma moeda única e o livre movimento de capitais; se ao menos o marco alemão "forte" fosse a moeda usada por todos, todas essas preocupações desapareceriam.

Os trabalhadores gregos, italianos, espanhóis etc., também ficaram impacientes com suas moedas nacionais, como aconteceu com relação às classes dirigentes de seus países. Era preciso investir um esforço desproporcional para obter acordos coletivos com os patrões que garantissem aumentos salariais. As custosas operações-tartaruga, o cansativo processo de organização, a exaustão e a mágoa envolvidas na mobilização dos companheiros trabalhadores etc.. Então, no momento em que o Banco Central do país anunciava mais uma desvalorização, todas as conquistas decorrentes desses esforços viravam fumaça. Embora as desvalorizações permitissem conservar os empregos dos trabalhadores – que de outra forma desapareceriam –, impedindo que o produto de seu trabalho fosse tragado pelas importações de lugares

---

usam a mesma moeda. Antes do euro, a expectativa das flutuações da taxa de câmbio entre o escudo português e o marco alemão introduziam um elemento detestável de incerteza. Os oligopolistas preferem se preocupar com a flutuação da demanda por seus produtos (carros, p. ex.), que eles podem controlar por meio de descontos ou do comércio realizado dentro da Europa, do que ter seus custos contábeis bagunçados pelos caprichos dos mercados externos de câmbio.

como a Alemanha, o cansaço provocado pelas desvalorizações se instalou, sendo habilmente explorado pelas elites ansiosas em atrair o operariado para a causa da união monetária.

A política também passou a fazer parte da equação, de forma desigual, mas vigorosa, em cada um dos Estados-membros. O governo da Irlanda mostrou-se muito interessado em tomar uma medida que não fazia muito sentido em termos econômicos, mas que juntava poder político e simbólico: desconectar o barco irlandês da libra britânica e fazê-lo acompanhar o marco alemão. O governo alemão, como sinal de agradecimento ao endosso de Dublin ao SME, ofereceu ajuda financeira. Essa ajuda não compensou o fato de que a maior parte do comércio da Irlanda continuava a ser feito com a Grã-Bretanha, mas foi útil politicamente para um governo que buscava a independência de Londres, além de um canal não oficial por meio do qual era possível trazer a influência da União Europeia para o problema insolúvel representado pela Irlanda do Norte.

Os cenários políticos italiano, espanhol e português também foram decisivos para o projeto de união monetária. O chanceler Schmidt tinha investido um enorme capital político, em colaboração com Washington, para assegurar que a esquerda falhasse em sua tentativa de tomar o poder na península ibérica[170] e, naturalmente, na Itália, onde um Partido Comunista renascido, sob a liderança esclarecida de Enrico Berlinguer, estava trabalhando num "compromisso histórico" com elementos progressistas da Democracia Cristã italiana.

A união monetária e a perspectiva de uma moeda comum eram presentes políticos de grande valor para as forças conservadoras da Periferia. O chamariz do SME foi usado com habilidade pelos líderes franceses e alemães para impor sua vontade aos governos

---

[170] Schmidt ajudou a organizar o insucesso e, por fim, a derrubada, do governo radical de esquerda que assumiu o poder em Portugal depois que a revolução de 1974 pôs fim a uma longa ditadura de direita. Ele também desempenhou um papel fundamental no processo que impediu que a esquerda obtivesse vantagens durante a transição espanhola do regime fascista de Franco para a democracia parlamentar.

europeus periféricos, oferecendo acordos contratuais lucrativos aos empresários locais em nome das corporações multinacionais francesas e alemãs. A combinação de recursos oriundos de Bruxelas com vínculos empresariais foi posta, com zelo, a serviço da união monetária, evitando desafios sérios à lógica da união monetária. Junto com seus agentes políticos, os patrões tiraram grande proveito desses acordos, aplacando sindicatos até então insubordinados, juntamente com as *intelligentsias* nacionais, que buscavam motivos para se revoltar contra a "homogeneização" europeia.

Em países como Itália e Grécia, cleptocratas locais utilizaram de maneira admirável a carta da união monetária para ampliar seu poder. Admitindo de forma despudorada a culpa pela inflação, pela incompetência administrativa e pela corrupção que assolava seus países, eles pediram mais tempo, até que Roma, Atenas, Madrid e Lisboa pudessem ser governadas diretamente por Bruxelas e Frankfurt como parte de uma Europa unida monetariamente. Os políticos gregos e italianos, representando as oligarquias locais, apresentaram aos eleitores descontentes uma oferta curiosa:

> *Continuem votando em nós e em breve nós os livraremos do... nosso governo! Quando a união monetária estiver completa, nosso país será administrado de facto pelos europeus do Norte. Portanto, aguentem a gente mais um pouco e nós os livraremos de... nós! A modernização está chegando. Administradores calvinistas vão assumir as rédeas do nosso país, transformando-o numa Alemanha, ou quem sabe numa Dinamarca, mediterrânea!*

A maioria dos gregos que eu conheço no fundo recebeu bem essa oferta, mesmo tendo protestado para salvar as aparências e aplacar o orgulho ferido e a consciência culpada. Desconfio que aconteceu o mesmo na Itália, Espanha, Portugal e até na Irlanda.

No Norte da Europa foi um pouco diferente. Os argumentos econômicos nunca foram suficientes, cabendo aos fatores políticos definir as posturas com relação à união monetária. A Bélgica é um bom exemplo. Antes da Grande Guerra, a Bélgica estava na esfera de influência francesa, ligada havia décadas à União Latina, que fizera com que o país ficasse atrás da Holanda e da Alemanha num período em que esses dois países estavam se industrializando rapidamente. Mais tarde, nos anos 1930, o destino da Bélgica estava vinculado ao da França, já que ambos os países permaneceram ligados, de maneira insensata, ao moribundo padrão-ouro até o alto valor de suas moedas dizimar suas economias. Durante décadas as regiões flamengas ficaram profundamente revoltadas com o prejuízo causado pelo excesso de dependência da Bélgica com relação à França. Por essa razão, quando os Estados Unidos reconfiguraram a Europa depois da Segunda Guerra Mundial, o Tratado do Benelux ligou a Bélgica à Holanda e vinculou o franco belga ao marco alemão. Ainda assim, dadas as divisões étnicas entre as comunidades de língua holandesa e francesa, o que o conhecido médico receitou à Bélgica foi justamente uma união monetária franco-alemã, independentemente dos argumentos econômicos e da realidade da economia.

Depois da queda do Muro de Berlim, criou-se um tipo diferente de Estado-membro: antigos satélites soviéticos que tinham sido submetidos a uma redução maciça de despesas, recessão profunda, níveis de pobreza sem precedentes e, muitas vezes, uma pura e simples devastação, fizeram fila para se unir à União Europeia. Eles chegaram num momento em que só se falava na união monetária. Ansiosos para ser aceitos e deixar para trás a lembrança e o medo do urso soviético, eles aceitaram com entusiasmo o novo mantra.

A tradição de seguir religiosamente a linha geopolítica do partido hegemônico, junto com o uso generalizado da recessão como forma de regular os conflitos sociais, significava que países como Eslováquia, Letônia etc. estavam preparados para a "lógica" de uma união europeia à qual faltava a necessária reciclagem política do superávit para estabilizá-la de maneira adequada. Os políticos alemães, ansiosos para estender o máximo possível os limites do marco enquanto reduziam as aspirações de gregos, italianos e outras ralés pelo tipo de proteção com a qual os alemães vulneráveis podiam contar, aproveitaram a oportunidade para justificar políticas de nivelamento por baixo.

"Como você pode defender que os aposentados gregos recebam 700 euros por mês quando lituanos e eslovenos têm de se contentar com 300 euros?", era a pergunta com a qual me censuravam severamente em todos os encontros do Eurogrupo de 2015. Minha resposta era que esse raciocínio impediria a entrada da Albânia na União, para que lituanos e eslovenos não sofressem um corte de 60% em suas aposentadorias (a fim de alinhá-las com as de seus homólogos albaneses). Mas isso não os convencia. Enquanto defendia meu ponto de vista, eu percebia o ar preocupado do ministro francês das Finanças. Pois ele sabia que as pressões exercidas sobre mim por uma aliança composta predominantemente de ministros de Finanças do Leste europeu liderados pela Alemanha para que eu aceitasse cortes desumanos em aposentadorias baixas e aumentos absurdos de tributos sobre a venda de bens de primeira necessidade[171], logo seriam aplicadas sobre ele – e o governo francês seria cada vez mais pressionado a reduzir aposentadorias, benefícios etc.

O que reduzira de forma tão significativa o poder da França, desde os tempos em que Helmut Kohl e François Mitterrand "conspiravam" juntos para fazer avançar o Tratado de Maastricht e introduzir o euro? Nos anos 1980 e 1990, apesar de vários impasses entre França e Alemanha sobre o controle de seu ousado projeto, havia uma colaboração estreita entre funcionários alemães e franceses. Logo depois da criação do Sistema Monetário Europeu em 1978, a posição da França foi fortalecida pela pri-

---

[171] As aposentadorias gregas já tinham diminuído cerca de 40% entre 2011 e 2014. A maioria dos pobres gregos é composta de pessoas que recebem aposentadorias baixas e têm mais de 60 anos de idade, para quem a vida se tornara sórdida, brutal e cada vez mais curta (ou seja, a expectativa de vida começou a cair pela primeira vez em setenta anos). Com esse pano de fundo, os credores da Grécia estavam exigindo que eu concordasse com outro corte nas aposentadorias equivalente a mais de 1% do PIB – eles também propunham a eliminação de uma pequena soma (cerca de 100 euros mensais) que estava sendo paga àqueles que recebiam aposentadorias ridiculamente baixas (ou seja, de até 200 euros por mês).

meira etapa de expansão da União Europeia, com a entrada na união de países ocidentais que tinham fortes partidos de esquerda na oposição (Grécia, Espanha e Portugal). No entanto, a segunda etapa de expansão, que viu a União Europeia se mover para leste, dentro de um vasto território ex-comunista assolado pela recessão e acostumado a se submeter a um Estado hegemônico, alterou o equilíbrio de poder às custas da França.

Os "estreantes" do Leste, ou seja, os Estados bálticos, a Eslováquia etc., também eram países deficitários (como a França), mas não tinham nenhum sistema de seguridade social para protegê-los (diferentemente da França), já tinham implantado medidas severas de austeridade e estavam ansiosos para demonstrar suas credenciais de seguidores respeitáveis da liderança de Berlim no Eurogrupo. A França tornou-se subitamente minoritária justamente no momento em que a crise do euro empurrava seu orçamento nacional para o vermelho.[172]

Ser o parceiro deficitário de uma Alemanha com aversão ao déficit, cujo orçamento estava entrando no azul justamente por causa da mesma crise[173], enfraqueceu imensamente a posição da França.

---

172 Um país deficitário (a França, p. ex.) que atua dentro de uma união europeia com um país superavitário (como a Alemanha) não consegue evitar a fuga de capitais no momento em que a união monetária é atingida por uma crise. Ao menor sinal de que a união monetária possa se dissolver e que os dois países vão recriar suas moedas nacionais, e antecipando uma desvalorização da moeda do país deficitário, os poupadores preferem sacar seu dinheiro dos bancos do país deficitário e transferi-lo para um banco do país superavitário. Dessa forma, o dinheiro emigra *en masse* do país deficitário para o país superavitário, a atividade econômica do país deficitário declina e, em consequência disso, a arrecadação de tributos do país deficitário e seu orçamento nacional entram cada vez mais no vermelho. É por essa razão que a crise do euro pôs o orçamento nacional da França sob uma pressão crescente.

173 Quando a crise da união monetária aumenta, a fuga de capitais dos países deficitários para os países superavitários não beneficia apenas os bancos destes últimos, mas também seus governos. A razão pela qual o governo alemão se beneficiou da crise do euro ("entrando no azul") foi que grande parte dos recursos que entraram na Alemanha foram usados para comprar títulos do governo (isto é, dívida pública alemã). À medida que a procura por esses títu-

A incapacidade de seu ministro das Finanças de influenciar o Eurogrupo foi quase uma consequência natural da estrutura do euro.

A Derrota da França em Câmera Lenta

Embora o libreto da derrota da França já estivesse escrito em 1983, ele levou outros dez anos para ser encenado no palco da união monetária europeia. Nos anos 1960, o presidente De Gaulle sugeriu uma moeda comum para sufocar uma Alemanha renascida e afastá-la do controle direto de Washington. Nos anos 1970, o presidente Giscard d'Estaing assinou o tratado do SME para revigorar uma federação europeia ampliada e usar a vinculação entre o franco e o marco para pôr os poderosos sindicatos franceses debaixo da força moderadora do controle disciplinador do Bundesbank.[174]

Uma década mais tarde, o presidente Mitterrand juntou os projetos de De Gaulle e de Giscard num plano arriscado: "capturar" o Bundesbank e usá-lo como instrumento para realizar, em nível europeu, seu programa econômico de 1981, o que ele percebeu ser impossível de realizar no nível do Estado-nação francês. Para perceber a lógica desse plano extravagante, que acabou fracassando de forma espetacular, comecemos pelo início do seu governo.

François Mitterrand foi eleito em maio de 1981 com uma plataforma de "fim da austeridade" que seu governo de coalizão entre socialistas e comunistas tinha se comprometido a implementar. Uma fuga instantânea de capitais fez com que o Banco Central da França aumentasse a taxa de juros para 25% e introduzisse um congelamento de preços. Como nenhuma das duas medidas funcionou, Mitterrand

---

los aumentou, o governo alemão pôde emitir novos títulos com taxas de juros mais baixas (pense nessas taxas de juros como o preço que a Alemanha tem de pagar para tomar empréstimos: quanto maior a demanda por sua dívida, mais baixo o "preço" que Berlim tinha de pagar). Na verdade, o fluxo de recursos dos países deficitários para a dívida pública alemã ajudou o governo da Alemanha a economizar mais de 80 bilhões de euros (entre 2011 e 2014), na forma de um custo de serviço da dívida bastante reduzido.

174 Ver Capítulo 4.

orientou seu ministro das Finanças, Jacques Delors, a negociar com a Alemanha uma desvalorização do franco no âmbito do SME. As autoridades alemãs concordaram, com a condição de que houvesse um imediato congelamento de salários em toda a república francesa.

A esquerda francesa sentiu-se ultrajada e exigiu a saída imediata do SME, para evitar que o governo francês ficasse reduzido a um agente das escolhas políticas do conservador governo alemão. O governo de Mitterrand teve de escolher entre sair do SME, e desvalorizar unilateralmente o franco, e abandonar seu programa antiausteridade para permanecer dentro do SME. Para continuar apegado àquele protoeuro, o SME, era preciso atrair recursos externos para a França, o que, por sua vez, significava aumentar as taxas de juros, reduzir o gasto público e, fundamentalmente, contrair a economia francesa para manter estável o valor do franco.

Foi a primeira vez que um governo de inclinação esquerdista descartou sem cerimônia sua pauta antiausteridade pela fidelidade à lógica férrea da união monetária europeia.[175] O argumento pró-austeridade de Jacques Delors, que caiu nas graças do presidente Mitterrand, foi astuciosamente forjado como um estratagema "antiausteridade reforçado". Mestre da tática, o ministro das Finanças da França convenceu o presidente que a pauta "socialista" deles não podia ser implementada no nível do Estado-nação francês.

Pois enquanto a França continuasse insistindo em políticas favoráveis ao trabalho – p. ex., combatendo o desemprego por meio de

---

[175] Ao longo dos anos, assistiríamos a uma sequência de reviravoltas: o governo do Partido Socialista grego (PASOK) foi um exemplo relevante, seguido depois pelos partidos socialistas espanhol e português, e pelo Partido Trabalhista irlandês (que, depois do colapso dos bancos irlandeses, participou de um governo de austeridade absoluta). O presidente francês François Hollande também passou por semelhante transformação logo depois de ser eleito em 2012. No entanto, a mais espetacular conversão de um governo europeu contrário à austeridade em um governo que adotou uma pauta de austeridade foi a do nosso próprio governo do Syriza, na Grécia – um impasse profundo entre nós e o Eurogrupo levou, em julho de 2015, à capitulação incondicional (e, naturalmente, a minha renúncia do Ministério das Finanças). O processo exato por meio do qual nosso governo foi derrotado é outra história, que não pode ser examinada aqui.

investimentos em obras públicas e da proteção dos salários –, os mercados financeiros da anglosfera apostariam contra o franco, elevariam os custos dos empréstimos para o Estado e forçariam a desvalorização tanto da moeda francesa como do Estado francês. Em seguida viria a inflação e, antes que eles se dessem conta, o governo cairia.

Isso significava que eles deveriam desistir? Não, respondeu Delors. Isso significava que as políticas antiausteridade deles só poderiam ser implementadas no nível da área do SME, a zona do euro de hoje. Como moeda de um país deficitário, a City de Londres e Wall Street podiam tratar o franco francês como um brinquedo. Não, porém, se o franco estivesse indivisivelmente ligado ao formidável marco alemão. O truque para implementar a pauta deles de 1981, concluiu Delors, era "capturar" o Bundesbank e convencer, de algum modo, o governo alemão a adotar a pauta dos socialistas em nível europeu.

Essa proposta só precisa ser mencionada hoje em razão da implausibilidade de que ela pudesse ver a luz do dia. As elites jamais fariam meia-volta e adotariam a pauta dos socialistas franceses. Não obstante, em 1983 essa pretensão descabida parecia gozar de grande influência nos círculos parisienses. Portanto, o governo socialista do presidente Mitterrand abandonou as políticas antiausteridade com base nos motivos questionáveis de que a austeridade só poderia ser derrotada em âmbito europeu, uma vez que a economia francesa estava sujeita a doses de austeridade suficientemente grandes para aplacar os mercados financeiros e para convencer as elites alemãs a se curvar à sabedoria superior da política econômica francesa.

De acordo com esse malfadado plano, a austeridade "socialista" francesa embalaria o Bundesbank numa falsa sensação de segurança que o entregaria nos braços de Delors, permitindo que os burocratas franceses fundassem o Banco Central Europeu à imagem da França. Dali a moeda única europeia difundiria as políticas expansionistas de Mitterrand e Delors – as mesmas que eles tinham abandonado em 1983 – por toda a união. Ou assim dizia o conto de fadas...

Em 1983, Helmut Kohl ocupava a chancelaria, e gostava do que via do outro lado da fronteira – em particular, a disposição de Jacques Delors de sustentar o franco. Os dois governos embarcaram num projeto que está conosco até hoje: convencer os eleitores alemães de que a união monetária significava a germanização da França, transformando cigarras latinas em formigas e exportando a disciplina teutônica para a Europa latina, em vez de importar a "preguiça" francesa para a Alemanha. Dois anos depois da eleição de Kohl e de Delors ter abandonado sua postura antiausteridade, Delors mudou-se de Paris para Bruxelas, tornando-se, possivelmente, o mais poderoso presidente da Comissão da União Europeia de todos os tempos.

Um dos hábitos mais curiosos da história é a tendência de ser influenciada mais por nossos fracassos do que por nossos desejos. François Mitterrand entrou no Eliseu com as melhores das intenções antiausteridade. Mas foi seu fracasso, e a imediata mudança de postura, que deixou uma marca indelével na Europa e, naturalmente, na França. As reuniões atuais do Eurogrupo, nas quais o ministro das Finanças francês não tem praticamente nenhuma importância, são um reflexo direto desse fracasso.

A importância do remédio inspirado em Delors para a austeridade francesa, como um aríete com o qual pôr abaixo os portões do Bundesbank, foi amplificada pela façanha sem paralelo de Mitterrand ao cooptar grande parte da tradicionalmente recalcitrante esquerda francesa para o núcleo conservador que era a expressão política do cartel da Europa do Norte e Central.

Ao criticar asperamente o "capitalismo baseado no dinheiro" e prometer mantê-lo à distância, Mitterrand não estava fazendo uma declaração de cunho socialista. Em lugar do socialismo num único país que ele prometera aos eleitores franceses em 1981, ele acabou aderindo ao cartelizado corporativismo num único continente, ou, para ser um pouco mais preciso, ao longo do eixo Paris-Berlim. É sintomático que muitos marxistas franceses tenham se impressionado com o determinismo arrasador de Mitterrand, que lhes lembrava, de forma subliminar, o entusiasmo stalinista por estar do lado certo de um processo histórico inevitável. Alguns deles se tornariam seus fiéis mensageiros na trajetória para a união monetária.

Entre 1983 e 1986 o funcionamento do SME deixou o Bundesbank satisfeito, permitindo que o relacionamento entre Mitterrand e Kohl prosperasse. O aspirador de Volcker continuava funcionando como planejado, transferindo o capital alemão excedente para os Estados Unidos, mantendo o dólar forte e permitindo, como o chanceler Schmidt previra no final dos anos 1970, a sobrevivência da vinculação entre o franco e o marco, ajudada ocasionalmente por uma nova dose de austeridade na França.

A situação começou a se deteriorar depois de 1986, quando as autoridades americanas decidiram desativar o aspirador, limitando a taxa de crescimento do déficit americano. A recessão do início dos anos 1980, provocada pelas taxas de juros estratosféricas de Volcker e pelos cortes iniciais no orçamento feitos por Ronald Reagan, assustaram o governo americano, levando-o a agir. Usando o orçamento militar americano como principal instrumento, Washington realizou a mais keynesiana expansão macroeconômica da história americana. Foi extraordinário! O presidente que vencera a eleição em 1980 pregando contra o gasto público e a favor do encolhimento do Estado fora reeleito em 1984 declarando: "Amanheceu de novo na América", baseando-se num gasto público desenfreado e maciço.

Em seguida, o Minotauro ficou maluco – na verdade, um pouco maluco demais, com as importações inchando e as exportações em sérias dificuldades em razão do alto valor do dólar. Interessado em manter os recursos estrangeiros inundando os Estados Unidos, Washington não queria reduzir as taxas de juros de forma significativa. Como as autoridades americanas poderiam forçar o valor internacional do dólar para baixo (para estimular as exportações americanas e limitar um pouco a farra das importações) sem reduzir o preço do dólar para quem tomava e concedia empréstimos (de que o Minotauro precisava para se manter em níveis elevados)?

A resposta de Washington foi tipicamente... americana! Ele empregou a força bruta política no cenário mundial.

Nos chamados Acordos do Plaza, que aconteceram em 1985, Tóquio foi obrigado a valorizar de maneira substancial o iene em relação ao dólar, e o marco alemão também foi obrigado a fazer o mesmo. As exportações japonesas sofreram um golpe significativo, as alemãs nem tanto. Embora Washington tenha alcançado seu objetivo, a "correção" mostrou-se maior que o desejável. Em 1987, a desvalorização do dólar atingira níveis que estavam prejudicando Wall Street. No encontro do G7 realizado em Paris no mesmo ano, os funcionários americanos pressionaram na direção contrária, da valorização do dólar. Nesse encontro, que ficou conhecido como Acordo do Louvre, Washington ameaçou os europeus para que aceitassem uma coordenação de esforços para fortalecer o dólar. O Bundesbank estava preocupado que políticos fora do seu controle estivessem se ocupando do valor internacional do marco alemão. Não tardou para que ele demonstrasse sua insatisfação desestabilizando o sistema SME-MTC às custas da França.

O governo francês fez o possível para continuar demonstrando ao Bundesbank suas credenciais de austeridade: usou todas as ferramentas disponíveis para pôr a inflação francesa em níveis mais baixos que a alemã, alinhou as taxas de juros francesas com as que vigoravam em Frankfurt e mostrou que o franco francês era equivalente ao marco alemão. Os funcionários franceses estavam em vias de adotar um novo refrão: eles falavam como se a união monetária entre a França e a Alemanha já tivesse sido alcançada, exceto talvez pelo fato de que as cédulas francesas e alemãs tivessem uma aparência diferente e trouxessem imagens diferentes. Quanto maior a contrariedade do Bundesbank, maior o espetáculo de harmonia e de efetiva união monetária que os funcionários franceses fingiam demonstrar.

O diretor do Tesouro francês à época, Jean-Claude Trichet[176], expressou de forma admirável a arrogância francesa. Na tentativa de refutar a verdade cristalina de que o marco alemão era a âncora que mantinha o sistema SME-MTC estável, ele negou a predominância da moeda alemã com a declaração extraordinária de que "a âncora do sistema [SME] é o próprio sistema"[177]. Incapazes de compreender os aspectos mais refinados da sofística pós-modernice francesa, os funcionários do Bundesbank ficaram chocados. "Nenhum sistema regional de taxa fixa de câmbio pode ancorar a si próprio!", eles devem ter pensado, corretamente. Mesmo Bretton Woods precisava do vínculo com o dólar-ouro para fazer a ancoragem. A negativa de Trichet de que o marco alemão ancorava a união monetária europeia não ficaria impune.

No entanto, a punição teria de ser adiada por causa da reunificação alemã. O chanceler Kohl orientou o Bundesbank a ter paciência enquanto a União Soviética, dirigida por Mikhail Gorbachev, e o presidente Mitterrand se mostrassem dispostos a permitir que a Alemanha Ocidental absorvesse a República Democrática Alemã. Era preciso deixar a França cultivar suas ilusões durante o futuro próximo, mesmo que para isso fosse preciso enjaular o Bundesbank como um animal feroz, caso ele se lançasse sobre Delors e Trichet.

Frankfurt teve sua chance depois que a reunificação alemã foi assegurada. O pretexto do Bundesbank foi o custo da reunificação, que deu a ele a oportunidade de aumentar de tal maneira as taxas de juros alemãs que Paris se viu diante de um novo dilema, não muito diferente daquele que Delors e Mitterrand tinham enfrentado em 1983: desvalorizar e, consequentemente, engolir as mentiras tranquilizadoras a respeito da paridade permanente do franco com o

---

176 Trichet herdaria a presidência do Banco Central Europeu em 2003. Talvez o mais lamentável presidente de Banco Central de todos os tempos, ele aumentou as taxas de juros alguns meses antes da explosão do mundo financeiro, no outono de 2008. Como se isso não bastasse, um ano depois do início da crise do euro, em 2011, ele repetiu a dose: aumentou as taxas de juros mais uma vez, bem no momento em que a união monetária europeia estava caindo no precipício!
177 Ver Connally (1995), p. 97.

marco alemão; ou elevar as taxas de juros francesas a um patamar que dobraria o desemprego em poucos meses? Admitir a liderança do marco alemão no SME ou entrar em recessão?

Foi essa escolha que Frankfurt alegremente deixou a Paris depois de longos meses esperando seu momento e sofrendo em silêncio com as declarações autoelogiosas dos funcionários franceses.

Humilhar a França, por mais agradável que fosse por si só, não era a única preocupação do Bundesbank. Sua missão era se vingar dos políticos alemães, Kohl em particular, que tinham desprezado suas objeções à união monetária entre as duas Alemanhas que assegurou aos alemães orientais um marco alemão "de verdade" por cada marco da Alemanha Oriental sem valor que eles entregassem. Sob a direção de Helmut Schlesinger, seu novo chefe, o Bundesbank rapidamente matou dois coelhos com uma só cajadada.

O Mecanismo de Taxas de Câmbio, principal motor do SME, era o projeto favorito de Berlim, sua "rota de aproximação" para a moeda única. Em 1993 ele tinha sido esvaziado. A política de taxa de juros e as tramas secretas do Bundesbank descaracterizaram intencionalmente o sistema SME-MTC para deixar claro que qualquer união monetária com a França teria de ser aprovada por Frankfurt em cada etapa do caminho. Como os políticos de Berlim já tinham recebido a punição merecida, o Bundesbank estava disposto a atender a seu desejo de substituir o SME-MTC por algo ainda mais ambicioso: a moeda única conhecida como euro.

Quanto à França, ela fora submetida a mais uma recessão politicamente maquinada durante a qual uma grande parcela da população viu sua prosperidade e suas expectativas serem sacrificadas no altar de uma frágil união monetária entre a França e a Alemanha. Essa recessão foi particularmente difícil de aceitar, pois ela nem mesmo conseguira manter vivo o sonho de Delors e de Trichet de uma união monetária entre iguais.

Quando a hora do euro chegou, depois que as tentativas lamentáveis da Europa com os regimes de taxas fixas de câmbio foram abandonadas, ficou evidente que o franco e o marco alemão não estavam iniciando um casamento romântico. "Encampação" chegou mais perto de descrever o processo que "união". Na verdade, a criação da zona do euro lembrou mais as duas versões da reunificação alemã: a do século XIX, inteiramente controlada pela Prússia, e a segunda, em 1990, quando a Alemanha Oriental foi absorvida pela Alemanha Ocidental.

Talvez o único consolo dos políticos franceses foi que, no final das contas, no início do projeto do euro seus colegas alemães também estavam cuidando das feridas causadas pelo Bundesbank.

Rota de Aproximação desumana

No dia 8 de dezembro de 1991 a União Soviética acabou. No mesmo dia, líderes europeus partiram para a cidade holandesa de Maastricht onde, nos dias seguintes, iriam redigir a certidão de nascimento do euro: o Tratado de Maastricht. No momento em que a bandeira vermelha era arriada pela última vez do Kremlin, as moedas da Europa se comprometeram com uma "rota de aproximação" que deveria guiá-las suavemente a uma pista de aterrissagem comum; uma moeda única que poria fim a vinte anos de tumulto provocado pelo "choque de Nixon" de 1971. Infelizmente, a trajetória para a moeda única se revelou mais um *bungee jumping* mal ajambrado que uma rota de aproximação.

No início se imaginou que as flutuações entre o valor das "outras" moedas europeias e o marco alemão seriam eliminadas dentro de poucos anos, com o propósito de mantê-las firmemente emparelhadas. Quando começassem a marchar num passo de tartaruga perfeito, todas subindo e caindo exatamente na mesma velocidade *vis-à-vis* o dólar, elas seriam substituídas pelo euro. Pelo menos era esse o plano, a ser concluído em 1997.[178]

---

[178] No final, o processo levou três anos a mais que o previsto (o euro foi criado em 2000); mais importante, porém, o processo não foi nem de longe tão suave como o planejado.

Uma característica extraordinária dos analistas de Bruxelas é que seu sucesso profissional parece estar inversamente relacionado a sua capacidade de previsão. Daniel Gros, um economista e comentarista cuja opinião é festejada até hoje como a sabedoria convencional suprema com relação à União Europeia, tinha isto a dizer sobre o método acordado:

> *No geral, portanto, não existem muitos motivos para acreditar que o SME seja desestabilizado nos anos 1990 por ataques esperados aleatórios... o ingrediente básico para a estabilidade da taxa de câmbio [é] um compromisso firme e credível de subordinar os objetivos da política interna à defesa da taxa de câmbio.*[179]

Alguém poderia realmente esperar que a França ou a Alemanha subordinasse seus objetivos à defesa de taxas de câmbio indefensáveis? Os acontecimentos de 1992 demonstraram que essa crença era equivocada.

Para se habilitar ao euro, o país teria de eliminar todos os controles de entrada e saída de capitais durante pelo menos dois anos e provar, durante esse período, que o valor de sua moeda em relação ao marco alemão conseguia permanecer dentro de uma banda estreita de limites máximos e mínimos – até se estabilizar completamente. Outros critérios, também conhecidos como critérios de Maastricht, especificavam regras comuns a respeito do montante total da dívida pública e do déficit or-

---

[179] Reproduzido do relatório "*One Market, One Money*" ["Um mercado, uma moeda"], de Daniel Gros e Nils Thygesen, que faziam parte da comissão encarregada de planejar o euro chefiada por Jacques Delors. Anos depois, encontrei-me com Daniel Gros em vários fóruns em Bruxelas, quando ocupava o cargo de ministro das Finanças da Grécia. Ele tinha a mesma fé na lógica superior do projeto da união monetária, e chamava a atenção o fato de que o conflito permanente entre aquela fé e a realidade não arranhava nem sua crença nem sua reputação profissional.

çamentário máximo permitido ao Estado-membro[180]. Desse modo, a Alemanha abriria mão do marco alemão, ou permitiria que o resto dos países utilizasse uma versão dele, se o restante da Europa se comprometesse a financiar seus déficits sem contar com a Alemanha ou com o novo Banco Central.

Uma vez redigido, o Tratado de Maastricht foi assinado alguns meses depois, em fevereiro de 1992, prenunciando a criação de um Banco Central Europeu cujos estatutos se espelhariam nos do Bundesbank e cuja tarefa seria assegurar que políticos desprezíveis de Paris, Atenas, Roma e Madrid não tivessem controle algum sobre a moeda europeia.

Apesar das regras rígidas do Tratado de Maastricht, qualquer ilusão de que a rota de aproximação para a nova moeda seria suave foi imediatamente desfeita. Nove dias depois da redação do Tratado, e antes que ele fosse assinado, o Bundesbank aplicou um castigo em Paris, para que os franceses não começassem a imaginar que eles tinham cooptado o Banco Central alemão de acordo com o plano original de Jacques Delors. Ao jogar a taxa de juros de referência a seu nível mais alto desde a guerra, Frankfurt sinalizava aos países deficitários que a moeda única fora estendida a eles com a condição de que estivessem firmemente dispostos a serem jogados de volta a sua prisão recessiva. Se eles também não aumentassem suas taxas de juros, ao custo de mais desemprego e menos investimento, suas moedas iriam sofrer e eles seriam arrancados da rota de aproximação combinada. Eles podiam escolher o caminho que conduzia ao euro ou optar por políticas de crescimento. Não podiam ficar com os dois.

O primeiro-ministro francês Pierre Bérégovoy falou abertamente em "vitória do egoísmo alemão sobre a solidariedade internacional"[181], jornais italianos estamparam condenações ao

---

180 A dívida pública total não podia exceder 60% do Produto Interno Bruto, e os déficits do orçamento governamental tinham de ficar abaixo de 3% do Produto Interno Bruto. Inexplicavelmente, não havia limite para as dívidas e os déficits privados, o que resultou nas crises da Irlanda e da Espanha em 2009-11.
181 Ver Connally (1995), p.121.

que consideravam um "golpe baixo" do Bundesbank. Em junho de 1992, a Dinamarca, cuja economia tinha sofrido uma longa recessão em consequência das tentativas desesperadas do seu governo de manter a moeda dentro da banda do SME-MTC, realizou um referendo para ratificar o Tratado de Maastricht. Quando os dinamarqueses inesperadamente votaram contra[182], tentando manter a independência relativa do Bundesbank que sua moeda nacional tornava possível, a burocracia de Bruxelas ficou confusa, a rota de aproximação foi questionada e os mercados começaram a se voltar contra as moedas dos países deficitários.

A Itália, a França e a Espanha reagiram, primeiramente ordenando que seus Bancos Centrais gastassem todas as reservas para manter a lira, o franco e a peseta dentro da rota de aproximação combinada. Quando isso se mostrou insuficiente diante do fervor dos especuladores, elas recorreram a mais austeridade. Enquanto isso, o presidente do Bundesbank começava a planejar outros aumentos da taxa de juros, temendo o crescimento da inflação alemã.

O chanceler Kohl lançou mão de todos os recursos ao seu alcance e de todas as ameaças possíveis contra o Bundesbank, incluindo a possibilidade de aprovar leis que diminuíssem a autonomia de Frankfurt, para evitar um novo aumento da taxa de juros que transformaria a rota de aproximação em queda livre. No dia 16 de julho de 1992, o Bundesbank regiu a Kohl aumentando uma de suas taxas, mas não todas – um copo meio vazio sinalizando que ele queria celebrar a paz com o governo federal.

Epílogo

Margareth Thatcher cometeu dois erros com relação à Europa. O primeiro, um erro comum entre políticos e comentaristas britâ-

---

[182] A vitória do "Não" foi inesperada porque todos os partidos tradicionais tinham recomendado votar "Sim". Esse não foi o único fenômeno do gênero. Na Irlanda e na França, os votos "Não" a questões semelhantes se saíram muitíssimo bem, apesar da campanha dos partidos tradicionais em favor da linha de Bruxelas.

nicos, foi imaginar que um mercado único europeu era possível sem que existisse algo semelhante a um Estado único europeu.

Tarifas podem ser reduzidas e cotas abolidas sem afetar a soberania do Parlamento. Mas um mercado único europeu precisa de muito mais: ele exige um conjunto único de normas. Mas com isso os Estados-membros perdem completamente o poder de estabelecer padrões próprios de qualidade, controles ambientais feitos sob medida para habitats específicos ou proteções para trabalhadores e aposentados contra as políticas internacionais de nivelamento por baixo. Um mercado único pode não precisar de uma moeda única, mas ele precisa de um Estado único de tipo federal para funcionar de forma adequada. Mas, por outro lado, se implantarmos um Estado de tipo federal, então também podemos ter uma moeda única!

Margareth Thatcher criticou de forma incrivelmente perspicaz a ideia de uma moeda única sem um Estado democrático que a sustentasse. Ela previu, corretamente, que o projeto do euro não levaria a "condições harmoniosas" quando o Banco Central comum se comportasse como se fosse possível despolitizar a mais política das entidades econômicas: a moeda e seu preço (a taxa de juros). Mas ela estava enganada ao imaginar que o euro era um cavalo de troia que tinha o intuito de introduzir a federação pela porta dos fundos.

Resumindo: o erro de Thatcher foi confundir a tendência centro-europeia, tradicionalista e conservadora com relação a uma Europa dos Estados com uma predileção pela federação. O erro de Mitterrand foi mais um fracasso moral e político porque, como De Gaulle, Pompidou e Giscard antes dele, ele escolheu não fazer uma distinção entre "Nós, o Governo" e "Nós, o Povo".

A Europa dos Estados estava em sintonia com o predomínio do cartel da indústria pesada sobre o qual a Europa unida tinha sido erguida nos anos 1950. Para as elites e o establishment político da Europa, a ideia de uma República Federal na qual os *sans culottes* da França, da Espanha e – Deus me livre! – da Grécia teriam uma influência real nas decisões coletivas da Europa, independentemente das elites nacionais, era um anátema. Simplesmente não fazia sentido.

Desse modo, incapaz de aprender com a história e relutante em esquecer suas pautas mesquinhas, a classe dominante da Europa tentou recriar o padrão-ouro, demonstrando uma impressionante falta de percepção do que estava fazendo. Keynes havia descrito o padrão-ouro como "uma relíquia perigosa e bárbara de um tempo passado". Mal sabia ele que a Europa iria recriá-lo no final dos anos 1990, reproduzindo, assim, as condições propícias para outra Grande Depressão.

CAPÍTULO 5
A INSUSTENTÁVEL PRESENÇA DO REINO UNIDO

Tive um amigo que comparecia às festas só para reclamar o quanto elas eram chatas. Não é difícil traçar um paralelo com a atitude da Grã-Bretanha com relação à União Europeia[183]. Faz anos que os dois maiores partidos, o Trabalhista e o Conservador, vêm se digladiando por causa da "questão" europeia. Até hoje, a necessidade de manter abertas as linhas de comunicação com os leais à Europa e os eurocéticos ao longo do espectro político da Grã-Bretanha faz com que os funcionários britânicos em visita a Bruxelas se comportem como esse meu amigo: participam de tudo para demonstrar sua insatisfação permanente.

Margaret Thatcher, da direita, e Tony Benn, da esquerda, ilustram bem por que a oposição da Grã-Bretanha à União Europeia tem bases muito mais sólidas que o excêntrico esnobismo britânico[184]. Tradicionalmente uma nação mercantil, a Grã-Bretanha

---

[183] N. do E.: Como sabemos, em virtude da Consulta Popular de 23 de junho de 2016, o eleitorado britânico se decidiu pela saída da União Europeia, o chamado *Brexit*, o que foi uma surpresa e um choque para a comunidade internacional, mas não para o Autor, que embora tenha se oposto à saída do país também conhecia muito bem toda a relação problemática da presença britânica no bloco – como, de fato, ele expõe com maestria neste capítulo. De tal sorte, resolvemos conservar as notas originais atentando para esse fato histórico.

[184] Lembrem-se, do capítulo anterior, como a queda de Margaret Thatcher foi precipitada por sua oposição intransigente à união monetária europeia. Tony Benn (1925-2014) era um decano da esquerda britânica. Membro do Parlamento durante quase cinquenta anos, e ministro do governo de Harold Wilson, Benn era um exemplo perfeito da tradição socialista democrática da Grã-Bretanha. No referendo de 1975 que trouxe o Reino Unido para a União Europeia, Benn se opôs à entrada porque a União Europeia não era democrática e iria

precisa fazer parte do grande mercado que ela tem à sua porta. Ao mesmo tempo, um mercado homogêneo e "único" exige regras, padrões e regulamentos que não podem ser decididos no nível do Estado-nação.[185] A própria soberania que as forças políticas britânicas, tanto da esquerda como da direita, querem ciosamente manter dentro dos limites da sua querida Câmara dos Comuns é pressionada pelas exigências de seus grupos sociais mais poderosos: comerciantes, industriais e, naturalmente, a City londrina, para quem o "Brexit" é um oceano de perigos.

Esse cabo de guerra entre a soberania, de um lado, e as forças do capital financeiro, do outro, levou a uma situação esquizofrênica: a Grã-Bretanha está dentro da União, ameaçando abandoná-la a todo momento, mantendo sua independência financeira, mas confusa diante da zona do euro, cuja crise provoca incidentes que estão fora do controle de Londres.

Apesar dessa indecisão estrutural com relação aos temas europeu, não há dúvida de que a Grã-Bretanha evitou um grande sofrimento econômico por ter saído do euro no momento certo. A natureza dessa saída por um triz do euro e os motivos pelos quais a Grã-Bretanha se mantém eternamente insatisfeita com Bruxelas esclarecem de forma proveitosa a situação em que se encontra a união da Europa.

---

diluir o poder do Parlamento britânico. Sua posição teve uma forte repercussão junto aos conservadores britânicos que também temem a redução da autoridade do Parlamento, ainda que por motivos diferentes – a saber, a necessidade de se ater ao princípio de uma nação-um Parlamento - uma moeda (ver a seção do capítulo anterior intitulada "Não era da natureza dela"). Hoje, um novo líder trabalhista, Jeremy Corbyn, bastante influenciado por Tony Benn, está tentando montar sua estratégia com relação à União Europeia, enquanto o atual primeiro-ministro conservador David Cameron está preparando a Grã-Bretanha para uma consulta popular "entre ou saia" que decidirá se a Grã-Bretanha deixa de vez a União Europeia ou permanece, para poder ficar reclamando do lado de dentro, confinada ao espaço cada vez mais solitário reservado aos países que estão na União, mas não na zona do euro (ver nota 178).

185 Exceto, naturalmente, no caso em que um Estado-nação impõe a todas as outras seus próprios padrões, normas e regulamentos – como os Estados Unidos têm tentado fazer com o Acordo Comercial Transatlântica e o Acordo Comercial Transpacífico (conhecidos como TTP e TTIP, nas siglas em inglês).

A Insensatez de Major e o Banho de Lamont

Os anos 1980 foram uma época terrível para a esquerda. Os sindicatos foram derrotados, a classe operária começou a diminuir em número e influência, a desigualdade aumentava de forma acentuada pela primeira vez desde a Grande Guerra, a União Soviética entrava em colapso debaixo do peso de sua derrocada moral e econômica e os partidos social-democratas de todo o mundo eram seduzidos pelos métodos da "besta" financeira[186]. Ao mesmo tempo, os anos 1980 desferiram um golpe poderoso no monetarismo simplista que Margareth Thatcher e seus guerreiros da Nova Direita tinham popularizado.

O mantra monetarista que Londres adotou em 1979 com a chegada de Thatcher ao poder era simples: para trazer de volta a estabilidade de preços que o "choque de Nixon" destruíra em 1971 bastava manter o ritmo segundo o qual a quantidade de dinheiro cresceria de forma sincronizada com a taxa de crescimento da produção de bens e serviços – ou seja, para pôr fim à situação em que uma quantidade crescente de dinheiro corre atrás de uma quantidade de produtos que aumenta numa velocidade muito menor. Em termos práticos, a proposta era controlar a taxa de crescimento do chamado "meio circulante".

O monetarismo atuou de forma coordenada com as mudanças legislativas e as políticas econômicas que arrasaram a classe trabalhadora e seu agente político, o Partido Trabalhista. Ao mesmo tempo, porém, ele arruinou o mercado de trabalho, esvaziou a base industrial britânica e pôs o país numa trajetória de crescente conflito social. Em 1983, ficou claro para a equipe econômica de Thatcher que eleger a quantidade de dinheiro como alvo apressaria sua morte política. O período entre 1983 e 1987 foi uma espécie de interregno. O monetarismo grosseiro original tinha sido abandonado e

---

[186] Todos esses acontecimentos tiveram início com a mudança na direção da financeirização que veio depois do "choque de Nixon" e das façanhas minotáuricas de Paul Volcker – ver Capítulo 3 (especialmente a seção intitulada "Uma Besta Atemporal") e Varoufakis (2016).

a economia se recuperara. Só que ela se recuperara como resultado de novas bolhas nos setores imobiliário e financeiro – bolhas que logo lideraram um crescimento alimentado pela dívida profundamente em desacordo com os valores vitorianos de Thatcher.

As pressões inflacionárias estavam começando a dar um fim nas credenciais do Partido Conservador como um partido da "moeda estável". Era preciso encontrar outro alvo que substituísse a quantidade de dinheiro. Foi nessa ocasião que o Sistema Monetário Europeu (SME), tendo como núcleo o marco alemão, despertou o interesse de alguns políticos conservadores do governo Thatcher. A partir de 1987, Londres começou a fazer sua taxa de câmbio mirar o marco alemão, testando para ver se a libra esterlina poderia pegar carona na onda do SME-MTC[187] de uma forma que mantivesse a inflação sob controle enquanto dava certo fôlego à economia britânica. O problema dessa estratégia era que as taxas de juros necessárias para manter a libra esterlina vinculada à moeda alemã teriam de ser tão elevadas que as tornariam politicamente letais. Desse modo, a libra não conseguiu se equiparar ao marco alemão; em consequência disso, em 1990 a taxa de inflação da Grã-Bretanha foi o triplo da alemã.

No final dos anos 1980, depois de mais de uma década no comando, Margaret Thatcher estava declinando politicamente. Em outubro de 1990, ela foi induzida enganosamente a aceitar a entrada da Grã-Bretanha no SME-MCT[188] por John Major, seu *Chancellor of Exchequer* (um termo extravagante que os ingleses usam para "ministro das Finanças"), que a convenceu de que o SME-MTC era o único instrumento anti-inflacionário disponível.

---

187 O Sistema Monetário Europeu–Mecanismo de Taxas de Câmbio, criado em 1978 (lembrem-se do Capítulo 3).
188 Em termos práticos, isso significa estabelecer uma meta de taxa de câmbio entre o marco alemão e a libra esterlina de 2,95 por 1, com uma margem de flutuação de 6%, para cima ou para baixo. Isso significava que, se a libra caísse abaixo de 2,77 marcos, as autoridades britânicas se comprometiam a intervir (p. ex., comprando marcos ou elevando as taxas de juros britânicas) a fim de manter a libra dentro da banda acordada.

Um mês depois ela seria afastada pelos conservadores leais à Europa (ver capítulo anterior) por se recusar a dar o passo seguinte à aceitação do SME-MTC, que era aceitar o projeto do euro.

Thatcher acabou sendo substituída por Major, que, por sua vez, indicou Norman Lamont para seu lugar de ministro das Finanças. Assim, Lamont herdou o lugar da Grã-Bretanha no sistema de taxas de câmbio fixas do SME-MCT e tentou tirar o melhor proveito disso, vendo-o também como uma trincheira para reduzir a taxa de inflação da Grã-Bretanha, que passou de 12% quando Lamont se tornou ministro para cerca de 2% em 1992[189].

Em abril de 1992, Major venceu a quarta eleição geral sucessiva do Partido Conservador. Animado com a vitória, em grande medida inesperada, e a consequente elevação da libra[190], Major sentiu-se suficientemente confiante para dar uma declaração da qual se arrependeria pelo resto da vida: a libra esterlina se tornaria a moeda mais forte do SME-MCT, quem sabe até sua âncora. Lamont deve ter mordido a língua, sabendo muito bem que esse resultado era ao mesmo tempo improvável e indesejável. Alguns meses depois, o próprio lugar da Grã-Bretanha no SME-MCT estava em perigo.

O início dos anos 1990, como o início dos anos 1980 anteriormente, foram anos de recessão mundial. O Banco Central americano, cujos genes felizmente estão livres da aversão ao déficit do Bundes-

---

189 Numa conversa particular, ele me disse: "Precisávamos urgentemente baixar nossa taxa de inflação, e o MCT conseguiu isso de forma espetacular. O efeito foi sentido posteriormente por um longo período por meio das expectativas inflacionárias, ajudando a criar o *boom* que beneficiou Blair e Brown (N. do T.: Tony Blair e Gordon Brown foram, respectivamente, o primeiro-ministro e o ministro das Finanças trabalhistas, que tomaram posse após as eleições gerais de 1997). Não creio que teríamos conseguido reduzir tanto nem tão rapidamente a inflação se não fizéssemos parte do MCT. O erro foi não ter deixado o MCT, como instei Major a fazer no verão de 1992, quando a inflação tinha caído e prosseguia em sua trajetória descendente".

190 A libra sempre sobe quando o Partido Trabalhista perde uma eleição, especialmente quando as pesquisas eleitorais indicavam uma vitória trabalhista. Nada deixa os mercados financeiros mais entusiasmados que uma vitória conservadora não prevista.

bank, reagiu baixando as taxas de juros para menos da metade do nível em vigor na Europa. Com a queda do dólar, o comércio britânico com os Estados Unidos foi atingido e a libra esterlina se esforçou para acompanhar a alta do marco alemão, uma vez que o Bundesbank estava aumentando as taxas de juros alemãs para lidar com o custo da reunificação das duas Alemanhas[191]. Todos esperavam que o ministro Lamont aumentasse as taxas de juros britânicas para manter a libra esterlina dentro da "banda" do SME-MCT.

O dilema de Lamont era que sua lealdade natural ao primeiro-ministro ia de encontro ao seu pessimismo com relação ao projeto monetário europeu. Em agosto de 1992 ele pensou que o jogo tinha chegado ao fim: o SME-MCT tinha ajudado a Grã-Bretanha a se livrar da taxa de inflação elevada que o monetarismo dos anos 1980 tinha deixado de herança, mas não tinha mais nada a oferecer ao Reino Unido, exceto a recessão e o sofrimento social desnecessários, assegurados por qualquer tentativa de aumentar as taxas de juros para níveis estratosféricos a fim de acompanhar o marco alemão.

No dia 26 de agosto de 1992, pressões sobre a libra levaram a City londrina e todos os agentes do mercado a esperar de Lamont um aumento da taxa de juros que manteria a libra esterlina acima do seu "piso" no SME-MCT. Lamont percebeu que não havia nível de taxa de juros que pudesse manter a Grã-Bretanha no SME-MCT sem quebrar sua economia real. Em vez de fazer um anúncio inequívoco de que aumentaria as taxas de juros, Lamont deu uma declaração enérgica, porém vaga, no sentido de que faria "o que fosse preciso para defender a libra esterlina". Os mercados perceberam a hesitação em elevar as taxas de juros e supuseram que só o apoio do Bundesbank poderia manter a Grã-Bretanha dentro do problemático sistema monetário europeu. Mas por que o Bundesbank se envolveria?

Ao longo das semanas seguintes, as moedas da Grã-Bretanha e da Itália sofreram uma pressão enorme, atingindo o limite da rota

---

191 O Bundesbank estava extremamente preocupado que a generosidade do governo federal com relação à Alemanha Oriental aumentasse a inflação. Para controlá-la, ele aumentou as taxas de juros.

de aproximação, a centímetros de uma aterrisagem desastrosa. No dia 3 de setembro Lamont anunciou que, em vez de aumentar as taxas de juros, ele tomaria emprestado mais de 10 bilhões de libras para sustentar a moeda britânica. Todos os olhares se voltaram, mais uma vez, para o Bundesbank: será que ele sairia do muro e viria em socorro dos anglo-italianos? Os dados foram lançados no dia seguinte, em resposta a um debate televisionado em Paris.

A França estava prestes a realizar um referendo sobre o Tratado de Maastricht. Inesperadamente – levando-se em conta a recomendação dos principais partidos para que se votasse no "Sim" –, o voto no "Não" estava indo muito bem nas pesquisas, refletindo o surpreendente resultado do referendo dinamarquês, que dera a vitória ao "Não". Se os franceses também rejeitassem Maastricht, o euro não teria a mínima chance de dar certo. Sabendo muito bem disso, Mitterrand usou o extraordinário debate televisionado daquela noite para garantir a vitória da campanha pelo "Sim".

O debate foi extraordinário porque ao lado de Mitterrand defendendo o voto no "Sim" estava o chanceler alemão Helmut Kohl. Do lado contrário estava o defensor do "Não" Philippe Seguin, que lançou uma catilinária contra a submissão de Mitterrand a um Banco Central Europeu (BCE) que não tinha de prestar contas e era antidemocrático. Na verdade, seus argumentos não eram muito diferentes da crítica de Margareth Thatcher.

Furioso com a crítica, e temendo que ela pudesse levar à derrota no referendo, o presidente foi um pouco além daquilo que o Bundesbank podia aguentar. Seu argumento foi o seguinte:

> *Os técnicos do BCE estão encarregados de aplicar na esfera econômica a decisão do Conselho Europeu... ouve-se dizer que o BCE será senhor de suas decisões. Não é verdade! A política econômica cabe ao Conselho Europeu... as pessoas que decidem a política econômica, da qual a política monetária nada mais é que um instrumento de implementação, são os políticos... os membros do BCE seriam como os membros da Comissão que*

sem dúvida não podem evitar de sentir uma certa predileção pelos interesses de seu país.[192]

Num piscar de olhos, os magos de Frankfurt atacaram violentamente a insinuação de que o Banco Central Europeu ao qual eles estavam prestes a se submeter seria um brinquedo nas mãos dos políticos franceses. A lira italiana foi imediatamente pulverizada nos mercados financeiros e nada que o Banco Central italiano pôde fazer, nem mesmo elevar as taxas de juros de 1,75 para 15%, foi capaz de estancar o processo.

Alguns dias depois, num encontro informal em Bath, Inglaterra, entre funcionários dos Bancos Centrais da Europa e ministros das Finanças, Lamont tentou arrancar de Schlesinger, o chefe do Bundesbank, o compromisso de reduzir as taxas de juros alemãs. Isso teria diminuído um pouco a pressão sobre a libra esterlina e a lira, e talvez mantivesse vivo o sonho da rota de aproximação. Em vão. O Bundesbank tinha decidido humilhar os franceses pelo fato de o governo de Mitterrand ter solicitado uma desvalorização formal do franco dentro do SME-MCT. Ele exigia um "reconhecimento" formal por parte dos franceses na forma de uma solicitação de desvalorização que teria posto fim à narrativa suave e inevitável da rota de aproximação.

Para o presidente Mitterrand, que investira tanto no mito de que o franco já estava firmemente comprometido com o marco alemão, isso provavelmente seria um prenúncio de derrota no importantíssimo referendo. Para o governo italiano, concordar em desvalorizar se a França não o fizesse seria igualmente fatal. A Grã-Bretanha também resistiu à ideia da desvalorização, ansiosa em manter as taxas de juros britânicas num patamar não muito distante das alemãs. No final, apesar das pressões de todos os lados, Schlesinger não cedeu um milímetro, e até deu uma entrevista para anunciar a intenção do Bundesbank de não tomar nenhuma atitude.

---

192 Ver Connally (1995), p.142.

O primeiro-ministro britânico John Major tentou superar o rei Canuto[193] com um discurso no qual se comprometia a evitar "a opção fácil, a opção da desvalorização que representaria uma traição ao nosso futuro e ao futuro dos nossos filhos"[194]. Era o sinal de que os especuladores precisavam, com o notório George Soros à frente do bando[195], para arruinar o governo britânico: a oportunidade do século de lucrar com um compromisso com uma taxa de câmbio em relação ao marco que o Bundesbank tinha sinalizado que não iria defender!

Lamont sabia que o compromisso público arrogante de seu primeiro-ministro terminaria em desgraça. Não havia simplesmente nenhuma taxa de juros, abaixo de níveis estratosféricos, que resolvesse o problema. Na reunião ministerial do dia 16 de setembro no número 10 de Downing Street ele aconselhou que Major saísse imediatamente do SME-MCT.[196] Seu conselho foi ignorado; em vez disso, ele recebeu a "ordem" de aumentar as taxas de juros para 15%. "Foi um erro caro feito por Major, mas, naturalmente, a culpa foi debitada na conta deste seu criado", Lamont afirmou-me recentemente numa conversa pessoal.

---

193 N. do T.: Referência ao rei da Inglaterra do século XI que não prometia o que não podia cumprir.
194 Ver Connally (1995), p.148.
195 Ciente da relutância do Bundesbank de defender a taxa de câmbio entre a libra esterlina e o marco, Soros liderou um cartel de especuladores que reuniu 10 bilhões de dólares, com os quais ele apostou contra a libra esterlina. Calcula-se que ele tenha lucrado cerca de 1 bilhão de dólares em algumas horas de "trabalho".
196 O remédio de Lamont fora motivado por um impulso natural conservador. A participação no SME-MCT traduzia-se numa terrível contração monetária. Monetaristas como Lamont acreditam que a redução da quantidade dinheiro durante os períodos de recessão torna qualquer recessão muito pior. Portanto, o SME-MCT obrigava Lamont a tomar emprestado e gastar mais como contrapartida à contração monetária. Mas isso ia contra a aversão ideológica de Lamont ao gasto deficitário. Ao sair do SME-MCT, Lamont podia deixar as taxas de juros diminuírem, aumentar a oferta monetária e, desse modo, se livrar da necessidade de seguir o que ele considerava ser uma política fiscal keynesiana.

Naquela mesma noite, também conhecida como Quarta-feira Negra, e depois que todas as tentativas de seguir em frente fracassaram, Major foi obrigado a anunciar que a Grã-Bretanha estava saindo do SME-MCT, sendo ridicularizado pela mídia devido ao fracasso espetacular do seu governo. Alguns dias depois, a mídia noticiou que Lamont, em vez de estar abatido, cantava no chuveiro. A mídia, como sempre, entendera mal: Lamont estava tomando banho![197]

Repercussão

A Grã-Bretanha foi o único país cujo primeiro-ministro cantou no chuveiro quando o SME-MCT destruiu seus planos, mas Londres não foi a única que se rendeu aos especuladores. Foi seguida por Roma e, em muito pouco tempo, toda a Europa foi obrigada a se resignar diante da impossibilidade de seguir a rota de aproximação do SME-MCT.

A aceitação clara por parte de Londres de que tudo aquilo tinha sido um terrível engano foi invulgar, e deveu-se em grande medida à decisão do ministro Lamont de usar a Quarta-feira Negra para cortar no nascedouro qualquer ideia que levasse a Grã-Bretanha a ficar presa novamente nas propostas econômicas europeias. Enquanto alguns ministros – os que estavam na linha de frente da derrubada de Thatcher – alimentavam a esperança de voltar ao SME-MCT, Lamont não queria nem ouvir falar nisso.[198]

---

[197] O relato de Lamont, tal como eu ouvi dele, é este: "O que aconteceu foi que eu estava em Washington no dia 18 de setembro e um repórter me perguntou por que eu estava tão alegre. Respondi: 'É um belo dia ensolarado. Mas é engraçado você me dizer isso, pois minha mulher disse que me ouviu cantando no banho esta manhã'. Portanto, a história não é exatamente igual ao mito em que ela se tornou. Mas a imprensa percebeu corretamente que eu não considerava nossa saída do SME como um desastre completo. Minha opinião é que o MCT desempenhou uma tarefa como ferramenta anti-inflacionária, e que se desintegrou em minhas mãos quando deixou de ser útil. Nós nos beneficiamos por estar dentro e nos beneficiamos por sair'".

[198] Depois que o Partido Trabalhista assumiu o governo em 1997, o novo primeiro-ministro, Tony Blair, estava ansioso em participar do novo projeto do

A Suécia e a Finlândia, países que não faziam parte da União Europeia e que nem pretendiam aderir ao SME-MCT, mas que acompanhavam os ajustes de sua moeda e pagavam caro por isso[199], foram os países que seguiram o exemplo da Grã-Bretanha de pôr uma boa distância entre eles e a experiência monetária europeia. Por outro lado, o Sul da Europa, Roma e Madrid em particular, relutavam em admitir a derrota. No Mediterrâneo, SME-MCT tinham se tornado siglas sinônimas da estratégia das elites locais de manter o controle sobre suas populações através da promessa de

---

euro. Exatamente como ocorrera com John Major, seu ministro das Finanças, Gordon Brown, retardou a entrada na zona do euro por um período suficientemente longo para permitir que o euro demonstrasse sua inadequação. Quaisquer que tenham sido seus fracassos, Lamont e Brown mostraram-se fundamentais na manutenção da Grã-Bretanha fora da zona do euro; o resultado disso foi que os erros econômicos cometidos durante seu reinado tiveram consequências mais brandas na economia do país, em comparação com a catástrofe que ocorria na Europa continental. A razão, naturalmente, era que o Ministério das Finanças britânico, o Tesouro, se beneficiava do apoio constante de um Banco da Inglaterra disposto a e em condições de conter imediatamente a recessão por meio de uma política monetária expansionista. Infelizmente, essa capacidade fora eliminada do Banco Central Europeu por ordem do Bundesbank, cuja condição para não estrangular o euro em seu nascedouro foi justamente essa: que o BCE *não* deveria ter nem a capacidade nem a disposição institucional de vir em socorro das economias recessivas sob sua jurisdição.

199 A Suécia e a Finlândia conheceram um grande aporte de recursos externos enquanto durou a ilusão do SME-MCT. Os especuladores eram atraídos por taxas de câmbio extremamente lucrativas, e, assim que julgavam que o valor de sua moeda (quando medido em marcos alemães) estava estável, lambiam os beiços com a expectativa dos altos retornos decorrentes do envio dos recursos para Estocolmo e Helsinque. Os bancos suecos e finlandeses emprestavam o capital internalizado de maneira irresponsável, ajudando a criar bolhas em diversos setores. Quando os SME-CMT quebrou e as moedas nórdicas desvalorizaram, uma dívida monumental em moeda estrangeira se tornou impagável, os devedores faliram e o mesmo aconteceu com os bancos da Suécia e da Finlândia. Em 1992, os governos da Suécia e da Finlândia foram obrigados a intervir, salvar os bancos, nacionalizá-los e vendê-los novamente ao setor privado depois de eliminar deles os empréstimos "podres". Embora a recessão resultante tenha sido aguda, o modo como foi enfrentado o desastre bancário deveria ficar registrado como uma história de sucesso. Se ao menos a zona do euro tivesse lidado com sua crise bancária de 2008-2012 de forma similar...

perder esse controle e transferi-lo a uma competente tecnocracia de especialistas que governariam a Europa de Bruxelas.

O *establishment* francês tinha um motivo específico para fingir que nada havia mudado e que o SME-MCT estava em plena forma. Durante a longa presidência de Mitterrand (1981-1995), os partidos dominantes de centro-esquerda e de centro-direita se alternaram no governo[200], levando-o, por sua vez, a impor políticas de austeridade em busca da política do "franco forte", fundamental para o projeto original de Delors, de 1983, de usar a austeridade francesa para capturar o Bundesbank e, desse modo, pôr fim à austeridade em nível continental. Toda uma década de capital político baseado nessa estratégia fantasiosa estava em jogo, e uma lorota era melhor que admitir pura e simplesmente o fracasso.

Para evitar o reconhecimento do colapso do SME-MCT, foi criado um disfarce bem característico das falsidades da União Europeia: o SME-MCT continuaria funcionando, só que ele não seria realmente obrigatório, já que as moedas que o integravam teriam margens de flutuação extremamente elásticas, de mais ou menos 15%. Em outras palavras, se não era possível fazer com que as moedas permanecessem dentro da rota de aproximação original, então a definição de rota de aproximação seria "ampliada" para incluir qualquer coisa – mesmo despencar do céu e se espatifar numa colina distante agora seriam considerados a prova que confirmava que a rota de aproximação continuava funcionando.

A única instituição europeia que considerava os acontecimentos do final de 1992 uma vingança era o Bundesbank alemão. Hans Tietmeyer, que logo depois substituiu Schlesinger como diretor do Bundeskank, tinha uma pauta simples: a união monetária poderia prosseguir desde que qualquer ideia de "simetria" entre a França e a Alemanha fosse substituída por um compromisso férreo com o controle irrestrito da política econômica europeia pelo

---

[200] A França tem uma Constituição singular, que permite a "coabitação" entre um presidente socialista e um primeiro-ministro conservador, se este último assegurar uma maioria parlamentar nas eleições de meio de mandato.

Bundesbank. Paris e a "ralé" tinham de aprender todas as lições necessárias para fazê-los se conformar entusiasticamente com as regras de Frankfurt e se curvar diante da sua autoridade.

A França sabia que não tinha escolha. Embora suas elites tivessem vencido o referendo de 1992 (ainda que por uma margem estreita)[201], seu projeto grandioso estava em frangalhos. Eles tinham planejado dedicar uma década ocupando um papel secundário em relação ao Bundesbank e submetendo sua economia a uma recessão longa e penetrante como um preço razoável a ser pago pela criação de um Banco Central Europeu controlado pela França que enfraqueceria o Bundesbank e o tornaria obsoleto de uma vez por todas. Esse projeto foi revertido pelas reações bem calculadas e periódicas de Frankfurt, e o futuro prisioneiro se transformou no conspirador supremo.

O golpe de misericórdia do Branco Central alemão foi o modo como ele engendrou o colapso do SME-MCT em 1992. Foi um golpe de mestre por meio do qual o Bundesbank assegurou que o Banco Central Europeu seria criado à sua imagem, que ele seria localizado em Frankfurt e que seria concebido de modo a impor, periodicamente e em graus variados, a austeridade sobre as economias mais frágeis, incluindo a França.

Depois do tempestuoso ano de 1992, 1993 parecia um ano favorável. Agravada pelas altas taxas de juros com as quais o Bundesbank debilitara o SME-MCT, a recessão na Alemanha abriu as portas para uma política monetária expansionista de Frankfurt. E uma política monetária expansionista alemã funcionava como água na fervura das relações franco-alemãs normalmente tempestuosas. Só que toda vez que a calma retornava, a ambição levava um funcionário francês a perder o controle e fazer uma declaração à qual o Bundesbank se considerava no dever de reagir de seu jeito inconfundível.

Bem a propósito, em abril de 1993, o presidente do Banco Central francês achou prudente repetir a afirmação ultrajante,

---

[201] O voto no "Sim" ganhou com 50,8%, com apenas 540.000 votos separando o "Sim" do "Não", de um cômputo geral de 26.381.000 votos

e não apenas para o Bundesbank, de que as moedas francesa e alemã eram equivalentes e forneceriam um apoio comparável à moeda única. É como se a França exigisse que o Bundesbank lhe desse mais uns beijinhos antes que a Alemanha compartilhasse sua moeda com os franceses. Dentro de algumas horas as taxas de juros alemãs subiram e o Banco Central francês pagou o preço.

Enquanto a França acabou aprendendo a arte da submissão pelo caminho difícil, o Minotauro que habitava as entranhas da economia americana estava enlouquecendo, devorando quantidades enormes de produtos e recursos externos.

Isso ajudou a estabilizar a economia alemã, ao absorver uma grande quantidade de recursos ociosos que estavam se acumulando na Alemanha em razão dos grandes superávits do país.

A Mão Amiga da Financeirização

O governo Clinton, e especialmente Robert Rubin e Larry Summers, respectivamente do Conselho Nacional de Economia e do Tesouro, estavam trabalhando ativamente para sustentar o banquete frenético do Minotauro. Os déficits americanos mantinham o capitalismo global animado, criando a ilusão de uma Grande Moderação, quando, sob a superfície, os mercados estavam cada vez mais dependentes dos crescentes desequilíbrios dos Estados Unidos. Se o consumo frenético de produtos e recursos de outros países pelo Minotauro americano acabasse, os mercados levariam um golpe, os bancos quebrariam e a economia global poderia soçobrar. Exatamente como aconteceu em 2008.

Para evitar isso, e para manter o Minotauro saciado, o governo Clinton sentiu a necessidade de emancipar o setor financeiro das últimas restrições que ainda o prendiam desde o New Deal. Para sustentar a ilusão de um equilíbrio global estável, eram necessários estímulos constantes de energia financeira. Mas isso significava libertar os banqueiros, deixando-os à vontade para criar um gigantesco "valor" em papel a partir do capital que entrava e saía de Wall Street e da City.

Nesse admirável mundo novo da financeirização, em que os banqueiros criavam novos "produtos" que logo depois de nascer funcionavam como uma Casa da Moeda particular, o mundo das finanças e dos bancos se afastou do planeta Terra em aspectos que o mundo viria a perceber dolorosamente no final de 2008. Uma farra de gastos e investimentos em todo o mundo era alimentada por recursos privados gerados dentro de bancos e instituições financeiras privadas (Lehman, Goldman Sachs, AIG etc.), cujas atividades se tornaram exóticas e distantes daquilo que as pessoas comuns, incluindo os industriais alemães, supunham ser a atividade bancária.

Em meados dos anos 1990, os banqueiros europeus e seus amigos políticos perceberam que estava acontecendo uma coisa "importante" na anglosfera, e que a Europa deveria aceitá-la ou rejeitá-la. Só que falta ao oficialismo europeu a coragem política para fazer uma coisa ou outra, além de ele carecer da capacidade analítica para tomar uma posição sobre qualquer tema polêmico. Sua tendência natural é se esquivar; tentar fazer ambas as coisas ao mesmo tempo; guardar o bolo e comê-lo. Portanto, Bruxelas não fez nada. Em vez de regular os bancos europeus para impedir que eles acumulassem papéis "tóxicos" que estavam comprando a rodo, os burocratas de Bruxelas ficaram falando inutilmente.

Enquanto isso, o Bundesbank também percebia a chegada da financeirização. Seu fantasma assustava os homens e as mulheres competentes de Frankfurt porque eles sabiam muito bem quão rudimentares eram os bancos alemães. O Bundesbank gostava que eles fossem assim, cansado dos bancos modernos e tecnológicos de estilo inglês que não tomavam muito conhecimento do tipo de industria de porte médio que constituía a espinha dorsal da indústria alemã. Será que os bancos alemães se transformariam em um elemento hostil ao modo alemão de vida (econômica)?

Ainda hoje, o sistema bancário alemão é composto por um número pequeno de bancos globais com sede em Frankfurt e uma rede numerosa de bancos pequenos, muitos dos quais regionais e intimamente ligados aos governos estaduais e aos industriais locais. O Bundesbank baseava seu poder na manutenção de vínculos sólidos com os dois tipos de banco.

Desde o "choque de Nixon" o Banco Central alemão intervinha ferozmente em defesa dos bancos pequenos cujo controle os especuladores externos tentavam assumir. O crescimento da financeirização na anglosfera foi motivo de grande preocupação para Frankfurt. Seja com relação aos bancos pequenos, que eram as artérias da indústria alemã, ou com os bancos alemães transnacionais, que corriam o risco de se descolar da economia alemã ou de fazer coisas estúpidas que a prejudicassem.

Com essas preocupações em mente, o Bundesbank descobriu outro motivo[202] para se entusiasmar com a perspectiva de um Banco Central Europeu com sede em Frankfurt, cuja carta patente seria uma cópia da sua e cujas políticas seriam determinadas pelos genes do Bundesbank: uma influência formidável da Alemanha na definição do ritmo e da natureza da financeirização em toda a Europa, além da manutenção do controle do Bundesbank sobre os bancos globais alemães.

No final de 1993, a capitulação das autoridades francesas ao Bundesbank era completa, e o caminho estava livre para a conclusão de uma união monetária que Paris imaginara inicialmente como um instrumento para capturar o Bundesbank, mas que Frankfurt acabou aceitando após ter abatido o estratagema francês em pleno voo. Mitterrand, seu governo e os funcionários do Banco Central francês sabiam que tinham sido derrotados, mas decidiram olhar para o lado bom da coisa.

Uma vez encerrada dentro do euro dominado pelo Bundesbank, a classe dirigente francesa e os tecnocratas que ela tão bem sabia produzir podiam ao menos ter a expectativa de conservar seu poder dentro da França e ao longo do corredor Paris-Bruxelas. Eles podem não ter ganho a Europa, mas, pelo menos, não per-

---

202 O primeiro foi que Berlim desejava uma moeda única por motivos políticos e para livrar os exportadores alemães do temor das contínuas desvalorizações das moedas dos clientes externos.

deram a França, pelo menos ainda.[203] Seu governo podia resistir melhor às pressões da classe trabalhadora. *Apparatchiks* podiam se consolar empregando suas habilidades na Comissão Europeia, que Jacque Delors estava reforçando para que se parecesse a um governo europeu. E apesar do fracasso francês em capturar o Bundesbank, a União Europeia continuava capaz de promover a "planificação" de Paris, um código que significava cuidar das empresas francesas por meio de resgates financeiros (o resgate da Air France, p. ex.) e de medidas para ajudá-las a se expandir para fora das fronteiras europeias (p. ex., quando uma empresa estatal francesa, com a ajuda e o estímulo de Bruxelas, adquiriu a maior parte do setor elétrico privatizado da Grã-Bretanha)[204].

E foi assim que, com uma pequena ajuda da financeirização anglocêntrica, e dadas as sucessivas vitórias do Bundesbank contra os políticos tanto de Paris como de Berlim, o euro teve a permissão de nascer. Mesmo antes de o euro ter entrado em nossas carteiras, bolsos e caixas eletrônicos, era possível vislumbrar com o que se pareceria a Eurolândia (especialmente após o fim da lua de mel) recontando, como este capítulo fez, a história quase esquecida dos anos 1990.

Sem dispor de um mecanismo político de reciclagem do superávit, a união monetária europeia sinalizava que os países mais fracos e seus cidadãos mais vulneráveis teriam de sofrer uma profunda contração no momento em que o capitalismo europeu tivesse um espasmo em resposta às convulsões inescapáveis da financeirização. Só a esperança original de Mitterrand (de que uma futura crise financeira global imporia a solução federativa à zona do euro) oferecia um alívio para a realidade inexorável. Em 2010, dois anos depois da crise que Mitterrand tinha em mente, essa esperança também morreu.

---

203 Essa perda tinha de esperar pela crise que eclodiria em 2010, dando início a uma reação em cadeia que levou Paris a perder o controle de Paris.

204 O que permitiu que um sindicalista britânico que se opusera à privatização do setor elétrico da Grã-Bretanha me dissesse certa vez, triunfante, que o setor tinha sido reestatizado – só que pelo país "errado"!

Regras de admissão

A moeda única europeia, o euro, pode ser considerada como um clube cujas regras de entrada fossem destinadas a ser infringidas, e cujas funções fossem concebidas como paradoxos surpreendentes.

Começando com as regras de entrada, os chamados critérios de Maastricht, elas tinham de desempenhar o papel de patamares mínimos quantificáveis e funcionar como o livro de orações dos membros. Os "critérios" constituíam o decálogo da zona do euro, devendo ser recitados a intervalos regulares; eles prescreviam as regras essenciais "do que se podia e do que não se podia fazer", exalando um desprezo protestante pela administração frouxa das finanças. Eles eram os textos que davam suporte às palavras mágicas ritualistas, promovendo a nova ode à moeda "apolítica" da Europa – o tipo de moeda contra o qual Margaret Thatcher tinha advertido.

Naturalmente, o verdadeiro objetivo dos critérios de Maastricht era permitir a entrada na zona do euro de países que não atendiam a esses critérios e depois obrigá-los a fazer tudo que ele exigisse para atendê-los! A Grécia é mundialmente célebre por suas "estatísticas" e pela forma criativa com que elas foram manipuladas para permitir que meu país entrasse no aprisco. Mas é no caso da Itália que devemos nos concentrar para entender o que aconteceu.

A Itália tinha de ser admitida na zona do euro desde o início (isto é, desde 2000), especialmente porque os industriais alemães estavam fartos da queda da lira, que periodicamente devolvia competitividade à FIAT em relação à Volkswagen, entre outras empresas. Uma zona do euro sem a Itália, mas com a França, não fazia nenhum sentido, em vista dos sólidos laços comerciais do Norte da Itália com a França e a Alemanha, a participação de sua indústria pesada no cartel original sobre o qual a União Europeia fora criada, bem como sua integração cultural plena com a Europa Central.

Porém, a dívida pública italiana era o dobro da estipulada por Maastricht como o nível máximo admissível para um novo membro, e seu índice de inflação também rondava perigosamente a marca do pênalti. Roma fez o possível para empurrar esses números na direção do patamar mínimo de Maastricht. Funcionários inteligentes, atuando ao lado da melhor "engenharia" financeira que a Goldman Sachs podia oferecer, toleraram uma contabilidade criativa que removeu parte da dívida e um pouco do déficit orçamentário governamental. Os números, no entanto, se moveram muito pouco, mesmo quando Roma aplicou grandes doses de austeridade para baixar preços, cortar gastos e, de modo geral, dar à Itália a aparência de uma nação que estava em vias de adquirir as virtudes teutônicas.

Apesar dos esforços, era evidente que as regras de Maastricht tinham de ser visivelmente distorcidas para que a Itália trocasse a lira desprezada e desvalorizada pelo reluzente euro. E como foram distorcidas! Bruxelas e Frankfurt apresentaram uma "reinterpretação" generosa do seu livro de orações do decálogo: desde que os países "se movessem na direção" dos patamares mínimos de Maastricht, as autoridades europeias podiam decidir que eles tinham satisfeito as exigências.

Surpreendentemente, cerca de um ano depois a Grécia também foi admitida no euro. A imprensa financeira ficou maluca com as histórias de funcionários gregos espertos que ludibriavam funcionários do Norte da Europa usando "estatísticas gregas" como subterfúgio. Nada disso era verdade. Quando perguntei a um amigo, que teve um papel decisivo nas conversas de investidura da Grécia, como eles conseguiram convencer a Alemanha a deixar a Grécia entrar na zona do euro, a resposta foi incrivelmente despretensiosa:

> *Simplesmente copiamos tudo que os italianos tinham feito, acrescentando alguns truques usados pela própria Alemanha. E quando eles ameaçaram vetar nossa entrada, nós devolvemos a ameaça, dizendo que revelaríamos ao mundo o que a Itália e a Alemanha tinham tramado.*[205]

---

[205] O amigo em questão deve permanecer anônimo, uma vez que ocupa atualmente um cargo na União Europeia que pode ser ameaçado por essa "revelação".

Uma vez distorcidos para permitir a entrada da Itália, as regras de Maastricht não poderiam ter mantido a Grécia de fora – ao menos não sem expor perante o público europeu o que os funcionários tinham feito.

Moeda comum, defeitos incomuns

O projeto do euro foi construído sobre três paradoxos e uma falácia.

Os dois primeiros paradoxos já estavam embutidos no sistema SME-MCT, a simulação de Bretton Woods tentada pela Europa: o primeiro remonta a 1983, quando o governo socialista da França aderiu à austeridade como uma forma de pôr fim... à austeridade em nível pan-europeu. O segundo foi a promessa das oligarquias grega, espanhola e italiana a seu próprio povo de que o euro iria privá-las do poder sobre esse mesmo povo!

O terceiro paradoxo foi concebido exclusivamente para o euro: a moeda comum vinha equipada com um Banco Central Europeu que carecia de um Estado para apoiar suas decisões, além de abranger Estados aos quais faltava um Banco Central para apoiá-los nos momentos difíceis.[206] Para preencher essa lacuna institucional, o Tratado de Maastricht criou um conjunto de normas irracionais para controlar os Estados. Naturalmente, normas irracionais acabam sendo violadas. Ao perceber que suas normas eram violadas, Bruxelas e Frankfurt criaram novas normas ainda mais rígidas (ver Capítulo 6) que acabaram sufocando aqueles que tentaram implementá-las.

---

206 No dia em que o Banco Central foi inaugurado em Frankfurt, vários funcionários compararam sua fundação à coroação de Carlos Magno e à criação de um império europeu cristão. Nesta altura, talvez não seja muito indelicado acrescentar uma "nota de rodapé": que foi preciso o assassinato horrível de milhares de homens muçulmanos em Srebrenica um ano depois, em 1995, e o fracasso espetacular das forças de paz da Nações Unidas em protegê-los para que a Europa descobrisse a existência de cidadãos europeus muçulmanos nascidos no continente para quem o ressurgimento do legado de Carlos Magno não oferecia consolo algum.

Quanto à falácia no momento da criação do euro, trata-se da falácia que a humanidade deveria ter compreendido no período de entreguerras, quando ela levou – de maneira inesquecível, é o que se esperava – à depressão e à guerra: o estímulo ao livre comércio por meio da remoção de tarifas e cotas pode ser combinado de forma proveitosa com esforços para fixar as taxas de câmbio (a fim de deixar os preços de longo prazo mais previsíveis para compradores e vendedores). Contudo, fazer isso e permitir ao mesmo tempo a livre movimentação internacional de capitais é procurar encrenca da grossa.

Quando o capital pode se movimentar livremente, durante os períodos de bonança ele vai em busca das taxas de juros mais elevadas. Os países deficitários oferecem taxas de juros mais elevadas, que, em vista da taxa fixa de câmbio, são muito atraentes para o excedente de capital dos países superavitários. Isso, porém, provoca o crescimento da dívida nas regiões deficitárias, que entram em decadência ao primeiro sinal de declínio da atividade econômica. É por essa razão que uma das únicas coisas com a qual os economistas tendem a concordar é que a liberdade de circulação de bens e capitais não pode ser combinada com taxas fixas de câmbio, a menos que um mecanismo de reciclagem política do superávit também faça parte do acordo.[207]

A fixação das taxas de câmbio entre regiões econômicas desiguais sempre traz benefícios no curto prazo. Mas ela se assemelha às velhas tentativas de invadir a Rússia: um início estimulante cheio de entusiasmo e esperança, avanços rápidos que parecem incontroláveis, seguidos de uma diminuição dolorosa do ritmo de atividade quando o inverno cruel cobra seu preço, e terminando com a neve manchada de sangue e, depois disso, os castigos sem fim.

---

207 O mecanismo de reciclagem política do superávit entra em cena quando os recicladores dos tempos de bonança – os bancos – saem às pressas, deixando atrás de si ruínas e dívidas impagáveis. A única forma de se manter uma taxa fixa de câmbio sem esvaziar o país deficitário de sua população e transformá-lo num gigantesco campo de golfe para os banqueiros visitantes é um mecanismo político de investimento nessas regiões. (Lembrem-se da seção intitulada "Reciclagem política do superávit ou barbárie", no Capítulo 1.)

Os americanos aprenderam essa lição nos anos 1930, com o padrão-ouro dos anos 1920, e aplicaram-na durante a Era de Bretton Woods até que ficaram sem superávits para reciclar. No momento em que gente como Paul Volcker percebeu que a reciclagem política do superávit estava além da capacidade da economia americana, eles derrubaram de vez o maldito sistema – com o "choque de Nixon". Porque eles percebiam a falácia que a Europa se nega a compreender: se você implanta o livre comércio, a livre circulação de capital e um sistema de moeda única sem um mecanismo de reciclagem política do superávit, vai acabar com algo semelhante ao padrão-ouro dos anos 1920.

Depois do "choque de Nixon", os líderes europeus começaram a fixar as taxas de câmbio entre as moedas da Europa, assumindo plenamente a certeza das recessões assimétricas decorrentes (com a perda maior de renda atingindo a economia mais frágil). Em 1978 o chanceler Schmidt e o presidente D'Estaing criaram o Sistema Monetário Europeu. Novamente, então, no início dos anos 1990 o chanceler Kohl e o Presidente Mitterrand supervisionaram a construção da sua "rota de aproximação" para a moeda única. E, finalmente, em 2000 o euro – a mãe de todas as taxas fixas de câmbio – foi criado. Cada uma dessas dolorosas tentativas de união monetária levou ao mesmo padrão: um início promissor que logo degenerou em lágrimas e recriminações quando a guerra econômica irrompeu diante dos ventos recessivos que se abateram sobre os europeus mais vulneráveis.

O motivo pelo qual a Europa parecia prosperar entre o final dos anos 1990 e 2008, apesar de ter introduzido um insustentável padrão-ouro em seu interior, tinha pouco ou nada a ver com seu horroroso projeto de moeda única. O motivo era que, durante esse período, a reciclagem política do superávit não era necessária, uma vez que o universo financeiro privado estava fazendo uma farta reciclagem dos tempos de bonança às custas do Minotauro americano.

Em 2008, após o colapso de Wall Street sob o peso da arrogância e das montanhas de empréstimos de risco "sem risco" acumuladas pela financeirização, os Estados Unidos não podiam mais suprir a União Europeia com a demanda por suas exportações que, até então, a tinham mantido estável. O Minotauro tinha sido ferido de morte. A Europa não tardaria a descobrir que seus bancos privados estavam cheios de dívidas tóxicas oriundas de Wall Street e que países como a Grécia tinham Estados insolventes. O abraço dos afogados, ou mergulho fatídico, entre bancos insolventes e Estados europeus insolventes tinha começado. O resto todo mundo sabe.

A estrutura da zona do euro era incapaz de suportar as ondas de choque provocadas pelo terremoto de 2008. Desde então ela tem passado por uma profunda crise, aumentada em grande medida pela negação por parte da União Europeia de que havia algo de errado com as regras da sua moeda, e não era sua aplicação.

Eurofilia, Germanofobia e as Elites Francesas

Por que os europeus criaram o euro? Eis aqui uma resposta analiticamente errada, mas divertida[208]:

> *Os franceses temiam os alemães*
> *Os irlandeses queriam se livrar da Grã-Bretanha*
> *Os gregos morriam de medo da Turquia*
> *Os espanhóis queriam ficar mais parecidos com os franceses*
> *Os italianos do Sul queriam muito poder emigrar para a Alemanha*
> *Os italianos do Norte queriam se tornar alemães*
> *Os holandeses e austríacos tinham praticamente se tornado alemães*
> *Os belgas procuravam superar suas profundas divisões internas juntando a Holanda e a França sob os auspícios de um marco alemão reconfigurado*
> *Os Estados bálticos tremiam só de pensar no renascimento da Rússia*
> *Os eslovacos não tinham para onde ir depois que se separaram dos irmãos checos*

---

[208] Lorde (Norman) Lamont contou-me uma versão mais curta desta história enquanto nos preparávamos para um debate cara a cara, creio que foi em Melbourne. Nossa amizade começou mais ou nessa ocasião...

*A Eslovênia estava se desvencilhando dos Bálcãs
A Finlândia tinha de fazer alguma coisa que a Suécia não faria
E, finalmente, os alemães temiam os alemães!*

Como todas as grandes mentiras, essa história contém pequenas verdades importantes. As classes dominantes corruptas da Grécia, da Itália, da Espanha etc. ficaram fortalecidas ao se comprometer a transferir seu poder para Bruxelas e Frankfurt. As elites francesas de fato temiam os alemães. E o povo alemão tinha motivos para temer esse medo, bem como a capacidade de seu próprio Estado-nação de se autodestruir através de uma extrema beligerância.

É quase um impulso natural de quem critica o euro responsabilizar a Alemanha e "os" alemães por suas consequências prejudiciais. Sempre me opus a essa tendência por duas razões. Primeiro, não existe essa história de "os" alemães. Ou "os" gregos. Ou, ainda, "os" franceses. Como bem assinalou Brian a seus seguidores indesejáveis na clássica comédia de Monty Python: "Vocês todos são indivíduos". O importante nesse caso é que existe muito mais divergência de caráter, virtude e opinião entre os gregos e entre os alemães do que entre alemães e gregos.

O segundo motivo pelo qual me oponho à crítica que se costuma fazer à Alemanha é que, se o debate for rebaixado ao nível do estereótipo, Paris é mais responsável que Berlim pela ruína do euro. Lembrem-se do artigo horroroso do diário conservador francês *Le Figaro* que eu mencionei no epílogo do Capítulo 2. Publicado dois dias depois da Quarta-feira Negra e dois dias antes da votação em que os franceses dariam seu veredito sobre o Tratado de Maastricht, ele dizia o seguinte:

> *Os oponentes de Maastricht temem que a moeda comum e o novo Banco Central irão reforçar a superioridade do marco alemão e do Bundesbank. Mas é exatamente o contrário que vai acontecer. Se vier para Maastricht, a Alemanha terá de compartilhar seu poder financeiro com os outros. "A Alemanha pagará",*

disseram nos anos 1920. Hoje, de fato, a Alemanha está pagando. Maastricht é o Tratado de Versalhes sem uma guerra.[209]

Nenhum alemão – na verdade, nenhum europeu – podia perdoar tamanha insensibilidade, e ninguém esperaria do Bundesbank nada menos que um plano que fizesse o *establishment* conservador francês, do qual *Le Figaro* era um membro ilustre, engolir suas palavras. A luta desesperada em que as elites francesas se meteram para convencer o cético eleitorado francês a votar "Sim" no referendo de Maastricht (que quase produziu um "Não") não é desculpa. O Tratado de Versalhes de 1919 condenou os alemães a uma penúria indescritível, humilhou uma nação arrogante e preparou-a para ser controlada pelos nazistas assassinos. Os nazistas teriam permanecido numa nota de rodapé na história se não fossem as reparações insuportáveis que os aliados vitoriosos não tinham o direito de impor e o governo alemão não tinha o direito moral de aceitar.

E não foi apenas um editorial caprichoso de algum jornal francês. Conforme mencionei no Capítulo 2, o presidente De Gaulle imaginara a união monetária com a Alemanha como uma guerra por outros meios, precisamente dentro do espírito da chamada do *Le Figaro*. Mesmo a reviravolta completa de Delors em 1983 não passou de um plano francês para usurpar uma instituição que o povo alemão prezava (o Bundesbank), absorvê-la em um Banco Central dominado por franceses e estender à Alemanha e ao resto da Europa políticas importantes para Paris.

Do ponto de vista alemão, Delors e *Le Figaro* rezavam pela mesma cartilha. O fato de que franceses civilizados como Delors e Mitterrand realmente acreditassem que suas políticas também se mostrariam vantajosas para a Alemanha é irrelevante. Afinal de contas, a maioria dos funcionários do Bundesbank também acredita que sua postura monetária rígida também é vantajosa para a França; na verdade, para os gregos também. O fato de que políticos alemães, como é o caso de Wolffang Schäuble hoje, ten-

---

[209] *Le Figaro*, 8 de setembro de 1992.

dam a falar ininterruptamente da santidade das regras, enquanto seus homólogos franceses têm a predisposição de empregar uma terminologia que lembra o Iluminismo francês, não torna mais evidente que o problema da Europa seja o excesso de poder alemão. Se eu fosse mais jovem, ao ouvir os sofisticados representantes da classe dominante francesa apelarem à Vontade Geral ou ao Interesse Comum da Europa, meu coração grego bateria de alegria. Mas o efeito dessas belas palavras se transformou quando eu aprendi a decifrar seu verdadeiro significado.

Antes de o euro ser adotado, De Gaulle, Mitterrand, Delors e etc., falavam do Bem Comum da Europa ao mesmo tempo em que, por baixo da superfície, exigiam que o restante da Europa se sacrificasse para sustentar a dispendiosa ilusão de que o franco era uma moeda tão "forte" como o marco.[210] E toda vez que os projetos mais bem preparados da França se chocavam com os obstáculos da realidade, o costume era jogar toda a culpa nos estrangeiros bárbaros que não conseguiam apreciar os aspectos mais refinados da proposta francesa.[211]

O euro mudou tudo isso. Presos em seu abraço de aço, os sofisticados administradores franceses engoliram aos poucos a dura realidade: a união monetária não lhes entregaria a Alemanha numa bandeja. Na verdade, eles estavam perdendo a França. Foi uma consequência natural e justa de uma experiência monetária estimulada com ostentação por Paris, tendo a Alemanha como um participante relutante.

---

210 Nesse contexto, para acomodar a fantasia do "franco forte" a Itália e a Espanha deveriam sofrer uma recessão mais forte por meio da manutenção do valor da lira e da peseta num patamar mais elevado do que o ideal para sua classe trabalhadora, enquanto a Alemanha deveria revalorizar sua moeda, às custas de seus exportadores.
211 Connally (1995), p. 170, cita Keynes (1924) assim: "Toda vez que o franco perde valor, o ministro das Finanças tem certeza de que isso decorre de uma série de fatores, menos de causas econômicas. Ele atribui o fato à presença de estrangeiros nos corredores da Bolsa, às forças perniciosas e malignas da especulação. Essa postura se parece um pouco com a do feiticeiro que atribui a doença do gado ao 'mau-olhado', e a tempestade à quantidade insuficiente de sacrifícios feitos para algum ídolo".

Epílogo

A crônica do caminho até o euro é uma advertência suficiente para os leitores que não estão familiarizados com a zona do euro: ela nunca iria navegar placidamente o alto-mar da economia global. A incapacidade dos europeus, nos anos 1990, de compreender que o valor da moeda nunca pode ser despolitizado levou a uma luta angustiante pelo comando do navio de um sistema monetário que estava indo a pique.

Desde o "choque de Nixon", as moedas europeias recusavam-se de maneira obstinada a se mover em sincronia, apesar de todos os esforços das autoridades. O euro pretendia eliminar essa teimosia. Só que, em vez de eliminar as dores de cabeça provocadas pelas flutuações das taxas de câmbio, ele gerou uma série de verdadeiras enxaquecas econômicas. Depois de um período inicial de otimismo irracional que ergueu novas montanhas de dívida privada e pública, a nova moeda alimentou os antigos problemas com esteroides e soltou-os para cima dos ingênuos europeus.

Nos anos 1990, no momento em que o Minotauro americano facilitava a transição da Europa para o euro, observar os altos funcionários europeus trabalhando era um pouco como observar Macbeth ou Otelo, surpreso como pessoas supostamente tão inteligentes podiam ser tão crédulas. Depois que o Minotauro americano ficou gravemente ferido em 2008, a realidade puxou o tapete debaixo dos pés de barro do euro. Previsivelmente, os líderes europeus passaram da incompetência trágica a uma comédia de erros.

Como tantos jornalistas, acadêmicos, funcionários e políticos do mais alto nível acreditam que podem unir de forma sustentável o franco francês e o marco alemão – para não falar da lira italiana, da peseta espanhola e do dracma grego – sem um mecanismo político para reciclar os superávits alemães e holandeses e administrar os déficits diferentes dos setores privado e público? Será que eles não percebiam que os superávits alemães, entregues aos banqueiros de Frankfurt e Paris para serem distribuídos por toda a periferia da

Europa, provocariam uma quantidade enorme de bolhas? Como eles esperavam que a zona do euro, desprovida de qualquer mecanismo de ação, lidasse com o estouro previsto dessas bolhas?

Grande parte da culpa cabe à palavra "união". Alguém põe as palavras "união" e "monetária" juntas e imediatamente imagina uma possibilidade de convergência, de economias e povos se aproximando. Só que a história dos dois últimos capítulos, sobre os anos 1980 e 1990, revela o oposto: impor todos os custos do ajuste sobre as economias deficitárias reproduzia o pecado mortal do padrão-ouro. Porém, diferentemente do padrão-ouro, em que os países podiam sair simplesmente rompendo as amarras entre suas moedas e o ouro da noite para o dia, uma vez que os Estados-membros da zona do euro tivessem entrado no "Hotel California"[212] eles nunca mais podiam sair.

Essa é a beleza e a maldição da zona do euro. Uma vez dentro dela, não existe mais uma moeda da qual desvincular e desvencilhar o euro: a única moeda que existe é o euro. Por exemplo, para que a Grécia e a Itália pudessem sair da união monetária europeia elas teriam de criar primeiro um novo dracma e uma nova lira, e só então desvinculá-las do euro. Contudo, a criação de um novo papel-moeda, sua distribuição por todo o país, a recalibragem dos sistemas bancário e de pagamento para que possam funcionar com ela etc., leva no mínimo um ano.

Considerando que o objetivo de enfrentar o palavrório sobre a recriação de uma moeda extinta é desvalorizá-la em relação à moeda que as pessoas carregam no bolso – o euro –, a saída do euro equivale a anunciar uma desvalorização importante um ano antes que ela ocorra. Ao menor sinal de que dali a um ano haverá uma desvalorização, põe-se em marcha uma corrida desenfreada: cada indivíduo vende correndo todos os seus bens, converte-os em euros, retira os euros do sistema bancário e os guarda debaixo do colchão ou os leva através da fronteira para a Alemanha ou a Suíça, para mantê-los em segurança. Antes que alguém grite "pânico!", os bancos quebram, o respeito pelo país se esvai e a economia entra em colapso.

---

212 N. do T.: Referência à música Hotel California, do grupo Eagles, cuja letra fala de um hotel no qual se pode entrar, mas do qual nunca se pode sair.

Consequentemente, a cláusula "Hotel California" embutida no projeto da zona do euro criaria invariavelmente uma forte atração gravitacional que impediria a saída das economias que mais precisavam ficar fora do euro. Uma vez dentro do euro, os países deficitários ficam presos na órbita perversa da moeda comum, condenados a aumentar sempre a depressão no momento em que a economia global enfrenta dificuldades. Nessa altura, os governos veem-se diante de três opções: a morte por meio de milhares de cortes provocados pela austeridade; a saída fatal do euro; ou uma campanha de desobediência contra os decretos de Bruxelas e Frankfurt que obrigará a Europa a reconsiderar a estrutura da sua moeda ou violar suas próprias leis, expulsando violentamente da zona do euro um Estado-membro. Como ministro das Finanças da Grécia eu defendi a terceira opção, demitindo-me em julho de 2015 quando o primeiro-ministro aceitou a primeira opção na crença de que Bruxelas estava prestes a impor à Grécia a segunda opção – uma saída forçada.[213]

Visto com certo distanciamento emocional e histórico, é como se a Europa tivesse transformado sua própria balcanização num objetivo, numa forma de arte. O que em outras circunstâncias teriam sido recessões inofensivas acabou dividindo e dominando os europeus, aprofundando as diferenças de padrão de vida e produzindo diferentes perspectivas de vida nas diferentes regiões da união. Esse foi o impacto natural da tentativa de manter as moedas comprometidas umas com as outras antes de introduzir qualquer mecanismo de realocação dos superávits daqueles que os produziam, por meio do investimento de parte desses superávits em países e regiões gravemente deficitárias.

Antes do confinamento das taxas de câmbio no final dos anos 1990, que precedeu o lançamento do euro, as taxas fixas de câmbio

---

[213] Não acredito que a segunda opção, a ameaça de uma saída imposta, fosse plausível. Foi essencialmente por esse motivo que eu me demiti, quando o primeiro-ministro me disse que estava prestes a capitular diante dos credores da Grécia, temendo que a ameaça deles fosse plausível. Terei muito mais a dizer sobre esse assunto num relato completo dedicado à **Primavera de Atenas** e sua supressão.

da Europa tinham a tendência de se afrouxar regularmente como resultado da pressão política das populações descontentes. Em vez de aprender com isso, os donos do poder decidiram dobrar a aposta; fixar as taxas de maneira irreversível; substituir todas as moedas por uma única moeda, ao mesmo tempo em que não faziam nada para fornecer o mecanismo de reciclagem política essencial que faltava.

Se Norman Lamont não tivesse herdado o SME-MCT, mas o próprio euro, ele não teria de se preocupar com a desvalorização da moeda do seu país. Em vez disso, com o fim da libra ele enfrentaria o colapso da economia real do seu país, o aumento de uma dívida insustentável, além das exigências de um feroz Banco Central Europeu por mais austeridade que continuaria alimentando a recessão para sempre. Resumindo: o euro substituiu o medo da desvalorização pela certeza da depressão.

No final dos anos 1990, quando o euro estava surgindo no horizonte, lembro-me das discussões acaloradas que tive com economistas de outros países, bem como com amigos gregos. Por mais que eu tentasse lhes explicar que o euro tinha sido mal concebido, era em vão. Usei analogias rodoviárias, de navegação, de todas as profissões que eu podia imaginar para advertir que a Grécia – mas também a França, a Itália e a Espanha – tinha muito a perder se aderisse a um euro mal planejado.

"É como você tirar os amortecedores de um carro e depois conduzi-lo diretamente para o maior buraco que existe", dizia, mas minha voz se perdia no para-choque das certezas deles. "É como navegar um oceano calmo e majestoso num bote, sabendo que ele não foi projetado para enfrentar tempestades", foi outra metáfora que produziu o mesmo grau de indiferença. O encanto do euro estava se mostrando capaz de vencer os argumentos econômicos mais razoáveis.

Alguns dizem que isso é uma prova da virtude europeia. Enganam-se. O totalitarismo é apoiado por ideologias refratárias à razão e perfeitamente capazes de atrair para os seus braços pessoas extremamente sensíveis. O filme Mefisto, de István Szabó, talvez seja a melhor descrição do controle de uma pessoa bem-intencionada por uma ideologia estereotipista e sinistra. Quando o protagonista, interpretado por Klaus Maria Brandauer, perde o senso crítico, ele o substitui por uma sede de poder cada vez maior, que ele enfeita com uma repetição ritualística de convicções irracionais.

Na refinada sociedade europeia, bem como entre meus amigos e colegas, as dúvidas sobre os aspectos técnicos do sistema embrionário do Banco Central Europeu eram consideradas "antieuropeias". A subordinação à pauta das elites de defesa do arrocho salarial e do direito automático que Bruxelas tem de saber melhor que ninguém as respostas a questões eminentemente políticas era vista como "modernização". "Europeísmo" virou sinônimo de relegar os parlamentos ao papel de repartições públicas burocráticas e de subjugar os fracos às opiniões arrogantes dos poderosos. E por aí vai.

As pessoas comuns que gostavam da ideia de compartilhar uma moeda com outros europeus, como um primeiro passo para uma federação mítica, não poderiam ter sabido que elas seriam as primeiras a ser sacrificadas no altar do tratamento negligente que a crise inevitável do euro recebeu. Mas seus representantes eleitos não tinham essa desculpa, a menos que estivessem ativamente envolvidos na partilha do enorme poder discursivo, e das recompensas materiais, que o projeto do euro distribuiu aos milhares de burocratas e administradores que contribuíram para sua criação.

Margaret Thatcher temia que, por trás do euro, uma federação estivesse se esgueirando pela porta dos fundos. Se ao menos ela tivesse razão! Mas se o euro era um cavalo de troia, ele gerou algo muito menos heroico: uma burocracia incompetente e ineficiente, cheia de suas próprias crenças místicas, trabalhando incansavelmente para políticos com uma capacidade infinita de receitar regras inaplicáveis. A democracia é uma flor frágil demais para sobreviver a tamanha tristeza.

CAPÍTULO 6
TRANSFORMANDO OURO EM CHUMBO: A ALQUIMIA REVERSA DA UNIÃO EUROPEIA

Quando a Cortina de Ferro estava caindo, um filme captou com elegância o impacto emocional da divisão da Europa do pós-guerra, mas também transmitiu uma angústia perturbadora acerca da transformação que ocorria na União Europeia. Foi o filme *A Dupla Vida de Véronique,* de Krzysztof Kieślowski (1991).

O artifício usado por Kieślowski foi o vínculo poderoso entre duas estranhas de aparência idêntica, Weronika, na Polônia, e Véronique, na França (ambas interpretadas por Irène Jacob). Seus caminhos só se cruzam uma vez, quando a Europa está prestes a se reunificar. Exultante porque acabou de ser chamada para um teste para um importante papel de cantora, Weronika está correndo para casa, atravessando a praça principal de Cracóvia, quando se vê no meio de uma manifestação. Um manifestante derruba sem querer sua pasta e as partituras se espalham pelo chão. Enquanto as recolhe, ela repara em Véronique entrando num ônibus de turista. Os olhares das duas mulheres se cruzam por uma fração de segundo. Depois de ser aprovada no teste, Weronika ganha o papel de solista. Porém, enquanto está cantando apaixonadamente na noite de estreia do concerto, ela tem um colapso no palco e morre. Exatamente no mesmo momento, em Paris, Véronique é dominada por uma dor profunda e inexplicável.

O vínculo emocional e musical de Véronique com seu duplo polonês (ambas gostam da mesma música) e a privação profunda que ela sentiu depois da morte de Weronika simbolizam a solidariedade e a ligação cultural e espiritual entre os europeus ocidentais e os que foram deixados atrás da Cortina de Ferro, e mesmo em relação aos sulistas da Grécia e da Espanha, que só foram libertados do fascismo em meados da década de 1970. Filmes como Véronique simbolizaram uma unidade cultural europeia que não apenas sobreviveu, mas que, na verdade, cresceu à sombra das profundas divisões. Eles também refletiram a produção cultural que ajudou a impulsionar o projeto de uma moeda única europeia.

Quando as fronteiras recuaram e o mercado único triunfou, a unificação mais profunda virou sinônimo da união monetária que nascera em 1972 (com a malfadada cobra), gerara o acordo do SME entre Giscard e Schmidt em 1978 e assumira seu formato definitivo em 1993 sob a orientação firme de Mitterrand e Kohl. A ironia cruel é que o novo impulso no sentido da unificação europeia fracassou, gerando um descontentamento sem precedentes.

Hoje, Weronika talvez assine um contrato para gravar em Paris ou Londres, mas sua música será "homogeneizada" dentro de um mercado musical e artístico europeu que não conhece fronteiras e carece de um coração. Em vez de estarem unidas pela melodia, pela emoção, pela culpa e pela cultura, hoje Véronique e Weronika estariam amarradas por um contrato escrito por algum escritório de advocacia global. Na verdade, Véronique provavelmente estaria preocupada com a possibilidade de Weronika se mudar para Paris e pegar seu emprego. No mundo cruel em que vivemos, não há mais lugar para que filmes como Véronique de Kieślowski romanceiem a unidade europeia.

Séculos atrás, a alquimia exibia o otimismo ilimitado de que, de algum modo, se poderia transformar chumbo em ouro. De que se poderia criar uma coisa valiosa a partir de algo banal. Antes que a Europa estabelecesse o rumo de sua "rota de aproximação" para a moeda única, o otimismo de Weronika capturou a maioria dos europeus mais do que a alquimia. Parecia uma possibilidade realista. Mas então chegaram os antípodas dos alquimistas. Decididos a explorar as magníficas oportunidades de lucro e poder disponibilizadas pela insensatez que era a moeda despolitizada europeia, eles se puseram sistematicamente, ainda que involuntariamente, a transformar o ouro da Europa em chumbo.

Esquizo *Franzia*

Franz trabalhou durante 25 anos num importante banco alemão. Em novembro de 2011 ocupei a poltrona ao lado da sua num voo de longa distância, entre Frankfurt e Nova York. Depois de algumas horas preenchidas por raros acenos de cabeça e pelo silêncio entre os dois completos desconhecidos, entabulamos uma conversa sobre a crise do euro que se iniciara um ano antes na Grécia. Passados alguns minutos, Franz me confessou que os anos[214] "bons" do euro tinham sido os piores da sua vida.

Antes de 1998, seu trabalho consistia em viajar pelas capitais europeias, avaliando a qualificação creditícia de governos, autoridades locais, empresas do setor público, incorporadores imobiliários, bancos locais e grandes empresas. Os futuros tomadores de empréstimos o levavam aos melhores restaurantes, faziam longas apresentações de seus planos de negócios, massageavam seu ego, levavam-no à ópera, exibiam uma mistura de subserviência e superioridade e, importante, se esforçavam para deixar clara sua qualificação creditícia. Franz se mantinha reservado, pegava o avião de volta para Frankfurt e, quando tinha um tempo livre, se debruçava sobre os dados e documentos trazidos, para chegar à decisão final sobre quem receberia – e quanto – os recursos do seu banco. "Antes do euro", disse-me ele, "eu me sentia como um rei."

A situação mudou abruptamente no momento em que os mercados perceberam que o euro se tornaria realidade, e que até a Grécia faria parte dele! Por volta de 1998, a vida encantada de Franz transformou-se de repente num pesadelo. A pressão dos chefes ficou implacável. "Empreste, empreste, empreste!", era seu novo credo. De um calmo fornecedor de recursos escassos, ele se transformou em um angustiado proletário que ganhava demais. A cota semanal de empréstimos que ele tinha de cumprir, independentemente da qualificação creditícia de seus clientes, o privava da discrição que outrora o fizer se sentir importante.

---

214 Do final dos anos 1990 até logo antes de 2008.

Os bônus extraordinários para quem ultrapassasse a meta de empréstimos não compensavam, insistiu ele, devido ao fato de que seus clientes logo perceberam que ele não mandava mais: eram eles que mandavam! Quando os empresários espanhóis, os incorporadores irlandeses, os banqueiros gregos e os industriais italianos se deram conta da pressão que Franz sofria para lhes conceder mais empréstimos, a postura deles mudou. Eles ficaram mais arrogantes à medida que ele se tornou mais insistente, pressionado pelas ordens da matriz para emprestar uma parte maior dos recursos que jorravam copiosamente das burras de Frankfurt.

Durante algum tempo Franz procurou alertar os membros do conselho do banco contra a enxurrada de empréstimos a clientes arriscados com os quais, pouco tempo atrás, o banco não queria qualquer tipo de contato. Seus relatórios foram solenemente ignorados, e ele sentiu uma reação inconsciente de desaprovação emanando da linguagem corporal de seus superiores nas raras ocasiões em que passava algum tempo em Frankfurt. Não tardou a perceber que seus relatórios iam de encontro ao plano de negócios dos altos escalões do banco. Ele estava correndo o sério risco de ser tachado de desleal e de "pessoa não confiável".

Nas reuniões estratégicas organizadas para fomentar a nova lógica dos altos escalões, Franz e seus colegas descobriram que, na verdade, a descrição de suas funções tinha mudado radicalmente. Eles não estavam mais ali para avaliar os clientes. A "avaliação" e a "administração" de risco tinham sido tiradas inteiramente deles. Eles estavam ali para mascatear empréstimos, para atingir sua cota, de uma forma não muito diferente da dos vendedores de enciclopédia, cujo êxito e cujos bônus dependem de quantas "unidades" eles despacham.

"Mas, e quanto ao risco envolvido na operação?", Franz me contou ter perguntado certa vez. Diferentemente das enciclopédias, que podem ser ignoradas pelo vendedor uma vez entregues aos clientes, os empréstimos têm o péssimo hábito de retaliar o "fornecedor". Banqueiros como Franz se sentem importantes porque são responsáveis por avaliar o risco de cada empréstimo concedido por eles. Era isso que lhes dava prestígio, a sensação de importância, o charme. Infelizmente, uma nova "divisão do trabalho" no interior do setor bancário terminara bruscamente com tudo isso.

Portadores de crédito como Franz passaram a ser orientados a ignorar o risco. "Deixem os riscos por conta dos nossos administradores de risco", lhes diziam. "Seu trabalho é ir atrás de rendimentos[215] e maximizar as quantias que vocês emprestam", eram as novas instruções. Depois que o cliente assinava o contrato e recebia o empréstimo de Franz, o contrato era encaminhado imediatamente para os administradores de risco, que começavam um processo desenvolvido originalmente em Wall Street.

Assim como nos Estados Unidos, os empréstimos de Franz eram divididos em pedaços pequenos, misturados e combinados com pedaços de outros empréstimos, empacotados, transformados em novos "produtos" conhecidos como "derivativos" e vendidos a outras instituições financeiras dos quatro cantos do planeta. Assim, o risco que Franz criara ao emprestar a europeus inescrupulosos era eliminado no vasto arquipélago do risco global "sem risco".[216]

A nova situação enfrentada por Franz certamente não era específica dos bancos da zona do euro. Elas tiveram origem em Wall Street, como resultado da financeirização que foi estabelecida às custas do Minotauro americano. Mais tarde ela se deslocou para a City londrina, Frankfurt e Paris. A diferença da experiência de Franz, comparada à de seus colegas da anglosfera, é o fato de se tratar de uma loucura extremamente particular que tem a ver exclusivamente com a forma que "correr atrás de rendimentos" assumiu no âmbito do euro.

---

215 Na linguagem bancária isso significa assegurar uma taxa de juros acima da taxa pela qual o banco toma emprestado e, se possível, acima das taxas de juros cobradas do cliente médio do banco.

216 Depois da implosão do setor financeiro em 2008, os bancos com o maior número de "administradores de risco" acabaram no mais fundo dos buracos negros. Para dar um exemplo, o Banco Real da Escócia empregava quatro mil (!) "administradores de risco", e acabou precisando de um socorro financeiro de 50 bilhões de libras do contribuinte britânico.

Maastricht proclamara que a união monetária era para sempre. Para consolidar essa ideia, o tratado de 1993 especificou as condições para ingressar na moeda única, mas não tomou nenhuma providência para quem quisesse sair. Desse modo, a doutrina do "Hotel California" foi consagrada pela legislação europeia. Uma vez que os mercados acreditavam nisso, os banqueiros alemães e franceses começaram a encarar um banqueiro irlandês ou grego como se ele equivalesse a um cliente alemão com a mesma qualificação creditícia. Fazia sentido: se a renda de todos os tomadores de empréstimo portugueses, austríacos e malteses era em euros, por que deveriam ser tratados de forma diferente? E se o risco envolvido nos empréstimos a indivíduos, empresas ou governos específicos não importava – já que os empréstimos seriam distribuídos pelo universo conhecido logo depois de serem concedidos –, por que tratar de forma diferente possíveis devedores de toda a zona do euro?

Agora que a moeda na qual gregos e italianos eram pagos não podia mais ser desvalorizada *vis-à-vis* a moeda alemã, emprestar a eles pareceu, aos bancos alemães e franceses, o equivalente a emprestar para uma instituição holandesa ou alemã. Na verdade, uma vez criado o euro, era mais lucrativo emprestar a pessoas, empresas e bancos dos Estados-membros deficitários do que a clientes alemães ou austríacos!

Isso porque em lugares como Grécia, Espanha e Sul da Itália o endividamento privado era extremamente baixo. As pessoas, naturalmente, eram mais pobres do que os europeus do Norte, viviam em casas mais simples, tinham carros mais velhos etc.; no entanto, a casa estava totalmente quitada, não tinham contraído empréstimo para comprar o carro e, no geral, tinham aquela profunda aversão à dívida que as lembranças recentes da pobreza produzem. Banqueiros adoram clientes com baixo nível de endividamento e alguma garantia, na forma de uma chácara ou um apartamento em Nápoles, Atenas ou Andaluzia. Tendo passado o medo de que a lira, o dracma ou a peseta em seus bolsos se desvalorizasse, eles se tornaram os clientes que banqueiros como Franz eram orientados a visar.

Franz deu alguns detalhes, para enfatizar a rapidez e a força com que seu banco visou a "periferia" europeia. Seu novo plano de negócios era claro: garantir uma porção do mercado da zona do euro maior que a dos outros bancos, em especial os bancos franceses, que também tinham entrado na farra dos empréstimos. Isso queria dizer uma coisa: ampliar os empréstimos para os países deficitários, que ofereciam aos bancos uma tripla vantagem.

Primeiro, o baixo nível de endividamento deixava um espaço imenso para uma quantidade muito maior de empréstimos. Um cálculo por alto fez os banqueiros franceses e alemães salivarem diante do "espaço para empréstimos" no Mediterrâneo, em Portugal e na Irlanda. Em comparação com os clientes britânicos ou holandeses, que estavam enterrados em hipotecas até o pescoço e que dificilmente tinham condições de tomar novos empréstimos, os clientes gregos e espanhóis podiam quadruplicar a quantia emprestada, considerando que, para começo de conversa, sua dívida era muito pequena.

Segundo, as exportações das nações superavitárias para os países deficitários tão bem recebidos no euro agora estavam imunes à desvalorização das moedas mais fracas extintas. No que foi considerado pelos banqueiros como um círculo "virtuoso", o aumento de empréstimos para as nações deficitárias prenunciava um maior crescimento doméstico, o qual, por sua vez, justificava os empréstimos que eles estavam estendendo a elas!

Terceiro, ficaram maravilhados com a enorme diferença entre a taxa de juros que conseguiam impor aos clientes alemães e a taxa de juros existente em lugares como a Grécia. Essa diferença abissal era um reflexo direto dos desequilíbrios comerciais. Um superávit comercial grande significa que os carros e as máquinas de lavar fluem do país superavitário para o país deficitário, enquanto o dinheiro flui no sentido contrário. O país superavitário é inundado pela "liquidez", com o dinheiro se acumulando proporcionalmente às exportações líquidas despejadas nos parceiros comerciais. À medida que a oferta de dinheiro nos bancos das nações superavitárias aumenta – em Frankfurt, para ser preciso –, seu preço cai. E como se determina o preço do dinheiro? Pela taxa de juros! Embora as taxas de juros despencassem na Alemanha, elas subiam na Grécia, Espanha etc., onde a saída de dinheiro (conforme os gregos e os alemães negociavam uma quantidade cada vez maior de Volkswagens) impulsionava o preço do euro no Sul da Europa.

Foi a crescente disparidade entre as taxas de juros dos empréstimos no núcleo da zona do euro e as da periferia que arruinou a vida de Franz. A criação do euro enchera involuntariamente os bancos alemães de liquidez, que pessoas como Franz eram obrigadas, pelos chefes, a reexportar para os rincões esquecidos das nações deficitárias, até então caracterizados por um baixo nível de endividamento. A missão de Franz era estimular o endividamento dos países deficitários com o objetivo de extrair os enormes lucros decorrentes da disparidade que separava as taxas de juros das nações mais fracas e mais fortes da zona do euro.

Graças às somas maiores implicadas, a dívida pública superava todos os empréstimos. Mesmo uma pequena diferença entre as taxas de juros que os banqueiros cobravam do Estado grego traduzia-se em enormes lucros. Desde que se mantivesse a premissa de que a união monetária duraria para sempre, essas diferenças de taxas de juros (também conhecidas como "spreads") asseguravam que o banqueiro que tomasse dinheiro emprestado na Alemanha ou França (por uma taxa de, digamos, 3%) e o emprestasse ao Estado grego (a, digamos, 4%) ganharia dinheiro sem se arriscar. Quanto? A diferença entre as duas taxas (ou seja, 1%) multiplicada pelo montante emprestado ao governo grego.

Quanto mais se emprestava dinheiro ao governo grego (ou, digamos, aos bancos irlandeses) menor o "spread"[217], e, consequentemente, maior a quantidade de empréstimos que os banqueiros

---

217 Quanto maior era a oferta de empréstimos a um devedor como o Estado grego, menor a taxa de juros que o banco tinha de cobrar para convencer o devedor a contrair outros empréstimos. Assim, a diferença, ou "spread", entre as taxas de juros pagas pelos governos grego e alemão encolhceu, aumentando ainda mais o compromisso dos banqueiros em emprestar mais dinheiro a esses devedores...

tinham de direcionar a ele (ou aos bancos irlandeses) para preservar seus lucros. Loucura talvez seja um termo suave para transmitir o que estava acontecendo. "Vivi a experiência de um emprestador predatório", foram as palavras de Franz quando o avião aterrissou. Pegamos a bagagem de mão e nos dirigimos para a alfândega. Franz me apertou a mão e acrescentou: "A Grécia era o nosso mercado de subprime. Boa sorte, meu chapa". Nenhum de nós imaginava que quatro anos mais tarde eu estaria me esforçando para explicar aos meus colegas ministros que as dívidas impagáveis da Grécia eram um sintoma da nossa loucura coletiva e "eurozônica".

Nein, Nein, Nein.

Setembro de 2008. Dick Fuld, o último CEO do Lehman, solicita ao secretário do Tesouro americano Hank Paulson uma gigantesca linha de crédito para manter o banco solvente. Como é do conhecimento de todos, Paulson recusa. Ele diz a Fuld que o máximo que pode fazer é pedir a outros bancos de investimento que ajudem a assumir alguns dos maus negócios do Lehman. Mas isso seria tudo: nada de resgate financeiro! "Se for preciso, declarem falência."

Imaginem uma conversa levemente diferente e totalmente fictícia na qual o secretário do Tesouro dissesse a Fuld: "Nada de resgate financeiro; além disso, vocês não podem declarar falência!" O quê? Um alto funcionário do governo certamente não pode exigir que uma instituição falida deixe de se declarar insolvente ao mesmo tempo em que lhe nega um resgate financeiro. Isso era algo que não podia acontecer. Mas foi o que aconteceu. Não nos Estados Unidos, é claro, mas na Europa, um ano e meio depois.

No final de 2009, Georges Papandreou, o recém-eleito primeiro-ministro grego, dispunha de todos os sinais de que a Grécia era um novo Lehman. Em janeiro de 2010, não havia mais nenhuma dúvida: o Estado grego não tinha nenhuma possibilidade de pagar o serviço da dívida gigantesca de mais de 300 bilhões de euros. Encerrados na zona do euro, não havia dracma para desvalorizar nem Banco Central grego ao qual recorrer. Desesperado para receber um resgate financeiro antes que os mercados e a população ficassem plenamente a par da situação, ele entrou em contato com os parceiros europeus da Grécia em busca de ajuda.

Havia dois interlocutores-chave que tinham a capacidade de responder ao seu apelo angustiado: a chanceler da Alemanha Ângela Merkel e Jean-Claude Trichet, um francês que presidia o Banco Central Europeu e que estava extremamente ansioso em manter a fachada das elites francesas de que a França e a Alemanha falavam a mesma língua e partilhavam a mesma pauta em questões monetárias.

A resposta de Merkel, secundada entusiasticamente por Trichet, entrará na história como a réplica mais bizarra de todas: "Nein" ao resgate financeiro da Grécia, "Nein" ao alívio da taxa de juros e, espantosamente, "Nein" ao *default* das dívidas gregas usando o método aplicado ao caso Lehman. A contradição jamais se mostrara tão nítida nem com tamanha desfaçatez. O líder de um país falido, cuja moeda surgira em Frankfurt e era controlada pelo Sr. Trichet, era orientado pela chanceler alemã a nem pensar em declarar a falência de seu país, ao mesmo tempo em que lhe negava apoio.

A analogia entre a Grécia e o Lehman se justifica de várias maneiras, apesar do fato de a primeira ser um país e o segundo um finado banco comercial. Assim que a financeirização enfrentou dificuldade, o Lehman e a Grécia estavam fadados ao colapso. Encarregada de saciar o enorme apetite do Minotauro americano pelas exportações e pelos recursos das nações superavitárias, a financeirização estava destinada a sofrer uma reviravolta brusca assim que a montanha de derivativos que ela ergueu atingisse um ponto crítico.[218] Como uma maré violenta que baixa sem avisar, o crédito e o dinheiro desapareceram dos circuitos financeiros americanos e europeus.

---

218 Tendo observado como um simples grão de areia a mais põe abaixo todo o monte, as crianças que erguem montes de areia sabem perfeitamente a razão disso. Essa mesma dinâmica garantia que um novo derivativo comercial que desse "errado" poria abaixo a financeirização.

Privadas das montanhas de dinheiro privado que os financistas faziam surgir diariamente como por encanto, as entidades mais endividadas seriam as primeiras a quebrar. Lehman e Grécia talvez fossem as mais conhecidas. Porém, por trás das manchetes e para além das figuras trágicas de Fuld e de Papandreou, algo maior e mais terrível estava se desdobrando: a segunda fase do pós-guerra chegava ao fim, e com ele as "certezas" ilusórias sobre as quais a zona do euro tinha sido erguida estavam prestes a se dissipar.

De todos os blocos econômicos e grandes economias, a menos preparada para aguentar as ondas de choque do violento *fin de siècle* era a zona do euro. Suas normas, acordadas em Maastricht, pareciam esparadrapos que mantinham de pé o edifício que rangia. O triplo "Nein" da chanceler alemã ao Sr. Papandreou resumia a determinação com a qual a ordem estabelecida da zona do euro rejeitaria a verdade a respeito de seus frágeis alicerces. Enormes falhas estruturais geraram uma negação impressionante.

Subterfúgio

O castelo de cartas da financeirização (ou, para ser preciso, os derivativos) começou a desmoronar em 2007, sob o peso de sua arrogância. Com a redução dos espetaculares ganhos privados, uma vez que os banqueiros não confiavam mais nos papéis uns dos outros, ocorreu por toda parte um rápido enxugamento de liquidez. A primeira corrida a um banco atingiu o britânico Northen Rock, à qual se seguiu o primeiro resgate financeiro bancado pelo contribuinte, do banco de investimentos americano Bear Stearns. Funcionários públicos americanos como Paulson, o presidente do FED, Ben Bernanke e o presidente do FED de Nova York, Timothy Geithner começaram uma sequência frenética de tentativas para estancar o "contágio".

Ao longo do ano seguinte eles autorizaram a criação do volume de recursos públicos que julgaram necessário para substituir o dinheiro privado que estava desaparecendo do sistema. Mas quais de seus amigos banqueiros eles deveriam salvar, e quais deveriam abandonar às forças do mercado? Em setembro de 2008 eles optaram por uma resposta matizada.

Eles permitiriam a quebra de um banco, o Lehman, para servir como fábula moral para o resto dos banqueiros e como um sinal para a população americana de que eles, seus representantes públicos, não estavam na mão dos banqueiros. Enquanto isso, eles estavam se preparando para socorrer todas as outras instituições financeiras, se a insolvência do Lehman saísse de controle. O resultado foi a maior transferência já vista de perdas privadas dos livros contábeis dos bancos para os registros contáveis da dívida pública.

Os problemas de Wall Street afetaram imediatamente a City londrina. A anglosfera passou, assim, de autoridade financeira suprema a caso insolúvel global. Funcionários públicos de Bruxelas, Paris, Frankfurt e Berlim exultaram, certos de que os "anglos" – que os tinham criticado asperamente em razão da fragilidade da união monetária europeia e do modelo social de mercado – tinham recebido o troco merecido. Isto é, até perceberem que os bancos alemães e franceses estavam numa situação pior que o Lehman, com seus registros de ativos soterrados debaixo de derivativos de origem americana que tinham perdido 99% do valor.

O governo federal da Alemanha reagiu de maneira desesperada. Em 2009, o Bundestag – Parlamento federal alemão – foi induzido de forma enganosa a reservar 500 bilhões de euros em créditos e transferências para salvar os bancos alemães. O mesmo aconteceu na França, onde as quatro principais instituições financeiras viram-se diante de uma quebradeira iminente. Parlamentares dos dois países receberam um aviso claro: ou vocês liberam montantes absurdos para os bancos ou o mundo, tal como o conhecemos, chegou ao fim.

Foi assim que políticos acostumados a questionar o gasto de míseros milhões de euros com os aposentados, a saúde ou a educação, deram carta branca aos seus governos para que transferissem centenas de bilhões a banqueiros até então com liquidez de sobra. "A solidariedade com os banqueiros" ajudou os bancos alemães e franceses a sobreviver ao colapso do seu comércio insensato de derivativos.

No entanto, outra catástrofe se avizinhava: os empréstimos restantes que banqueiros como Franz tinham concedido às regiões deficitárias da zona do euro eram de um tamanho suficientemente grande para levá-los à falência, caso os pressionados bancos irlandeses, espanhóis e gregos declarassem *default*. Antes que a tinta do acordo de resgate financeiro estivesse seca, um segundo resgate financeiro aos bancos pôs-se a caminho: um resgate financeiro para os banqueiros dos países deficitários cujos governos não dispunham de recursos para socorrê-los.

Como os governos da França e da Alemanha relutaram em pedir aos seus parlamentos novos recursos para os bancos irlandeses, italianos, espanhóis e gregos, a missão foi passada ao Banco Central Europeu (BCE). Carecendo de um mandato formal para lidar com bancos falidos da zona do euro, o BCE, sob a direção de Jean-Claude Trichet, tinha de apresentar uma proposta de sustentação dos bancos sediados em países como Itália e Grécia, que, diferentemente da Alemanha, não dispunham de recursos para injetar centenas de bilhões neles.

Carecendo dos poderes que um Banco Central respeitável deve ter, o BCE permitiu que os bancos da zona do euro fizessem algo incrivelmente arriscado: emitir IOUs[219] que ninguém queria comprar (dado que os bancos estavam insolventes), leva-los ao ministro das Finanças do seu governo, fazer com que ele imprimisse neles a garantia do Estado (que todos sabiam que o Estado não podia honrar) e, finalmente, fazer com que os bancos depositassem esses papéis de volta no BCE, como "garantia" em troca do dinheiro que o BCE criara para emprestar aos bancos.

Na verdade, o Banco Central da zona do euro, cuja carta patente da época de Maastricht proíbe que ele empreste a go-

---

219 IOU (sigla da expressão em inglês coloquial "I owe you" ["Eu lhe devo"]) é um pedaço de papel no qual escrevo: "Eu, Yanis Varoufakis, confirmo que pagarei ao portador deste pedaço de papel a quantia de X euros em tal e tal data. Esse pedaço de papel pode ser transferido sem restrição". Desde que eu seja considerado solvente, esse IOU tem valor de mercado, podendo ser vendido por um portador que prefira receber agora uma quantia inferior a X a esperar até a data especificada para receber os X euros.

vernos ou bancos insolventes dos Estados-membros, estava emprestando indiretamente ao governo de cada nação deficitária o dinheiro de que seus bancos insolventes necessitavam para fingir que *não* estavam insolventes.[220] Desse modo, os bancos fingiram que estavam solventes, os Estados deficitários fingiram que tinham o dinheiro para garantir que os bancos estavam solventes e o BCE não se envolveu, fingindo que essas duplas lamentáveis de bancos e Estados insolventes estavam totalmente solventes, e, consequentemente, qualificadas, de acordo com a carta patente do próprio banco, a ter acesso à sua "liquidez".

O estranhíssimo ritual que eu tive de aturar durante os cinco meses em que fui ministro das Finanças da Grécia, na primeira metade de 2015, estava relacionado a esse embuste, inventado oito anos antes. Meu assessor de confiança e grande amigo Wassily Kafouros entrava em minha sala trazendo os contratos segundo os quais meu ministério – e, por extensão, o Estado grego – garantia os IOUs em nome dos bancos gregos. Ciente do meu desprezo por esse "arranjo", Wassily me abordava com extremo cuidado e somente nos momentos em que ele julgava que eu não estava muito estressado. Nós dois ficávamos furiosos diante da triste realidade de que a qualquer momento minhas assinaturas estavam garantindo mais de 50 bilhões da dívida dos bancos privados, enquanto nosso país não conseguia juntar umas poucas centenas de milhões de euros para custear os hospitais públicos, as escolas e os aposentados idosos gregos.

Pôr minha assinatura naqueles pedaços de papel semana sim, semana não, foi provavelmente a coisa mais estranha – e ao mesmo tempo mais repulsiva – que eu tive de fazer. O "concorrente" mais próximo ao prêmio de "Tarefa Ministerial Mais Desagradável" era a repetição obrigatória da mentirinha que os bancos gregos estavam solventes e que o governo honraria todos

---

220 E quando esses IOUs expiraram, todo o processo se repetiu: os bancos emitiram outros IOUs, que o governo novamente garantiu para que eles pudessem ser trocados pelos IOUs prestes a expirar.

os compromissos com todos os credores, incluindo as garantias que eu estava assinando, sabendo muito bem que, em caso de necessidade, eu não poderia honrá-las.

Meu consolo era que eu não estava sozinho: os ministros de Finanças e os diretores dos Bancos Centrais estavam envolvidos com esse tipo grosseiro de subterfúgio desde os dias emocionantes do outono de 2008.[221]

Negação

O motivo pelo qual a Grécia se tornou o primeiro país da zona do euro a abrir falência de forma clara era bastante simples. A partir do momento em que pareceu provável que o dracma tinha acabado e que o lugar da Grécia no euro estava seguro, banqueiros como Franz começaram a conceder empréstimos de maneira desenfreada, pelo motivo que ele me explicou de forma tão eloquente durante a viagem para Nova York.

A parte da história que Franz deixou de fora, provavelmente porque não percebeu sua importância, foi a pauta de reforma do mercado de trabalho (conhecida como reformas Harts[222]) que a República Federal Alemã aprovou assim que as cédulas de euro começaram a circular. Num momento em que o crescimento era liderado pelos Estados Unidos, essas reformas visavam aumentar as exportações e a "competitividade" alemãs por meio da redução significativa do salário médio dos trabalhadores alemães, da diminuição do valor do salário-hora e da pressão para que inúmeros trabalhadores aceitassem os chamados *mini-jobs*.[223]

---

221 A única diferença entre nós é que eu não estava suficientemente motivado a me calar sobre aquilo. Mas isso é outra história
222 Peter Hartz, que concebeu essas reformas, era diretor de Pessoal da Volkswagen. Existe aqui uma bela ironia em vista do envolvimento da Volkswagen no importante escândalo das emissões, que marcou profundamente a indústria alemã.
223 Os *mini-jobs* limitavam a jornada de trabalho a dezesseis horas por semana, com um salário mensal padrão entre 400 e 450 euros.

A consequência disso foi que os trabalhadores alemães não podiam adquirir os bens que produziam, uma vez que a sua participação nos lucros dos patrões caíra. Privados da demanda doméstica, os produtos alemães excedentes fluíram para lugares como Irlanda, Grécia e Espanha, onde a demanda por eles era sustentada pelos empréstimos que Franz e seus colegas banqueiros de Frankfurt deslocaram para a periferia da Europa, recorrendo ao excesso de lucro das empresas alemãs.

O resultado dessa exportação de bens e lucros alemães para o restante da zona do euro foi um crescimento anual – alimentado pela dívida – de 5% na Grécia e na Irlanda, fazendo com que essas sociedades frágeis e dominadas pelo déficit se parecessem com economias milagrosas, o oposto de uma Alemanha "preguiçosa" que crescia a uma taxa medíocre de 1%. Deve causar surpresa que trabalhadores alemães financeiramente estressados em visita à Grécia nos meses de verão esfregassem os olhos diante de uma ascensão do padrão de vida com a qual eles só viam nos sonhos? E é um mistério que quando a bolha impulsionada pelo crédito estourou no Sul da Europa esse espanto tenha se transformado em hostilidade com relação às "cigarras" da Grécia, Espanha e Itália?

Naturalmente, o que os turistas alemães nunca perceberam foi que a Grécia estava cheia de formigas trabalhadoras que lutavam para sobreviver durante aqueles anos de taxas milagrosas de crescimento. Os trabalhadores de baixos salários e os aposentados ouviam dizer que eles nunca tinham vivido tão bem; que seu salário real e seu padrão de vida estavam subindo. Só que eles *não* sentiam isso! E tinham razão![224] Enquanto os gregos mais ricos,

---

[224] Os salários e as pensões nominais dos gregos mais pobres estavam aumentando em torno de 3,5%, um aumento significativo pelos padrões europeus da época. Diziam-lhes que o índice oficial de inflação era de apenas 3%. Portanto, o poder de compra deles também devia estar aumentando. Mas não estava! A razão é que para os gregos mais pobres o índice de inflação era muito maior, cerca de 9%, embora o índice de inflação para os gregos mais ricos fosse... negativo. Negativo? Sim. Caso você tivesse uma mansão nos subúrbios do norte de Atenas que fosse paga por meio de uma hipoteca, a queda acentuada das

que viviam muito bem em decorrência dos empréstimos alemães e franceses, prosperavam, os gregos mais pobres se sentiam cada vez mais presos na armadilha da pobreza. Isso nos bons tempos! E quando vieram tempos ruins em 2010, disseram-lhes que eles tinham sido as cigarras esbanjadoras que tinham provocado a crise, e que agora tinham de arcar com as consequências.

Com a inflação em torno de 3%, o Produto Interno Bruto grego, medido em euros, crescia a uma taxa de 8%.[225] Enquanto isso, as taxas de juros tinham caído para 3%, devido ao fluxo de dinheiro alemão para a Grécia. Se pensarmos na dívida e na renda como duas montanhas que crescem, a dívida pública de um país pode ser inteiramente quitada de maneira adequada desde que a montanha da renda cresça mais rapidamente que a montanha da dívida (8%, em comparação com 3%). Mas quando os acontecimentos de 2008 espalharam por toda parte o "aperto de crédito", duas coisas terríveis aconteceram simultaneamente.

Em primeiro lugar, a suspensão de novos créditos a Deus e todo mundo significava que o Estado grego não podia mais refinanciar sua dívida, a menos que estivesse disposto a pagar taxas de juros acima de 10% aos poucos investidores amantes de risco que tinham sobrado nos mercados financeiros. Em segundo lugar, o Produto Interno Bruto grego passou a ter um crescimento negativo, com seu nível caindo devido a uma recessão global que enfraqueceu o turismo e a renda de um número incalculável de gregos que negociavam produtos importados financiados pela dívida. Quando a taxa de crescimento da montanha da dívida explodiu, passando

---

taxas de juros produzida pelas práticas do meu amigo Franz e de seus colegas significava que seu custo de vida caíra! Assim, durante os primeiros anos do euro, durante os "bons tempos", as cigarras gregas prosperaram enquanto as formigas trabalharam. Em 2010, as cigarras tinham levado seus ganhos ilícitos para fora do país sem pagar os devidos tributos, e as formigas é que foram chamadas a resgatar financeiramente o Estado falido e os bancos falidos por meio de cortes nas aposentadorias, nos salários, nos serviços de saúde etc.

225 5% de crescimento real mais 3% do aumento médio dos preços corresponde a um crescimento nominal de 8%.

de 3% para 10%, e a montanha da renda começou a encolher em vez de crescer (primeiro a -3%, depois a -5%), a "sustentabilidade da dívida" grega virou uma contradição em termos.

Diante dessa realidade cruel, o triplo "Nein" ao pedido de ajuda de George Papandreou no início de 2010 foi de uma estupidez impressionante. Foi tão realista como sugerir que ele deveria transportar a Grécia para outra galáxia onde seria possível evitar o pedido de falência sem desvalorizar, sem o alívio da dívida e sem novos empréstimos. O triplo "Nein" foi a expressão previsível da recusa flagrante da Europa em admitir que estava diante de uma crise estrutural. Que ela tinha criado uma união monetária caracterizada por Estados que não dispunham de um Banco Central para respaldá-los num momento de crise global e por um Banco Central Europeu sem um Estado que o respaldasse. Que era impossível pôr em prática as normas de Maastricht.

O triplo "Nein" da zona do euro foi mantido de janeiro a maio de 2010, quando Berlim e Frankfurt não puderam mais furtar-se à realidade de que a Grécia estava prestes a declarar *default* sobre suas dívidas com os bancos alemães e franceses. Então, em maio de 2010 a negação da Europa assumiu outra forma: a do chamado resgate financeiro da Grécia, que se tornaria o modelo que em breve caiu sobre Dublin, Lisboa e Madrid, e que deixou sua marca em Roma – e até mesmo na Holanda e na França –, empurrando todo o continente para um novo período de recessão.[226]

A essência do acordo de resgate financeiro oferecido à Grécia era simples: como agora vocês estão insolventes, vamos conceder-lhes o maior empréstimo da história, com a condição de que

---

[226] Se tivessem permitido que a Grécia declarasse *default* e tivessem recuperado a solidez dos bancos alemães e franceses da maneira que os suecos e finlandeses fizeram em 1992, a recessão teria sido evitada. Para exemplos de políticas alternativas à austeridade sem sentido, ver Capítulo 7 (seção intitulada "Europeização Descentralizada: ou como substituir Tina por Tatiana").

vocês encolham seu Produto Interno Bruto numa magnitude jamais vista desde *As Vinhas da Ira*[227].

Aquilo não foi resgate financeiro. A Grécia nunca recebeu resgate financeiro. Tampouco os outros suínos da Europa – ou PIIGS[228], como passou a ser estigmatizado o grupo composto por Portugal, Irlanda, Itália, Grécia e Espanha. O resgate financeiro da Grécia, e com ele o da Irlanda, de Portugal e da Espanha, foi, fundamentalmente, um pacote de resgate dos bancos franceses e alemães. Tendo forçado suas regras para resgatar os bancos privados dos PIIGS (com a emissão dos IOUs mencionados anteriormente), o BCE tinha dado à chanceler Merkel e ao presidente da França Nicolas Sarkozy uma certa folga, para que não precisassem pedir novamente a seus parlamentos mais dinheiro do contribuinte para os bancos franceses e alemães. Porém, era preciso muito mais.

Em maio de 2010, os títulos do governo grego tinham perdido 82% do valor. Dito de outra maneira: um banco ou investidor privado que possuísse 100 euros em títulos do Estado grego só conseguiria revender essa dívida por 18 euros. Isso representava um desastre para os bancos franceses e alemães, que possuíam quase 200 bilhões de euros em títulos gregos. E isso era apenas a ponta de um enorme iceberg. Em 2009, a exposição dos bancos alemães à dívida grega, irlandesa, espanhola, portuguesa e italiana alcançou a quantia vertiginosa de 704 bilhões de euros![229] Muitíssimo mais que todo o capital fixo do sistema bancário alemão. Se a Grécia afundasse e o contágio levasse junto alguns outros bancos periféricos, o sistema bancário alemão ficaria em sérias dificuldades.

Subitamente, tornou-se indispensável "salvar" a Grécia. Porém, como o Estado grego estava excluído dos mercados financeiros

---

227 N. do T.: Referência ao célebre romance de John Steinbeck que retrata a saga de uma família que, durante atingida pelos efeitos da Grande Depressão da década de 1930, é expulsa de sua pequena propriedade em Oklahoma e parte para a Califórnia em busca de trabalho
228 N. do T.: A sigla em inglês formada pela primeira letra de cada um desses países remete à palavra "pigs" (porcos).
229 Dados disponibilizados pelo Banco de Compensações Internacionais.

– já que nenhum investidor sensato emprestaria ao governo de Atenas –, os bancos alemães e franceses temeram pelo pior: a Grécia declararia *default* e eles ficariam à mercê de reguladores cujas normas diziam que eles tinham de tornar pública a insolvência de bancos do porte de um BNP Paribas ou Finanz Bank.

O resgate financeiro dos bancos alemães e franceses se tornara inevitável. O segundo em menos de dois anos. O problema, nesse caso, era que a chanceler Merkel e o presidente Sarkozy não podiam nem pensar em pedir que seus parlamentos dessem mais dinheiro para seus amiguinhos banqueiros. Portanto, eles usaram o argumento de que dispunham: foram até os parlamentos invocando o valioso princípio da solidariedade com a Grécia, depois com a Irlanda, Portugal e, finalmente, Espanha. Dessa forma, o Sr. Papandreou foi forçado a aceitar o maior empréstimo da história, cuja parte principal – mais de 91% – foi para reabastecer os banqueiros franceses e alemães (isto é, recomprar deles por 100 euros títulos cujo valor de mercado tinha caído para menos de 20 euros).

Uma manobra cínica que transferiu um prejuízo de centenas de bilhões dos livros contábeis dos bancos franceses e alemães para os contribuintes europeus foi apresentada ao mundo como uma prova da solidariedade europeia! O que torna essa transferência ofensiva, e não apenas cínica, é que o empréstimo feito à Grécia não veio apenas dos contribuintes franceses e alemães, mas também dos contribuintes portugueses, eslovacos e irlandeses – de países cujos bancos não tinham nada a ganhar. Essencialmente, os prejuízos privados dos bancos franceses e alemães foram distribuídos por toda a zona do euro, obrigando até mesmo os cidadãos mais vulneráveis do Estado-membro mais vulnerável a participar da vaquinha.

A proposta do resgate financeiro grego não caiu bem nos dezesseis parlamentos em que foi colocada em pauta. Nacionalistas e antieuropeus ansiavam pela oportunidade de fustigar seus governos por ousarem pedir que a "sua" população desse dinheiro à mais imprestável de todas as cigarras do Mediterrâneo, quando eles próprios estavam sofrendo com a recessão pós-2008. Atrás dos bastidores, o governo lhes diria que o resgate financeiro grego tinha a ver, de fato, com o resgate de seus próprios bancos. Ainda assim, a oportunidade de simular um espetáculo de fervor nacionalista era tentadora demais para ser ignorada. Portanto, eles fizeram uma exigência: queriam ver um pouco de "sangue" grego antes de concordar com o maior empréstimo da história da economia, em nome (supostamente) de Atenas.

Desse modo, o empréstimo grego veio vinculado a condições odiosas concebidas para provocar um sofrimento visível na população grega mais vulnerável. As "condicionalidades", como as condições eram chamadas, resumiam-se ao desmonte das cláusulas básicas da Previdência Social, desmonte esse que seria supervisionado por funcionários que representavam o BCE, a Comissão Europeia e o Fundo Monetário Internacional.[230]

Foi assim que a Troika nasceu. Ela se compunha de um pequeno grupo de xerifes, disfarçados de tecnocratas, que adquiriram poderes com os quais os governos europeus nem sonham. A cada visita da Troika, o sonho de uma prosperidade europeia compartilhada recebia mais um golpe. Ela representou um novo episódio daquilo a que me referi certa vez como uma simulação de afogamento fiscal da nação que a deixava mais fraca, mais endividada, desmoralizada.

Simulação de Afogamento Fiscal

Meu uso da expressão "simulação de afogamento fiscal" em 2010 foi utilizado, depois que me tornei primeiro-ministro em 2015, como "prova" de que eu era um provocador. Na verdade, era uma

---

[230] Depois da crise da dívida do Terceiro Mundo, da crise latino-americana e das crises do Sudeste da Ásia o FMI já tinha ficado com a reputação de xerife global implacável. Ironicamente, no momento (2010) em que seu diretor executivo, o abjeto Dominique Strauss-Kahn, tentava suavizar a imagem do FMI, a chanceler Merkel insistiu que ele deveria fazer parte da Troika. Ela precisava da sua participação para convencer os membros de seu próprio parlamento de que as condições de austeridade do resgate financeiro seriam impostas de forma implacável. Dessa maneira, quando o FMI se envolveu em outra série de "resgates" que obrigaram os fracos a sofrer o que não mereciam, sua "nova imagem" foi abandonada.

expressão totalmente apropriada e razoável para descrever as práticas da Troika em Atenas e em outros lugares. O que significa a expressão "simulação de afogamento"? Você pega o indivíduo, enfia a cabeça dele na água até ele sufocar, mas, a uma certa altura, antes que ele morra, você para. Tira a cabeça dele no último instante, permite que ele dê algumas respiradas agoniadas e depois enfia a cabeça dele de novo na água. Repete até ele confessar.

Obviamente, a simulação de afogamento fiscal não é física, é fiscal. Mas a ideia é a mesma, e é exatamente o que aconteceu a sucessivos governos gregos desde 2010. Em vez de ar, os governos gregos que mantinham dívidas insustentáveis eram privados de liquidez. Defrontados com os pagamentos que tinham de fazer a seus credores, era-lhes negada liquidez até o derradeiro instante, logo antes da falência formal, até que eles "confessassem"; isto é, até que assinassem acordos que, eles sabiam, aprofundaria a crise da economia real. Nesse momento, a Troika fornecia liquidez suficiente para reembolsar seus próprios membros (o BCE e o FMI). E assim por diante.

Assim como no caso da simulação de afogamento, a liquidez – o "oxigênio" fornecido – era calculada para manter apenas o "indivíduo" vivo, sem declarar formalmente *default*, mas nunca mais do que isso. E assim prosseguia a tortura, fazendo com que o governo ficasse totalmente sob o controle da Troika. É assim que a simulação de afogamento fiscal funciona, e eu não consigo imaginar uma expressão melhor e mais precisa para descrever o que vem acontecendo desde 2010. Durante os cinco meses que passei no Ministério das Finanças acabei conhecendo esse processo interessantíssimo intimamente e em primeira mão. Como, por exemplo, quando o Banco Central Europeu conspirou para reduzir o acesso do nosso governo à liquidez impedindo que os bancos gregos comprassem títulos do Tesouro Nacional.

Decisiva para compreender por que as tentativas da Troika jamais poderiam dar certo, e tinham de ficar restritas ao papel de simulação de afogamento fiscal, era a enorme incongruência existente no núcleo do acordo do empréstimo grego.

Como só estava interessada em disfarçar um caso grave de falência como uma crise de liquidez, a Europa forneceu o maior empréstimo da história ao Estado-membro mais falido da zona do euro, sob condições de austeridade que garantiam a queda do Produto Interno Bruto grego – de onde sairiam os recursos para reembolsar os antigos e os novos empréstimos.

Não é preciso mais que uma criança inteligente de 8 anos de idade para perceber que isso não podia acabar bem...

Austeridade Ponzi

Na verdade, Franz e seus colegas banqueiros tinham estado à frente de um enorme esquema de crescimento Ponzi nos países da união monetária europeia. É isso que ele queria dizer com sua confissão melancólica: "Eu me tornara um emprestador predatório". E quando essas pirâmides vinham abaixo, como acontece inevitavelmente com os esquemas Ponzi, o crescimento Ponzi se transformava no que denominei certa vez de "austeridade Ponzi".

Os esquemas Ponzi padrão baseiam-se num truque de prestidigitação que gera a impressão de um fundo cujo valor cresce mais rápido que o valor que foi agregado a ele. Na verdade, é o oposto que acontece. O manipulador por trás de um esquema Ponzi geralmente se serve de parte do capital investido enquanto o esquema não consegue gerar novos capitais para repor esses "vazamentos", quanto mais pagar o retorno prometido. Naturalmente, a aparência de crescimento – que, na verdade, não existe – é o chamariz que atrai novos participantes para o esquema, e o capital deles é usado pelo operador do esquema de Ponzi para manter a fachada de um crescimento genuíno.

A austeridade Ponzi é o inverso do crescimento Ponzi. Enquanto os esquemas de crescimento Ponzi baseiam-se no chamariz de um fundo crescente, no caso da austeridade Ponzi o que atrai os participantes falidos é a promessa de redução da dívida visando superar a insolvência, o que se faria combinando a medida de austeridade de "apertar o cinto" e novos empréstimos que forneçam ao falido os recursos necessários para reembolsar as dívidas vencidas (títulos, p. ex.). Como é impossível sair da insolvência dessa maneira, em razão do efeito depressivo que a austeridade tem sobre a renda, os esquemas de austeridade Ponzi – do mesmo modo que os esquemas de crescimento Ponzi – precisam receber um fluxo constante de novos empréstimos para sustentar a ilusão de que a falência foi evitada. Porém, para atrair esse capital, os operadores da austeridade Ponzi têm de fazer o possível para manter a fachada da redução do déficit.

O crescimento Ponzi está na praça há muito tempo. Mas foi preciso a sabedoria coletiva das pessoas importantes da Europa para criar o primeiro esquema de austeridade Ponzi da história. Os contratos de empréstimo feitos à Grécia, à Portugal, à Irlanda, à Espanha e ao Chipre são exemplos brilhantes disso. Estados falidos, num abraço de afogados com setores bancários falidos, foram obrigados a aceitar empréstimos cada vez maiores (vindos, principalmente, dos contribuintes europeus) em condições de austeridade extremamente rigorosas.

À medida que o esquema avançou, mais empréstimos vieram se juntar a ele, e a dívida pública em relação ao Produto Interno Bruto aumentou. Como nos esquemas de crescimento Ponzi, em que o valor total de todo o fundo se esvai continuamente, no caso da austeridade Ponzi são necessários cada vez mais empréstimos para sustentar a simulação da redução da dívida.

Eis aqui um exemplo do pior cenário de austeridade Ponzi ao estilo da zona do euro: estamos na primavera de 2012. O governo interino grego que aderira ao segundo resgaste financeiro[231] do país tinha caído, vencido pela ira popular diante da situação deplorável do país. Uma nova eleição ocorreria em maio de 2012, e o Syriza, o partido de esquerda radical que defendia a revogação do acordo de resgate financeiro, estava subindo rápido nas

---

[231] Que, naturalmente, era necessário, uma vez que o primeiro resgate financeiro fracassaria de qualquer maneira, pois não passava do esquema de austeridade Ponzi original.

pesquisas. Amedrontada com a perspectiva de que um partido contrário a ela assumisse o governo, a Troika suspendeu o desembolso de partes do empréstimo para o governo interino grego.[232]

O governo interino grego ficou sem alternativa senão suspender os próprios pagamentos às instituições e cidadãos gregos. Hospitais, escolas, salários e aposentadorias: todos foram atingidos. Mas a preocupação das pessoas importantes era com a dívida grega ao Banco Central Europeu – o BCE. Veja, caro leitor, que um ano antes, em 2010, uma tentativa infeliz de fortalecer os títulos do governo grego feita pelo presidente do BCE, o Sr. Jean-Claude Trichet, envolveu a compra de uma grande quantidade de títulos gregos por um preço baixíssimo. O objetivo declarado era sustentar seu "valor", e, assim, ajudar a evitar que o Estado grego perdesse o "acesso aos mercados" – ou seja, sua capacidade de pedir empréstimo para investidores privados.[233]

A manobra de Trichet falhou, e a Grécia faliu.[234] Não obstante, o BCE conservou esses títulos, e eles começaram a vencer. Se eles não tivessem sido adquiridos pelo BCE em 2010, seu valor teria sido

---

[232] No fim, o Syriza não venceu a eleição, mas terminou num convincente segundo lugar. Sua vitória acabou ocorrendo no dia 25 de janeiro de 2015, numa eleição que eu disputei com êxito e que resultou em minha indicação para ministro das Finanças da Grécia.

[233] Ao verem que o BCE estava comprando títulos gregos, dizia a teoria, os investidores poderiam ser estimulados a também fazer o mesmo.

[234] A manobra poderia ter funcionado não fosse o fato de o Sr. Trichet, num gesto de desconcertante insensatez, anunciar antecipadamente o montante que o BCE iria gastar nessas compras, para conter os especuladores. Foi um convite claro para que os especuladores ganhassem dinheiro, contanto que pudessem gastar mais dinheiro do que o BCE estava disposto a gastar. Em termos do Velho Oeste, foi como se Clint Eastwood chegasse ao local do duelo anunciando ao adversário quantas balas tinha no revólver. Contanto que o adversário tivesse uma a mais, seu destino estava selado. Por outro lado, existe uma explicação mais simples para o fato de o Sr. Trichet e o BCE terem agido assim: eles só se preocupavam em manter os bancos franceses e alemães incólumes (comprando para eles, pelo preço cheio, os títulos do governo grego cujo valor despencara); a história de se empenhar para manter a Grécia nos mercados financeiros não passou de desculpa.

reduzido como acontecera com o restante dos títulos do governo grego que estavam nas mãos de particulares alguns meses antes, no começo de 2012. Mas não, o BCE não pode aceitar desvalorizações provenientes de Estados-membros, porque isso é contrário à carta patente de Maastricht, que o proíbe de fazer qualquer coisa que pareça que ele está financiando Estados-membros (exceto, naturalmente, quando ele distorce suas próprias normas para resgatar diversos banqueiros – como vimos anteriormente).[235]

Isso significava que o governo interino grego, enquanto punha a economia social da Grécia numa situação difícil, tinha de encontrar 5 bilhões de euros em alguns dias para reembolsar o BCE por um dos títulos vencidos. De onde viria o dinheiro? A Troika suspendera as parcelas do empréstimo, e nenhum corsário estava disposto a ir onde até mesmo a Troika se recusava a pisar.

---

235 No primeiro resgate financeiro da Grécia, em maio de 2010, a posição ridiculamente inflexível com relação à Grécia era: não à desvalorização, não ao alívio da dívida, sim a um empréstimo enorme (no valor de 110 bilhões de euros) com taxas de juros elevadas. Naturalmente, os únicos beneficiários eram aqueles para os quais o resgate financeiro fora planejado: os bancos franceses e alemães. Uma vez evitadas suas perdas, Bruxelas e Frankfurt começaram a planejar a desvalorização inevitável que atingiria os gregos que possuíam uma pequena quantidade de títulos do governo e, tragicamente, os fundos de pensão gregos, cuja carta patente os obrigava a aplicar seu capital em títulos do governo grego. Portanto, um segundo "resgate financeiro", que incluiu uma desvalorização para os fracos, foi ratificado na íntegra na primavera de 2012. Para conter a dívida estratosférica, os títulos nas mãos dos particulares foram consideravelmente desvalorizados, duas vezes: uma na primavera de 2012, e a outra em dezembro de 2012 (dessa vez sob a falsa aparência de uma "recompra da dívida"). Resumindo: em 2012 a dívida privada grega sofreu uma redução de 85% em valores reais. Só que os banqueiros e o BCE (que, sob a direção de Trichet, comprara mais de 50 bilhões da dívida pública grega) foram inteiramente protegidos. O Estado grego tomou emprestado mais 130 bilhões de euros, dos quais 50 bilhões seriam injetados nos bancos gregos e 50 bilhões seriam usados para reembolsar o BCE, que se comportou como um negociador de um fundo de hedge . As únicas vítimas da desvalorização foram aquelas que detinham pequenas parcelas da dívida grega, além dos aposentados, cujos fundos de pensão, na verdade, tiveram seu capital fixo roubado.

Nessas circunstâncias, o óbvio seria que Atenas declarasse *default* sobre os títulos em poder do BCE ou que este oferecesse ao governo grego prazos de vencimentos mais longos, um *swap* da dívida etc., mas isso era algo que Frankfurt e Berlim rejeitavam maldosamente. Quando se tratava de países como Alemanha e França, as normas existiam para serem transgredidas.[236] Mas para países como a Grécia, "normas são normas!". Mesmo que sejam normas inviáveis e inexequíveis! O Estado grego podia declarar *default* contra os cidadãos gregos e não gregos extremamente vulneráveis, contra os fundos de pensão etc., mas suas dívidas com o BCE eram sagradas. Tinham de ser pagas acontaça o que acontecer. Mas como?

A "solução" que eles apresentaram foi esta: o BCE permitia que o governo grego emitisse IOUs sem valor (ou, mais precisamente, títulos do Tesouro de curto prazo), aos quais nenhum investidor teria acesso, e os transferisse aos bancos gregos insolventes.[237] Os bancos gregos insolventes então transfeririam esses IOUs ao Sistema Europeu de Bancos Centrais[238] como garantia em troca de empréstimos que os bancos então devolveriam ao governo grego para que Atenas pudesse reembolsar o BCE.

Se isso parece um esquema Ponzi é porque ele é o maior de todos os esquemas Ponzi! Um festival de austeridade Ponzi que, curiosamente, deixou os bancos insolventes e o Estado grego insolvente um pouco mais insolvente, enquanto a população grega mergulhava cada vez mais no desespero. E tudo isso para que a União Europeia pudesse fingir que suas normas sem sentido tinham sido respeitadas.

---

236 Os primeiros países que violaram as normas do Tratado de Maastricht foram a Alemanha e a França, pouco tempo depois da introdução do euro. Em particular, após a recessão pontocom de 2001, Berlim teve a oportunidade de optar entre romper o limite do déficit orçamentário de 3%, que fazia parte das normas de Maastricht, e submeter a economia alemã a uma rígida austeridade. Escolheu a ruptura. O mesmo aconteceu com a França alguns meses depois.

237 Que já estavam emitindo seus próprios IOUs sem valor, garantidos pelo Estado grego insolvente!

238 Por meio da chamada Assistência de Liquidez de Emergência (ELA, na sigla em inglês).

Este é apenas um exemplo do círculo vicioso de austeridade Ponzi que foi repetido incessantemente por toda a zona do euro. Seu propósito declarado era reduzir as dívidas. Mas a dívida cresceu por toda parte. Entre 2008 e 2010, quando as "necessidades" imediatas dos bancos foram atendidas pelos contribuintes sempre tão generosos, a dívida da zona do euro em relação à renda passou de 66,2% para 80%. Depois, entre 2010 e 2014, a austeridade empurrou a dívida da área do euro para mais de 91% do PIB. No entanto, nos países em que a austeridade foi mais rigorosa, a dívida explodiu. A tabela abaixo revela a triste história da austeridade Ponzi:

Ano	Zona do euro	Grécia	Irlanda	Portugal	Espanha	Itália
2008	66.2%	105.4%	25%	68.3%	36.1%	103.6%
2010	80%	129.7%	64.4%	83.7%	54%	116.4%
2014	91%	175%	123%	129.7%	92.1%	130%

Trata-se de um fracasso? Sim e não. É um fracasso em termos dos objetivos declarados de Bruxelas, mas não em termos dos motivos ocultos. Pois, na realidade, o verdadeiro objetivo dos empréstimos de "resgate financeiro" era transferir as dívidas ruins da Periferia dos livros contábeis (principalmente) dos bancos do Norte da Europa para os ombros dos contribuintes europeus, às custas do aumento da dívida e de uma recessão provocada pelas amarras, ou condições, vinculadas aos novos empréstimos.

Essas transferências arriscadas, feitas em nome da "solidariedade" europeia, levaram a uma dança dos afogados entre bancos insolventes e Estados falidos, duplas melancólicas que eram empurradas, na sequência, para o despenhadeiro da austeridade competitiva. Deflação, investimento baixíssimo, fragmentação social e níveis crescentes de pobreza asseguraram que amplos setores de orgulhosas nações europeias – principalmente a população mais vulnerável – fossem arrastados para o equivalente hoje dos albergues vitorianos.

Impotência

Estamos em 2011. O ministro das Finanças de uma importante nação europeia – cuja economia deixava a da Grécia no chinelo – está ansioso em busca de ideias que possam interromper o efeito dominó que está levando seu país para o buraco. Ele concorda em se encontrar com um amigo meu que gostaria de transmitir ao ministro uma proposta para estancar a dívida esmagadora da zona do euro.

O ministro ouve a ideia e gosta muito dela. Ele ordena imediatamente que seus auxiliares organizem reuniões entre o visitante e funcionários de Bruxelas, membros do Parlamento Europeu etc., com o objetivo de ajudar o visitante a pressionar essas pessoas influentes em favor daquela proposta interessante. Nessa altura o visitante se volta e diz:

> *Ministro, qual a razão disso? Por que devo tentar convencer todos esses funcionários se convenci o senhor? O senhor é o ministro das Finanças de uma importante nação europeia. O senhor tem assento no Eurogrupo e no Ecofin (Conselho de ministros das Finanças da União Europeia). Se gostou da minha proposta, por que não a coloca na pauta desse fórum superior como se fosse sua?*

O ministro sorriu. Recostando-se em sua poltrona luxuosa, respondeu de uma forma que, tragicamente, era totalmente compreensível:

> *Sabe o que vai acontecer se eu colocar na pauta sua brilhante proposta? SMSs vão jorrar da sala enquanto eu estiver falando. A imprensa logo vai noticiar que eu coloquei em pauta uma proposta para administrar de forma centralizada uma parcela da dívida de cada Estado-membro da zona do euro. Segundos depois os mercados financeiros vão jogar nas alturas o retorno dos títulos do nosso país, conforme for se espalhando o boato de que o motivo pelo qual apresentei tal proposta é que meu governo não consegue refinanciar sua dívida. Caro*

amigo, no dia seguinte não sou mais ministro. De que maneira, exatamente, isso vai ajudar a promover sua proposta?

De qualquer modo, um ano depois o ministro tinha ido embora, e com ele o governo. O que nunca foi embora, tomando por base minhas próprias experiências mais recentes, é a profunda incoerência entre as coisas extremamente sensatas que alguns ministros dizem a portas fechadas e suas declarações vazias no Eurogrupo, em outras instituições oficiais e diante das câmeras de TV.

Efeito Dominó ou Alpinistas Trapalhões?

Quando a moléstia grega começou a se espalhar, contaminando a Irlanda, Portugal e Espanha, antes de alcançar a Itália e ameaçar pôr abaixo todo o castelo de cartas, a mídia endossou a metáfora do efeito dominó. Embora intuitivamente pertinente, pensei numa alegoria melhor: a de um ridículo clube de alpinistas.

Imaginem um grupo de alpinistas diferentes pendurados numa face íngreme de um despenhadeiro, alguns deles mais ágeis, outros um pouco fora de forma, e todos unidos numa condição compulsória de "solidariedade" por meio de uma única corda. De forma inacreditável, os membros do nosso clube de alpinistas aceitavam uma regra irrevogável: a corda comum a todos não seria presa na face da rocha que eles estavam escalando.

Subitamente, ocorre um terremoto (o colapso de Wall Street, p. ex.) e um deles (com, digamos, um certo temperamento helênico) é deslocado. A única coisa que impede sua queda é a corda comum que une a todos. Pressionado pelo peso do companheiro atingido, balançando no espaço e com o peso extra das pedras soltas que caem lá de cima, o segundo alpinista mais fraco (ou "marginal") – a Irlanda, quem sabe – tenta se aguentar, mas acaba desistindo.

A pressão sobre os alpinistas restantes aumenta muito, e o novo membro mais fraco, ou "marginal", está à beira de outra mini queda livre que provocará mais um tranco terrível no círculo restante de "salvadores". Será que os membros mais fortes aguentarão? Será que conseguirão alcançar o topo, carregando os "parasitas" com eles, antes que a dinâmica implacável lance o grupo todo ribanceira abaixo? Ou será que os membros mais fortes vão se desprender usando suas facas afiadas (e retroceder a algo semelhante ao marco alemão)?

A razão pela qual a analogia dos alpinistas é muito melhor que a do efeito dominó tem a ver com a estatura da zona do euro e, em particular, com a norma de Maastricht que determina que nenhum Estado-membro deve contar com a ajuda financeira de outros Estados-membros ou da União – a chamada cláusula "nenhum resgate financeiro", destinada inicialmente a impedir que os governos se metessem em dificuldade.[239] Será que essa norma (isto é, o equivalente a não prender no despenhadeiro a corda de uso comum) poderia ser respeitada, ao mesmo tempo em que se proibia que países como a Grécia declarassem *default* aos banqueiros? Uma pessoa comum responderia que não. Mas os funcionários de Bruxelas não são pessoas comuns.

Auxiliados por consultores financeiros competentes que tinham ganhado uma fortuna torcendo a lógica em proveito próprio, eles apresentaram uma "solução" engenhosa. Criaram um novo fundo, que chamaram de Facilidade de Estabilização Financeira Europeia (EFSF, na sigla em inglês), o qual iria "resgatar financeiramente" os Estados-membros "arruinados", emprestando-lhes os recursos necessários para fortalecer os bancos. Isso equivalia, em termos financeiros, à união dos nossos alpinistas, mas sem prender a corda comum na face do despenhadeiro.

O truque para fazer com que os Estados-membros emprestassem aos membros afetados sem deixar de "respeitar" a cláusula que proibia os resgates financeiros estava escondido na estrutura perversa dos títulos que a EFSF emitira para emprestar de investidores privados a fim de "resgatar financeiramente" a Grécia, a Irlanda,

---

[239] Este é o argumento do "risco moral", segundo o qual a possibilidade de uma dívida comum estimularia todos a se entregar a uma vida irresponsável.

etc. No começo, quando apenas um país – a Grécia – precisava de recursos para o "resgate financeiro" de, digamos, 1 bilhão de euros, a EFSF emitia um título com esse valor, vendia-o para os mercados financeiros e transferia as somas de dinheiro ao governo grego, que, imediatamente, as transferia aos banqueiros europeus.

Esse novo passivo de 1 bilhão de dólares passava a ser de responsabilidade da Grécia, sendo respaldado pelos Estados-membros da zona do euro que continuavam solventes, e que, subitamente, se tornavam credores da Grécia, cada um deles possuindo uma proporção da nova dívida equivalente ao seu Produto Interno Bruto.[240] Para preservar a "cláusula que proibia resgates financeiros" e para garantir que não houvesse nenhum tipo de dívida comum (isto é, que cada euro de dívida correspondesse a um único Estado-membro), a parcela daquele título de 1 bilhão "pertencente", digamos, à França, renderia uma taxa de juros ao proprietário do título (isto é, ao investidor que o comprasse) igual à taxa de juros que a França pagava em empréstimos que atendiam a seus próprios objetivos. A parcela da Espanha renderia uma taxa de juros diferente, o mesmo acontecendo com a Itália, e assim por diante.

Portanto, cada país participante do "resgate" da Grécia – ou, posteriormente, de Portugal, Irlanda etc. – pagava taxas de juros de mercado que dependiam de sua própria qualificação creditícia, a qual refletia o risco de falência específico do país. Para que a Grécia pudesse receber o 1 bilhão de euros da nova dívida, o Estado-membro com a maior probabilidade de trilhar o caminho da Grécia pagava mais juros pela parcela do título da EFSF que ele garantia.

Quem está familiarizado com os derivativos estruturados que afundaram o Lehman, e com ele Wall Street (as chamadas obrigações de dívida colateral, ou CDOs, na sigla em inglês), reconhece nos títulos de resgate financeiro da EFSF a mesma forma de risco combinado. Só que os títulos da EFSF eram muito mais tóxicos

---

[240] Desse modo, a Alemanha ficaria responsável por um quarto do passivo, uma vez que seu Produto Interno Bruto era um quarto do Produto Interno Bruto da zona do euro.

que os derivativos nocivos de Wall Street! Para entender isso, vejam o que aconteceu quando a Irlanda pediu falência e precisou de um "resgate financeiro" financiado pela EFSF.

A EFSF tinha de emitir uma nova dívida em nome de todos os países da zona do euro, com exceção da Grécia (que já tinha "mergulhado" na insolvência) e, naturalmente, da Irlanda, para emprestar à Irlanda. Isso significava que, com a Grécia e a Irlanda fora do grupo de membros credores da EFSF, um ônus maior tinha de ser partilhado pelos pilares restantes da EFSF. Os mercados concentraram-se imediatamente no próximo país "marginal" – aquele que estava tomando emprestado com as taxas de juros mais altas dentro da EFSF a fim de emprestar o dinheiro para as "arruinadas" Grécia e Irlanda: Portugal! As taxas de juros de Portugal aumentaram bastante, deixando o país numa situação delicada. E o mesmo aconteceu com outros países, até que o grupo de nações dentro da EFSF se tornou tão pequeno que eles ficaram incapazes ou receosos de suportar o ônus da dívida consolidada do Estado "arruinado". Nessa altura, liderados pela Alemanha, as nações solventes restantes teriam de comunicar o triste fim do euro e sair. Ou o BCE deveria inventar outro truque para violar seus regulamentos inexequíveis.

Ignorância

Os ministros das Finanças da Europa se reúnem tradicionalmente pelo menos uma vez por mês dentro do Eurogrupo. Durante os momentos mais difíceis da crise da zona do euro, esses encontros produziram uma decisão desastrosa depois da outra. Em 2011, os mercados aprenderam a desconsiderar os comunicados otimistas do Eurogrupo, e seu impacto positivo na "opinião do mercado" passou a ter uma vida média de no máximo algumas horas.

No outono de 2011, o Eurogrupo estava reunido na Polônia. O secretário do Tesouro americano Timothy Geithner, que estava presente, trouxe conselhos sensatos sobre como romper o abraço de afogados entre os bancos insolventes e os Estados falidos. Ele não foi apenas ignorado. Ele foi atacado! Ao final do encontro, a srta. Maria Fekter – ministra das Finanças austríaca que falava em nome dos outros ministros – opinou que não cabia aos americanos dizer à Europa como lidar com a crise da dívida quando a dívida dos Estados Unidos era maior que a da zona do euro. "Não precisamos de nenhum sermão dos Estados Unidos", disse ela de forma desafiadora.[241]

Quando a vi dizendo essas palavras na televisão, devo admitir que fiquei desesperado. Isso porque suas palavras revelavam a profunda ignorância dos líderes europeus e sua recusa em compreender os conselhos simples e úteis que o secretário do Tesouro americano estava trazendo. Parecia que ela e os outros ministros das Finanças da zona do euro tinham como missão interpretar mal o problema deles. Acreditar que o problema da Europa era a dívida. Não o projeto estrutural da zona do euro. Não suas normas inaplicáveis. Mas a dívida!

O problema da Europa nunca foi a dívida. Ela era um mero sintoma de um péssimo projeto institucional. Nossos ministros das Finanças pareciam médicos diagnosticando um paciente com câncer que estava com muita dor como se ele sofresse de uma crise de dor. Não admira que o remédio que eles receitaram fosse pior que a doença.

A austeridade Ponzi se espalha

No final de 2011, o presidente do BCE Jean-Claude Trichet – possivelmente o pior dirigente de Banco Central do mundo – foi substituído por Mario Draghi, um ex-presidente do Tesouro e do Banco Central

---

241 Ver Geithner (2014). Além do relato sobre esse incidente em seu livro, Geithner contou muito mais numa entrevista gravada com Peter Spiegel, do *Financial Times* (publicada neste blog de Spiegel: http://blogs.ft.com/brusselsblog/2014/11/11/draghis-ecb-management-the-leaked-geithner-files/). É atribuída ao ex-secretário do Tesouro americano a seguinte declaração com relação ao dito encontro: "Eles voltam-se para mim durante o encontro e pedem minha opinião, uma opinião normal que, a esta altura, você vai achar tediosamente familiar; em seguida, um grupo de ministros sai repentinamente e diz: 'Quem o Geithner pensa que é para nos dizer o que fazer?'... Não foi nada agradável".

italianos extremamente inteligente e, o que não deixa de ter importância, que fora vice-presidente internacional da Goldman Sachs.

Draghi percebeu que seu próprio país, a Itália, dispunha de poucos meses antes de trilhar o mesmo caminho da Grécia, levando à incapacidade de Espanha e França de pagar o serviço da sua dívida de vários trilhões de euros. Na verdade, com a queda sucessiva e em câmera lenta na direção do abismo dos membros do clube de alpinistas da zona do euro, o euro estava prestes a se desfazer. Por isso, Draghi decidiu agir imediatamente.

Sua primeira medida, algumas semanas depois de assumir a direção do BCE, foi "imprimir" 1 trilhão de euros e emprestá-los aos bancos afetados da zona do euro. Contanto que os banqueiros conseguissem arranjar alguns pedaços de papel pintado, Draghi os aceitaria como garantia e lhes cederia o dinheiro.

Como é costume na Europa, essa operação simples foi batizada com uma sigla complicada: LTRO (sigla em inglês de Operações de Refinanciamento de Longo Prazo). A verdadeira intenção de Draghi com a LTRO era emprestar aos bancos por juros próximos de zero, para que eles, por sua vez, fizessem o que a carta patente do BCE não lhe permitia fazer: emprestar aos Estados, em particular ao governo italiano, que estava a caminho do abrigo de indigentes.

Enquanto isso, o conceito de zona livre democrática, que tivera origem em Bruxelas nos anos 1950, acabara de sofrer uma nova guinada em Roma e, naturalmente, em Atenas. Dois primeiros-ministros, George Papandreou, da Grécia, e o inimitável Silvio Berlusconi, da Itália, haviam sido considerados pela chanceler Merkel (com o presidente Sarkozy a reboque) incapazes de manter o ritmo de austeridade necessário que justificasse no Bundestag a sustentação das dívidas insustentáveis da Itália e da Grécia, seja via a EFSF ou o BCE. É difícil acreditar que primeiros-ministros de nações europeias possam ser postos de lado, ou selecionados, de acordo com os caprichos de outro líder europeu. Mas foi justamente o que aconteceu quando vimos Papandreou sendo substituído pelo ex-vice-presidente do BCE, um certo senhor Lucas Papademos, e Silvio Berlusconi por Mario Monti, ex-membro da Comissão Europeia.[242]

A missão de Monti era pôr as finanças públicas italianas mais ou menos em ordem. Ele sabia que Berlim estava ansiosa para fazer a Itália passar pelo mesmo calvário da Grécia, com a odiada Troika invadindo os ministérios de Roma e impondo uma austeridade exagerada. Portanto, ele tentou evitar que isso acontecesse introduzindo ele próprio uma austeridade mais branda, na expectativa de conter a dívida italiana antes de precisar ir ao Eurogrupo com o chapéu na mão. Nessa tarefa, ele esperava que o outro Mario, o Sr. Draghi do BCE, lhe desse a ajuda de que tanto precisava. Ela viria na forma do truque da LTRO mencionado anteriormente.

À época, todos os bancos europeus estavam à beira do colapso, enquanto Estados em situação delicada como a Itália estavam se saindo tão mal quanto eles. O BCE esperava que seus empréstimos LTRO aos bancos com uma taxa de juros próxima de zero proporcionaria a eles um belo lucro, que eles obteriam emprestando aos Estados a uma taxa de juros maior, que, de todo modo, seria muitíssimo menor que as taxas escorchantes que os investidores privados estavam exigindo daqueles mesmos governos. Desse modo, bancos e Estados teriam um alívio, pelo menos durante um certo tempo.

Numa manhã de fevereiro de 2012, o CEO de um dos maiores bancos italianos comunicou ao governo Monti que seu banco estava prestes a falir; e que isso só não aconteceria se ele recebesse

---

[242] Monti tinha um currículo impressionante como professor de economia e, especialmente, como comissário de competição da Comissão Europeia. Nesse cargo, ficaram célebres seus confrontos com gigantes como a Microsoft; além disso, ele era considerado um administrador competente e honesto. Não obstante, sua imagem ficou manchada quando ele passou a ser visto como o "indicado" da Sra. Merkel para o mais alto cargo do seu país, apesar do fato de que, uma vez no governo, ele ter atuado em defesa dos interesses da Itália e arranjado um grande conflito no Conselho Europeu para criar uma união bancária adequada (ver a seguir, a seção intitulada "O motim de Monti"). (Um comentário de cunho pessoal: Mario Monti e eu descobrimos desde então um amplo terreno comum e uma consideração mútua por nossas opiniões sobre o que a Europa precisa fazer para superar a crise.)

40 bilhões de euros imediatamente. Um Estado que estava prestes a entrar em colapso sob o peso de sua própria dívida de tipo grego agora estava diante de um terrível dilema: entregar uma soma de que ele não dispunha ou não fazer nada enquanto os bancos do país fechavam as portas um depois do outro. Felizmente, a LTRO de Draghi estava ao alcance da mão.

Portanto, foi isto que aconteceu: naquela mesma manhã o banco emitiu IOUs no valor de 40 bilhões de euros que nenhum investidor compraria, dada sua situação arriscada. O ministro das Finanças italiano garantiu essa dívida privada comprometendo tributos futuros com ela, e, consequentemente, acrescentando mais 40 bilhões de euros à dívida pública italiana. Finalmente, o banco levou esses IOUs ao BCE e recebeu dinheiro vivo do generoso programa de LTRO do Sr. Draghi.

No final daquele célebre dia, o plano de Draghi, de sustentar ao mesmo tempo os bancos italianos e o Estado italiano, tinha fracassado. Em vez disso, o esquema sustentou os bancos, mas mergulhou ainda mais profundamente o Estado italiano numa dívida insustentável.

Despotismo

Até recentemente, o Sr. Klaus Masuch era o representante do BCE na delegação da Troika que espalha o pânico onde chega. Estamos no início de 2012, e a Troika está de passagem por Dublin. Na coletiva de imprensa depois de se reunir com os funcionários irlandeses, o Sr. Masuch sentiu-se suficientemente à vontade (entre jornalistas em sua maioria servis) para externar sua opinião de que o povo irlandês era sofisticado porque compreendia que a "tarefa" da Troika era difícil embora necessária. Suas palavras exatas foram:

> *Até onde eu posso ver – e minha perspectiva é limitada –, a postura [do povo irlandês] é bastante admirável. Estou impressionado com a profundidade da discussão na Irlanda e com a compreensão dos complexos argumentos financeiros e*

econômicos... quando pego um táxi no aeropoto, os motoristas são muito bem informados, o que me parece um ótimo sinal de que aqui a discussão é aberta. Embora o processo de ajuste seja difícil, existe um debate econômico, e é assim que deve ser.

Nesse momento, o experiente jornalista irlandês Vincent Browne fez uma pergunta fantástica que deu início a um diálogo fascinante:

> **Browne:** *Klaus, o seu motorista de táxi lhe disse como o povo irlandês está espantado por lhe exigirem que pague a portadores de títulos sem garantia bilhões de euros por dívidas que não lhe dizem respeito e com as quais não têm nenhuma relação, principalmente para resgatar financeiramente ou proteger a soberania dos bancos europeus? E se o seu motorista de táxi lhe fizesse essa pergunta, o que você responderia?*
>
> **Masuch:** *Eu diria que compreendo que o governo tomou uma decisão difícil, mas que existem inúmeras questões a serem comparadas entre si, e que eu entendo que o governo chegou à conclusão de que o preço para o povo irlandês e para a estabilidade do sistema bancário, para a confiança no sistema bancário, teria sido muito maior para o contribuinte do que a conduta que você mencionou... Portanto, o setor financeiro teria sido afetado, a confiança no setor financeiro teria sido afetada de forma negativa, e eu entendo que a decisão tomada naquela direção tenha sido difícil.*
>
> **Browne:** *Isso não responde à pergunta! Exigem que paguemos em nome desse banco extinto, de uma forma que não tem relação alguma com o benefício do povo irlandês, bilhões de títulos sem garantia a fim de proteger a solidez dos bancos europeus. Como explicaria essa situação ao motorista de táxi a que você se referiu anteriormente?*
>
> **Masuch:** *Creio que respondi à pergunta.*
>
> **Browne:** *Não, você não respondeu à pergunta. Você se referiu à viabilidade das instituições financeiras. A instituição da*

qual estou falando está extinta. Fechou. Acabou. Ora, por que se exige do povo irlandês, sob a ameaça do BCE, por que se exige do povo irlandês que pague bilhões a portadores de títulos sem garantia, sob a ameaça do BCE?[243]
Masuch: ... *[murmura algo inaudível]*
Browne: *Você não respondeu à pergunta da última vez, quem sabe responde agora.*
Masuch: ...
Browne: *Isso não basta! Vocês estão interferindo nesta sociedade, provocando enormes prejuízos ao exigir que façamos pagamentos que não beneficiam o povo da Irlanda, e sim as instituições financeiras europeias. Você tem de responder à pergunta: por que estão impondo ao povo irlandês essa obrigação?*
Masuch: *Creio ter respondido à pergunta...*
Browne: *Você não tem nada a dizer? Não tem resposta, é isso? Nenhuma resposta?*
Masuch: *Eu respondi...*
Browne: *Você respondeu à outra pergunta.*
Moderador: *Essa é a sua opinião.*
Browne: *É a minha opinião e será a opinião do motorista de táxi!*

---

[243] A Irlanda sucumbiu aos golpes dos seus bancos e incorporadores imobiliários. O tsunami de capitais alemães circulava continuamente para os bancos comerciais irlandeses, que depois os emprestavam aos incorporadores imobiliários. O resultado foram os elefantes brancos no distrito financeiro de Dublin, filas e mais filas de novos blocos de apartamento no meio do nada, além de duas, três hipotecas para o mesmo imóvel. Como a corrida de preços criou uma aparência de riqueza para os proprietários de imóvel, o uso do cartão de crédito aumentou e ocorreu uma farra de consumo generalizada. Quando o aperto de crédito se irradiou de Wall Street e Londres, o preço dos terrenos despencou, os trabalhadores da construção civil foram dispensados, dívidas enormes perderam o valor e os próprios bancos – em particular o Banco Anglo-Irlandês – implodiram. Numa decisão que ficará nos anais da Irlanda como um estigma comparável à Grande Fome da Batata, o governo de Dublin cedeu à chantagem do BCE: deixem os credores dos bancos comerciais irlandeses incólumes, mesmo de um banco que tenha sido fechado e que, portanto, não seja mais importante sistemicamente para o setor financeiro irlandês, senão vocês vão ver!

Sem conseguir calar o infatigável jornalista, Masuch juntou seus papéis e saiu da sala com o rabo entre as pernas. Se quiserem ter uma descrição visual do déficit democrático europeu, ou uma explicação do motivo pelo qual a maioria dos europeus cada vez mais responde nas pesquisas que não confia nas instituições europeias, escrevam "Vincent Browne versus ECB official" na sua ferramenta de busca, assistam ao vídeo e chorem.

Bertold Brecht certa vez gracejou, através de um de seus personagens, dizendo que: "A força bruta está ultrapassada. Por que enviar nossos assassinos se podemos empregar o oficial de justiça?".[244] Na era da Troika, a Europa deu outra interpretação a esse gracejo, usando tecnocratas bem vestidos como o Sr. Masuch nessa função;

Três anos depois, em fevereiro de 2015, eu iria me encontrar frente a frente com o Sr. Masuch. Ele no mesmo papel, como ponta de lança da Troika do BCE, eu como ministro das Finanças de um governo grego eleito para dizer "Não" à misantropia irracional que fazia as vezes de política europeia oficial.[245]

Ao sentar-me diante de Klaus num cinzento escritório de Bruxelas, trocando gentilezas antes de iniciar uma difícil negociação, as imagens do vídeo do YouTube com o corajoso Vincent Browne começaram a voltar a minha mente. Nosso encontro chegou a um

---

244 Ver *A ópera dos três vinténs*, Brecht (1989) – na qual tem lugar o seguinte diálogo entre dois personagens chamados McHeath e Peachum. McHeath diz: "A força bruta está ultrapassada – Por que enviar nossos assassinos se podemos empregar o oficial de justiça?" A que Peachum responde: "Não se pode negar que o assassinato é o último recurso, o ultimíssimo recurso – mas ainda é útil".
245 As diferenças entre a Grécia e a Irlanda, e a causa de suas crises da dívida, são educativas. A Irlanda tinha uma dívida minúscula antes de 2008. A Grécia tinha uma dívida grande. O motivo é simples: os fluxos de capital dos países superavitários eram direcionados para o Estado grego, que, por sua vez, os transferia para os incorporadores (p. ex., aqueles que construíam estradas, as instalações dos Jogos Olímpicos de 2004 etc.). Na Irlanda, o mesmo fluxo de capital ia diretamente para os bancos, que depois o transferia para os incorporadores, ignorando o Estado. Desse modo, a dívida pública irlandesa era pequena, enquanto a dívida privada era gigantesca – o oposto do caso grego. Mas quando a crise se abateu, o resultado foi o mesmo: o Estado irlandês assumiu o ônus da dívida pública e desmoronou. O Estado grego simplesmente desmoronou...

impasse porque, diferentemente do governo irlandês em 2009, eu tinha autorização do meu ministério, do nosso Parlamento e do primeiro-ministro, para dizer "Não" a ele. Gosto de pensar que Vincent Browne teria ficado contente.[246]

O Motim de Monti

Voltemos à Itália. Enquanto o inverno de 2012 passava o bastão para uma primavera tumultuada, a Itália estava de joelhos, a um passo da ruína, e um aflito Mario Monti estava sentindo a pressão do colapso das finanças do Estado e de bancos cujos livros contábeis apresentavam um número crescente de buracos negros.

A maioria dos italianos considerava Monti uma pessoa confiável – graças ao mandato bem-sucedido em Bruxelas – com sólida formação acadêmica e um ser humano decente. No entanto, ele não tinha sido eleito, e devia sua ascensão meteórica ao mais alto cargo da Itália à insistência da chanceler Merkel de que ele substituísse o eleito, ainda que detestável, Silvio Berlusconi – o que não era a melhor das credenciais para fazê-lo benquisto pela população italiana, que encarava com ceticismo o direito da líder alemã de decidir quem governaria o país.

A chanceler Merkel tinha encarregado Monti da missão impossível de controlar o déficit crescente da Itália, num momento em que as taxas de juros que o Estado pagava estavam explodindo devido ao "contágio" que se iniciara na Grécia. Monti tinha outras prioridades. Tendo observado a humilhação que a Grécia sofrera nas mãos da Troika, ele considerava que seu dever de patriota era explorar seu bom relacionamento com o governo alemão para implementar um tipo de austeridade branda que manteria a Sra. Merkel em xeque, evitando assim um estado de ocupação em seu país administrado pela Troika.

---

[246] Naturalmente, alguns meses depois, no último dia de junho de 2015, o BCE encerrou completamente as operações do nosso sistema bancário para obrigar nosso governo a aceitar a "lógica de resgate financeiro" da Troika. Foi o preço que tivemos de pagar por recusar a chantagem ao nosso Banco Central em apoio a uma lógica falida.

Logo depois de ser indicado, Mario Monti percebeu que sua missão estava cada vez mais difícil. Embora estivessem colhendo todos os benefícios dos esforços do outro Mario[247], os bancos não tinham nem conseguido sair da zona de risco. Os mercados de títulos, porém, onde a Itália tinha de tomar emprestado diariamente para pagar o serviço da dívida de 2 trilhões de euros, estavam ficando indóceis, exigindo taxas de juros extorsivas e, consequentemente, jogando o principal da dívida italiana na estratosfera.

O primeiro-ministro previu que, enquanto os investidores considerassem que os bancos problemáticos da Itália dependiam de seu governo problemático, nenhum nível de austeridade branda os aplacaria. Percebendo essa impossibilidade, seus críticos, tanto de uma esquerda que desdenhava sua austeridade como de um enraivecido bloco político de Berlusconi, estavam afiando as facas, enquanto seus poucos admiradores perdiam a confiança em sua mágica.

Monti Sabia que Tinha de Agir. E agiu!

Na Cúpula da União Europeia de junho de 2012, quando o encontro estava chegando ao fim e a chanceler Merkel se preparava para deixar a sala, Monti pediu a palavra. Com sua voz suave, ele fez possivelmente a afirmação mais áspera de sua vida. A chanceler sentou-se novamente, percebendo que, para que Mario Monti assumisse aquela postura, algo importante devia estar acontecendo.

O argumento de Monti era simples: a menos que se chegasse imediatamente a um acordo radical acerca do financiamento dos bancos da zona do euro, ninguém deixaria a sala, pois ele vetaria o comunicado da Cúpula. Seu argumento indiscutível apontava o absurdo que era esperar que Estados pressionados como a Itália tomassem dinheiro emprestado em nome de bancos insolventes, ao mesmo tempo em que esperavam que esses

---
247 Mario Draghi, o novo presidente do Banco Central Europeu.

mesmos bancos insolventes financiassem o Estado por meio de empréstimos do BCE.[248] As coisas tinham de mudar.

Monti exigiu, especialmente, que os bancos que precisavam de outros aportes de capital deveriam emprestar diretamente do fundo europeu de resgate financeiro, o Mecanismo Europeu de Estabilidade (MEE), que, nesse meio tempo, substituíra o provisório EFSF. A principal exigência de Monti foi que os empréstimos do MEE para os bancos ignorassem completamente os governos nacionais e não fossem contabilizados como parte da dívida nacional dos Estados-membros. Monti insistiu que um banco comercial da Itália, da Espanha ou da Grécia que precisava do dinheiro dos contribuintes para se manter solvente deveria recebê-lo do fundo europeu de resgate financeiro – não dos governos pressionados da Itália, Espanha ou Grécia.

Monti acabara de quebrar o protocolo ao fazer algo terrivelmente radical (pelos padrões europeus) que, por coincidência, também era radicalmente sensato: ele exigiu uma união bancária adequada – como a dos Estados Unidos. Se sua exigência tivesse sido aprovada, os bancos italianos em dificuldade seriam europeizados, isto é, administrados e financiados diretamente pela zona do euro, exatamente como um banco de Nevada em dificuldade é recapitalizado, arrumado e controlado por Washington, sem que se exija que o governo do estado de Nevada faça um empréstimo em nome do banco em Wall Street ou na City londrina.[249]

---

248 By purchasing its Treasury bills and bonds (N. do T.). Adquirindo letras e títulos do Tesouro.

249 Imagine, caro leitor, o que teria acontecido nos Estados Unidos em 2008 se o país fosse estruturado segundo as linhas da zona do euro: os bancos de Nevada teriam de ser recapitalizados pelo governo do estado de Nevada sem a ajuda do Fed, ao mesmo tempo em que o governo estadual também estaria contraindo empréstimos para financiar o desemprego crescente e os pagamentos da seguridade social. O governo do estado perderia imediatamente o acesso aos mercados financeiros, ficaria insolvente, levando, assim, a "comunidade" bancária internacional a excluir dos mercados internacionais todos os bancos com sede em Nevada. O estado e os bancos entrariam em queda livre. Se, além disso, o estado fosse obrigado por Washington D.C. a aceitar um enorme

Durante alguns instantes, a intervenção de Monti foi recebida com um silêncio inquietante. Depois, movido por seu próprio desejo de uma solução similar para os bancos falidos da Espanha, o primeiro-ministro Rajoy ousou referendar a proposta de Monti. E em seguida, talvez o mais humilde dos líderes, o presidente Hollande, da França, em sua primeira intervenção na Cúpula, juntou-se a eles.

Diante da frente latina unida formada por Espanha, França e Itália, a chanceler Merkel cedeu, não sem antes acrescentar uma pré-condição: estava aprovada a recapitalização direta dos bancos da Itália e da Espanha, mas só depois que os Estados-membros concordassem em criar uma união bancária formal dentro da união monetária europeia.

Quem poderia discordar de uma sugestão tão sensata? Quanto a mim, teria concordado entusiasticamente. A proposta de que todos os bancos deveriam estar sujeitos ao mesmo regime regulatório, serem supervisionados por um único supervisor (com assento nos escritórios do BCE em Frankfurt), responsáveis perante a Europa como um todo e com um fundo de recapitalização comum que abrangesse toda a união (o SME, de acordo com a proposta de Monti), representava, pelos padrões dos encontros da Cúpula da União Europeia, uma demonstração rara de racionalidade.

Portanto, teria Mario Monti conseguido levar a chanceler alemã a aceitar o primeiro, e possivelmente mais importante, passo na direção de uma união econômica adequada? De uma união disposta e capaz de tratar uma falência bancária na Itália, na Grécia ou na Alemanha como uma insolvência do setor financeiro que

---

resgaste financeiro do governo federal sob condições de extrema austeridade que encolhessem de maneira significativa a renda da população de Nevada, os resultados teriam sido estes: Nevada estaria completamente liquidado, e Missouri, Mississipi ou Novo México seriam os próximos estados a sofrer o contágio que começaria em Nevada, uma vez que os investidores nervosos pensariam duas vezes antes de emprestar a outros governos estaduais vulneráveis. Foi exatamente o que aconteceu na zona do euro, começando, é claro, pela Grécia.

deveria ser tratada por uma instituição europeia, sem encaminhar o banco falido ao governo pressionado de um Estado-membro?

Por um momento, pareceu que sim. Só que foi um momento extremamente fugaz.

Pela Violação

Quando a Cúpula de junho de 2012 terminou, a imprensa saudou acertadamente Mario Monti com um herói europeu que tinha salvo a zona do euro, ou ao menos conseguira impor à chanceler alemã e a seu ministro das Finanças uma política que criava o primeiro e importante amortecedor de choques.[250] Foi a primeira vez que, como comentarista da crise do euro, fui à televisão elogiar um líder europeu e que tinha comentários agradáveis a fazer acerca de uma decisão da Cúpula da União Europeia!

Só que, transcorridas algumas semanas, o triunfo de Monti virou fumaça. O primeiro sinal do que viria pela frente apareceu numa carta do ministro das Finanças da Alemanha, Wolfgang Schäuble, publicada no Financial Times de agosto de 2012. Nessa carta[251], o Dr. Schäuble saudava a decisão de criar uma união bancária, acrescentando, porém, de maneira agourenta, que ele não conseguia imaginar como uma união de mais de 6 mil bancos poderia se realizar na prática. Era o início de um processo, conduzido de Berlim, de instituir uma união bancária apenas no nome. O propósito de estabelecer uma união bancária apenas no nome atendia ao objetivo de elogiar o acordo de junho de 2012 da boca para fora, de parecer se mover na "direção certa", quando na verdade a proposta de Monti estava sendo desidratada.

---

250 Contrariamente a instituições como a EFSF, que (como vimos anteriormente) amplificavam os choques financeiros em vez de absorvê-los.
251 Que foi posteriormente "reforçada" no artigo intitulado "Banking union must be built on firm foundations" [A união bancária dever ser construída sobre alicerces sólidos], *The Financial Times*, 12 de maio de 2013.

O processo de "desidratação" do êxito de Monti teve várias etapas cuidadosas. Em primeiro lugar, Berlim insistiu que a união bancária diria respeito apenas às instituições financeiras "sistemicamente significativas", ou seja, 124 bancos. O objetivo? Deixar de fora a grande quantidade de bancos regionais alemães menores de cunho estatal, cuja rede de grupos políticos e corporativos de pressão o governo alemão e o Bundesbank queriam conservar para si e fora da supervisão europeia.

A segunda etapa foi limitar a "união bancária" à supervisão comum dos grandes bancos pelo BCE, mas deixar a maioria dos custos para solucionar a falência dos bancos no nível nacional.[252] A terceira etapa foi criar um fundo de seguro com depósito comum que seria totalmente inadequado quando acontecesse outra crise como a de 2010.

Consideradas em conjunto, a segunda e a terceira etapas significavam uma coisa: o vínculo entre os bancos falidos e os Estados-membros quebrados, esse horrendo abraço de afogados, seria plenamente preservado. Quando a crise ameaçasse um banco alemão ou holandês, os depositantes estariam protegidos. Se a crise atingisse um banco grego ou português, os depositantes com mais de 100 mil euros no banco provavelmente sofreriam um duro golpe[253], e os depósitos segurados (inferiores a esse montante) sobrecarregariam as finanças pressionadas do Estado.

Em suma, a excelente proposta de união bancária feita por Monti seria ratificada em sua violação, não em seu cumprimento. A celebrada "união bancária" da Europa só existe no nome, enquanto, na verdade, nossa desunião bancária continua na prática

---

252 No final, a "união bancária" acordada especificou que, quando um banco precisa de aportes de capital, a primeira coisa que acontece é que o governo nacional fornece o capital necessário para elevar a proporção mínima de capital do banco (T1) para 4,5% de seus ativos. Depois disso, deve ocorrer uma série de deságios. Os primeiros atingidos pelo deságio são os acionistas e portadores de títulos, seguidos pelos correntistas com mais de 100 mil euros no banco. Somente se esses deságios não forem suficientes para tornar o banco solvente é que o Mecanismo de Estabilidade Europeia (MEE) entra em cena, com um montante correspondente a 80% dos fundos restantes necessários (e o governo nacional arranja os restantes 20% da conta).

253 Como aconteceu em Chipre em 2013.

mais arriscada do que nunca. A prova definitiva disso surgiu nas minhas últimas semanas como ministro das Finanças da Grécia, quando o BCE encerrou as atividades dos bancos gregos muito embora, na qualidade de único supervisor da "união bancária", os considerasse solventes. Que tipo de união bancária permite o fechamento de bancos que ela considera solventes a fim de pressionar o governo de um Estado-membro a aceitar mais austeridade fiscal, mais cortes nas aposentadorias, tributos mais elevados sobre a venda de produtos etc.?

Com a última tentativa desesperada de Monti reduzida a pó, seus dias estavam contados. Naquele mesmo verão de 2012 a responsabilidade pela salvação da Itália – que equivalia à salvação do euro – passaria para outro Mario: aquele que presidia o Banco Central Europeu.

O Que For Preciso?

À medida que as temperaturas do verão de 2012 começaram a subir, as rachaduras do euro chegaram a um ponto de ruptura. A Itália e a Espanha estavam na linha de frente, e suas últimas defesas estavam prestes a ser rompidas por um rígido mercado de títulos, jogando-as na vala comum da Grécia, de Portugal e da Irlanda e deixando Berlim com um dilema básico: sair da união monetária ou permitir que o BCE salvasse o euro violando o espírito – e possivelmente até mesmo a letra – de sua carta patente, imposta pelo Bundesbank.

Em meados de julho, Christian Noyer, representando o Banco Central francês, fez declarações até então inauditas numa entrevista ao diário financeiro alemão Handelsblatt:

> *No momento, percebemos uma falha no mecanismo de transmissão da política monetária. Do ponto de vista dos mercados, a taxa de juro com que os bancos privados independentes se deparam depende do custo do financiamento do país em que eles estão sediados, e não da taxa de juro diária do BCE... É*

por essa razão que o mecanismo de transmissão da política monetária não funciona.[254]

Era o mesmo que um piloto pegar o microfone de comunicação interna e dizer aos passageiros: "O trem de pouso quebrou e as asas estão quase rachando".

No dia 26 de julho de 2012 Mario Draghi chamou a si a responsabilidade com um elegante discurso em Londres diante de investidores irritados:

> *O euro é igual ao besouro. Ele é um mistério da natureza porque, embora não devesse voar, voa. Desse modo, o euro foi um besouro que voou muito bem durante vários anos. Ora – e creio que as pessoas querem saber o porquê –, provavelmente havia algo na atmosfera, no ar, que fazia o besouro voar. Agora algo deve ter mudado no ar, e depois da crise financeira sabemos o que é. O besouro teria de ser promovido a uma abelha de verdade. E é isso que ele está fazendo.*

Draghi certamente queira ver o euro se transformar gradativamente numa moeda adequada e perfeita, com um mecanismo de reciclagem de superávit e o tipo de legitimidade política que só a democracia liberal pode produzir – a mesma democracia liberal que faltava na zona do euro em razão da forma como ela foi concebida. Sua esperança dependia da presença de um investimento político que não permitisse que a moeda única desaparecesse, do modo que o SME-MTC fizera no início dos anos 1990. Ele disse isso com todas as letras:

---

254 Ver "Verbindung zwischen Banken und Staaten muss durchtrennt werden", *Handelsblatt*, 18 de julho de 2012. http://www.handelsblatt.com/politik/konjunktur/christian-noyer-im-interview-verbindung-zwischen--banken-und-staaten-muss-durchtrennt-werden/6886472.html

> *Quando as pessoas falam da fragilidade do euro e da crescente fragilidade do euro, e talvez da crise do euro – com bastante frequência países ou líderes que não pertencem à área do euro –, elas subestimam o montante de capital político que está sendo investido no euro.*

Após reiterar que o euro era um projeto político – ainda que fosse um projeto político paradoxal, já que fora fundado como uma zona livre da política –, Draghi pronunciou a frase que fez mais para salvar o euro, no verão de 2012, do que todas as centenas de bilhões de euros que o BCE tinha despejado para salvá-lo:

> *Durante o nosso mandato, o BCE está disposto a fazer o que for preciso para preservar o euro. E, acreditem, isso será suficiente.*[255]

O que ele queria dizer com "o que for preciso" e "durante o nosso mandato"? Nas semanas seguintes, um anúncio oficial do BCE esclareceu o compromisso de Draghi: não se permitiria que a França e a Itália seguissem o caminho da Grécia. "O que for preciso" significava que a Itália e a França, os países que estavam na linha de frente da batalha para salvar o euro, não teriam de emprestar de outros contribuintes europeus, pois sua dívida seria coberta por recursos emitidos pelo BCE. Mas como isso poderia ser feito "durante" o "mandato" de Draghi? Sustentar a dívida dos Estados-membros por meio da emissão, ou criação digital, de euros era algo que a carta patente do BCE certamente não permitia.

O argumento engenhoso de Draghi foi que a OMT (sigla em inglês do programa de Transações Monetárias Diretas, como essa "operação" seria chamada), proposta por ele, não tinha nada a ver com a sustentação das finanças governamentais da Itália e da Espanha, mas que seu objetivo era restaurar os circuitos inter-

---

[255] Discurso de Mario Draghi, presidente do Banco Central Europeu, na Conferência de Investimento Global em Londres, 26 de julho de 2012. Ver https://www.ecb.europa.eu/press/key/date/2012/html/sp120726.en.html

rompidos por meio dos quais a política monetária do BCE era "transmitida" por toda a zona do euro.

Não deixa de ser verdade. Ainda assim, embora as taxas de juros do BCE tivessem caído a menos de 1%, as empresas italianas e espanholas tinham de pagar 9% por seus empréstimos, enquanto as empresas equivalentes da Alemanha ou Holanda pagavam metade dessa taxa. O argumento de Draghi, portanto, era que as OMTs estimulariam a compra das dívidas públicas da Itália e da Espanha (ou seja, títulos do governo) a fim de alinhar as taxas de juros comerciais em toda a zona do euro.

Embora fosse verdade que o mecanismo de transmissão da política monetária do BCE estava interrompido e precisava ser consertado, também é verdade que a real intenção de Draghi era evitar que os governos da Itália e da Espanha quebrassem como acontecera com a Grécia. E a única forma de fazer isso era seguir o que a Carta Patente da dívida pública do BCE proibia: a "monetização"[256] dos Estados-membros.

Como se o Bundesbank estivesse à espreita, pronto para denunciar Mario Draghi como apóstata e violador do tratado de Maastricht, o presidente do BCE teve de tomar uma importante precaução legal: condicionar qualquer compra da dívida pública italiana e espanhola à aceitação por Roma e Madrid, respectivamente, de um "programa" severo de austeridade ao estilo grego, que seria administrado pela detestada Troika. Foi esse o preço que a Sra. Merkel fez o Sr. Draghi pagar para que ele tivesse a permissão de salvar o euro por meio do anúncio do programa de OMT.

Mesmo antes do anúncio do OMT, o discurso de Draghi em Londres, juntamente com a expressão "o que for preciso", tinha funcionado. As taxas de juros caíram rapidamente, proporcionando à Itália e à Espanha um alívio bem-vindo. Os investidores estavam tão ansiosos por uma boa notícia da Europa que aceitaram

---

256 Ou seja, a criação de uma moeda do Banco Central por meio da qual seria possível emprestar indiretamente aos governos dos Estados-membros – isto é, a absolvição do pior pecado segundo o Tratado de Maastricht.

sem pensar o compromisso de Draghi, ignorando todos os sinais de que se tratava de um compromisso que não merecia crédito – uma ameaça, ou uma promessa, que o presidente do BCE não teria a permissão de levar adiante caso isso se tornasse necessário.[257]

Draghi, no entanto, estava prevenido. Ele sabia o que nos deixava constantemente assustados, aqueles dentre nós que percebiam a estrutura imperfeita do euro: o programa das OMT baseava-se numa incrível ameaça do BCE aos negociantes de títulos que planejassem manipular as dívidas italiana e espanhola. Como Mario Monti e Luis de Guindos, o ministro das Finanças espanhol, confirmaram em conversas que mantivemos anos depois, durante meu mandato como ministro das finanças, nem Roma nem Madrid estavam dispostas a assinar um Memorando da Comissão europeia, do Banco Central Europeu e do Fundo Monetário Internacional do tipo assinado pela Grécia. Pois se os governos da Itália e da Espanha de fato assinassem um acordo com a Troika, eles não durariam mais que algumas semanas.

A OMT ficará na história como um exemplo inimaginável de sucesso. Ela acalmou o mercado de títulos da Itália e da Espanha, e depois o de Portugal e da Irlanda também, com base na promessa implausível do BCE de que compraria uma grande quantidade desses títulos. A única razão de ela ter funcionado é que o BCE nunca foi posto à prova. A palavra de Draghi foi aceita. Os negociantes de títulos começaram a comprar a dívida italiana e espanhola a fim de garantir o lucro com a alta de preço dos títulos (decorrente do discurso de Draghi). E foi assim que Draghi nunca precisou comprovar suas declarações na prática; consequentemente, Roma e Madrid nunca precisaram assinar um Memorando de Entendimento com a Troika.

---

257 O fato de que algumas semanas antes o Syriza, o futuro partido de esquerda grego, tinha acabado de ser derrotado nas eleições gerais gregas, permitindo a formação de outro governo de coalizão (que continuaria sob a influência da Troika), deixou Frankfurt e Bruxelas mais otimistas de que o pior tinha passado.

Desse modo, Mario Draghi ganhou um tempo precioso para o euro. Roma e Madrid impuseram-se uma austeridade branda para exorcizar a versão muito mais dura da Troika, as taxas de juros caíram abruptamente; mas o mesmo aconteceu com os preços médios e a renda nominal, tornando a dívida desses países mais insustentável que nunca.

A Itália, em especial, encontrava-se numa sinuca pouco comum: o país exportava mais do que importava, e seu governo registrava um sólido superávit, sem incluir o reembolso dos juros e da dívida, de mais de 2% do Produto Interno Bruto. Mesmo assim, sua dívida pública tinha aumentado consideravelmente como proporção do Produto Interno Bruto. Por quê? Porque o Produto Interno Bruto estava caindo, em euros, enquanto a dívida estava subindo – ainda que lentamente, em consequência do programa das OMT do BCE.

Draghi sabia que as OMT tinham permitido que ele ganhasse no máximo um ano. Se quisesse manter a ilusão que estava por trás da salvação do euro, ele teria de "monetizar" uma quantidade muito maior da dívida dos Estados-membros. Infelizmente para Draghi, Jens Weidmann, o presidente do Bundesbank, também sabia disso. Ele considerava as OMT uma violação das normas que o Bundesbank impusera como condição para abrir mão do marco alemão. E ele também sabia que para que a missão de Draghi de salvar o euro fosse bem-sucedida, essa violação teria de se agravar muitíssimo.

Norte e Sul

Os irlandeses e os gregos são, sob diversos aspectos, povos muito diferentes. Não obstante, a crise do euro uniu seus destinos de maneira significativa, pois os gregos mais vulneráveis e os irlandeses mais vulneráveis foram obrigados a cobrir os prejuízos privados de banqueiros alemães e franceses.[258]

---

[258] No caso dos bancos irlandeses, os títulos privados que eles haviam adquirido não tinham seguro. No caso dos títulos do Estado grego, seus compradores

O massacre que Vincent Browne aplicou em Klaus Masuch naquela patética coletiva de imprensa deixou os pobres funcionários do BCE na posição insustentável de ter de defender o comportamento indefensável do BCE com relação à população irlandesa. Durante seu questionamento agressivo Browne aludiu diversas vezes à chantagem que o BCE fez ao governo de Dublin para que ele transferisse ao erário público dívidas privadas de um banco que estava morto e enterrado, e que, portanto, não representava nenhuma ameaça à estabilidade financeira da Irlanda. No entanto, mal sabia Browne que o trabalho sujo do BCE ainda não tinha acabado.

Comecemos pelo começo. Quando o Banco Anglo-Irlandês e outras bombas-relógio financeiras semelhantes explodiram em 2009, o BCE obrigou o governo irlandês de então, sem o consentimento do eleitorado irlandês, a oferecer aos banqueiros falidos as chamadas Notas Promissórias (outro tipo de IOU), que, como todo irlandês e toda irlandesa sabe, quebraram o país, trouxeram de volta a emigração em massa e condenaram a maioria a um enorme sofrimento.

As Notas Promissórias especificavam que o Tesouro irlandês deveria realizar em poucos anos pagamentos exorbitantes aos portadores das notas, causando assim tanto a crise de liquidez do setor público como a insolvência do Estado irlandês. Os extintos bancos irlandeses pegaram essas Notas Promissórias e as depositaram como garantia no Banco Central da Irlanda, em troca de recursos para reembolsar os portadores de seus títulos que não tinham seguro (em sua maioria alemães).

O governo caiu sob o peso de sua arrogância. Porém, o novo governo irlandês também se curvou à pressão do BCE para não aplicar

---

também sabiam que eles estavam sujeitos à legislação grega, ou seja, que poderiam sofrer deságio por parte de um futuro governo grego que se encontrasse pressionado. É justamente por isso que as taxas de juros eram maiores que na Alemanha. Risco maior, remuneração maior. Enquanto o jogo estava valendo a pena, os banqueiros alemães não dividiram os lucros com ninguém. Mas quando a sorte virou, com a falência dos bancos irlandeses e do Estado grego, eles exigiram que os contribuintes gregos e irlandeses pagassem tudo, como se os banqueiros tivessem feito um seguro com os contribuintes desses países.

um deságio, ou reestruturar, essas Notas Promissórias. Em vez disso, Dublin adotou a estratégia do "prisioneiro modelo": "Faremos o que nos mandaram fazer, e ficaremos na expectativa de uma moratória na forma de uma reestruturação das Notas Promissórias".

Durante todo esse tempo, as Notas Promissórias repousaram nos livros contábeis do Banco Central irlandês, e o governo de Dublin esforçava-se para pagá-las à medida que elas venciam implacavelmente. O novo governo irlandês pediu durante dois anos a Bruxelas e Frankfurt que alongassem o calendário de reembolso das Notas Promissórias, ao mesmo tempo em que submetia os cidadãos mais vulneráveis de seu país aos piores cortes que o Norte da Europa tinha visto desde a crise de fome da batata irlandesa. Infelizmente, o BCE foi inflexível: o Banco Central irlandês não podia oferecer condições melhores a seu próprio governo, porque isso seria considerado uma violação da cláusula do Tratado de Maastricht que proibia qualquer resgate financeiro.

Em outras palavras, os banqueiros privados tinham de ser resgatados financeiramente de maneira ilegal e profundamente antiética. Mas os contribuintes que foram obrigados a arcar com isso nem ao menos receberam condições melhores para reembolsar a odiosa dívida privada que foram obrigados a adquirir para salvar os banqueiros.

Depois de meses e meses, em 2014 o BCE cedeu, aceitando a troca das Notas por novos títulos do governo da Irlanda de prazo mais longo e que rendiam juros. Na verdade, o BCE aceitou que essa dívida repulsiva devia ser reestruturada, reduzindo um pouco a pressão sobre o Estado irlandês. Desse modo, o Banco Central da Irlanda trocou as odiosas Notas Promissórias[259] que ele detinha por novos títulos do governo irlandês que prometiam ao portador o pagamento de juros de longo prazo significativos. E, uma vez que o portador era o Banco Central irlandês, que conservava esses títulos até o vencimento, o governo pagaria os juros a seu próprio Banco Central, que, por sua vez, o devolveria ao governo na forma de dividendos. Num

---

259 Naturalmente, o governo rasgou, ou "retirou", as Notas Promissórias assim que o Banco Central as devolveu.

certo sentido, o beneficiado no longo prazo seria o contribuinte irlandês, ao receber os lucros que o compensariam, até certo ponto, pelo sofrimento que o BCE e os banqueiros o fizeram passar.

Mas, não, o BCE não faria nada disso. "O quê?", seus funcionários em Frankfurt pensaram. O Estado irlandês se beneficiando da troca das Notas Promissórias por títulos do governo? "Não podemos permitir isso! Seria um presente para os contribuintes irlandeses. Um financiamento monetário do Estado irlandês feito pelo BCE. O que o Bundesbank vai pensar?" E assim, as pessoas de bem de Frankfurt pressionaram o Banco Central da Irlanda a se livrar desses títulos e vendê-los aos banqueiros privados que, então, no devido tempo, recolheriam os juros dos contribuintes irlandeses! Se era para beneficiar alguém, que fossem os banqueiros e os fundos de hedge, de novo. Jamais a população...

Ao mesmo tempo, algo semelhante aconteceu na Grécia. Na primavera de 2012 a dívida pública da Grécia acabou sofrendo um deságio, confirmando que uma dívida impagável sempre sofre um deságio quaisquer que sejam os dogmas dos funcionários europeus. A pergunta é: quem perde e quem ganha com o *timing* e a natureza do deságio. No caso do deságio grego de 2012, os atingidos foram os títulos, em sua maioria nas mãos dos bancos gregos, os pequenos portadores de títulos e os fundos de pensão gregos. A Troika insistiu que o governo grego não fizesse nada para compensar os pequenos portadores ou os fundos de pensão, mas que reembolsasse integralmente os banqueiros.

Na verdade, os bancos gregos perderam 38 bilhões de euros com o deságio, e estavam, para todos os efeitos, falidos.[260] Portanto, o segundo resgate financeiro da Grécia (que veio junto com o deságio da primavera de 2012) reservou 50 bilhões de euros que o governo tomaria emprestado do fundo de "resgate financeiro" da Europa (a EFSF-SME) para recapitalizar os bancos

---

[260] Como era o caso, naturalmente, dos fundos de pensão gregos, com a diferença que ninguém nunca se importou realmente com os aposentados...

– um montante que, diferentemente daquilo que Mario Monti exigira, iria sobrecarregar ainda mais a dívida grega.

Na verdade, o Estado grego falido foi obrigado pela Europa a emprestar da Europa em nome dos banqueiros gregos falidos e assegurar que estes últimos recebessem esses aportes de capital sem perder o controle dos "seus" bancos. Para permitir que os banqueiros conservassem o controle dos bancos, o Parlamento grego teve de elaborar uma lei que previa que, se os banqueiros conseguissem provar que podiam levantar 10% do capital adicional, o Estado grego entraria com os 90% restantes do capital necessário (dinheiro que o contribuinte emprestaria da Europa), mas não teria nenhum controle da administração dos bancos.[261]

E como se isso não bastasse, a mesma medida especificava que os compradores privados das ações dos bancos receberiam (juntamente com as ações) algo conhecido como "warrants". Warrants são, basicamente, opções para adquirir mais ações pelo preço baixo original da ação. Dito de outra maneira, o Estado não apenas permitia que os banqueiros continuassem controlando os bancos que eles tinham quebrado, mas se comprometia a repassar aos banqueiros qualquer lucro decorrente do aumento do preço da ação do banco. Os rabos, representado pelo Estado, foram derrotados; as cabeças, representadas pelos banqueiros, venceram. Simples!

Naturalmente, essas condições absurdamente generosas – especialmente os warrants – provocaram um violento interesse especulativo pelos bancos gregos. Para blindar os ganhos dos banqueiros, em abril de 2014 o Parlamento Grego introduziu uma alteração nas normas de recapitalização bancária de um modo que quase nenhum parlamentar percebeu. Uma emenda inocente a um projeto de lei impediu que o Estado grego adquirisse novas ações que os bancos estavam prestes a emitir.

---

261 Observem que existe uma forte suspeita de que os banqueiros gregos emprestaram os 10% um para o outro, para fingir que tinham levantado o capital previsto na lei...

A permissão de emitir novas ações por um preço bastante inferior ao que o Estado grego tinha pago (durante o aporte de quase 40 bilhões de euros aos bancos), além da proibição simultânea de que o Estado adquirisse essas ações, fez com que as ações em poder do Estado perdessem valor e sua participação nos bancos fosse bastante diluída. Resumindo: a população foi enganada de uma forma semelhante ao que aconteceu durante a mesmíssima semana na Irlanda, quando o Banco Central do país foi forçado a se livrar dos títulos do governo irlandês que ele recebera em troca das Notas Promissórias.

E qual era o elo comum entre esses novos assaltos ao povo da Irlanda e da Grécia? O guardião europeu do euro, o defensor da zona monetária, aquele que perseguia o interesse comum da Europa: o Banco Central Europeu!

O Império Contra-Ataca

Em dezembro de 2012, o Banco Central alemão – o inflexível Bundesbank – contra-atacou com o testemunho do presidente do Banco, Jens Weidmann, perante o Tribunal Constitucional do país contra o programa do BCE e do Sr. Draghi.[262] Três declarações tornaram o testemunho explosivo.

A primeira questionava abertamente se o BCE tinha um mandato para evitar o colapso da moeda. A segunda questionava a decisão conjunta (no verão de 2012) da chanceler Merkel e do presidente do BCE Draghi de manter a Grécia na zona do euro. E a terceira opunha-se à convicção indulgente do Sr. Draghi de que o mecanismo de transmissão monetária avariado do BCE devia ser restaurado o mais rápido possível.

Tomadas em conjunto, as três declarações constituíam uma declaração de guerra contra a consistência do euro como moeda, especialmente em vista do fato de que se tratava de depoimentos oficiais do Bundesbank para o Tribunal Constitucional alemão

---

[262] Ver o diário financeiro *Handelsbla* em: http://www.handelsblatt.com/downloads/8124832/1/stellungnahme-bundesbank_handelsblatt-online.pdf

que tinham o propósito de invocar uma proibição constitucional dos instrumentos monetários remanescentes do Sr. Draghi, por meio dos quais ele estava tentando manter unida a zona do euro.

É de se perguntar: se, como o Sr. Weidmann sugere, não é tarefa do BCE impedir o esfacelamento do euro, então qual é o seu papel? Ao contestar a ideia de que a sobrevivência do euro seja responsabilidade do BCE, o Bundesbank adotou uma nova e interessante posição: a salvação da zona do euro não é essencial, mesmo que os líderes políticos da Europa pensem que é. A antiga tendência do Bundesbank de se comportar como copiloto durante o processo de maturação da Europa certamente não tinha ido embora com o desaparecimento do seu querido marco alemão. Embora tivesse permanecido latente, ela agora estava de volta tendo Jens Weidmann como copiloto. Se acrescentarmos a essa mistura o fato histórico de que o Bundesbank nunca se mostrou entusiasta de uma união monetária que se estendesse ao sul dos Alpes ou mesmo a oeste do Reno, o depoimento do Sr. Weidmann no Tribunal Constitucional adquire uma lógica sinistramente plausível.

Lendo mais atentamente o depoimento do presidente do Bundesbank, a importância da Grécia fica evidente. O depoimento procurou eliminar a credibilidade do programa das OMT de Draghi, por meio do qual ele lutou pela irreversibilidade do euro usando a Grécia como dinamite. Weidmann argumentou que a decisão do BCE de manter a Grécia na zona do euro não estava de acordo com sua carta patente. Para evitar uma fragmentação em série da união monetária era preciso estar disposto a fazer "o que for preciso" para manter os bancos gregos funcionando. O que, segundo o presidente do Bundesbank, significava que o BCE estava declarando ao mundo que tinha decidido adquirir a dívida em poder dos bancos gregos mesmo depois deles não poderem mais reivindicar de maneira legítima que estavam solventes. Contudo, essa declaração equivalia a uma afirmação do BCE de que estava disposto a violar sua carta patente para salvar o euro!

É claro que Weidmann tinha razão. Para manter a zona do euro funcionando, o BCE tinha de encontrar repetidamente desculpas inteligentes para distorcer suas próprias normas ridículas do tempo de Maastricht. Ninguém fez isso melhor, ou com mais elegância, que Mario Draghi. Se, para o bem ou para o mal, o euro continua vivo hoje, isso se deve à hábil manipulação, por parte do presidente do BCE, do jogo potencialmente explosivo de subverter os regulamentos do BCE de uma forma que não é visível nem excessivamente tímida.

Jens Weidmann percebia isso, e sabia que Draghi teria de aumentar a aposta. Ele sabia que, quando as OMT tivessem mostrado uma política confiável, ele teria de ir além, a fim de se antecipar aos negociantes de títulos. Furioso diante da perspectiva de outras violações da carta patente que ele impusera ao BCE de forma tão meticulosa, o Bundesbank estava, e continua, disposto a fazer "o que for preciso" para imobilizar Mario Draghi.

O fato de que até o momento Herr Weidmann tenha fracassado, revela a determinação da chanceler Merkel em não permitir que o euro se desintegre sob sua guarda. Porém, como Draghi sabe muito bem, nem ele nem Berlim podem se dar ao luxo de ignorar a ira do Bundesbank - nem sua preferência por uma área do euro "menor"...

Flexibilização Inquietante

A OMT do Sr. Draghi era a arma ideal porque jamais era utilizada. Não obstante, o presidente do BCE sabia que se os negociantes de títulos tivessem pagado para ver seu blefe e ele tivesse de acioná-la, o resultado teria sido decepcionante.[263] Ele também percebia que a austeridade que fora inicialmente imposta à Grécia, antes de ser exportada à maior parte da zona do euro, estava provo-

---

263 A OMT representava um claro convite aos negociadores de títulos para que testassem, quando lhes fosse mais conveniente, a determinação do BCE. Era uma solução temporária destinada a parar de funcionar quando as circunstâncias estimulassem os negociadores de títulos.

cando uma perigosa deflação que ameaçava lançar toda a zona do euro numa versão pós-moderna da Grande Depressão dos anos 1930. Nesse sentido, a OMT simplesmente lhe permitiu ganhar tempo para pôr em cena o armamento pesado da Flexibilização Quantitativa – ou QE (na sigla em inglês).[264]

A QE foi "inventada" no Japão nos anos 1990 e adotada nos Estados Unidos depois do desastre de 2008. Quando a crise se mostra tão ampla que todos tentam, contra todas as expectativas, pagar parte da dívida numa situação de diminuição de renda, ninguém quer contrair empréstimos, mesmo que as taxas de juro cheguem a zero. Os Bancos Centrais, então, passam a não dispor mais de instrumentos para estimular a economia da maneira habitual – ou seja, reduzindo as taxas de juros. Na verdade, zero é um número extremo, e qualquer taxa de juros inferior a ele significa que os depositantes, que passam a ter de pagar para deixar seu dinheiro no banco, vão correr para tirar até o último centavo do banco, provocando o colapso do setor bancário.

Nos idos de 1936, John Maynard Keynes teve de recorrer a uma citação de *O pato selvagem*, de Ibsen, para que seus leitores soubessem o problema que o Banco Central enfrenta quando as taxas de juros chegam a zero, mas a economia continua deprimida:

> *O pato selvagem mergulhou até o fundo – o mais fundo que pôde – e abocanhou depressa plantas marinha, algas e todos o*

---

[264] Do ponto de vista econômico, as taxas de juros extremamente baixas podem ser atribuídas apenas em parte ao anúncio da OMT e à afirmação do Sr. Draghi de que faria "o que for preciso". Esta última provocou a queda das taxas de juros da dívida da Itália e da Espanha. Contudo, o que reduziu as taxas de lucro e de crescimento foi a austeridade generalizada e o baixíssimo nível de investimento. Uma economia caracterizada por um baixo investimento e crescimento zero também resulta em taxas médias de lucro baixas. Recessão, lucros baixos e baixo retorno das aplicações financeiras (isto é, taxas de juros baixas) andam juntos. Portanto, embora a OMT "funcionasse" para reduzir o custo do serviço da dívida pública da Itália e da Espanha, ela funcionava bem demais num ambiente de austeridade – porque provocava uma deflação generalizada que mantinha a zona do euro num estado de recessão permanente.

> *lixo que existe lá embaixo; e seria necessário que um cachorro extremamente inteligente mergulhasse atrás dele para salvá-lo de morrer afogado.*[265]

A QE estava destinada a ser o "cachorro extremamente inteligente" de Keynes – uma forma alternativa por meio da qual os Bancos Centrais poderiam estimular a economia.

A ideia é simples: os Bancos Centrais compram dos bancos comerciais as dívidas de outras pessoas. Quem são essas "outras pessoas"? Podem ser famílias que devem hipotecas ao banco, corporações ou mesmo o próprio governo que vendeu títulos para o banco. Em troca, transferem as dívidas que os bancos possuem (junto com o fluxo de renda gerado por elas) para o Banco Central, este deposita dólares ou euros numa conta que o banco comercial mantém no Banco Central.

Onde o Banco Central encontra os recursos? A resposta é: em lugar algum. Eles são apenas números digitais que o Banco Central faz surgir como por encanto e que ele credita na conta do banco comercial mantida no próprio Banco Central.

Por que agir assim? Na expectativa de que o banco transfira esses recursos às empresas que querem investir e às famílias que querem comprar casas, carros, equipamentos eletrônicos etc. Se isso acontecer, haverá um aumento da atividade econômica e todos os barcos começarão a subir de novo com o crescimento rápido da liquidez. Ao menos essa é a teoria que explica como a QE estimula uma economia debilitada.

A QE funciona; porém, mesmo nas melhores condições possíveis, ela não funciona muito bem nem da forma prevista. A razão é que, para que a roda virtuosa da QE comece a girar, é preciso que aconteça uma coincidência simultânea de crenças impossíveis.

Jack e Jill, que são clientes do Banco Y, têm de confiar que o mercado imobiliário atingiu seu ponto mais baixo no médio prazo e que eles estão seguros no emprego para ter coragem de

---

265 Ver Keynes (1936), p. 183.

pedir uma hipoteca ao Banco Y. O Banco Y deve estar disposto a assumir o risco de ampliar sua coluna de "ativos", que já é grande, concedendo um empréstimo a Jack e Jill para que eles comprem uma casa, na expectativa de que outro banco, o Banco X, compre aquela hipoteca arriscada dele usando uma "conta de reserva" do Banco Central financiada por QE. Empresas que estão pensando em contratar pessoas como Jack e Jill (no médio e longo prazos) têm de acreditar que o Banco X irá, de fato, comprar a hipoteca de Jack e Jill do Banco Y, e, além disso, de que esse tipo de transação aumentará a demanda por seus produtos, justificando, assim, a contratação de mais gente.

Para encurtar o assunto, um número muito grande de crenças precisa se tornar realidade para que a QE cumpra a promessa de impulsionar a economia real. Porém, dado o estado de pessimismo autorrealizável que predomina nas profundezas de uma crise severa, esperar que essas crenças tomem conta das mentes dos diferentes agentes ao mesmo tempo é acreditar em milagre. Como vimos no Japão e nos Estados Unidos, onde a QE foi testada com determinação e zelo, a tendência dos bancos é emprestar às empresas os recursos que o Banco Central fez "surgir como por encanto". Só que essas empresas não investem o dinheiro emprestado em máquinas e trabalhadores, com medo de que a demanda não atenda ao aumento de produção.

O que elas fazem é readquirir suas próprias ações na Bolsa a fim de aumentar seu preço e arrecadar uma bela gratificação por ter "agregado valor à empresa". Embora esse processo de fato aumente, até certo ponto, os preços das casas luxuosas e a demanda por produtos de luxo, a única verdadeira beneficiada é a desigualdade indecente.

No Japão e nos Estados Unidos a QE não conseguiu fazer com que a economia se recuperasse[266], mas pelo menos garantiu que a recessão não se transformasse em depressão. Em consequência da estrutura

---

266 Exceto quando a QE derrubou o valor do iene ou do dólar, ajudando, assim, os exportadores japoneses e americanos a absorver a demanda externa, e acrescentando uma dimensão "protecionista" a suas repercussões.

capenga da zona do euro, refletida nas incongruências do Tratado de Maastricht, a QE iria se mostrar ali sempre mais problemática.

Embora soubesse disso, o presidente Draghi sentiu que não tinha alternativa senão implementar a QE. Ele tinha dois motivos importantes para fazê-lo: primeiro, porque sabia que mais cedo ou mais tarde seu blefe da OMT seria posto à prova; segundo, porque esperava que, quando o Federal Reserve e o Banco do Japão começassem a reduzir suas próprias QE – em algum momento de 2014 –, a volatilidade voltaria e a manobra da OMT certamente precisaria de apoio.

O BCE, como o Bundesbank não se cansa de lembrar a Mario Draghi, não tem o direito de monetizar a dívida de um Estado-membro. Portanto, ele não pode comprar títulos italianos à vontade de bancos italianos ou espanhóis do modo como o FED compra títulos do Tesouro.[267] Para se manter o máximo possível dentro das limitações de sua carta em vigor do tempo de Maastricht, o conselho diretor do BCE liderado por Draghi apresentou o seguinte plano: os títulos seriam comprados de todos os Estados-membros proporcionalmente a suas cotas do BCE; ou seja, proporcionalmente ao tamanho relativo de suas economias. Draghi confiou inteiramente na desculpa de que, se a dívida de todos fosse monetizada pelo BCE proporcionalmente ao tamanho relativo de suas economias, ninguém estaria recebendo um resgate financeiro!

Além disso, para reagir à oposição de Jens Weidmann à alegação de que o BCE estava próximo de comprar a dívida de bancos que se encontravam insolventes por estarem ligados a Estados insolventes, Draghi aceitou deixar de fora da QE as nações que estavam sob o controle da Troika. Isso significava que o país que mais precisava da QE do BCE, a Grécia, seria excluída dela! Significava, além disso, que os Estados-membros que menos precisavam da QE – na verdade, economias que poderiam ser prejudicadas pela por ela –, receberiam a maior dose de QE!

---

267 É por isso que o Sr. Draghi teria de introduzir em seu programa de OMT – jamais aprovado – a cláusula de que o país cujos títulos são adquiridos pelo BCE precisam primeiro ser submetidos à camisa de força do programa da Troika.

O caso alemão é um bom exemplo disso. Em 2015, a emissão total de bund (como os títulos alemães são chamados) da Alemanha alcançaria apena 140 bilhões de euros, por causa do esforço de "desalavancagem" do governo federal – reduzir a dívida e, assim, emprestar muito pouco dinheiro. No entanto, no mesmo ano o BCE compromete-se a comprar 160 bilhões de euros em bund. Por quê?

O motivo para o BCE comprar tanta dívida pública alemã é que, para atingir sua meta global de QE de 60 bilhões de euros mensais para toda a zona do euro (um montante considerado indispensável para que a QE cause impacto), e considerando que os *bunds* devem representar uma proporção fixa equivalente ao tamanho relativo da economia alemã em relação à zona do euro (cerca de 27%), o BCE tem de comprar 160 bilhões em *bunds* anualmente. Ao mesmo tempo, a legislação alemã obriga os bancos alemães a aumentar sua carteira de títulos do governo alemão em cerca de 20 bilhões de euros.

Naturalmente, quando os BCE se esforça para comprar *bunds*, fazendo com que a demanda supere a oferta, o preço dos títulos alemães sobe cada vez mais. Com a subida do preço dos *bunds*, as taxas de juros caíram perigosamente. Na verdade, a uma certa altura elas ficaram negativas: as pessoas estavam dispostas a pagar para emprestar ao governo alemão![268] Isso cria inúmeros problemas. Os poupadores e fundos de pensão alemães, que contam com taxas de juros razoáveis para sobreviver, veem-se numa situação de penúria. Além disso, os especuladores contraem empréstimos a taxas baixas na Alemanha e compram ações na Bolsa, forçando a alta dos preços das ações e gerando ganhos financeiros injustificados para europeus que já são ricos, num momento em que trabalhadores e trabalhadoras sofrem com baixos salários na Alemanha e com a situação de miséria em lugares como Grécia e Espanha.

---

268 Como isso é possível? Se você não deseja guardar milhões em dinheiro, e teme que os preços caiam 2%, então pode estar disposto a pagar 0,5% a alguém que queira emprestar seus recursos, na esperança de que, ao término de um ano, possa comprar mais com esses ativos.

Se Mario Draghi tivesse a permissão de agir como um dirigente de Banco Central devidamente independente, ele teria tido o bom senso de comprar apenas títulos espanhóis e italianos, e não *bunds* alemães, refletindo o fato de que a deflação aflige a Espanha e a Itália, mas é virtualmente inexistente na Alemanha. Mas não, o BCE tem de comprar mais títulos alemães para manter o pretexto de que a carta patente estúpida do BCE está sendo respeitada.

Um Golpe Bem Europeu

A QE de Draghi inflacionou os preços das ações e dos imóveis de luxo em países superavitários como Alemanha e Holanda. Mas não ajudou a mobilizar a poupança parada nesses países para transformá-la em investimento produtivo, especialmente nos países em crise. E mesmo assim a imprensa financeira parece convencida de que a QE funcionou.

O que aconteceu foi que surgiu um simulacro de recuperação, porque a QE empurrou a taxa de câmbio do euro para baixo, uma vez que o volume de euros emitido pelo BCE aumentou e parte dele foi trocado por outras moedas. Para alguns países, como a Espanha, isso gerou um pequeno *boom* exportador. Mas essa não foi a principal causa das alegações de que o esforço de austeridade da Espanha, acoplado à QE do BCE, funcionou.

Uma olhada no mercado de trabalho arrasado da Espanha confirma que os únicos postos de trabalho foram transferidos para lá porque as corporações europeias se aproveitaram dos espanhóis arruinados às custas dos postos de trabalho na França, onde os salários ainda não foram reduzidos. O efeito final sobre o emprego na zona do euro foi desprezível. A realidade não desprezível é que a Europa reproduziu uma desvalorização competitiva interna, como se estivesse ansiosa para imitar os anos 1930 dentro de suas fronteiras. Em vez de uma política "protecionista" baseada na desvalorização das moedas, na era do euro estamos desvalorizando o trabalho.

Nesse contexto, Draghi estabilizou as forças deflacionárias da zona do euro para permitir que esse tipo de efeito "protecionista" inútil e degradante criasse raízes, sem fazer o necessário para ajudar a superar a crise. Ironicamente, o maior êxito da política de QE implantada pelo BCE – do ponto de vista de Bruxelas, Frankfurt e Berlim – foi que ela permitiu que a Troika derrotasse nossas tentativas de renegociar o programa falido grego que condena nosso povo a uma depressão sem fim. Como ela fez isso?

O fato de os dois "resgates financeiros" da Grécia terem completado a transferência de possíveis prejuízos privados para os contribuintes europeus, blindando, assim, os bancos da Europa do drama grego, aliado à percepção de que Draghi podia emitir até 60 ou 70 bilhões de euros por mês para comprar títulos de países sob pressão fiscal (com exceção da Grécia), funcionou como um amortecedor de choque nos mercados financeiros, permitindo que o BCE fechasse os bancos gregos sem que os mercados de títulos entrassem em pânico por causa disso.

Uma política que pretendia se concentrar na deflação desanimadora que atingia toda a Europa primeiro excluiu justamente o país que mais precisava desse tratamento – a Grécia –, e em seguida asfixiou seu governo recém-eleito por ousar questionar o programa de austeridade e a dívida insustentável que, antes de mais nada, tinham provocado a depressão.

Só mesmo a zona do euro podia criar esse papel desprezível para uma política monetária que pretendia aliviar o sofrimento da sua população.

Maldade

Alguns anos atrás, muito antes de minha carreira política ter deslanchado, eu me encontrava em Bruxelas discutindo as últimas guinadas da crise com um dos altos dignitários da Comissão. Na verdade, era a primeira vez que eu discutia com alguém tão importante e poderoso da ambiciosa "tecnocracia" de Bruxelas.

Fiz uma pergunta meio impertinente para a qual recebi, para minha surpresa, uma resposta sincera: "Por que a Comissão pressionou Portugal a aumentar os tributos num momento de queda de demanda?"

Esse aumento de tributos não derrubaria as vendas, e com ela a receita federal com a arrecadação de tributos sobre a circulação de mercadorias? O mesmo com relação ao fato de dobrar o tributo sobre o combustível de aquecimento na Grécia: "Por que estão exigindo que a Grécia faça isso?", perguntei. "Não percebem que as pessoas simplesmente vão deixar de aquecer suas casas e que a receita do governo oriunda desse tributo vai cair?"

Sua resposta foi: "É claro. Mas nós só estamos exigindo tributos mais altos sobre a circulação de mercadorias e sobre o combustível como uma forma de intimidar. O objetivo é mostrar a Roma o que os espera se eles não aceitarem nossas exigências de aumentar a austeridade em seu país".

Mais recentemente, quando estava negociando em nome do governo grego com a Comissão, o BCE e o FMI, deparei-me com o mesmo tipo de raciocínio. Quando perguntei a um interlocutor se ele achava que os níveis exorbitantes de tributos sobre a venda que ele estava tentando me empurrar goela abaixo aumentariam a receita de tributos do nosso país, ele admitiu francamente que não. "Por que, então, vocês insistem neles", perguntei. A resposta? "Alguém cuja opinião é importante aqui quer mostrar a Paris o que espera a França se eles se recusarem a pôr em prática reformas estruturais."

Portanto, não é por falta de motivo que, ao me dirigir a ouvintes italianos ou franceses a respeito de minhas experiências recentes com a Troika, eu digo:

> *"Não vim aqui em busca da solidariedade nem da ajuda de vocês. Estou aqui para avisá-los de que não existe essa história de crise grega ou crise portuguesa. Estamos juntos nisso. A Grécia não passa de um enorme laboratório em que políticas fracassadas são testadas antes de serem transplantadas para o quintal de vocês".*

É isso que a crise do euro tem feito à Europa. Um conjunto de funcionários incompetentes, que negam a natureza e a história de uma crise cujas origens remontam ao menos a 1971, estão adotando políticas que equivalem a submeter a economia de nações europeias altivas a bombardeios de saturação para salvá-las. Grécia, Portugal, Irlanda e Espanha viraram um saco de pancadas para manter a Itália e a França com medo e o BCE funcionando. Enquanto isso, essas políticas desumanas são apresentadas em nome da comunidade, da solidariedade, da eficiência, da responsabilidade e, naturalmente, da preocupação sincera com a perda de "credibilidade" das instituições europeias.

Epílogo

A alquimia invertida não é um empreendimento mais fácil que a alquimia "normal". Embora a transformação de chumbo em ouro, o objetivo máximo do alquimista, tenha se mostrado extremamente difícil de alcançar, seu oposto não tem se mostrado mais simples: também não é fácil transformar ouro em chumbo!

Os alquimistas invertidos da Europa – os burocratas, políticos, comentaristas e acadêmicos cujas "realizações" estão contadas neste capítulo – tiveram de trabalhar com afinco durante anos para alcançar algo quase impossível: criar uma moeda única que anulou décadas de integração continental e engendrou uma desunião de chumbo que fere profundamente os corações e as mentes dos europeus.

Olhando para baixo do alto da famosa roda-gigante do parque de diversões Prater de Viena, Harry Lime (interpretado por Orson Welles em *O terceiro homem*, 1949) emitiu uma teoria impertinente a respeito da civilização europeia:

> *A Itália viveu trinta anos sob os Bórgias e enfrentou guerras, terror, assassinatos e derramamento de sangue, mas nos deixou Michelangelo, Leonardo da Vinci e o Renascimento. A Suíça*

teve amor fraterno e quinhentos anos de democracia e paz. E o que ela nos deixou? O relógio cuco.[269]

Embora a frase de Lime fosse certamente impertinente (sem contar que é extremamente injusta com a história da Suíça), a história e a cultura europeias estão cobertas de sangue e são sustentadas pelo conflito. É por esse motivo que os europeus acalentavam a ideia de uma União Europeia. A arte e a música, setores em que a Europa deu uma grande contribuição à humanidade, oferecem outras provas do nosso lado mais sombrio: Picasso disse certa vez que um quadro não é feito para decorar, mas para funcionar como "uma arma contra o inimigo". Beethoven dedicou a Sinfonia número 3 a Napoleão, depois arrancou a dedicatória, enfurecido, quando Napoleão se proclamou imperador. D. H. Lawrence ostentava um profundo desprezo pela democracia, acrescentando uma pitada extra de virulento antissemitismo. A poesia de Ezra Pound celebrava seu amor infinito pela cultura europeia, o que, infelizmente, não impediu que ele glorificasse o fascismo.

Contra esse pano de fundo cultural rico e inquieto, uma moeda comum que funciona como um solvente da unidade europeia não chega a parecer tão paradoxal. Desde que a Europa foi descartada da confortável zona do dólar do pós-guerra, as elites europeias esforçaram-se para recriar a extinta zona do dólar no interior da Europa. Sem jamais ter compreendido as lições que os New Dealers aprenderam durantes os anos 1930 e 1940, a burocracia europeia repetiu os erros dos anos 1920, criando no centro da Europa uma moeda mal planejada semelhante ao padrão-ouro.

Durante o mesmo período, do fim dos anos 1990 em diante, os bancos europeus passaram a imitar as práticas do setor financeiro moderno e tecnologicamente avançado da anglosfera, sem contar com a rede de segurança de um Federal Reserve, um Banco da Inglaterra ou mesmo de um Banco do Japão para ampará-los

---

[269] Dirigido e produzido por Caril Reed, e baseado no romance de Graham Greene *O Terceiro Homem*, o filme foi lançado em 1949.

quando os erros inevitáveis acontecessem. A combinação da frágil estrutura monetária da zona do euro com os imperativos da financeirização anglo-saxônica, que contaminaram os bancos de Paris e de Berlin debaixo do nariz de Bruxelas e de Frankfurt, geraram uma dependência dos mercados financeiros à qual a união monetária europeia não conseguiu resistir.

Enquanto o Minotauro americano urrava e mantinha as fábricas alemãs, holandesas e chinesas agradavelmente ocupadas, a Europa imitou a Grã-Bretanha e os Estados Unidos, subordinando o setor industrial ao financeiro e convertendo a sociedade ao novo credo de que os mercados são um fim em si mesmos, totens a serem adorados por seu próprio valor, templos cuja santidade estava fora do alcance da análise racional.

Não havia nada de errado na proposta de um mercado único do Atlântico à Ucrânia e das ilhas Shetlands à Creta. Fronteiras são cicatrizes horrorosas no planeta, e quanto mais cedo nos livrarmos delas, melhor, como a recente crise dos refugiados confirma.

Não, o que era perigosamente errado era a ideia de que se pudesse criar um mercado único e uma moeda comum sem uma poderosa população cidadã para contrabalançá-los, estabilizá-los e civilizá-los.

Deixando de lado os aspectos financeiros disso tudo, uma olhada na estética do euro é extremamente reveladora. Olhem qualquer cédula de euro. O que vocês veem? Arcos e pontes decorativos. Mas são arcos fictícios e pontes inexistentes! Um continente cheio de tesouros culturais decidiu, de maneira inacreditável, não decorar suas cédulas comuns recém-impressas com nenhum desses tesouros.

Por quê? Porque os burocratas não queriam imprimir nada que fosse "perigoso" na nova moeda. Eles queriam se separar da nossa cultura do mesmo modo que almejavam a despolitização da política e a tecnocratização da moeda. Mesmo que alguém não entendesse nada de economia nem conhecesse a estrutura horrorosa da zona do euro, bastaria olhar de relance o deserto cultural das cédulas do euro para adivinhar o que iria acontecer.

No lugar de uma população europeia soberana partilhando uma cultura que ela exibe com orgulho em sua moeda, a Europa continuou trilhando o caminho dos anos 1950, transferindo um imenso poder político a uma burocracia colossal, formalmente "tecnocrática", que garantiu que "seria mais honroso romper, não respeitar"[270] a democracia e a solidariedade.

E a ironia é que antes da desativação dos postos de fronteira entre Polônia, Alemanha, França e Grã-Bretanha, um filme como *A Dupla Vida de Véronique* repercutia perfeitamente em Varsóvia, Paris, Londres e Stuttgart. Isso não aconteceria hoje com um filme semelhante. Véronique e Weronika não teriam nenhum vínculo, nenhuma conexão mística. Elas seriam postas em campos opostos, no contexto de uma União Europeia insensível em que a solidariedade foi reduzida a "resgates financeiros" predatórios, as "reformas" se traduzem em cortes brutais nos salários e aposentadorias dos europeus mais pobres e a "credibilidade" virou sinônimo de adotar receitas econômicas fracassadas.

Os analistas de imprensa que adotam o ponto de vista de Bruxelas não se cansam de chamar a atenção para o fato de que os pedidos de entrada na União Europeia nunca foram tão numerosos. Isso não seria uma prova de que a "Europa está funcionando"? Eles se esquecem de que o Império Romano implodiu quando seu núcleo se tornou frágil demais, embora suas fronteiras estivessem se expandindo para o leste. O resultado foi um vazio cultural, também conhecido como Idade Média.

Atualmente, a União Europeia também está assistindo à desintegração de seu núcleo ao mesmo tempo em que se expande para o leste. Com uma nação altiva depois da outra sendo submetida ao afogamento fiscal simulado; com um povo sendo jogado contra o outro; com o crescimento Ponzi dando lugar, suavemente, à

---

[270] "Mas, por meu sentimento – e sou nascido aqui / Criado nesses hábitos – isso é uma tradição / Que seria mais honroso romper, não respeitar." *Hamlet*, Ato I, Cena IV, de William Shakespeare, (trad. de Millôr Fernandes, Porto Alegre: L&PM, 1997, p. 27).

austeridade Ponzi; com a falta de uma discussão séria sobre como criar uma estrutura econômica racional; e com alguns europeus cada vez mais convencidos de que são mais dignos do que outros, o núcleo da Europa está enfraquecendo perigosamente, e os laços autênticos de solidariedade estão se rompendo.

Entretanto, do outro lado do Atlântico os americanos observam incrédulos enquanto o continente que eles ajudaram a salvar de si próprio tantos anos atrás incorre nos mesmos erros: voltando-se contra si próprio, plantando as sementes do conflito entre seus membros e, ao fazê-lo, comprometendo os esforços dos Estados Unidos e da China para estabilizar a economia global.

Será que é possível fazer algo para interromper a terrível alquimia reversa da Europa?

Será que a Europa consegue arrancar um futuro democrático das garras de uma Idade das Trevas pós-moderna?

Ou será que, mais uma vez, os europeus precisam de uma ajuda do outro lado do Atlântico, mesmo contra a vontade?

Uma coisa é certa. A Europa é importante demais para ser deixada nas mãos dos seus governantes incompetentes.

CAPÍTULO 7
CHOCANDO O OVO DA SERPENTE DO FASCISMO

Toda vez que eu me sentava na ala ministerial do Parlamento grego, tinha bem diante de mim os gângsteres democraticamente eleitos do partido nazista Aurora Dourada.[271]

Toda vez que não conseguia evitar o olhar deles, ou quando amigos americanos, britânicos, australianos, tailandeses e chineses pediam que eu explicasse o "fenômeno" Aurora Dourada, eu me lembrava da figura de Kapnias.

Encontrei-me com Kapnias pela primeira vez em dezembro de 1991, no sítio ao sul do Peloponeso em que ele morava com vovó Georgia – sua mulher, que eu tinha ido visitar[272] e cuja história de vida merece ocupar o centro da tragédia de um autor talentoso sem interesse comercial. Eu tinha vindo de carro de Atenas para passar o fim de semana com eles. Vi-o de relance, de pé ao lado de suas cabras, enquanto um falcão pairava imóvel no ar, tendo como pano de fundo o azul intenso do céu.

Uma figura desmazelada, porém admirável, vestida com as roupas de trabalho que os agricultores pobres do Mediterrâneo consideram seu uniforme, o rosto octogenário maltratado pelo tempo e coberto pela barba branca por fazer, sorriu para mim. Um sorriso simpático

---

[271] Costuma-se referir ao Partido da Aurora Dourada, cujos deputados se sentavam bem em frente à ala ministerial, como um partido neonazista. Está errado. Sua ideologia nazista não tem nada de "neo". Eles cultuam Hitler, seu símbolo é uma variante da suástica, eles vestem-se como nazistas e cumprimentam-se como nazistas.

[272] Georgia Xenou era bisavó de minha filha, avó de Margarita, minha primeira mulher.

e ao mesmo tempo agourento, cheio de promessas de histórias perturbadoras e verdades indecifráveis. "Finalmente nos conhecemos! Bem-vindo a minha humilde residência", gritou, abrindo os braços.

Embora o conhecesse de fama, naquela noite não estava preparado para a veemência discreta das boas-vindas. Depois de me instalar no quarto que vovó Geórgia tinha preparado com tanto carinho e de compartilhar o pão com eles, pedi licença e me dirigi à cidade próxima para me encontrar com amigos locais. Ao retornar para a casa do sítio, bem depois da meia-noite, ouvi o ronco distante de Kapnias e a algazarra de um monte de gatos. Exausto, estava disposto a ter uma bela noite de sono nos braços da zona rural do Peloponeso. Foi então que eu vi os dois livros em cima do travesseiro.

O título de um era *Memoirs of a Prime Minister* [Memórias de um primeiro-ministro]. Seu autor era Adamantios Androutsopoulos, o último "primeiro-ministro" da ditadura militar que entristecera minha juventude, uma marionete indicada por Dimitrios Ioannidis – o brigadeiro que conduziu a junta neofascista para a órbita do neonazismo depois do massacre de estudantes do dia 17 de novembro de 1973.

O segundo livro era um pequeno volume com encadernação de couro que estava em péssimo estado. Incrédulo, mesmo depois de ler o título – *Mein Kampf* –, eu o abri. Era uma edição original alemã, publicada em algum lugar da Alemanha em 1934. Imaginei que se tratava de leitura noturna para chocar o visitante "esquerdista". Cortesia de um agricultor semianalfabeto que, claramente, agia de caso pensado.

Na manhã seguinte, depois de acordar, demorei para me levantar, esperando que, nesse meio tempo, Kapnias tivesse saído para cuidar dos animais e da plantação. Em vão. Ele não iria perder minha aparição por nada deste mundo, morrendo de ansiedade para medir minha reação às suas oferendas noturnas. Assim, começamos a conversar.

Kapnias fora outrora um colono "intocável" ligado ao pai da vovó Georgia que, antes da guerra, fora uma espécie de nobre na aldeia montanhosa de onde eles vieram. Uma bela aldeia que foi praticamente despovoada mais tarde, quando a guerra civil de 1944-49 cobrou seu preço.

Durante a ocupação nazista (1941-44), o pai de Georgia atuara como elemento de ligação entre a inteligência britânica e os guerrilheiros de esquerda locais, agindo em conjunto na sabotagem da brigada da Wermacht vizinha e de vários pelotões de soldados italianos. Georgia, a beldade local, apaixonou-se e casou-se secretamente com George Xenos, um dos guerrilheiros. Tendo uma guerra cruel como pano de fundo, o casal feliz e rebelde teve dois filhos.

Ao mesmo tempo, Kapnias, o lacaio adolescente, decidiu apostar no outro lado: alistou-se numa unidade paramilitar montada pela Gestapo local e foi enviado a Creta para "exercitar-se" na arte da "interrogação" e da "contra subversão". Foi lá que seu instrutor, Hans, lhe deu o exemplar de *Mein Kampf* com encadernação de couro, como os pregadores que distribuem exemplares da Bíblia ao nativos analfabetos antes de partir em busca de novos fiéis.

A guerra terminou, mas o conflito se intensificou quando a Grécia mergulhou no atoleiro de uma aterrorizante guerra civil. Aliados se voltaram uns contra os outros, irmão contra irmão, filha contra pai. Xenos, o marido guerrilheiro de Georgia, acabou combatendo o exército nacional que foi organizado pelos britânicos e do qual o pai dela – em razão de sua lealdade aos britânicos – passou a ser um partidário incondicional. Transcorridos dois anos, chegava ao fim uma tragédia grega moderna: Xenos foi ferido numa batalha contra o exército nacional e liquidado por um oficial americano durante o interrogatório que se seguiu a sua captura.[273] O pai de Georgia foi morto logo depois pelos camara-

---

[273] Em 1947, com a Doutrina Truman, os abusos da guerra civil do ponto de vista ocidental tinham sido transferidos da Grã-Bretanha para os Estados Unidos. As tropas britânicas foram retiradas e substituídas por conselheiros militares americanos. A cena da tortura e do assassinato de Xenos – que estava ferido – está descrita no relato de uma testemunha ocular publicado em grego em dois volumes. O título do livro é *The Dead Brigade* [A brigada dos mortos] e seu autor é Constantine Papakonstantinou, cujo *nom de guerre* era capitão Belas. Ver pp. 623-4 do Volume 1 (1986, terceira edição, 2002).

das guerrilheiros do seu marido por ter liquidado um guerrilheiro ferido que procurara refúgio em sua casa. Assim, de uma hora para outra os nacionalistas de seu pai a deixaram viúva e os guerrilheiros de seu marido a deixaram órfã.

Foi a deixa para Kapnias. Tendo feito a transição dos paramilitares organizados pela Gestapo para a guarda local, ele agora estava em condições de se vingar dos "ricos" do seu universo limitado e semifeudal. Aproximou-se de Georgia com uma proposta: "Você se casa comigo e eu impeço que minha gente dê um fim em você e em sua prole comunista", referindo-se aos dois pequenos órfãos.

Georgia concordou, esperando que o uniforme de Kapnias oferecesse segurança a ela e aos filhos, a quem ela contou a mentira "conveniente" de que o pai guerrilheiro tinha sido assassinado pelos guerrilheiros. Infelizmente, pouco depois de seu triste casamento, Kapnias foi demitido do cruel corpo da guarda por uso excessivo de força durante um interrogatório – mais ou menos como ser demitido por Mefistófeles por excesso de maldade. Sua cólera, e a brutalidade que a acompanhava, voltou-se então contra a nova esposa, sua "prole" e o mundo inteiro. Portanto, Georgia comprou a sobrevivência da família pelo preço de uma vida de maus tratos, pobreza, lágrimas e terror debaixo do regime sempre cruel de Kapnias. Seu alívio só viria com a morte, em 2012.

Naquele tempo eu supunha que figuras como Kapnias eram uma espécie em extinção cuja casta desapareceria da terra dos nossos pais. Não seria assim, como a visão dos deputados do Aurora Dourada deleitando-se no Parlamento de Atenas confirmaria alguns anos depois.

O DNA da Serpente

Nada melhor que a derrota, seguida de perto pela humilhação nacional e a implosão econômica, para preparar o povo para o autoritarismo.[274] A derrota da Alemanha na Grande Guerra e sua

---

274 Como foi mencionado no Capítulo 1, defendi esse ponto de vista perante os jornalistas reunidos na coletiva de imprensa no Ministério Federal das

humilhação em razão do Tratado de Versalhes, ao lado, naturalmente, da miséria econômica da classe média um pouco mais tarde, desempenharam um papel conhecido na ascensão dos nazistas.

A Grécia sofreu uma derrota e uma humilhação equivalentes em 1922 nas mãos de Mustafá Kemal e como resultado da arrogância de seu próprio governo nacionalista.[275] A instabilidade política que se seguiu à catástrofe militar e econômica, juntamente com a intensificação irresistível da crise global depois de 1929, deu origem a um tipo particular de fascismo: o regime de Ioannis Metaxas, instalado por meio de um golpe em 4 de agosto de 1936.

Naturalmente, não havia nada de extraordinário nisso. Poucos dias antes do surgimento do regime fascista na Grécia, o ataque do general Franco aos republicanos jogou a Espanha no mesmo buraco. A Itália convertera-se ao fascismo dez anos antes com Mussolini, e o mesmo ocorrera em Portugal com Salazar. Hungria, Sérvia, Romênia, Bulgária e Países Bálticos: todos sucumbiram a alguma variante da serpente.[276] Até mesmo a Grã-Bretanha fler-

---

Finanças, em Berlim, em fevereiro de 2015, como parte do apelo ao ministro das Finanças alemão e à população alemã para que apoiassem os esforços do novo governo grego para enfrentar a recessão e erradicar o emergente partido nazista grego.

275 Depois do fim da Grande Guerra, Eleftherios Venizelos, republicano pró-britânico e antimonarquista, garantiu à Grécia o direito de administrar Esmirna (atual Ismir), cidade costeira da Ásia Menor. No entanto, logo depois que o exército grego assumiu o controle de Esmirna, o governo de Venizelos caiu, e o novo governo monarquista ordenou ao exército grego que marchasse para... Ancara. Foi isso que deu a Kemal uma grande vantagem emocional. Uma multidão de turcos enfurecidos alistou-se no exército e, finalmente, Kemal conseguiu empurrar o exército grego até o mar. Em seguida, promoveu a "limpeza étnica" de milhões de gregos que viviam na Ásia Menor desde a época de Homero. Na Grécia, essa derrota, que ocorreu *circa* 1922, é conhecida até hoje como A Catástrofe.

276 Minhas referências ao nazismo como a "serpente" devem-se às impressões deixadas numa versão mais jovem... minha pelo filme de Ingmar Bergman de 1977 *O ovo da serpente* – uma história que destaca os imperativos pseudocientíficos por trás da "experiência" nazista. O próprio título foi tirado de uma fala de Brutus na peça *Júlio César*, de Shakespeare (Ato II, cena 1)... "Consi-

tou com o fascismo, com os camisas negras de Oswald Mosley, sem falar nos vários membros da família real com inclinação pró-nazista. Hoje temos a tendência de esquecer que o fantasma do fascismo estava assombrando a maior parte da Europa muito antes que os primeiros tiros de canhão disparados por Hitler, os ataques aéreos e o avanço das divisões Panzer marcassem o início da Segunda Guerra Mundial. Também esquecemos que o sonho de uma União Europeia não começou depois dessa guerra.

O espírito de Carlos Magno, que o presidente francês Valéry Giscard d'Estaing e o chanceler Helmut Schmidt invocaram décadas mais tarde em apoio à união monetária da Europa, tinha uma história sórdida de invocações anteriores. No final de 1944, quando era óbvio para quem quisesse ver que Hitler já tinha perdido a guerra, entre sete e onze mil franceses alistaram-se numa nova divisão da SS, conhecida como Divisão Carlos Magno ou, para dar seu nome completo, a 33ª Waffen Grenadier Division da SS Charlemagne (1ª francesa). Nos meses seguintes eles lutaram de forma obstinada, sendo a última unidade SS a defender o *bunker* do Führer até a morte.[277] Algo motivou esses franceses a fazer o que fizeram, e esse "algo" tinha a ver com a ideia de uma Pan-Europa merecedora do legado que Hitler, em sua mente delirante, representava. Um poderoso lembrete de que os símbolos da unidade europeia, tendo sucumbido uma vez ao lado sombrio do nosso continente, podem facilmente fazê-lo de novo.

Hoje os europeus dão como líquido e certo que o lado sombrio do nosso continente foi erradicado. Que a Comunidade Econômica Europeia, que "subiu de status" ao se transformar na União Europeia com o Tratado de Maastricht de 1993, virou como por encanto um bastião contra o totalitarismo. Embora

---

deremo-lo ovo de serpente que, chocado, por sua natureza, se tornará nocivo. Assim, matemo-lo, enquanto está na casca."

[277] Quando o Exército Vermelho chegou à periferia de Berlim, apenas setecentos homens da Brigada SS Charlemagne tinham sobrevivido, lutando com unhas e dentes em defesa de Hitler. Nos dois últimos dias, tinham sobrado no máximo trinta no centro de Berlim.

seja verdade que depois da guerra os europeus pensaram, com quase toda a certeza, que as novas instituições europeias representavam uma proteção contra outra guerra e outro totalitarismo, não há nenhuma evidência de que as instituições reais que nós criamos fossem especialmente compatíveis com essa aspiração. Se a compreensão da história é um pré-requisito para impedir o ressurgimento das diferentes forma do mal, esse pressuposto tem de ser questionado. O breve teste a seguir pode ajudar nessa direção.

Dê uma olhada nas citações abaixo e procure imaginar quem, e em que contexto, teria dito palavras tão inspiradoras:

1. "Acima e além do conceito de Estado-nação, a ideia de uma nova comunidade irá transformar o espaço vital que nos foi dado pela história num novo império espiritual... A nova Europa da solidariedade e da cooperação entre seus povos, uma Europa sem desemprego, sem crises monetárias, (...) encontrará um alicerce seguro e uma prosperidade crescente quando as barreiras econômicas nacionais forem removidas."

2. "Em certos casos, deve haver a disposição de subordinar os interesses próprios aos da Comunidade Europeia."

3. "A solução dos problemas econômicos... com o objetivo final de uma união aduaneira europeia e um mercado europeu livre, um sistema de compensação europeu e taxas de câmbio estáveis na Europa, com vistas a uma união monetária europeia."

4. "As consequências do nacionalismo exagerado e do desmembramento territorial fazem parte da experiência de todos. A única esperança de paz é através de um processo que, por um lado, respeite o patrimônio básico inalienável de cada nação, mas que, por outro lado, os restrinja e os subordine a uma política continental... A União Europeia não pode se sujeitar às variações de política interna típicas dos regimes liberais."

5. "Uma nova Europa: essa é a questão, e essa é a tarefa que temos diante de nós. Isso não significa que os italianos e os alemães, e todas as outras nações da família europeia, tenham de mudar suas predileções e se tornar irreconhecíveis diante de si próprios ou entre si, de um dia

para o outro ou de um ano para o outro. Será uma nova Europa devido à nova inspiração e ao princípio determinante que brotarão no meio de todos esses povos." (...) "O problema da hierarquia dos Estados não mais se colocará. Ao menos em sua forma habitual, uma vez cortada a cabeça do dragão; ou seja, a ideia de soberania estatal. Além do mais, isso não precisa ser feito diretamente, mas pode ser alcançado de forma indireta, com a criação, p. ex., de instituições europeias interestatais para cuidar de determinados interesses comuns (taxas de câmbio, comunicações, comércio exterior etc.)."

6. A citação seguinte foi extraída do texto de um programa bem recebido à época que recomendava a necessidade de "... apresentar uma solução confederada baseada na livre cooperação entre nações independentes" [culminando na união da Europa] "numa base federativa". [Para acompanhar esse processo federativo até o fim], "tudo que se exige dos Estados europeus é que sejam membros da comunidade leais e pró-europeus e participem voluntariamente de suas tarefas... O objetivo da cooperação europeia é promover a paz, a segurança e o bem-estar de todos os seus povos."

7. "Precisamos criar uma Europa que não desperdice seu sangue e sua força em guerras intestinas, mas que forme uma unidade compacta. Dessa forma, ela se tornará mais rica, mais forte e mais civilizada, e recuperará seu antigo lugar no mundo." (...) "Tensões nacionais e invejas insignificantes perderão o sentido numa Europa organizada livremente em bases federais. O desenvolvimento político mundial consiste inevitavelmente na formação de esferas políticas e econômicas mais abrangentes."

8. "Não é uma atitude muito inteligente imaginar que numa casa tão lotada como a Europa uma comunidade de nações possa conservar por muito tempo sistemas legais diferentes e diferentes conceitos de lei."

9. "Do meu ponto de vista, a concepção que uma nação faz de sua própria liberdade tem de estar em harmonia com a realidade atual e com questões simples de eficiência e propósito... A única

exigência que fazemos aos Estados europeus é que sejam membros sinceros e entusiastas da Europa."

10. "Os povos da Europa percebem cada vez mais que as grandes questões que nos dividem, quando comparadas às que surgirão e serão resolvidas entre os continentes, não passam de rixas familiares." (...) "Estou convencido de que em cinquenta anos os europeus não pensarão em termos de países isolados."

Chegou a hora de revelar quem pronunciou essas palavras. Seus "autores" estão relacionados abaixo na mesma sequência das citações:

1. Arthur Seyss-Inquart, um nazista austríaco que, recém-nomeado chanceler da Áustria, assinou o *Anschluss*[278] antes de se tornar ministro da Segurança e do Interior no governo nazista *pós-Anschluss*. Mais tarde ele foi ungido comandante militar da Holanda (ocupada). Na citação anterior ele se dirige a seus "súditos" holandeses em 1938.[279] Seyss-Inquart foi condenado à morte nos julgamentos de Nuremberg.

2. Walter Funk, ministro das Finanças do governo de Hitler a partir de 1938. Em Nuremberg ele foi apelidado de "Banqueiro dos Dentes de Ouro", uma referência ao fato de ele se vangloriar de ter extraído uma grande quantidade de dentes dos judeus vítimas do regime – incluindo os dentes de ouro daqueles que pereceram nos campos de concentração e que foram transformados em barras de ouro. Essa declaração foi feita em 1942.[280]

3. Memorando da Chancelaria do Reich, 9 de julho de 1940, assinado por Hermann Göring, segundo de Hitler que criou a Gestapo e comandou a *Luftwaffe*.[281]

---

278 N. do T.: Palavra alemã que significa "anexação, integração". É utilizada na história para nomear o processo de anexação político-militar da Áustria pela Alemanha, o qual foi ratificado pela população austríaca em abril de 1938.
279 Ver Lipgens (1984), p.72.
280 Ver Funk (1942).
281 Ver Lipgens (1984), p.61.

4. Alberto De Stefani, primeiro ministro das Finanças de Mussolini. De Stefani foi demitido dois anos depois de ter sido nomeado, mas continuou sendo um membro pleno do Grande Conselho Fascista até a queda do regime. Essa declaração foi feita em 1941.[282]

5. Camillo Pellizzi, editor de *Civilità Fascista*, no artigo intitulado "A ideia de Europa".[283] Pellizzi era um professor universitário que fazia propagando do fascismo e foi eleito para cátedras universitárias nos campos suspeitos da "História e Doutrina do Fascismo" (Universidade de Messina, 1938) e "Doutrinas do Estado" (Universidade de Florença, 1939). Ele sobreviveu ao fim da guerra e levou uma vida apagada de sociólogo irrelevante.

6. Cécile von Renthe-Fink, diplomata nazista que tinha o status de ministro de Estado. Em 1943 (quando a declaração citada anteriormente foi feita), Renthe-Fink propôs, juntamente com Joachim von Ribbentrop (ministro das Relações Exteriores de Hitler de 1938 a 1945), a criação de uma Confederação Europeia. De acordo com esse projeto, o destaque da Europa seria uma... moeda única que seria administrada por um Banco Central Europeu com sede em Berlim. A união econômica e monetária europeia proposta estaria sujeita a uma legislação comum sobre políticas do mercado de trabalho e um acordo de livre comércio. Curiosamente, o principal apoiador da proposta de von Ribbentrop e Renthe-Fink foi o francês Pierre Laval. Laval era "primeiro-ministro" de Vichy, o nazista do "Estado" vassalo francês que Hitler criara em regiões da França que ele não se preocupava em ocupar.[284] Laval estava tão an-

---

282 Ver Alberto De Stefani, "Il riordinamento e la pacificazione dell'Europa" ("A reorganização e a pacificação da Europa"), em *Rivista Italiana di Scienze Economiche*, outubro de 1941, tradução reproduzida em Lipgens (1984), pp. 188-9.
283 "L'Idea di Europa", *Civilità Fascista*, X, 1º. de dezembro de 1942, pp.63-33, citado na p. 31 porquoted on p.31 (1997).
284 A cidade balneária de Vichy, na região central da França, acabou sendo a capital desse "Estado". O regime-Estado de Vichy continua sendo até hoje uma vergonha para os franceses – uma lembrança de que amplos setores da sociedade francesa colaboraram ativamente com os nazistas. O chefe de Estado de Vichy era o marechal Philippe Pétain, um antigo herói francês que, depois

sioso para que a França participasse de uma união com Alemanha em torno de uma moeda única que escreveu uma carta a Hitler sugerindo que fossem incluídas nela as colônias francesas, de modo a gerar um "clima de confiança" na nova Europa unida.[285]

7. Vidkun Quisling, o famigerado colaborador nazista norueguês, "primeiro-ministro" da Noruega ocupada, cujo nome se tornou sinônimo de "colaborador". Depois da guerra, um tribunal norueguês condenou-o por traição, crimes de guerra e peculato. Ele foi executado em Oslo por um pelotão de fuzilamento no dia 14 de outubro de 1945. Ele fez essa declaração específica em defesa da União europeia em 1942.[286]

8. Adolf Hitler, dirigindo-se ao Reichstag, 1932.[287]

9. Joseph Goebbels, 1940.[288]

10. Joseph Goebbels, 1942.[289]

Esse rol de nazistas e fascistas prevendo o tipo de União Europeia que, de fato, aconteceu depois que eles foram derrotados é suficiente para provocar náuseas em qualquer europeu contemporâneo que ignora a dimensão perturbadora do "projeto" do Eixo europeu.

Será que o fato de os nazistas terem sido os primeiros a planejar uma união econômica e monetária europeia que está perigosamente próxima da União Europeia atual implica que esta última tenha sido fundada sobre princípios nazifascistas? Não, claro que não. O aspecto importante, no entanto, não é que a União Europeia foi gerada pela serpente, porém, de forma mais construtiva, que os europeus têm a obrigação moral de afastar a ilusão perigosa

---

da capitulação francesa no início da Segunda Guerra Mundial, decidiu que a França precisava de um Estado autoritário aliado da Alemanha nazista. Pétain escolheu Laval como seu homem de confiança e sucessor.

285 Ver Lipgens (1984), pp. 50-1.

286 Ver Lipgens (1984), p. 105.

287 Citado em Laughland (1997), p. 28.

288 Ver Joseph Goebbels, "Das Europa der Zukunft", discurso aos trabalhadores, intelectuais e jornalistas checos, 11 de setembro de 1940, traduzido e reproduzido em Lipgens (1984), p. 75.

289 *Ibid.*, p. 73.

de que a ideia de uma União Europeia (dentro da qual os nacionalismos e o Estado-nação deveriam se dissolver gradualmente) foi uma iniciativa que deve ser entendida como o oposto absoluto dos planos esboçados pelos belicistas autocráticos, misantropos, racistas e desumanos que ganharam uma posição de destaque como resultado da crise europeia do entreguerras. Infelizmente, uma Europa unida baseada no livre comércio, na livre movimentação de capitais, em leis trabalhistas comuns e numa moeda única é tão compatível com uma pauta progressista, humanista e internacionalista como com uma pauta nazista. Uma reflexão sensata que a Europa tem a obrigação de ter em sua mente (coletiva).

Conferências sobre integração europeia, políticas agrícolas comuns, políticas industriais coordenadas, esquemas conjuntos para promover o progresso tecnológico, união monetária etc. não são *per se* mudanças na direção de um futuro europeu mais favorável. A primeira dessas conferências, que contou com a participação plena de acadêmicos e de ministros e funcionários do governo, para discutir, e cito aqui o programa oficial, "A formação de uma Comunidade Econômica Europeia", teve lugar em Berlim – em 1942, sob os auspícios de Walther Funk, ministro das finanças de Hitler.

Como as citações anteriores revelam (e por mais que seus autores não tenham sido sinceros), a ideia de uma Confederação Europeia ou mesmo de uma Federação não é, em si mesma, incompatível com aquilo que os nazistas tinham em mente. O que significa que uma União Europeia muitíssimo parecida com a que é administrada hoje pela tecnocracia de Bruxelas não é incompatível com o totalitarismo.

Na verdade, uma grande quantidade de males pode se esconder por trás do véu da integração europeia de cima para baixo quando ela se realiza em meio a (e mesmo por meio de) uma recessão profunda e assimétrica. Europeístas que desejam imaginar a Europa como um lar comum, mas que também temem, de maneira sensata, que a Europa esteja se encaminhando para um autoritarismo insuportável que ameaça transformar nosso lar comum num campo de concentração coletivo, é melhor se precaver: o deslize para o totalitarismo não será evitado por meio de recursos técnicos aplicados por burocratas anônimos preocupados principalmente com suas próprias carreiras insípidas. Ele só pode ser evitado por meio de uma democracia funcional e saudável! Por meio, justamente, do processo político que os funcionários de Bruxelas e Frankfurt tanto desprezam e que cada volta do parafuso dado pela Troika esvazia. A cada resgate financeiro pernicioso, a cada vitória do Eurogrupo sobre um governo eleito democraticamente, a Europa é empurrada um pouco mais na direção de um futuro sombrio e melancólico compatível com os projetos da serpente.

As evidências estão por toda parte. Enquanto escrevo, a previsão é que a Frente Nacional francesa, profundamente enraizada numa mitologia racista e que nega o Holocausto, lidere o primeiro turno da próxima eleição presidencial. A Hungria tem um governo com credenciais de extrema direita que provoca calafrios nos democratas. Nos Bálticos, homenagens aos nazistas locais que se juntaram à SS e lutaram do lado de Hitler junto com a 33ª Divisão Carlos Magno francesa têm ocorrido com frequência, muitas vezes assistidas por ministros de governos eleitos democraticamente. Partidos políticos e grupos paramilitares fiéis à memória dos que colaboraram com os nazistas durante a guerra continuam influentes na Ucrânia, Sérvia, Croácia e Albânia.

Seja como for, a Grécia continua sendo um ponto fora da curva incompreensível. Só no meu país natal um partido assumidamente nazista, o Aurora Dourada, consegue registrar resultados eleitorais impressionantes. Por que os nazistas estão de volta ao Parlamento grego? Os espanhóis, os irlandeses, os portugueses e os italianos também sentiram na pele as consequências perversas da crise da zona do euro. Mas por que será que só a Grécia tem um genuíno partido nazista no Parlamento, o Aurora Dourada, enquanto suas milícias aterrorizam as ruas?

O motivo principal é que o colapso da economia grega foi muito maior do que nos outros países da zona do euro. Por ter sido o primeiro país a desmoronar, depois da depressão global de 2008, a Grécia transformou-se no laboratório da Troika. A dívida pública mais insustentável foi "tratada" por meio do maior "resgate financeiro", acompanhado por uma austeridade extremamente severa. A experiência fracassou de maneira desastrosa; quase um terço de todos os salários e empregos foi perdido, e a dívida gerou um clima crescente de angústia que só favorece o crescimento do medo e do ódio. Assim, ao voltar a atenção para os outros Estados-membros da zona do euro falidos, depois de ter "resolvido" os problemas da Grécia, a Troika já estava apreensiva com a própria sobrevivência do país. Para fazer alguns ajustes na política de terra arrasada que ela criara na Grécia, a Troika aplicou versões muito mais brandas de austeridade na Irlanda, em Portugal, na Espanha e na Itália. Menos austeridade, recessões menos profundas, menos espaço para o nazismo criar raízes.

Outro motivo do ressurgimento do fascismo na Grécia se esconde na história de Kapnias. No caso da Grécia, o ocupante nazista procurou criar uma organização semelhante à SS composta por pessoas marginalizadas e tratadas com indiferença pela burguesia local e pela esquerda, e que viviam na miséria permanente de uma vergonha coletiva provocada pela humilhação nacional sofrida anteriormente. Durante nossas longas conversas, Kapnias parecia inebriado com o poder que seus instrutores nazistas lhe haviam conferido. Afinado com a autoridade decorrente da aliança com o lado sombrio, ele afastou-se com gosto da respeitabilidade, o que caracterizaria sua vida dali em diante.

Seu próprio apelido, Kapnias (seu nome verdadeiro era George), tinha origem na palavra grega que designa tabaco (kapnos), para indicar que ele era um homem amargo e indignado que procurava se vingar de um mundo que nunca lhe dera uma oportunidade. Isto é, até que a Gestapo lhe oferecesse uma; uma oportunidade que ele agarrou com ambas as mãos e que ele saboreava até o fim de seu dias, rodeado pelas cabras inofensivas e crédulas.

"Os alemães estavam acima de Deus", disse-me ele. "Diferentemente dos italianos e do nosso próprio bando, eles podiam usar qualquer recurso para alcançar seu objetivo. Sem recuar! Sem medo! Friamente!" "Você precisava vê-los com seus próprios olhos." "Eles eram magníficos", foi sua última declaração sobre o assunto, o rosto iluminado como uma árvore de Natal, o coração ainda mais satisfeito ao perceber que cada uma de suas palavras me provocava náuseas. E, no entanto, eu sabia de onde vinha aquilo.

O fato de ter recebido aquele pequeno livro com encadernação de couro, que Kapnias era incapaz de ler por não conhecer suficientemente alemão, era como ser aceito numa Irmandade do Mal europeia; o tipo de mal que, ao ser compartilhado com um poder tão avançado tecnologicamente em relação a sua própria comunidade, dá às pessoas marginalizadas e covardes como Kapnias a sensação incomparável de pertencer a um Círculo dos Eleitos. Uma sensação que pode induzir a uma explosão odiosa de sentimentos, palavras e ações violentos.

A influência de misantropos do tipo de Kapnias diminuiu, mas não desapareceu, depois que os guerrilheiros de esquerda foram esmagados em 1949. Pessoas de sua laia que ocupavam uma posição mais elevada na hierarquia do Estado continuaram fundamentais para o país do pós-guerra, assassinando o parlamentar de esquerda Grigoris Lambrakis em 1963,[290] tomando o poder em 1967 por meio de um golpe militar[291] e continuando presentes em diversos organismos do Estado após a queda do regime em 1974.

Kapnias morreu em 2012, o mesmo aconteceu, por volta deste período, com a maioria dos seus companheiros do tempo da guerra. No entanto, o DNA da serpente não morreu com eles. Ele ficou adormecido, esperando a crise seguinte para voltar a crescer.

---

[290] Esse assassinato foi o tema do filme Z, de Costa-Gravas.
[291] Preenchendo as noites da minha infância com o "cobertor vermelho" – ver Introdução.

Sonhos de Migrante, Crescimento Ponzi e Insatisfação Crescente

Se a Grécia conseguiu entrar na zona do euro em 2001, isso se deveu em grande medida ao fluxo de trabalhadores migrantes nos anos 1990 que vieram dos países da antiga Cortina de Ferro. A Espanha e a Itália também se beneficiaram bastante com os trabalhadores estrangeiros sem documentos, que aumentaram seu índice de "competitividade" e os ajudaram a aparentar uma convergência com relação aos critérios de Maastricht.

Enquanto a periferia da Europa (da Grécia à Irlanda, e dali às praias ibéricas) estava excitada com o barulho das escavadoras e das perfuratrizes, financiadas por banqueiros pressionados como Franz, o esforço gigantesco para absorver esses países na zona do euro tinha condenado um amplo segmento da população mais pobre a uma recessão lenta, persistente e inédita. Embora houvesse uma expansão da atividade econômica, debaixo da superfície os empregos de qualidade estavam desaparecendo, uma vez que a maioria dos investimentos na periferia era direcionada para as bolhas do setor imobiliário, enquanto os centros industriais tradicionais fechavam, destruídos por uma onda de produtos manufaturados importados das economias superavitárias mais desenvolvidas.

As bolhas oferecem grandes oportunidades para os trapaceiros, mas criam uma quantidade muito pequena de postos de trabalho significativos e sustentáveis, especialmente quando os grandes conglomerados alemães, holandeses e franceses correm para comprar as empresas locais, encerram suas atividades industriais e as utilizam como depósitos para armazenar os produtos importados de suas próprias fábricas.[292] Os períodos de expansão na periferia da Europa coincidiram, paradoxalmente, com a queda do nível

---

[292] O motivo para comprar as indústrias locais, encerrar a produção local e transformar as empresas em depósitos a serem utilizados para comercializar mercadorias importadas é simples: eliminar os concorrentes locais dos produtos importados e usar sua rede de distribuição.

de vida das pessoas vulneráveis. Mesmo quando adquiriam carros e geladeiras a crédito, um pressentimento ruim as consumia, pois elas sabiam que, um dia, a maré de "liquidez" poderia se transformar numa enxurrada de liquidações.

Os salários estavam subindo durante a década de ouro da zona do euro (de 1998[293] a 2008). Em alguns casos, como na Grécia, Irlanda, França e Espanha, foi dito que eles estavam subindo rápido demais, tornando essas economias menos competitivas em relação a Alemanha, Finlândia, Holanda etc., onde o custo do trabalho por unidade produzida estava caindo ou subindo mais lentamente. Portanto, por que as pessoas vulneráveis estavam insatisfeitas?

Na Alemanha a resposta era evidente: os trabalhadores trabalhavam mais e suas empresas estavam lucrando como nunca, mas seu padrão de vida estava estagnado. Muito bem. Porém, por que havia ainda mais insatisfação em países como França, Espanha e Grécia, onde os salários estavam de fato subindo?

A resposta é que, nos países europeus deficitários, as pessoas vulneráveis estavam na verdade ficando ainda mais vulneráveis, enquanto as estatísticas oficiais, os apresentadores de televisão, as reportagens dos jornais e os políticos lhes diziam que "elas nunca tinham estado tão bem", que seu poder de compra estava crescendo, que estavam sendo envolvidas pela prosperidade. Um olhar mais atento às estatísticas oficiais bastava para desfazer o aparente paradoxo.

De fato, os salários estavam subindo nas nações deficitárias um pouco mais rápido que os preços subiam na média. Portanto, era verdade que o grego, irlandês e espanhol "médio" realmente estava vivendo melhor. Só que não existe grego, irlandês e espanhol "médio"! O preço que os pobres pagavam pelos bens de primeira necessidade estava subindo muito mais rápido que a média. En-

---

[293] Muito embora o euro tivesse sido introduzido formalmente em 2000, e na Grécia em 2001, as moedas substituídas por ele tinham sido unificadas em 1998, e as taxas oficiais de juros equiparadas.

quanto isso, os preços dos produtos adquiridos pelos 10% mais ricos estavam caindo radicalmente.[294]

Na média os salários estavam subindo, só que a maioria dos trabalhadores estava numa situação muito pior do que uma "média" definida em grande medida pelos salários altíssimos dos dirigentes oligarcas, além da queda rápida dos preços que essa gente privilegiada pagava pelos produtos que adquiria, os quais, porém, estavam fora do alcance do restante da população.[295]

Além disso, e em meio à divisão crescente entre ricos e pobres, outra brecha insidiosa estava aumentando: a que separava os trabalhadores nativos dos imigrantes, que tinham maior mobilidade e aceitavam trabalhar por um salário menor, que aceitavam sofrer humilhações que os locais rejeitavam e que podiam tirar partido de empregos em locais fora do alcance dos nativos, que estavam presos a suas famílias e ao alto custo da moradia.

Portanto, as pessoas vulneráveis estavam ficando mais vulneráveis, desunidas e insatisfeitas, enquanto os poderosos ficavam mais ricos e arrogantes do que nunca. E isso tudo durante os "bons" tempos impulsionados pelo crescimento Ponzi, durante os quais a Espanha foi inundada por elefantes brancos, a Grécia

---

[294] A taxa oficial de inflação reflete os aumentos dos preços médios da "cesta" de bens e serviços dos cidadãos "representativos". Só que o cidadão "representativo" não existe! Dito de outra maneira, ele é uma invenção da imaginação do estatístico – um indivíduo que consome partes de cada bem ou serviço proporcionalmente ao gasto total com esses bens ou serviços na economia. Em outras palavras, quanto mais ricos forem os ricos e quanto mais eles gastarem, mais a taxa de inflação refletirá a inflação de preços dos ricos. Por exemplo, numa economia com taxas de juros declinantes e aluguéis em alta, como os ricos moram em casas cada vez mais luxuosas, nas estatísticas oficiais o gasto com moradia parece estar diminuindo. O sofrimento que as famílias pobres enfrentam com o aumento do aluguel é eliminado das estatísticas, uma vez que a queda do reembolso das hipotecas por parte dos ricos supera em muito o aumento do aluguel dos pobres.

[295] A piada clássica de que "quando Bill Gates entra num bar, *na média* todos ali viram milionários" basta para deixar claro que essa história de pessoa média ou representativa não existe, e que, além disso, quando a média aumenta isso pode muito bem não significar nada de bom para a maioria.

tornou-se um interminável canteiro de obras que cuspia estradas e linhas de metrô – sem falar na infraestrutura dos Jogos Olímpicos de 2004 –, e o Tigre Celta construía filas intermináveis de blocos de apartamentos no meio do nada ou emporcalhava a paisagem de Dublin com "espaços" comerciais.

Mergulhada na cacofonia da imensa máquina de dinheiro decorrente do maior esquema de crescimento Ponzi da história, a serpente estava prestes a romper a casca. Estimulados por uma recessão oculta que apenas as pessoas vulneráveis sentiam e ignorados pelos colunistas badalados, os operários ficaram cada vez mais à mercê dos apelos da misantropia racista. Com a esquerda cuidando das feridas deixadas pela derrota histórica de 1991, quando o império soviético veio abaixo, e os partidos social-democratas loucos para pegar carona na popularidade da financeirização, os únicos partidos políticos que apostaram na insatisfação crescente foram organizações racistas e ultranacionalistas como a Frente Nacional francesa, a Liga Norte italiana e, naturalmente, a Aurora Dourada grega.

Em 2005, a taxa com que os bancos de Wall Street, da City e de Frankfurt estavam remunerando os recursos privados tinha diminuído um pouco. Essa pequena redução no "vigor" do crescimento Ponzi fez com que ficasse mais difícil para os trabalhadores imigrantes ilegais conseguir emprego. Para dar um exemplo, à medida que se aproximava a abertura dos Jogos Olímpicos de 2004, os imigrantes que costumavam trabalhar como as formigas da fábula para deixar os estádios prontos a tempo para os atletas e os dignitários, perderam os empregos de uma hora para outra. Eles tornaram-se mais visíveis e menos "ricos". Eles não eram apenas os "malditos estrangeiros", eles agora também tinham menos dinheiro para gastar. De modo semelhante, na França e em toda a Europa os filhotes da serpente estavam prontos para sair da casca, culpando os estrangeiros pela recessão oculta que afligia os habitantes locais mais vulneráveis e que fora provocada pelas falhas intrínsecas do projeto da zona do euro.

Uma rápida consulta ao mapa eleitoral da França confirma a transferência de votos dos partidos de esquerda, que tradicionalmente defenderam os mais vulneráveis, para a Frente Nacional. Os equívocos do presidente Mitterrand vinham apresentar a fatura. Tendo desempenhado um papel fundamental na criação da união monetária, os partidos de centro-esquerda da França, Grécia, Itália, Irlanda e Espanha perderam a autoridade moral, e muitos de seus eleitores passaram a votar na direita radical e nacionalista.

Por volta da mesma época, elementos nazistas da Grécia tornaram-se extremamente ativos, planejando uma campanha para "limpar" os bairros dos estrangeiros, de uma forma que deixou desesperados os sobreviventes dos anos 1930. Imitando a estratégia implantada pela primeira vez pelo partido de ultradireita alemão NPD no leste da Alemanha nos anos 1990, a Aurora Dourada visava "libertar" os subúrbios em que muitos dos imigrantes viviam. Chamando-os de "escória de pele escura", o partido não demorou em instalar "comitês de cidadãos" nos moldes dos grupos de justiceiros supremacistas, tolerados (e muitas vezes ajudados) pela polícia.[296]

Não tardou para que certas áreas como a praça Attiki (não muito distante do centro da cidade de Atenas) se transformassem em terreno de caça de qualquer um que ousasse parecer "diferente". Em diversas noites lojas pertencentes a imigrantes foram atacadas como na Noite dos Cristais[297], e as vítimas aprenderam na pele que era inútil denunciar o caso à polícia. Empreendedores imobiliários viram na Aurora Dourada uma oportunidade de "obter um belo lucro" – comprar propriedades por preço baixo, fazer com que os moradores fossem removidos à força pela Aurora Dourada e ganhar um bom dinheiro. Até mesmo canais de televisão "de qualidade" serviram de palanque a "moradores locais enfurecidos"

---

296 Ver Varoufakis (2013). "The Serpent's Greek Lair", em *Witte de Wit Review*, novembro, http://wdwreview.org/desks/the-serpents-greek-lair/.
297 N. do T.: Referência aos ataques de que foram alvo, no dia 9 de novembro de1938, durante o regime nazista, lojas de proprietários judeus e sinagogas de toda a Alemanha.

que entravam ao vivo descrevendo os imigrantes como animais portadores de raiva que tinham de ser postos em quarentena, ou até mesmo sacrificados. Como era de se esperar, não tardou para que o discurso dominante começasse a incluir na lista aqueles que "mereciam" as prostitutas, os gays, os "esquerdistas que gostavam de imigrantes" e, naturalmente, os transexuais.

Então veio a morte do Minotauro americano e o tsunami econômico subsequente que quebrou a Grécia no final de 2009 e levou-a ao "resgate financeiro" de maio de 2010. As correntes inflexíveis de austeridade que acompanharam o monumental empréstimo acordado destruiu a economia grega. Com a Aurora Dourada à mão e o centro político indo pelo ralo junto com a economia do país, o renascimento nazista era favas contadas. A figura de Kapnias[298] transformou-se subitamente: da lembrança de um passado terrível numa presença extremamente atual.

Embora a Grécia seja um caso extremo e a suástica não esteja sendo saudada pelas multidões no resto da Europa, o racismo violento e um cheiro crescente de maldade espalhou-se por todo o continente. O auge do horror aconteceu no verão de 2015, quando líderes de países europeus supostamente civilizados se digladiaram para saber quem ofereceria refúgio ao menor número de refugiados, que chegavam de uma Síria destruída pela guerra. Isso não surgiu do nada.

A ideia da livre circulação de bens, capitais e executivos bem pagos sempre foi um dogma para o universo financeiro globalizado, ávido em implantar zonas livres de comércio como a União Europeia, o Nafta, a TTP etc., Mas a ideia de que os seres humanos possam circular livremente sempre foi rigorosamente limitada, dando espaço para que o racismo aumentasse proporcionalmente às crises econômicas das nossas zonas de livre comércio.

---

[298] Uma figura que, pelo menos para mim, realçava a importância da presença nazista na Grécia nos anos 1940, uma época em que os guerrilheiros gregos resistiram ferozmente à ocupação alemã.

Nazistas no Poder, Ainda que não no Governo

Muitos apontarão, corretamente, a grande diferença que existe entre a Europa atual e a dos anos 1930: hoje, nenhum partido nazista está perto de assumir o governo na Europa. Felizmente, isso é verdade. No entanto, movimentos ultranacionalistas não precisam estar no governo para estar no poder. A Frente Nacional francesa tem influenciado profundamente as políticas dos partidos tradicionais que legitimam um discurso ostensivamente xenófobo e nacionalista.

A Aurora Dourada grega sentiu o gosto do poder pela primeira vez logo antes da eleição de maio de 2012 – quando alcançou seu primeiro êxito eleitoral. Ele veio na forma de um decreto odioso emitido pelo então ministro da Ordem Pública, Mihalis Chrysohoids, que durante muito tempo tinha sido ministro do Partido Socialista. Chrysohoidis e seu colega, o Andreas Loverdos, o então ministro da Saúde, organizaram uma campanha contra as mulheres mais vulneráveis da Grécia. Loverdos chegou até a discursar numa conferência das Nações Unidas, "comunicando" a uma plateia perplexa que os "homens de família" gregos estavam correndo perigo por causa das prostitutas africanas portadoras do HIV.[299]

Os dois ministros ordenaram que a polícia prendesse as prostitutas do centro de Atenas (muitas das quais eram imigrantes ilegais), submetesse-as à força aos testes de HIV e publicassem suas fotos e nomes no site do Ministério para alertar seus clientes gregos.

Durante várias semanas a polícia esquadrinhou Atenas, prendendo, sem nenhum mandado, qualquer mulher que não tivesse uma aparência "respeitável", jogando-a numa van e levando-a para uma delegacia, onde ela era imobilizada por policiais enquanto enfermeiras colhiam seu sangue. E se o teste desse positivo, eles jogavam a infeliz mulher numa cela, sem qualquer tipo de orientação jurídica, acusada de pôr em risco a saúde pública. De uma tacada só, inúmeros princípios valiosos de uma demo-

---

[299] O argumento racista veio se somar então à misoginia – na Grécia, a vasta maioria das prostitutas eram gregas ou imigrantes do Leste europeu.

cracia liberal foram feitos em pedaços. Por qual motivo? Para que dois políticos do Partido Socialista que estavam em dificuldade pudessem estimular um pânico moral – e tirar proveito eleitoral dele – baseado em discursos xenófobos que levavam água para o moinho de organizações como a Aurora Dourada.[300]

É nesse sentido que a Aurora Dourada passou a ocupar o poder antes mesmo de entrar no Parlamento. Por que seus assassinos se preocupariam em governar se suas políticas eram implementadas pelos políticos "legítimos" que ocupavam os ministérios sob o comando da Troika de credores da Grécia? Ideólogos autênticos, os bárbaros da Aurora Dourada comemoraram a conversão de sua pauta sinistra na política pública da "Resgatolândia".

Algumas semanas depois, em junho de 2012, duas eleições consecutivas deram origem a um novo governo grego sob a liderança do conservador Antonis Samaras. O governo não perdeu tempo em aprovar uma lei extraordinária que deixava claro que a cidadania grega e boas notas nos exames de admissão não eram suficientes para que um jovem entrasse na polícia grega ou nas academias militares. O que mais era preciso? A comprovação de *ithageneia*, ou seja, de uma linhagem de sangue grego da qual, naturalmente, os imigrantes naturalizados estavam excluídos. Por quê? Para atrair os eleitores da Aurora Dourada, que, como todos os fascistas, têm uma predileção por "sangue e solo", esperando trazê-los de volta para o aprisco da corrente dominante de direita.

Assim, pela primeira vez desde as leis nazistas dos anos 1930, um país europeu introduzia uma legislação que dividia seus cidadãos (e não apenas seus residentes) entre quem tinha o "sangue" certo e quem não tinha. Deveríamos sentir um calafrio na espinha só de pensar nisso. E deveríamos nos envergonhar profundamente que isso possa acontecer no mundo de hoje.

---

[300] No fim, a maioria das mulheres detidas, testadas e expostas eram nascidas na Grécia, a maior parte delas dependentes de drogas. Ver RUINS, um magnífico documentário disponível, com legendas em inglês, aqui: https://www.youtube.com/watch?v=9zyEegBtC1Q.

Indolentes

No tempo em que estendíamos o cobertor vermelho em casa, dois políticos de língua alemã e um americano representavam a imagem da esperança. Os chanceleres social-democratas da Alemanha e da Áustria Willy Brandt e Bruno Kreisky tinham enfrentado o fascismo grego e criado bolsões de autêntica solidariedade nos quais podíamos procurar abrigo. Olhando para o outro lado do grande oceano, a tristeza de minha mãe com a notícia do assassinato de Bobby Kennedy foi motivada pela sensação de que se tinha perdido um poderoso defensor dos fracos.

Muito tempo atrás, os social-democratas europeus e os New Dealers americanos compreendiam qual deveria ser o papel deles. Eles sabiam que a única possibilidade de civilizar o capitalismo era transferindo parte dos lucros dos empresários para o financiamento de hospitais, escolas, seguro-desemprego, artes etc. Bruno Kreisky, Willy Brandt, o social-democrata sueco Olof Palme,[301] o Partido Trabalhista britânico – todos eles compreendiam qual era a sua tarefa. Alguns foram mais bem-sucedidos que outros, porém, apesar disso, todos compartilhavam essa convicção básica. Contudo, quando a financeirização chegou à cidade montada no Minotauro, um pouco depois de 1980, tudo isso mudou.

Nos anos 1980 e 1990, os social-democratas europeus e os democratas americanos abandonaram a ideia de que o capitalismo tinha de ser civilizado por meio de uma negociação dura com os capitães da indústria, apoiando os trabalhadores e controlando os impulsos naturais dos banqueiros. Eles se esqueceram de que, desregulados, o trabalho, o setor financeiro e o mercado imobiliário são profundamente ineficientes. Perderam de vista o fato de que a desigualdade desestabiliza aos mercados financeiros e reforça a tendência para o fracasso do capitalismo.

---

[301] Primeiro-ministro social-democrata da Suécia, ocupou o governo entre 1969 e 1976.

O que aconteceu com o governo Clinton para desmontar as últimas limitações que haviam sobrado daquilo que o New Deal impusera sobre Wall Street? Afinal de contas, não foram os seguidores de Reagan nem os neoconservadores, mas democratas confiáveis como James Rubin, Larry Summers e Tim Geithner que, nos anos 1990, desfiguraram a Lei Glass-Steagall e suas restrições legais do setor financeiro, liberando, assim, Wall Street e turbinando a financeirização de uma forma inimaginável. Por que os social-democratas europeus abandonaram os valiosos princípios de um Bruno Kreisky, um Willy Brandt ou um Olof Palme? A chave da resposta está na transformação global da economia e do setor financeiro depois do "choque de Nixon" e de suas consequências, sob a orientação de gente como Paul Volcker. Para encurtar a resposta, o nascimento do Minotauro Global americano precisava da liberação do setor financeiro para que a besta pudesse cumprir suas funções (oferecendo demanda suficiente para atender às fábricas alemãs, japonesas, suecas e, mais tarde, chinesas), ao mesmo tempo em que era alimentada (pelos lucros dos proprietários das fábricas alemãs, japonesas, suecas e, mais tarde, chinesas que fluíam para Wall Street).

Com o volume crescente de lucros não realizados acumulando-se nas torres do sistema financeiro, os governantes social-democratas europeus e democratas americanos foram atraídos a um acordo Faustino com Wall Street, a City e os banqueiros de Frankfurt e Paris, que estavam extremamente satisfeitos em deixar que políticos reformistas ficassem com uma pequena parte dos seus ganhos ilícitos – desde que eles concordassem com a desregulamentação completa dos mercados financeiros. Franz e seus colegas tinham cotas de empréstimo a cumprir, e sua única alternativa era fazer um acordo oportunista com os mais oportunistas de todos os políticos

Parecia o tipo de situação que é classificada – de forma irritante, para mim – de "win-win" [ganha-ganha].[302] Os banqueiros

---

302 Que fim levou a expressão "mutually advantage" ["vantagem recíproca"]? Imagino que as mesmas pessoas que rebaixaram a indústria e desvalorizaram o

foram liberados e os políticos de centro-esquerda não precisavam mais brigar com os capitães da indústria para financiar seus programas sociais. Os financistas tiveram apenas de fingir que estavam descontentes por ceder algumas migalhas de sua mesa farta; os políticos, por sua vez, aceitaram tacitamente a lógica e a "ética" da financeirização, suspenderam sua atitude crítica em relação ao capitalismo e aprenderam a acreditar piamente que o setor financeiro tem competência para se autorregular.

Em termos homéricos, os social-democratas europeus tornaram-se os indolentes da nossa época.[303] O "lótus" que os tornou fracos e cúmplices das práticas horríveis do sistema financeiro descontrolado foram os atraentes e fantásticos lucros privados que Wall Street introduzira e seus imitadores internacionais reproduziram nos mínimos detalhes. Seu suco doce como mel embalou-os numa nuvem de fé mitológica em um "novo paradigma" no qual eles poderiam ficar com o bolo e comê-lo, no qual o risco era sem risco e no qual uma gansa misteriosa botava uma quantidade cada vez maior de ovos de ouro com os quais o Estado de bem-estar social, que era a única conexão que sobrara com sua consciência, poderia ser financiado.

Portanto, quando as enormes pirâmides de capital financeiro vieram abaixo em 2008, os social-democratas europeus não dispunham nem das ferramentas teóricas nem dos valores morais para conter os banqueiros ou para submeter o sistema em ruínas a uma

---

trabalho com suas proezas da financeirização, também sentiram uma necessidade premente de rebaixar o idioma inglês.

303 Na *Odisseia* (Livro IX) de Homero, o lótus era um dos inúmeros obstáculos que os deuses vingativos puseram no caminho de Odisseu para impedir que ele e seus homens voltassem ao lar em Ítaca. Juntamente com o canto das sereias, ele talvez fosse o obstáculo mais covarde de todos. Diferentemente do Ciclope ou dos mares ameaçadores, adversários que resgatavam o que havia de mais nobre neles, o fruto do lótus os deixava fracos e contentes, sem vontade de voltar ao mar para enfrentar o desafio do retorno definitivo para casa. Odisseu tinha de recorrer à força bruta para fazer com que seus homens retornassem aos navios. Ele tinha de "obrigá-los a ser livres" (antecipando uma célebre frase de Jean-Jacques Rousseau).

análise crítica minuciosa. E, diferentemente de seus homólogos americanos, que voltaram ao poder depois da vitória de Barack Obama em novembro de 2008, os social-democratas europeus não contavam nem com o apoio de um Banco Central preparado – considerando a camisa de força que eram os regulamentos do BCE.

Desde o dia em que tomou posse, o presidente Obama contou com um FED disposto a, e capaz de, apoiá-lo em todas as etapas do caminho, enquanto seu governo tentava salvar Wall Street e pôr em ordem a situação caótica provocada pelo setor financeiro. Certamente o resultado desses esforços deixou muito a desejar. Imaginem, porém, como as coisas teriam sido muito piores nos Estados Unidos – e no mundo como um todo – se o FED tivesse de trabalhar com um mandato e os instrumentos do Banco Central Europeu!

Sem dispor dos instrumentos éticos, intelectuais e financeiros que, alguns anos antes, os social-democratas europeus tinham voluntariamente retirado ou se recusado a criar, e, em vez disso, satisfeitos com o suprimento ininterrupto da agradável flor de lótus da financeirização, eles estavam preparados para a derrota. Preparados para recuar. Para curvar a cabeça às exigências de resgates financeiros feitas pelos banqueiros, resgates esses que seriam contraídos ao custo de medidas de austeridade contraproducentes para os mais vulneráveis. Preparados para fechar os olhos à cruel transferência dos custos da crise, dos responsáveis por ela para a maioria da população tanto grega como alemã, que tinha sido pressionada mesmo durante os bons tempos, alguns chegando a sofrer – as mesmas pessoas que os social-democratas deveriam representar.

Como era previsível, a social-democracia europeia se escondeu, deixando o caminho aberto aos assassinos racistas de extrema direita, felicíssimos em assumir o papel de protetores dos fracos – desde que estes últimos tivessem o sangue, a cor de pele e os preconceitos "certos".

Arremedo de Metternich

Em 1993, com o Tratado de Maastricht a pleno vapor, o enredo dominante era que a reunificação alemã que se seguiu à queda do Muro de Berlim fazia parte de um projeto de unificação europeia que começaria no âmbito da moeda – o projeto da zona do euro. A preocupação com a predominância alemã, que o presidente De Gaulle, Margaret Thatcher e outros tinham nutrido – e que continuara circulando na França e em outras regiões ao longo dos anos –, foi descartada com o argumento de que as Alemanhas Oriental e Ocidental queriam se reunificar ao mesmo tempo em que se deixariam absorver no interior de uma União Europeia mais ampla.

Jacques Delors, ex-ministro das Finanças da França e "condutor" da zona do euro na qualidade de presidente da Comissão Econômica, veio com o lengalenga a respeito da necessidade de limitar a influência dos países grandes por meio do princípio de "subsidiariedade" – a ideia de que a concepção e a implementação das áreas dos programas de ação que pudessem ser delegados de forma razoavelmente competente para o nível do Estado-nação deveriam ser deixados por conta dos governos nacionais. A descentralização seria o freio à predominância alemã e francesa na União.

Ao mesmo tempo, vários comentaristas, historiadores e políticos traçavam paralelos entre a união monetária europeia e o modo pelo qual a própria Alemanha se unificara anteriormente – não em 1991, mas ao longo do século XIX. Antes de 1833, o que hoje é considerada como a Alemanha era um espaço geográfico que abrangia uma grande quantidade de Estados, cidades-Estado e jurisdições, cada um com diferentes bandeiras, fusos horários e moedas. O comércio através das inúmeras fronteiras era um pesadelo, além de ser o motivo pelo qual a Alemanha estava tão atrasada em relação à Grã--Bretanha em termos de industrialização, inovação e governança.

A unificação alemã começou em 1833 com uma união aduaneira conhecida como Tratado do Zollverein – um acordo entre regiões alemãs desenvolvido como uma primeira etapa na direção de um comércio mais livre e da integração econômica tão necessária. Havia um observador astuto que estava muito preocupado com o Zollverein. O chanceler do Império Austro-Húngaro Klemens von Metternich era o personagem principal da Santa Aliança – a coligação de impérios europeus cujo objetivo comum era impedir qualquer movimento político, e evitar qualquer mudança, que pudesse pôr em risco o estado de coisas vigente.

Metternich não pôde deixar de notar que o Tratado do Zollverein fora conduzido pela Prússia, o reino alemão dominante, e excluíra o Império Austro-Húngaro. Do mesmo modo que hoje Pequim vê como uma grande ameaça o empenho americano em envolver a China com uma zona de livre comércio na bacia do Pacífico que, naturalmente, a exclui, Metternich também achava que a Prússia estava querendo criar confusão. Numa carta ao imperador, ele escreveu:

> *No interior da grande confederação está se formando uma união menor, um Estado dentro do Estado no sentido amplo do termo, que muito em breve se habituará a alcançar seus objetivos por meio de seus próprios mecanismo e que só levará em conta os objetivos e mecanismos da Confederação quando lhe convir... [A] respeito de cada assunto apresentado à Dieta[304] (e não apenas as questões comerciais) [ele] agirá e votará em uníssono, segundo acordos anteriores. Não haverá, então, mais nenhuma discussão proveitosa na Dieta; os debates serão substituídos por votos acordados antecipadamente e influenciados não pelos interesses da Confederação, mas pelo interesse exclusivo da Prússia... Infelizmente, mesmo agora é fácil determinar antecipadamente como esses votos serão distribuídos em todos os temas em que o interesse da Prússia está em conflito com o da instituição federativa.[305]*

---

304 A dieta era a assembleia deliberativa da união, seu parlamento confederativo.
305 Ver Klinkowstroem, (1880).

Eu poderia ter utilizado essas palavras, com muito poucas alterações, para descrever minha experiência com as deliberações do Eurogrupo enquanto fui ministro, em 2015, de um pequeno país europeu. Metternich poderia estar escrevendo sobre o modo pelo qual questões de importância crucial para diversos Estados-membros da zona do euro – especialmente aqueles com grandes déficits e dívidas insustentáveis – eram decididas com base nos "interesses exclusivos" da Prússia moderna.[306]

Hoje em dia, imaginamos que os políticos do século XIX utilizavam principalmente a espada para expandir seus impérios, em vez de apelar ao interesse próprio dos súditos potenciais. Isso não era verdade em relação à Confederação Alemã. A ideia de uma adesão voluntária baseada no interesse próprio dos pequenos Estados era, de fato, essencial para o Tratado do Zollverein. A Prússia convenceu os Estados alemães menores a participar dos novos acordos insistindo que eles estariam em melhor situação "dentro" da união (onde estariam bem posicionados para influenciar as questões) do que "fora" (onde seriam obrigados a reagir passivamente às decisões tomadas pela Confederação).

Mesmo a noção de "subsidiariedade", ou algo próximo a isso, foi empregada. O engodo de um poder descentralizado numa união dominada pela Prússia teve um efeito milagroso para convencer

---

[306] Um aparte: Metternich tem uma ligação importante com a Grécia, uma ligação que evoca diversos temas tratados neste livro. Ele foi o principal oponente da luta de libertação nacional grega, que começou em 1821 e terminou com a fundação do moderno Estado-nação grego. Sua preocupação era que a criação de um Estado grego enfraqueceria o Império Otomano (o que de fato ocorreu!), atrapalhando o equilíbrio de poder entre os impérios Otomano, Russo, Austro-Húngaro e Britânico. Para impedir que os revolucionários gregos fossem bem-sucedidos, Metternich induziu o czar russo a não apoiar os gregos, e chegou mesmo a prometer aos britânicos o reembolso total da dívida austríaca se Londres apoiasse sua política de sufocar a revolução grega no nascedouro. Lorde Byron e outros filo-helênicos direcionaram vários de seus ataques negativos à figura de Metternich. Como seria a Europa hoje se a Grã-Bretanha, a Rússia e a França não tivessem, por fim, mudado de posição e vindo em socorro dos gregos na decisiva batalha naval de Navarino, em 1827?

os Estados alemães que não queriam aderir com medo da Prússia, pois eles pensaram que teriam margem de manobra suficiente para conservar sua autonomia dentro da união. Alguns, no entanto, argumentam que se tratou de uma armadilha bem planejada. O constitucionalista alemão Heinrich Triepel observou que:

> *Uma associação mais frouxa de Estados estimula mais a hegemonia do que uma associação mais fechada... quanto mais os elementos unitários predominam numa federação, maior a solidez interna, e maiores os obstáculos à criação de uma hegemonia.*[307]

Um Estado superavitário que procura controlar uma confederação pode enfraquecer, de forma proveitosa, suas instituições básicas e utilizar o discurso da descentralização para atingir esse objetivo. À medida que as diversas economias da confederação ficam cada vez mais integradas, e na falta de mecanismos de reciclagem política do superávit que são indispensáveis para afastar as crises e controlá-las quando elas ocorrem, as reduções da atividade econômica geram automaticamente uma maior centralização, já que elas se tornam sistêmicas e exigem soluções sistêmicas. Nesse momento, quando as principais instituições são criadas sem processos federativos bem definidos para fazê-lo, a centralização prossegue no piloto automático e segundo as condições dos Estados mais poderosos.

Foi isso que aconteceu na Confederação Alemã que nasceu em 1833 com o Tratado do Zollverein. Foi também o que aconteceu mais recentemente na zona do euro, depois que o Tratado de Maastricht gerou a crise do euro: toda a magia dos méritos da "subsidiariedade" e da descentralização naufragou nas ondas de um controle autoritário e irresponsável vindo do centro. No século XIX, a Prússia apresentou um pacote de leis unificadoras que estabeleciam normas industriais e legislações favoráveis a Berlim. Na zona do euro, todas as mudanças institucionais efetuadas desde 2010 atenderam às prioridades da República Federal Alemã.

---

307 Ver Triepel (1906), citado em Laughland (1997).

Em 1871, o processo de centralização que Metternich tanto temera deu origem ao Império Alemão, complementado por um Banco Central (o Reichsbank), uma moeda única (o Reichsmark) vinculada ao padrão-ouro e um Parlamento comum (o Bundesrat) controlado pelo Chanceler de Ferro, Otto von Bismarck. Embora a Prússia só tivesse dezessete dos 58 votos do Bundesrat, nesse período ela desfrutou plenamente do poder graças aos votos de apoio dos representantes dos Estados menores que, desde 1833, estavam na esfera de influência prussiana.[308]

Quanto a esse cenário, é extremamente improvável que a história se repita exatamente da mesma maneira. De fato, a zona do euro pode se parecer com a Confederação Alemã, digamos, dos anos 1860, com uma lista de Estados menores competindo para saber quem seria escolhido como o "melhor aluno" da Alemanha, mas as circunstâncias são muito diferentes. A França é importante pelo fato de que, apesar de seu rápido declínio depois da tentativa infeliz de suas elites em "capturar" o Bundesbank, continua sendo difícil domesticá-la e absorvê-la numa versão contemporânea do império unitário de Bismarck.

No entanto, a combinação de duas impossibilidades deixa um enorme ponto de interrogação pairando no ar com relação ao futuro da Europa. Por um lado, existe a impossibilidade de que a zona do euro continue com a horrível estrutura que tem hoje, vomitando sem parar versões diferentes da tragédia grega. Por outro lado, existe

---

[308] Sobre os efeitos que o modo como se deu a unificação da Alemanha teve em sua visão de mundo, Henry Kissinger escreveu certa vez o seguinte: "O motivo pelo qual os estadistas alemães estavam obcecados com a vulnerabilidade do poder devia-se ao fato de que, diferentemente de outros Estados-nação, a Alemanha não possui nenhuma estrutura filosófica integradora. O Reich de Bismarck não era um Estado-nação, era um artifício, sendo acima de tudo uma Prússia ampliada cujo objetivo principal era aumentar seu próprio poder... Foi como se a Alemanha tivesse gasto tanta energia para constituir uma nação que não teve tempo para desenvolver um conceito do seu próprio interesse nacional... O Kaiser queria conduzir a Weltpolitik [política internacional] sem aos menos definir o termo ou sua relação com o interesse nacional alemão". (Kissinger, 1994, p. 137).

a impossibilidade de formar um Estado unitário e centralizado com Berlim e Frankfurt no centro e Paris engolindo em seco *ad infinitum*.

Isso nos deixa duas possibilidades: um rompimento ou uma federação genuína. O problema é que foi investido muito capital político para que possa haver um divórcio amigável; ao mesmo tempo, a crise do euro está gerando tanta animosidade entre os povos europeus que não poderia haver hoje algo mais utópico que uma federação genuína.

De Volta aos Estados Unidos

Poucos europeus seriam contrários aos Estados Unidos da Europa democráticos, com um governo genuíno eleito numa lista pan-europeia e que respondesse a um Parlamento genuíno investido de soberania total a respeito de todas as decisões e assuntos. Porém, esse é uma forma de desejo irreal que encobre uma realidade desanimadora: não está no DNA da União Europeia transformar-se naturalmente numa federação.

O motivo pelo qual a zona do euro está passando por uma crise existencial interminável que divide profundamente os europeus foi o fato de ter confiado inicialmente naquilo que costumo chamar de reciclagem do superávit em tempos de bonança,[309] em lugar de confiar num mecanismo adequado de reciclagem política do superávit.[310] Mais importante ainda: suas instituições

---

309 Ou seja, um sistema baseado em bancos comerciais que pegavam os superávits financeiros (lucros, p. ex.) dos países superavitários e os reciclavam para os países deficitários por meio de empréstimos que não faziam parte de uma política de investimento mais ampla na capacidade produtiva. Essa reciclagem acaba criando bolhas nas regiões deficitárias que finalmente explodem, deixando atrás de si dívidas insustentáveis e recessão duradoura. Ver Capítulo 1, seção intitulada "Reciclagem em tempos de bonança".

310 Ver Capítulo 1, seção intitulada "Reciclagem Política do Superávit ou Barbárie". A chave da reciclagem política do superávit é o papel que as instituições do Estado têm no direcionamento dos superávits gerados no setor privado para investimentos produtivos nas regiões deficitárias. Isso não precisa ocorrer de maneira explícita como na China ou no Brasil, onde os bancos públicos

políticas e os interesses adquiridos por trás delas[311] mostraram-se firmemente comprometidos a não criar esse mecanismo, mesmo depois do estouro da crise. A grande pergunta é: por quê?

Por que evitar a reciclagem política do superávit, que é – como os Estados Unidos perceberam nos anos 1940 – fundamental para manter uma união monetária assimétrica entre economias de alta e baixa intensidade de capital? Um motivo é que as elites europeias confiaram por muito tempo na "bondade" americana. Elas supuseram que os Estados Unidos desempenhariam para sempre esse papel estabilizador no interesse da Europa. Elas consideraram que as empresas europeias podiam viver eternamente às custas da reciclagem do superávit direcionada pelos Estados Unidos. Essa suposição estava no núcleo do princípio básico "constitutivo" da zona do euro exposto em Maastricht – e ao qual costumo me referir como *Princípio das Dívidas Públicas e Setores Bancários Totalmente Separáveis*. Um princípio que levou à crise e que garantiu que seus ônus descomunais caíssem nos ombros dos europeus mais vulneráveis.

A ideia por trás desse "Princípio" é simples: cada euro da dívida, seja ela privada ou pública, "acaba" no Tesouro de um único Estado-nação. Nenhum euro devido deve acabar sendo devido por mais de um Estado. Seja ele um euro devido pelo governo grego a um banco francês ou uma dívida de um banco irlandês a um credor privado, o significado do "Princípio" é um só: que esse euro será amortizado pelo Tesouro de uma única nação. Nada de fazer uma "vaquinha" entre as nações europeias, nada de

---

de investimento cumprem a tarefa de forma bastante admirável. Nos Estados Unidos, essa tarefa cabe ao que o presidente Eisenhower chamou de complexo industrial-militar. Por exemplo, quando uma empresa privada obtém um contrato para construir um novo caça, o contrato do Ministério da Defesa especifica que partes do avião terão de ser construídas em áreas periféricas ou em fábricas recuperadas do "cinturão da ferrugem" [áreas de estados norte-americanos em que as indústrias pesadas, especialmente de produção de aço, estão em decadência], em regiões de baixa atividade econômica.

311 Particularmente os bancos comerciais de Frankfurt e Paris.

compartilhar a responsabilidade de proteger os correntistas, nada de criar um fundo comum por meio do qual se possa combater uma crise do sistema monetário comum. A crise do euro, e seu custo em termos humanos, é um reflexo direto desse insustentável *Princípio das Dívidas Públicas e das Perdas dos Bancos Privados Totalmente Separáveis*. Um princípio que acaba obrigando os europeus mais vulneráveis a suportar os fardos mais pesados.

De maneira significativa, esse "Princípio" oculto representa a proibição de que se tenha um mecanismo político de reciclagem da dívida. Importante: a falta deste último não se deveu à omissão por parte dos criadores do euro, mas de uma "ausência" intencional. Com essa "ausência", ou "Princípio", o euro só poderia funcionar como uma moeda estável se alguém o estabilizasse. Até 2008, esse alguém foi a economia americana e seus métodos minotáuricos.

Os Estados Unidos desempenharam, de fato, um papel importante *vis-à-vis* à Europa em dois períodos distintos – a Era de Bretton Woods, que terminou em 1974, e a era subsequente do Minotauro, que tumultuou o mundo com a financeirização e os crescentes desequilíbrios comerciais. Em ambos os períodos, o processo de integração dos mercados e das burocracias europeias, com o centro em Bruxelas, prosseguiu de forma relativamente suave. A financeirização, e a emissão desenfreada da dívida que ela possibilitou, permitiu o surgimento e a sustentabilidade – ao menos na aparência – da zona do euro.

Contanto que os rios de liquidez privada dos tempos de bonança fluíssem da anglosfera, Bruxelas e Frankfurt podiam manter a ilusão de que não era necessário centralizar as políticas fiscais – de que a reciclagem dos tempos de bonança era tudo que a periclitante zona do euro precisava –, de que não era necessário que o *demos* europeu controlasse a tecnocracia sediada em Bruxelas ou um processo legislativo que não estava sujeito ao controle de algo que lembrasse um Parlamento soberano.

Com os parlamentos nacionais supostamente exercendo o controle democrático da política fiscal, as instituições europeias funcionavam de acordo com os interesses de uma aliança imoral entre o cartel da indústria pesada centro-europeu, os grandes produtores agrícolas (principalmente franceses) e um florescente setor financeiro. No entanto, em 2008 os Estados Unidos perderam a capacidade de estabilizar a economia global por meio da coordenação de seus déficits gêmeos e de Wall Street, e, com isso, a zona do euro começou a se desfazer. Quanto mais a Europa sustentava que os acontecimentos de 2008 podiam ser acomodados dentro de suas "normas", mais aumentava a crise que afligia os europeus. E quanto mais a Europa mergulhava na crise, maior a dificuldade enfrentada pelo FED e pelo Tesouro americano para religar o motor parado da economia americana.

Nessa conjuntura crítica, não havia alternativa senão centralizar a administração da dívida pública e, portanto, das políticas fiscais europeias. Porém, como centralizar as políticas fiscais quando elas continuavam, em princípio, de responsabilidade dos parlamentos e governos nacionais que se encontravam, basicamente, num abraço de afogados com os setores bancários insolventes? A resposta que a Europa escolheu foi: por meio de grandes empréstimos às nações insolventes, que, para serem aprovados nos parlamentos dos países superavitários, tinham de estar vinculados a medidas punitivas de austeridade.

Desse modo, a centralização da política fiscal da zona do euro assumiu a forma de uma União de Austeridade que ampliou a crise, fazendo com que ela quase acabasse com o euro e, finalmente, quando o Banco Central Europeu interveio no verão de 2012 para salvar a moeda comum, transferiu a crise dos mercados financeiros para o campo da economia real europeia. A crise europeia migrou dos mercados da dívida (ou de títulos) para suas indústrias, lojas e instituições de caridade, enquanto os burocratas e políticos que apoiavam a União de Austeridade comemoraram o fim da crise. Observando a situação, os funcionários americanos se perguntaram o que poderiam fazer – se é que havia algo a ser feito – para que os administradores europeus "compreendessem" o que estava acontecendo.

À medida que a distância entre os Estados-membros superavitários e deficitários aumenta, a estrutura toda perde consistência e começa a se fragmentar. Mesmo os defensores mais veementes do projeto europeu original, aqueles que mandam os funcionários americanos cuidar de suas vidas, passam a compreender a situação. Eles começam até a defender que, para salvar a zona do euro, existe uma necessidade premente de união política. Seja como for, o resto de nós deve se acautelar: é um erro primário confundir a conversa de união política como um passo na direção de uma democracia federativa.

O Plano de Schäuble

> *Teoricamente, a Europa seria uma união política [...] Pensem nestas duas propostas. Por que não podemos ter um comissário do orçamento europeu com poderes para rejeitar os orçamentos nacionais se eles não corresponderem às normas que aprovamos conjuntamente? [...] Também favorecemos um "parlamento da zona do euro" composto pelos membros dos países do Parlamento Europeu da zona do euro para reforçar a legitimidade democrática das decisões que afetam o bloco da moeda única.*[312]

Esse texto foi escrito por dois políticos alemães influentes que eram tidos como federalistas "leais" no início dos anos 1990, graças aos artigos conjuntos em que defendiam uma união política: Wolfgang Schäuble, atual ministro das Finanças da Alemanha, e Karl Lamers,

---

312 Ver "More integration is still the right goal for Europe" [O objetivo correto da Europa continua sendo uma maior integração], de Karl Lamers e Wolfgang Schäuble, 31 de agosto, *The Financial Times*. Observem que o ministro das Finanças alemão decidiu publicar esse artigo quando o debate sobre o fracasso da zona do euro em se livrar da crise do euro estava pegando fogo novamente, após o discurso que Mario Draghi – presidente do BCE – fez em Jackson Hole, no qual ele admitiu a existência de pressões deflacionárias sobre a área da moeda comum europeia e o papel da austeridade mundial em fomentá-las.

membro do Parlamento responsável pela política externa da conservadora União Cristã-Democrática (CDU, na sigla em alemão).[313]

Nesse artigo, além de retomar seu tema favorito, que gira em torno de uma forma particular de união política defendida por ele, Schläuble oferece dois exemplos de como ela poderia funcionar. Uma leitura superficial poderia nos levar a pensar que o poderoso ministro das Finanças alemão estava defendendo duas propostas que conduziriam a Europa na direção de uma democracia federativa. Não estava.

Atualmente, a Comissão Europeia sediada em Bruxelas examina o orçamento de um Estado-membro e faz recomendações. Se o orçamento incorre num déficit que ultrapassa o limite de 3% previsto no Tratado de Maastricht, a Comissão começa a emitir sinais de alerta que, em algum momento, podem levar a "sanções". Normalmente, isso provoca uma longa negociação entre o Estado-membro e a Comissão, tornando-se o tema de longos encontros do Eurogrupo e levando a uma austeridade adicional para o país em questão, além de criar uma série de trapaças em sua contabilidade macroeconômica. A primeira proposta radical de Schäuble era instituir um chefe supremo fiscal que acabasse com a soberania nacional sobre os orçamentos. Que tivesse o direito, e o dever, de dar uma olhada, digamos, no orçamento nacional da França e declará-lo inaceitável – ou aprová-lo.

Isso significaria um distanciamento significativo da prática atual. De uma hora para outra, um orçamento que foi aprovado por um parlamento nacional será rejeitado com uma canetada por um Leviatã sediado em Bruxelas. Obviamente, a "ideia" de Schäuble provocou reações violentas, especialmente em Paris. Mas é preciso admitir uma coisa: ele é o único político alemão a ter levado a filosofia atual da zona do euro a sua conclusão "lógica". Demonstrando uma coerência admirável ao longo dos anos, o Dr. Schäuble estava

---

[313] A CDU é o partido da chanceler Angela Merkel. Ele foi anteriormente comandado por Helmut Kohl, o líder pró-europeu que conduziu a reunificação e construiu uma aliança com o presidente Mitterrand visando à criação da moeda única – o euro.

repetindo, talvez com um pouco mais de moderação, opiniões que ele esboçara vinte anos antes. No dia 8 de junho de 2000, por exemplo, no *Frankfurter Allgemeine Zeitung*, ele fez um comentário ferino com relação ao conceito de soberania nacional, chamando-o de absurdo e revelando desprezo pelo "debate acadêmico sobre se a Europa é uma federação ou uma aliança de Estados".[314]

Se Schäuble tinha razão naquela época, que não existe diferença significativa entre uma federação e uma "aliança de Estados", então a ideia de que a zona do euro poderia estabelecer um chefe supremo fiscal com o poder de vetar orçamentos nacionais faz todo o sentido. A indicação de tal pessoa para uma posição de grande autoridade central sinalizaria, de fato, uma união política mais estreita e um gesto na direção da federação.

Mas será que não existe diferença entre uma federação e uma "aliança de Estados" ou a "Europa das nações"? Claro que existe: é a diferença entre a democracia e a tirania.

Sem Soberania não há Democracia

Um fato frequentemente esquecido a respeito das democracias liberais é que a legitimidade de uma Constituição é determinada pela política, não por suas sutilezas legais. Como Tony Benn, o político do Partido Trabalhista que eu mencionei anteriormente, sugeriu certa vez, devemos sempre fazer cinco perguntas ao governo: "De que poder você dispõe? De onde ele vem? No interesse de quem o exerce? A quem você presta contas? E como podemos nos livrar de você?"[315].

Todos nós sabemos, desde que Sófocles escreveu Antígona, que todas as mulheres e todos os homens de bem têm o dever de

---

314 Ver também outro ensaio influente de 1994 (uma vez mais com Karl Lamers) intitulado "Überlegungen zur europäischen Politik" em https://www.cducsu.de/upload/schaeublelamers94.pdf.

315 Discurso na Câmara dos Comuns, 16 de novembro de 1998 (Hansard, Vol. 319, Coluna 685, a partir das 17h20. Tema do debate: Lei das Eleições Parlamentares Europeias).

desobedecer às leis que não tenham legitimidade política e moral. A autoridade política é o cimento que mantém a legislação unida, e a soberania da instituição política que cria a legislação é o seu alicerce. Afirmar, como fez Schäuble em 2000 e sugeriu novamente em 2014, que não faz diferença se a zona do euro é uma aliança de Estados soberanos ou um Estado federativo é ignorar de propósito que um povo soberano pode gerar autoridade política, ao passo que uma aliança de Estados não pode.

Naturalmente, sua "aliança de Estados" pode fazer acordos mutuamente vantajosos contra um agressor comum (p. ex., no contexto de uma aliança militar defensiva) ou concordar com padrões industriais comuns, ou mesmo criar uma zona de livre comércio. Porém, essa aliança de Estados soberanos nunca poderá instalar legitimamente um chefe supremo que tenha o direito de passar por cima da soberania dos Estados, já que não existe nenhuma soberania coletiva ao nível da aliança da qual se possa extrair a autoridade política indispensável para fazê-lo.

É por isso que a diferença entre uma federação e uma "aliança de Estados" é extremamente importante. Pois embora a federação substitua a soberania perdida no nível nacional ou estatal por uma moderna soberania em nível unitário e federal, a centralização do poder no interior de uma "aliança de Estados" é, por definição, algo ilegítimo por definição, e não existe nenhuma instituição política que possa consagrá-la.

Alguém poderia retrucar que as credenciais democráticas da União Europeia são irrepreensíveis, uma vez que a Comissão é indicada por chefes de Estado que também fazem parte do Conselho Europeu que legisla em nome da "aliança de Estados" de Schäuble. Além disso, existe o Parlamento Europeu, que tem o poder de eliminar partes de sua legislação. Para completar a réplica, costuma-se acrescentar que, de todo modo, a soberania é extremamente superestimada e profundamente sem sentido num mundo interdependente e globalizado. Na aldeia global, os franceses, os alemães, todos os europeus – até mesmo os gregos – gozam de mais soberania quando juntam suas soberanias num único espaço comum europeu. E se isso significa a criação de um Leviatã fiscal que tenha o objetivo de impor a todos o temor fiscal e o cumprimento das "normas" da zona do euro, que assim seja.

Esse argumento revela como está baixíssimo o nível de consideração que a Europa Ocidental tem pelos princípios da democracia liberal. O enorme equívoco dessa defesa é confundir autoridade política com poder. Um parlamento é soberano, mesmo que não seja particularmente poderoso, quando pode demitir o Executivo por este não ter conseguido cumprir as tarefas a ele destinadas, dentro das limitações de qualquer poder que o Executivo e o Parlamento possuam. Atualmente não existe nada parecido com isso na zona do euro.

Embora os membros do Conselho Europeu e do Eurogrupo sejam políticos que, teoricamente, respondem a parlamentos nacionais, o Conselho e o Eurogrupo não respondem a nenhum parlamento; na verdade, a nenhum tipo de instituição política, qualquer que seja ela. Além do mais, o Eurogrupo – onde todas as decisões econômicas importantes são tomadas – é uma instituição que nem mesmo existe no direito europeu, uma instituição que funciona na base de "os fortes fazem o querem, enquanto os fracos sofrem o que devem", cujos procedimentos não são registrados em ata e cuja única norma é que suas deliberações são "confidenciais", ou seja, não podem ser compartilhadas com a população europeia. Dito de maneira direta, é uma armação concebida para impedir qualquer soberania que tenha origem no povo europeu.

Um país europeu é mais soberano dentro ou fora da zona do euro? Como Metternich previra, a Prússia convenceu os Estados europeus menores que a soberania deles estaria mais bem protegida dentro do Zollverein que fora dele – e o desmontou logo depois sem mais delongas. É justamente isso que está acontecendo atualmente na Europa, só que está acontecendo mais rapidamente e com menos resistência, devido à capacidade do setor financeiro de acelerar o processo por meio de suas crises em sequência. O fato de que isso irá provocar o desmantelamento da Europa, quando a população da França, da Itália etc. disser, num dado momento: "Chega!", não diminui a velocidade do processo devastador.

"É claro que neste mundo globalizado não existe lugar para pequenos países soberanos", disse-me outro ministro das Finanças no intervalo de uma reunião do Eurogrupo. "A Islândia nunca pode ser verdadeiramente soberana", concluiu ele, satisfeito por ter deixado claro seu argumento. Só que esse argumento é frágil. Afirmar que a soberania da Islândia é obsoleta porque ela é pequena demais para ter muito poder é como defender que uma pessoa pobre, com praticamente nenhum poder político, também deve abrir mão de seus direitos políticos.

Dito de uma forma levemente diferente, pequenas nações soberanas como a Islândia podem escolher dentro das limitações mais gerais que a natureza e o resto da humanidade criaram para elas. Por mais limitadas que sejam essas escolhas, a instituição política da Islândia guarda o direito absoluto de responsabilizar seus funcionários eleitos pelas decisões que eles tomaram dentro das restrições externas do país e de derrubar qualquer lei que ela tenha aprovado no passado.

Num contraste gritante com essa posição, quando os ministros das Finanças voltam para casa vindos de Bruxelas, ou sempre que saem de uma reunião do Eurogrupo e do Ecofin, eles imediatamente criticam as decisões que acabaram de subscrever, usando a desculpa-padrão: "Foi o melhor que conseguimos negociar" ou "fui voto vencido". Minha insistência, como ministro das Finanças da Grécia, em fazer acordos que eu pudesse levar para Atenas e defender como coerentes com os interesses da Grécia e da Europa era atacada como uma atitude de teimosia, como uma forma de irracionalidade obstinada. A satisfação das autoridades no poder com minha renúncia em 6 de julho de 2015 deveu-se justamente a meu estranho compromisso de não assinar acordos que não pudesse defender como economista, como político, como intelectual e como grego. Foi considerado um comportamento inaceitável numa instituição que fora criada para tratar a soberania e a prestação de contas como incômodos que impediam a "administração serena" da união monetária europeia.

A crise do euro fez com que essa lacuna no centro da Europa aumentasse de forma terrível. Os funcionários de Bruxelas, da Alemanha e da França, os representantes do Banco Central Europeu, todos aprenderam a esperar que os representantes dos Estados-membros menores concordassem com a "linha do partido", exatamente como se esperava que os representantes dos diferentes sovietes erguessem seus cartões de identificação em sinal de aprovação durante as reuniões do Comitê Central do Partido Comunista da União Soviética. E eles esperam que voltemos para casa e comuniquemos ao nosso Parlamento nacional que, embora discordemos da decisão do Eurogrupo ou do Conselho, somos "responsáveis" demais para resistir.

Ao mesmo tempo, não é raro que representantes de países maiores e poderosos culpem os outros por decisões imprudentes com as quais eles concordaram, alegando que agiram sob coação, para não prejudicar a "solidariedade" europeia. Portanto, ainda que a maioria de membros do Eurogrupo rejeitasse a lógica dos, digamos, "resgates financeiros" da Grécia, o Eurogrupo adotou-os, e, em seguida, a Troika assumiu o controle, impondo os "acordos" de resgate financeiro aos parlamentos nacionais, que estavam com muito medo de serem estigmatizados como "irracionais", "antieuropeus" etc.

Depois disso, nenhum fórum ou assembleia de cidadãos europeus (incluindo o chamado Parlamento Europeu) poderia derrubar essas decisões ou criticar quem as tivesse tomado – mesmo depois de ficar claro que se tratava de asneiras abomináveis. Nesse sentido, enquanto a pequena e impotente Islândia continua a desfrutar de uma soberania plena, em comparação a onipotente União Europeia foi destituída de todas as formas de soberania.

Será que a situação estaria melhor se a segunda proposta de Wolfgang Schäuble, de uma Câmara do Euro dentro do Parlamento europeu, fosse implementada?[316] De fato, o Parlamento Europeu é a única instituição que lembra remotamente uma instituição federal. Eleito diretamente em eleições pan-europeias, ele parece, ao olhar desavisado, equivalente à Câmara dos Representantes americana ou à Câmara dos Comuns britânica. No entanto, examinando mais de perto, o Parlamento Europeu não se parece nada com qualquer parlamento que seja compatível com a democracia liberal. Nesta última, o poder de legislar cabe inteiramente ao Parlamento ou Congresso, e a separação entre o Executivo e o Legislativo é claramente definida. Na União Europeia, o principal órgão legislativo continua sendo o Conselho de Ministros, que se reúne e vota a portas fechadas e é composto não de legisladores, mas de membros do poder Executivo dos Estados-membros. Além do mais, a zona do euro é dirigida por um grupo informal que se reúne em segredo e que nunca presta contas ao Parlamento europeu – do mesmo modo que, formalmente, não existe.

Essas portas giratórias entre o Poder Legislativo, no centro, e o Poder Executivo dos Estados-membros foram concebidas de propósito, para que as leis fossem aprovadas sem passar por qualquer apuração séria em qualquer parlamento soberano que estivesse investido com a autoridade do árbitro final, o povo. Embora o Parlamento Europeu tenha conquistado, ao longo dos anos, novos poderes ao lado do Conselho, ele ainda não é um parlamento propriamente dito. O fato de ele compartilhar o poder legislativo com o Conselho Europeu e, estranhamente, carecer de autoridade para propor qualquer lei, significa que lhe falta o poder político que

---

316 No artigo do *Financial Times* de 2014 citado anteriormente, Schäuble e Lamers sugerem um Congresso ou Câmara do Euro composto pelos membros do Parlamento Europeu escolhidos entre os Estados-membros da zona do euro (ou seja, excluindo os membros britânicos, suecos e húngaros, cujos países não compartilham o euro). Outros patrocinadores de "mais Europa" têm sugerido que a Câmara do Euro deveria ser composta por membros dos parlamentos nacionais proporcionalmente ao tamanho da população do país, de modo a estender a soberania existente dos parlamentos nacionais às questões fiscais e, em última análise, legitimar o chefe supremo fiscal da zona do euro.

poderia legitimar a transferência de soberania do nível nacional para qualquer Câmara do Euro dentro do Parlamento Europeu. Seria o mesmo que transportar água de um açude local para um reservatório central distante usando uma peneira.

Wolfang Schäuble gosta da ideia de uma Câmara do Euro porque supõe que ela legitimaria as ações e o poder do seu chefe supremo fiscal – que ela forneceria a "legitimidade democrática para as decisões relacionadas ao bloco da moeda única".[317] No entanto, a única forma de concordar com ele é se apagarmos da razão tudo que entendemos que deveria ser o papel dos parlamentos.

Democracia versus Poder Discricionário

Esta explicação deveria ser desnecessária. O fato de não ser, é motivo de uma imensa vergonha para um mundo que parece ter se esquecido dos requisitos mínimos de uma democracia liberal funcional. Portanto, eis-nos aqui declarando, mais uma vez, o que todos deveriam saber muito bem: o objetivo principal da lei é criar oportunidades iguais para os fortes e os fracos. Embora as oportunidades iguais não impeçam a exploração e graves violações da liberdade, elas são o mínimo que o Estado de direito precisa oferecer.

Reduzir todas as interações humanas às relações de poder é o oposto do Estado de direito, além de ser uma via de acesso ao despotismo. Para impedir que a interação humana seja reduzida às relações de poder, e para manter o despotismo acuado, o poder

---

[317] Compartilha essa visão o chamado "Glienicker Gruppe" de economistas alemães, integrado por Armin von Bogdandy, Christian Calliess, Henrik Enderlein, Marcel Fratzscher, Clemens Fuest, Franz C. Mayer, Daniela Schwarzer, Maximilian Steinbeis, Constanze Stelzenmüller, Jakob von Weizsäcker e Guntram Wolff. Outro grupo, nesse caso composto por economistas franceses, também tem uma opinião semelhante. Ele é conhecido como "Grupo de Piketty", sendo integrado por Thomas Piketty, Florence Autret, Antoine Bozio, Julia Cagé, Daniel Cohen, Anne-Laure Delatte, Brigitte Dormont, Guillaume Duval, Philippe Frémeaux, Bruno Palier, Thierry Pech, Jean Quatremer, Pierre Rosanvallon, Xavier Timbeau e Laurence Tubiana. Para uma descrição comparativa crítica das visões dos dois grupos, ver Galbraith e Varoufakis (2014).

discricionário do Executivo tem de ser minimizado por uma instituição política que tenha os recursos para fazê-lo.

Desse ponto de vista, as propostas de Schäuble representam uma interpretação desanimadora. O chefe supremo fiscal proposto por ele é uma espécie de Leviatã "binário" cuja responsabilidade é dizer "Sim" ou "Não" ao orçamento submetido a sua repartição. Esta teria, então, o direito de emendar e devolver ao remetente os orçamentos de governo que violassem as "normas" da zona do euro (oriundas de Maastricht); p. ex., nessas circunstâncias a Itália e a França seriam orientadas a refazer seu orçamento, introduzindo outros cortes de despesas ou aumento de tributos, em virtude das normas que regulam o déficit.

Por que a instituição de um chefe supremo oficial, um Leviatã fiscal, melhoraria a governança da zona do euro, salvo se ele estivesse investido de um poder arbitrário? Poder discricionário para fazer o quê? Voltemos um pouco no tempo. A 2009, em Dublin. Quando as bolhas gêmeas (dos setores imobiliário e bancário) explodiram, o governo foi obrigado pelo Banco Central Europeu a incorporar na contabilidade do Estado a dívida privada, e a exigir que os contribuintes emprestassem montanhas de dinheiro para pagá-la.

A consequência foi que o déficit orçamentário e a dívida pública explodiram, violando, nesse processo, as "normas" da zona do euro. Igualmente na Espanha – cujo governo, antes da crise, mantinha a proporção da dívida com relação à renda num nível inferior ao da Alemanha –, a crise de 2008 fez com que o déficit orçamentário e a dívida do governo crescessem acima dos limites de Maastricht. O que o Leviatã de Schäuble teria feito nesse momento? Teria devolvido os orçamentos de governo da Espanha e da Irlanda para Madrid e Dublin? Com que objetivo?

O fato é que nenhum nível de austeridade teria deixado o déficit de Dublin ou de Madrid abaixo de 3% do PIB sem destruir suas economias nacionais e levar a Irlanda e a Espanha a um difícil *default* de sua dívida pública um ano depois. O mesmo acontece com a Itália e a França em 2015: não existe nenhum nível de austeridade que seja capaz de empurrar seus déficits "para dentro das normas" sem, durante o processo, arruinar a zona do euro no médio prazo e levar de imediato ao poder a Frente Nacional de extrema direita francesa.

Em outras palavras, se o Leviatã fiscal quiser desempenhar qualquer papel importante, ele deve ser capaz de dizer muito mais que "Não". Resumindo: ele não pode ser "binário" (ou seja, responder com 1 ou 0, Sim ou Não). Ele precisa ter a liberdade de propor aos governos nacionais orçamentos alternativos que, não obstante, ainda violam as normas. Diante de vários orçamentos que violem as normas, alguns dos quais são defendidos pelos governos nacionais e um pelo Leviatã, o que tem de prevalecer é o do Leviatã. Se não, para que ele existe?

Nesse caso, porém, o que acontece se o governo nacional resiste a pôr em prática o orçamento escolhido pelo Leviatã e rejeita suas propostas por razões que o Leviatã considere inadequadas ou não convincentes? Wolfgang Schäuble certamente deverá sugerir que o Leviatã seja investido de poder para dirigir o orçamento definitivo de uma forma específica que não decorra única e naturalmente das normas existentes acordadas. Consequentemente, um poder discricionário impressionante será criado *de facto* no centro da Europa, mesmo que ele seja negado de jure.

Voltando uma vez mais a 2008, suponhamos que o esquema de Schäuble estivesse funcionando. Nosso Leviatã fiscal teria ficado totalmente inerte diante da crise do euro (ao menos no caso dos orçamentos da Irlanda e da Espanha, que estavam bem dentro das "normas" ano sim, ano não), mas em seguida teria começado a agir freneticamente uma vez iniciada a crise, exercendo o máximo de poder discricionário em todo o continente. Será que ele teria demonstrado a mesma predileção pelo intervencionismo no caso da Irlanda que teria no caso do governo alemão, que também desprezou os limites do déficit e da dívida tributos por Maastricht?

Seja qual for a resposta, é evidente que a ratificação do modelo do ministro das Finanças alemão para melhorar a governança da zona do euro teria, na sequência dos acontecimentos de 2008, empurrado a zona do euro para o âmbito de relações de poder desprotegidas entre o Leviatã e as sociedades europeias atingidas pela crise, violado o Estado de direito em nível europeu e negado aos cidadãos e Estados mais fracos da Europa qualquer proteção constitucional do poder arbitrário e discricionário.

Admitindo-se que qualquer Leviatã precisaria ter a autoridade não só de rejeitar, mas também de moldar os orçamentos dos Estados-membros, será que uma Câmara do Euro interna ao Parlamento Europeu ou que o complementasse poderia suprir a instituição política que falta para proteger os europeus de seu próprio Executivo e conservar o Estado de direito no centro da Europa?

As condições mínimas para que essa proteção exista é que a Câmara do Euro:

(a) seja a única com o poder de contratar ou demitir o Leviatã;

(b) seja a fonte última de autoridade em relação aos conteúdos do orçamento de cada Estado-membro; e

(c) tenha poderes que estejam claramente demarcados por uma Constituição do Euro.

É óbvio que ao menos duas dessas condições não serão atendidas: nem o governo alemão nem as elites parisienses tolerariam que a Câmara do Euro contratasse ou demitisse o Leviatã. E também não ousariam se envolver na redação de uma Constituição do Euro.

Acontece que enxertar uma democracia federativa numa tecnocracia baseada em Bruxelas não é uma questão simples, especialmente quando a dita tecnocracia representa uma aliança sagrada entre *apparatchiks* medíocres, um poderoso cartel centro-europeu da indústria pesada, políticos nacionais que têm seus próprios relacionamentos íntimos com banqueiros locais falidos, e grandes bancos internacionais.

O que acontece, então, é que essa história toda de fazer mudanças graduais na direção de uma união política e na direção de "mais Europa" não significa percorrer as primeiras etapas na direção de uma federação democrática europeia, e sim, e de forma ameaçadora, vestir uma camisa de força que prolonga a crise e destrói qualquer possibilidade de uma futura e autêntica democracia federativa europeia.

Enfiar os povos da Europa nessa camisa de força, e em nome de medidas graduais na direção dos prometidos Estados Unidos da Europa, vai completar a tarefa de deslegitimar a "Europa" aos olhos dos europeus. Num círculo infindável de amplificação assustadora, o autoritarismo e o mal-estar econômico continuarão a se alimentar reciprocamente até levar a Europa a um ponto de ruptura.

Europeização Descentralizada: ou como substituir Tina por Tatiana

Camisas de força não se transformam naturalmente em federações democráticas. Seria temerário esperar o surgimento de uma união política democrática depois de submeter os países da zona do euro a um sistema de poder arbitrário e discricionário, e na ausência da reciclagem política do superávit necessária para harmonizar a união. A nuvem negra do equilíbrio gerado pela austeridade permanente, pelo investimento baixo e pelo desemprego alto é o único resultado "natural".

Nada disso representa um prognóstico favorável para uma federação democrática. As pessoas ávidas pelo poder ficam impacientes com a aplicação de freios e contrapesos ao Executivo, especialmente quando ela é feita de maneira apressada e sob pressão. Mesmo quando seus gestos intencionais são sinceros e apropriados, o Executivo sem limites acaba se tornando odioso.

Quando as políticas de austeridade dos executivos empurrou a Europa para a deflação, propostas como as de Wolfgang Schäuble e Karl Lamers refletiram o desejo compreensível de uma camuflagem "parlamentar" por parte dos funcionários que queriam um poder ainda mais arbitrário para alcançar seus objetivos impossíveis. Minha breve experiência ministerial em 2015 permitiu que eu me sentasse na primeira fila nos encontros em que o ministro das Finanças alemão apresentava sua "visão" da Europa. O que

Schäuble tinha a dizer confirmava amplamente a avaliação anterior: a Europa salvaria sua decadente união monetária por meio de uma união política autoritária, a qual consiste no extremo oposto de uma federação democrática. E a Grécia seria o bode expiatório sacrificial que poria o temor de Deus nas elites francesas, obtendo o consentimento delas à sua versão de união política.

Mas chega de lamentar a tendência natural da Europa oficial na direção de um despotismo que se alimenta da crise. Existe uma contraproposta modesta e realista? Podemos combinar a crítica profunda à União Europeia com uma avaliação dos custos imensos que sua fragmentação provocaria? As instituições extremamente imperfeitas que existem hoje podem ser aproveitadas para controlar a crise e criar novas bases para restabelecer a democracia na Europa?

Mesmo antes de a zona do euro ter sido oficialmente engolida pela crise, essa questão me preocupava. Junto com dois grandes amigos e colegas economistas, Stuart Holland, ex- parlamentar britânico, e James Galbraith, o renomado economista americano, nos dispusemos a criar nosso modelo para lidar com a peculiar crise europeia.

Não éramos ingênuos a ponto de pensar que nosso modelo seria implementado em razão de sua racionalidade. Não, seu objetivo era mais simples: ser capaz de contrapor a doutrina TINA da Europa oficial com nossa própria TATIANA. Para responder aos eurocratas que insistem que "Não Existe Alternativa" (TINA, sigla em inglês de "There Is No Alternative") que respeite os tratados e as normas vigentes com a declaração de "Que Supreendentemente Existe uma Alternativa" (TATIANA, sigla em inglês de "That Astonishingly, There Is AN Alternative").

Nossa Tatiana, que foi intitulada de "Uma Proposta Modesta para Resolver a Crise do Euro", é um modelo para lidar com a crise por meio da europeização de seus quatro elementos (as crises da dívida pública, dos bancos, do subinvestimento e da explosão da pobreza), ao mesmo tempo em que descentraliza o poder político através da redução do poder discricionário exercido ilicitamente pelo triângulo Bruxelas-Frankfurt-Berlim.

De um ponto de vista menos politicamente carregado, o maior mérito da "Proposta Modesta" é que ela propunha uma forma de abandonar o problemático *Princípio das Dívidas Públicas e Setores Bancários Totalmente Separáveis* para introduzir o superávit político ausente sem criar nenhum poder discricionário e autocrático no centro da Europa, sem que fosse necessário priorizar a reformulação das normas e tratados da União Europeia.

Como esse conjunto de objetivos aparentemente contraditórios poderia ser alcançado de imediato? Como podemos europeizar a solução dos componentes da crise sem centralização? Respondemos que é possível alcançar a europeização das quatro subcrises (da dívida, dos bancos, do subinvestimento e da pobreza) realocando as atuais instituições europeias.[318] De uma forma que:

⇝ mantenha o poder discricionário de suas diretorias em patamares mínimos, por meio do estabelecimento de normas claras que elas devem seguir em suas novas funções;

⇝ trate sistematicamente dos problemas sistêmicos da zona do euro com a dívida pública, os bancos descapitalizados, o investimento agregado, que é lamentavelmente baixo, e a pobreza, que está fora do controle; e

⇝ permita que os governos nacionais obedeçam às normas existentes da zona do euro.

O motivo pelo qual, com a "Proposta Modesta", não é necessário tomar nenhuma medida relacionada a uma união política – e, portanto, não é preciso nenhum poder discricionário para um novo Leviatã fiscal – é que a realocação proposta por nós:

⇝ não exige que o governo alemão, austríaco ou finlandês arque com as dívidas e as necessidades de investimento dos gregos ou dos italianos;

⇝ pode ser realizada no contexto dos tratados existentes; e

---

318 Mais precisamente, o Banco Central Europeu (BCE), o Mecanismo Europeu de Estabilidade (MEE) e o Banco Europeu de Investimentos (BEI).

༄ deve ser tratada com base numa administração que siga rigorosamente as normas das instituições existentes.

Embora este não seja o lugar para explicar de forma exaustiva nossa "Proposta Modesta" (ver Apêndice), sua intenção era descobrir um modo de simular uma federação, os Estados Unidos da Europa, por meio de normas automáticas que, diferentemente das do Tratado de Maastricht (e de seus sucessores), realmente funcionem. Nossa missão era inventar regras complementares que fossem compatíveis com o espírito das normas existentes e que não exigissem nenhum novo poder discricionário para Bruxelas ou Frankfurt. Com elas, as quatro subcrises poderiam ser enfrentadas no nível da Europa, ou seja, poderiam ser europeizadas, enquanto o poder de verdade retornaria aos parlamentos nacionais. Foi por isso que eu utilizei a expressão "Descentralização Europeizada".

Nenhuma das políticas sugeridas viola as normas vigentes da zona do euro. Na verdade, elas podem ser implementadas plenamente por meio de normas suplementares para o BCE, o MEE e o BEI. Normas que, diferentemente das atuais, não apresentam nenhuma contradição e, portanto, não exigem que os governantes que tentem implementá-las disponham de qualquer poder discricionário. Durante o processo, aliviados das principais dores de cabeça, os governos nacionais podem respeitar mais facilmente as normas existentes e ter mais espaço para implementar as prioridades de seus parlamentos.

Epílogo

Alexis de Tocqueville escreveu certa vez que aqueles que exaltam a liberdade unicamente pelas vantagens materiais que ela oferece nunca a conservam por muito tempo. Na Europa atual, aqueles que defendem com entusiasmo a existência de "normas" são seus piores inimigos, além de servirem ao poder discricionário e autocrático. Por esse motivo, os democratas europeus precisam tomar cuidado com aqueles que falam em medidas que visem a união política e "mais Europa", quando seu verdadeiro objetivo é preservar uma estrutura monetária insustentável. Se continuarmos a impor normas intoleráveis, estaremos abrindo a porta para os fantasmas hediondos do nosso passado comum.

Considerando a história da União Europeia e a situação atual da zona do euro, a união política, a união fiscal e várias outras propostas de mais centralização não são políticas viáveis nem desejáveis. As instituições da União Europeia foram concebidas, nos anos 1950 e 1960, com o objetivo de afastar a política delas. E como nada é tão político, e tão pernicioso, como a tentativa de despolitizar um processo político, o resultado foram instituições em conflito com o conceito e as práticas de uma democracia.

Os europeus compreendem melhor isso, agora que a crise do euro trouxe à superfície as repercussões do seu projeto institucional de união. Especialmente depois da queda, em julho de 2015, do governo grego do qual eu fiz parte, cada vez mais os europeus estão tratando as tecnocracias de Bruxelas e Frankfurt como um exército de ocupação, um pouco como os franceses viam os governantes de Vichy. Eles não querem que Bruxelas, tal como está estruturada hoje, se transforme gradualmente em seu governo central, como resposta a uma crise criada pela própria União Europeia. E têm bons motivos para agir assim!

Em meio a uma crise de legitimidade que o filósofo alemão Jürgen Habermas previu há muito tempo com tanta competência,[319] os europeus estão sendo atraídos a um terrível pacto Faustino: aceitar menos democracia agora, mais centralização amanhã e, no futuro, obter algo parecido com um Estado federativo. Infelizmente, a aceitação desse acordo não deixará a federação mais próxima. Em vez disso, ele irá:

- agravar a crise econômica e aumentar as montanhas da dívida, ao mesmo tempo em que estanca o investimento num futuro decente;

---

[319] O argumento principal de Habermas (1975) é que o capitalismo tem a tendência de criar um "déficit de legitimidade" – ou seja, uma situação em que os cidadãos, independentemente de suas crenças políticas ou ideologia, perdem a confiança no direito de as autoridades políticas e administrativas agirem como fazem.

- deslegitimar ainda mais a União Europeia aos olhos dos europeus;
- substituir o que restou de democracia no nível nacional por processos de consulta que Bruxelas utiliza para consolidar um compromisso permanente com políticas deflacionárias e altamente redistributivas (principalmente em favor dos bancos e, seguramente, dos fortes e poderosos);
- reduzir os debates políticos sobre política econômica a discussões pseudotécnicas entre administradores não eleitos leais a uma tecnocracia criada para servir aos interesses do onipresente cartel centro-europeu e do insaciável setor financeiro;
- atribuir uma suposta responsabilidade final a um Parlamento Europeu, ou a uma Câmara do Euro, que, na verdade, não atua como um parlamento, mas, antes, usa a aparência de parlamento para ocultar o fato de que a legislação europeia é aprovada sem que se respeite qualquer processo parlamentar autêntico;
- inserir na legislação europeia o conceito perigoso de que na era da globalização a soberania é algo ultrapassado.

Nenhum desses acontecimentos é compatível com uma União Europeia sustentável. Em algum momento os europeus vão sacudir essa monstruosidade das costas e se libertar da camisa de força na qual estão sendo aprisionados. Infelizmente, a desintegração europeia resultante terá um terrível custo socioeconômico, o equivalente hoje à depressão generalizada dos anos 1930. O objetivo é escapar da camisa de força sem destruir a casa comum.

O paradoxo de um continente dividido por uma moeda comum tem de ser substituído por outro paradoxo: o da "Europeização Descentralizada" – uma realocação baseada nas normas das principais instituições europeias (BCE, MEE e BEI), que serão utilizadas para combater as quatro subcrises europeias, ao mesmo tempo em que irão revigorar as democracias nacionais. Então, e somente então, quando a democracia tiver sido revigorada no nível dos Estados-membros, é que poderemos começar a conversa que precisamos ter a respeito do futuro que queremos para a Europa.

Enquanto isso, minha experiência pessoal com o modo pelo qual a Europa é governada trouxe à mente, com um impacto renovado, a imagem de Kapnias, o homem cuja história eu contei no Capítulo 7. Seu tipo particular de maldade ensinou-me como nosso ódio pelos piores inimigos da democracia pode reforçar seu compromisso e renovar seu entusiasmo. Ele ensinou-me que somente a resistência constante, decidida, imperturbável e despida de ódio pode superar sua determinação. Ele ensinou-me que um grego que nunca tinha visto um judeu – ou, hoje em dia, um paquistanês – podia ser programado para acreditar que residia nele a causa de todo o seu sofrimento. Ele também me ensinou que não é fácil matar a serpente. Que quando seu DNA é implantado em sociedades humilhadas forçada a se render incondicionalmente,[320] ele fica à espreita durante muito, muito tempo, esperando por uma crise sistêmica para se alastrar novamente.

"Quando voltar para casa hoje à noite, vou me encontrar num Parlamento em que o terceiro maior partido é nazista", disse a Wolfgang Schäuble, diante da imprensa reunida, em minha primeira visita ao Ministério das Finanças, em fevereiro de 2015. Era um apelo para que agíssemos em conjunto. Ele e a imprensa alemã acharam que eu estava querendo chamar a atenção.

Sete meses mais tarde, em setembro de 2015, depois que Schäuble e o Eurogrupo conseguiram derrubar nosso governo (sufocando-nos a tal ponto que o primeiro-ministro Tsipras teve de renunciar), a Aurora Dourada aumentou sua bancada parlamentar[321], a dívida grega subiu ainda mais, nossa sociedade

---

[320] Como aconteceu na Alemanha em 1919 com o Tratado de Versalhes, com a França, a Grécia e muitos outros países depois de 1939, ou com a periferia da Europa sob o olhar vigilante da Troika.

[321] A Aurora Dourada passou de dezessete para dezoito cadeiras (numa câmara com trezentos membros), manteve a condição de terceiro maior partido do Parlamento e, tragicamente, tornou-se o maior partido a se opor ao fracassado programa econômico da Troika – apresentando-se, dessa forma, como o principal oponente a um programa que 80% dos gregos desprezam.

perdeu totalmente a vontade de realizar reformas e, mais grave, a democracia europeia foi duramente atingida.

A crise dos refugiados naquele mesmo verão, com dezenas de milhares de infelizes chegando às praias da Grécia, e os líderes europeus e americanos disputando sobre o modo de não recebê-los, confirmou que a integridade e a alma da Europa encontram-se num estado precário.

Novas fronteiras, novas divisões e aumento da discórdia foi o que a nossa união monetária colheu num continente que o mundo queria tanto admirar. Um continente tenebroso que outrora gerou tanto conhecimento agora exportava desolação e recessão para o resto do mundo.

Não precisa ser assim. Políticas inovadoras podem combinar a descentralização do poder que os europeus desejam com a indispensável europeização dos problemas fundamentais e comuns. Porém, para que isso aconteça será preciso uma ideia radical que ponha em prática esse paradoxo favorável e contenha a serpente insinuante.

É uma ideia absurda que – sim, é isso mesmo – também tem origem na minha região problemática, insuportável e brilhante: a ideia de democracia.

Para esquecer a imagem de Kapnias de uma vez por todas, e em toda a Europa, os europeus precisam retomar o controle de sua política e de sua moeda das mãos de tecnocratas irresponsáveis. Precisamos tomar como exemplo o conjunto ideológico americano de modo a passar de uma Europa de "Nós, os Governos" e "Nós, os tecnocratas", para uma Europa de "Nós, o Povo europeu".

Nesse processo, seria útil estender a todos os rincões do nosso continente o tríptico francês Liberdade, Igualdade e Fraternidade, ampliado, como convém, para abrigar três novos princípios:

- Nenhuma nação europeia pode ser livre enquanto outra democracia é violada
- Nenhuma nação europeia pode viver com dignidade enquanto isso é negado a outra

◦ Nenhuma nação europeia pode esperar ser próspera enquanto outra é levada à insolvência e à depressão permanentes

Só quando esses princípios forem restaurados em toda a Europa é que será apagado o repugnante sorriso de satisfação do rosto dos herdeiros de Kapnias.

CAPÍTULO 8
A SÍNDROME DE VERSALHES:
COMO A CRISE EUROPEIA ATINGE OS ESTADOS UNIDOS

O sistema financeiro global implodiu uma vez em 1929 e novamente em 2008. Em 1929, depois que os bancos de Wall Street caíram no buraco negro que eles próprios tinham cavado, a moeda comum da época começou a se desfazer. Era o padrão-ouro. Logo depois, a Europa se viu às voltas com nazistas e diversos tipos de fascistas no poder. Em 2008, depois que os bancos de Wall Street desmoronaram sob o peso do comércio de derivativos, a moeda comum da nossa época começou a se desfazer. Era o euro, o restabelecimento do padrão-ouro no coração da Europa.

Em fevereiro de 2010, a tempestade de 2008 chegou à Europa, deixando a Grécia – seu elo mais fraco – numa situação crítica. O euro, que tinha as características do padrão-ouro, começou a ceder, com consequências possivelmente terríveis para os bancos, as empresas, as pessoas e a política da Europa. Porém, em vez de se preocupar com a perspectiva horrorosa de uma reprodução pós-moderna dos anos 1930, os líderes europeus tinham outras prioridades.

Timothy Geithner, o secretário do Tesouro americano que passara os últimos doze meses no papel de bombeiro da crise no outro lado do Atlântico, não acreditou no que estava ouvindo em um encontro com seus homólogos europeus: "Vamos dar uma lição nos gregos", disseram-lhe. "Vamos esmagá-los."[322]

---

322 Tim Geithner tornou públicas suas declarações (ver as transcrições das fitas de Geithner apresentadas por Peter Spiegel em seu blog no *Financial Times*. http://blogs.ft.com/brusselsblog/author/peterspiegel/). Estas são suas palavras exatas sobre o que os líderes europeus lhe haviam dito: "'vamos dar uma lição nos gregos. De fato, eles são revoltantes. Eles mentiram para nós. São intragáveis, esbanjadores

Geithner não é conhecido por seu traço humanista. Ele não teria perdido muitas noites de sono se a questão fosse o esmagamento dos gregos por cidadãos indignados do Norte da Europa. Na verdade, ele disse a seus interlocutores que fossem em frente, se era isso que eles queriam: "Vocês podem pisar no pescoço desses caras [os gregos], se é isso que querem fazer. Mas, como compensação, não podem deixar de mandar um sinal de confiança para a Europa e para o mundo de que vão manter tudo unido e não vão ficar indiferentes. [Que vocês] vão proteger o resto da região".

Por volta da mesma época, de maneira bastante independente e desconhecendo a conversa de Geithner com os ministros das Finanças europeus, eu exprimia meus temores daquilo que estava prestes a atingir a Europa num artigo intitulado "A New Versailles Haunts Europe" [Um novo Versalhes assombra a Europa]. "Transformar países como a Grécia em desertos ensolarados", escrevi, "e lançar o resto da zona do euro numa espiral descendente deflacionária provocada pela dívida ainda mais veloz é o jeito mais eficaz de prejudicar a própria economia alemã." Rodeado de europeus eticamente furiosos, Geithner era o único na sala que não perdia a bola de vista: as consequências terríveis que o "esmagamento dos gregos" teria nos alemães e franceses e, na verdade, nos americanos.

Meu temor, e creio que o temor de Geithner também, era que a história estava prestes a se repetir. Em 1929, todo o ônus do ajuste foi jogado nas costas dos devedores mais fracos. Essa política não pode dar certo, já que a deflação resultante subverte a dinâmica da dívida, e o desemprego em massa subverte a democracia. Portanto, ela não deu certo. Em 2010, mais uma vez o peso maior caiu nas costas dos mais fracos. No espaço de alguns anos a Europa perdia sua integridade, e encontra-se prestes a entregar sua alma.

---

e se aproveitaram de tudo que há de mais básico, e nós vamos esmagá-los'. [essa] foi a postura básica deles, de todos eles". Ver também Geithner (2015).

O Fantasma de Versalhes

A manchete do *Le Figaro* de 1992 louvando o Tratado de Maastricht como um novo Versalhes que faria a Alemanha ser punida novamente pela França e sem que fosse disparado um único tiro, foi, certamente, uma afronta covarde à história da Europa. Claramente, o jornal conservador francês ignorava a verdadeira insensatez que foi Versalhes. A essência desse lamentável tratado não foi tanto o fato de ele ter esmagado economicamente a Alemanha e causado um sofrimento inédito ao povo alemão, mas que, no final, ele foi um gol contra: um acordo terrível mesmo para os vencedores – um ato punitivo contraproducente que John Maynard Keynes previra desde o início, e que o resto do mundo viria a reconhecer como tal nos anos 1930, quando era tarde demais.

Embora tenha sido ofensivo que o jornal conservador francês retratasse Maastricht como um novo Versalhes, é inteiramente correto traçar um paralelo entre Versalhes e os resgates financeiros da zona do euro, em particular o da Grécia. Em 2010, parafraseando o livro de Keynes *As Consequências Econômicas da Paz*, escrevi, referindo-me ao governo grego, a respeito de sua:

> *Falsa aceitação [...] de condições insuportáveis que ele não pretendia implementar – uma aceitação que tornava a* **Grécia**[323] *quase tão culpada por aceitar o que não podia satisfazer como a* **Troika**[324] *por impor o que não tinha o direito de exigir.*

Divertindo-me com o tanto que a crítica severa de Keynes ao Tratado de Versalhes se aplicava ao drama grego, continuei com minha paráfrase:

---

323 Aqui eu substituí "Alemanha", o país a que o original de Keynes se referia, por "Grécia".
324 Aqui eu substituí a palavra "Aliados" por "Troika".

> *Movido por um delírio insano e por um amor próprio irresponsável, o povo **grego** destruiu os alicerces sobre os quais todos nós vivemos e nos formamos. Mas os porta-vozes da **União Europeia** assumiram o risco de completar o estrago, iniciado pela **Grécia**, por meio de um **acordo de resgate financeiro** que, se for implementado, deve prejudicar ainda mais, quando deveria ter restaurado, a única organização delicada e complexa, já abalada e danificada pela **crise de 2008**, por meio da qual a população europeia pode se empregar e viver.*[325]

Para muitos leitores pode parecer um enorme exagero sugerir que o impensado resgate financeiro grego representou uma ameaça à Europa e, de fato, à economia global. Mas não é.

Os funcionários alemães, franceses e do Banco Central Europeu estavam enganados em esperar que bastava salvar seus bancos, através do empréstimo de somas enormes e irrecuperáveis à Grécia, e depois deixar meu país chafurdar numa depressão permanente, como uma fábula moral de advertência para o resto.

Essa estratégia, que passou a ser usada como modelo para o resto da periferia europeia, transformando a maioria dos países europeus no que eu gosto de chamar brincando de *Bailoutistão*[326] acabaria, invariavelmente, produzindo um resultado indesejável sobre a economia europeia. Tim Geithner e Jack Lew, seu sucessor no Tesouro dos Estados Unidos, compreenderam muito bem isso. Eles partilhavam a preocupação de que o que se iniciara na Grécia em 2010, com a combinação de um resgate financeiro absurdo e um nível de austeridade terrível, pusera a Europa numa posição que prejudica a recuperação americana e ameaçava as possibilidades futuras de sucesso da China e da América Latina, e mesmo da Índia e da Europa.

---

325 Da citação feita originalmente por Keynes em 1920, só as palavras em negrito foram alteradas. Substituí: Alemanha por Grécia, Aliados vitoriosos na Grande Guerra por União Europeia, Tratado de Versalhes por acordo de resgate financeiro e a guerra por crise de 2008.

326 N. do T.: Referência ao termo em inglês para "resgate financeiro", "bailout".

O Futuro dos Estados Unidos em Perigo

Os Estados Unidos forneceram os elementos de estabilização com que o capitalismo global contou depois da guerra. Bretton Woods, o plano global mais amplo em que ele estava inserido, e o admirável mundo novo pós-1971 de Paul Volcker,[327] asseguraram o triunfo em escala global do capitalismo no pós-guerra.

O que os Estados Unidos trouxeram ao capitalismo global que foi tão proveitoso? A ausência de aversão ao déficit por parte de Washington. A aversão ao déficit vem junto com uma predileção pelo fetichismo do superávit mercantilista. Quando políticos com aversão ao déficit governam as economias mais poderosas, acaba surgindo uma guerra protecionista de todos contra todos nos moldes dos anos 1930. Os países, então, competem pelas reservas mundiais e são levados, como se fosse por uma mão invisível, a um equilíbrio econômico terrível do qual emerge todo tipo de iniquidade política e moral.

Depois de 1944 o mundo foi abençoado pela existência de New Dealers em Washington que compreendiam tudo isso perfeitamente bem e que estavam comprometidos a não permitir que a tragédia dos anos 1930 jamais se repetisse no planeta. Foi assim que Francis M. Bator, vice conselheiro de segurança nacional de Lyndon Johnson, descreveu em 1968 o pensamento e a política deles:

> *Durante a maior parte do período do pós-guerra o problema da incoerência tem sido mascarado – e o mundo foi poupado de seu efeito prejudicial – porque os Estados Unidos, com a ajuda do resto do mundo, têm estado preparados não apenas para ficar fora da competição pelas reservas, mas para desempenhar o papel de Banco Central mundial, fornecendo grandes quantidades de liquidez, deixando os outros satisfazerem seus desejos de superávits e reservas, enquanto, simultaneamente, dilapidam suas imensas reservas e aumentam os passivos líqui-*

---

[327] Um período que eu chamei, para o bem e para o mal, de era do Minotauro Global (1971-2008) – ver Capítulo 3, e também Varoufakis (2016).

dos da nação. O sistema funcionou porque os Estados Unidos foram por muito tempo imunes à aversão ao déficit.

Tanto antes como depois do "choque de Nixon", os Estados Unidos estavam criando um espaço no qual as empresas e as economias da Alemanha, do Japão e, mais tarde, da China podiam acumular reservas e superávits. A disposição de Washington de entrar no vermelho foi, num sentido importante, um pré-requisito para que os outros fossem bem-sucedidos. Não havia nenhuma atitude filantrópica nisso. Apenas o interesse próprio esclarecido de funcionários americanos que compreendiam os estranhos caminhos do capitalismo.

A capacidade que os Estados Unidos tinham de aguentar o peso do capitalismo global em seus ombros diminuiu perigosamente em 2008. O colapso de Wall Street foi contido pelas ações de gente como Tim Geithner e Ben Bernanke,[328] mas a capacidade de reciclar o superávit global não foi contida. A partir de 2009, a ausência de aversão ao déficit ajudou a pôr um ponto final na Grande Recessão. O déficit comercial americano voltou a crescer, ajudando as fábricas chinesas e alemãs a recuperar um pouco sua prosperidade afetada, e o déficit do governo federal americano continuou a oferecer aos investidores globais o porto seguro pelo qual eles ansiavam.[329]

No entanto, os déficits americanos não conseguem mais sustentar o mecanismo que manteve o fluxo global de bens e lucros equilibrado em nível mundial antes de 2008. O Minotauro

---

[328] Intervenções que, de diversas formas, foram vergonhosas, em particular o modo como os banqueiros de Wall Street foram recompensados. Não obstante, foram intervenções que conseguiram conter a queda livre global. Ver Varoufakis (2011, 2013, 2015).

[329] Quando a crise atingiu os Estados Unidos em 2008, os investidores viram-se na posição paradoxal de ter de correr para comprar grandes quantidades de títulos do Tesouro americano. A economia que causou o *crash* beneficiou-se da corrida dos investidores para comprar títulos emitidos pelo país que também emite a moeda de reserva mundial. Uma lembrança daquilo que Giscard chamou de privilégio exorbitante dos Estados Unidos – ver Capítulo 3.

americano está gravemente ferido e incapaz de assumir as responsabilidades que Paul Volcker e outros lhe tinham atribuído no final dos anos 1970. O governo chinês tentou heroicamente estabilizar sua economia e, na verdade, a ordem mundial, por meio da criação de uma bolha de investimento erguida sobre uma bolha imobiliária inflada pela venda de terras dos governos regionais.[330]

Embora a manobra de Pequim tenha conseguido manter durante um certo tempo as fábricas chinesas e, em grande medida, as fábricas alemãs funcionando a pleno vapor (fornecendo a demanda necessária para seus produtos), as bolhas criadas por ela agora estão esvaziando.

A Alemanha aproveitou-se dessa bolha *made in China* para escoar as exportações que costumavam ir para os países deficitários da Europa como Espanha, Grécia, Portugal etc., cujas importações da Alemanha tinham caído nesse meio tempo. Porém, diferentemente de Berlim, cuja aversão ao déficit o impede de cumprir seu dever de ajudar a reciclar os superávits globais, Pequim compreendeu bem tanto sua responsabilidade como suas próprias limitações. Ela compreendeu que sua capacidade de inflacionar a economia chinesa sem se preocupar, e assim fazendo estabilizar os países europeus superavitários, não iria durar muito. A menos que a Europa se juntasse aos Estados Unidos, ao Japão e à China para ajudar a estabilizar os fluxos globais de bens e recursos, as bolhas da China iriam estourar e o mundo passaria por grandes dificuldades.[331]

Cientes de que isso aconteceria, os funcionários em Washington têm procurado ansiosamente por algum sinal de que a Europa está retomando uma postura racional. Infelizmente, a aversão ao déficit dos países superavitários da Europa, seu compromisso com o que chamei de Princípio das Dívidas e Setores Bancários Totalmente Separáveis, e com a submissão total de todos os outros Estados-membros da zona do euro, garantiam que Washington, Tóquio e Pequim não re-

---

330 Para o argumento completo, ver Varoufakis (2013, 2015), Capítulo 9.
331 Na verdade, esse processo começou em agosto de 2015, quando a terra e as ações chinesas perderam grande parte do seu valor.

ceberiam nenhuma ajuda de uma zona do euro introvertida, ingênua em termos macroeconômicos e com aversão ao déficit.

A Grécia, mais uma vez, era o teste decisivo. Um teste no qual o triângulo Bruxelas-Frankfurt-Berlim são sempre reprovados. Washington tem todos os motivos para ficar furioso com os europeus por sua aversão ao déficit e pelas consequências prejudiciais disso sobre todos. Apesar das montanhas de dinheiro que o FED emitiu para estimular a economia interna, as corporações americanas recusam-se a investir o suficiente em empregos de qualidade e em maquinário produtivo, com medo dos problemas oriundos da Europa que, num ciclo infinito realimentado com a redução do crescimento chinês, diminuirá o nível de atividade econômica global. Se atualmente o mercado de trabalho dos Estados Unidos está cheio de trabalhadores americanos que gostariam de fazer horas extras, mas não podem; se os salários estão estagnados; se as empresas preferem usar os recursos excedentes para readquirir suas próprias ações (em vez de investir), isso se deve, em grande medida, aos fracassos da Europa.

Resumindo: como os Estados Unidos perderam a capacidade de estabilizar o mundo, os maiores beneficiados, no passado, dessa capacidade agora inexistente – os europeus – estão rejeitando sua responsabilidade perante os Estados Unidos e o resto do mundo.

Da Exasperação de Geithner à Angústia de Lew

Quando Tim Geithner se viu diante da incapacidade total dos europeus de compreender a verdadeira natureza da crise da zona do euro e o significado sintomático da Grécia, ele chegou à beira da exasperação[332]. Seu sucessor no Tesouro americano, Jack Lew, entrou na briga quando a situação já estava bem mais tranquila, mas, ainda assim, ficou chocado com a incapacidade da Europa de perceber o impacto negativo de sua postura sobre a economia global.

---

332 A exasperação de Geithner está exposta com todas as letras nas fitas gravadas tornadas públicas no blog do *Financial Times* de Peter Spiegel.

No dia 30 de outubro de 2013 Lew apresentou ao Congresso o "Relatório ao Congresso sobre Políticas Econômicas e de Taxas de Câmbio".[333] Com o relatório, ele desferiu um golpe na Alemanha, acusando-a de exportar a depressão econômica para o restante da zona do euro e, na verdade, para a economia global. O ministério de Wolfgang Schäuble reagiu no dia seguinte com a seguinte declaração:

> *"Não existem desequilíbrios na Alemanha que precisem ser corrigidos. Pelo contrário, a inovadora economia alemã contribui de maneira significativa com o crescimento global por meio das exportações e da importação de componentes para os produtos finais".*[334]

Em qualquer discussão, é raro um lado estar totalmente certo e o outro totalmente errado. Entretanto, este é um dos casos. O Tesouro de Jack Lew acertou na mosca, e a reação alemã foi de um ridículo atroz. A análise implícita do Departamento do Tesouro americano apoiava-se em princípios básicos de macroeconomia que Berlim, e o Eurogrupo (como pude testemunhar), se recusa a reconhecer. A lógica é fácil de entender: o "plano" de Berlim para que os Estados-membros da zona do euro superem a crise depende de uma combinação de exportações líquidas e orçamentos equilibrados. Tendo em vista o grande excedente de poupança com relação ao investimento tanto nos Estados-membros da zona do euro superavitários como nos deficitários, a única forma de o "plano" de Berlim funcionar é transformando a zona do euro numa entusiasta do mercantilismo! Isso significa, em termos aritméticos simples, que para escapar da crise dessa maneira a zona do euro pre-

---

333 Ver http://www.treasury.gov/resource-center/international/exchange-rate-policies/Documents/2013-10-30_FULL FX REPORT_FINAL.pdf.
334 Ver <http://www.ft.com/intl/cms/s/0/821fbcba-41b1-11e3-b064-00144feabdc0.html?siteedition=uk&siteedition=intl#axzz2j5g4LpZX>.

cisa alcançar um superávit na balança de pagamentos[335] em relação ao resto do mundo de no mínimo 9% do PIB europeu.

Não nos esqueçamos de que a China foi considerada uma importante força "desestabilizadora" da ordem mundial quando seu superávit comercial estava nesses níveis, nos idos de 2008. Como o superávit comercial de uma economia é o déficit comercial de outra, o crescimento das exportações líquidas de uma grande economia (como o da China ou da Europa) significa que esta também exporta deflação para o resto do mundo. Um superávit comercial de 9% da zona do euro acabaria com a esperança de estabilidade e crescimento dos Estados Unidos, da China, da América Latina, da Índia, da África e do Sudeste Asiático. Representaria desemprego maciço no resto do mundo, instabilidade política e clamores para erguer barreiras protecionistas que reduziriam a renda por toda parte, inclusive na Alemanha.

É por isso que o Tesouro americano olha para os "planos" de Berlim e Bruxelas com um misto de incompreensão e revolta. Washington percebe que, para terem êxito, as políticas de aversão ao déficit que Berlim vem tentando implementar no resto da zona do euro (começando com a "cobaia" Grécia) precisam destruir qualquer resquício de equilíbrio que ainda exista na economia global. Porém, considerando que, no final das contas, essas políticas não podem dar certo[336], elas estão fadadas a "realizar"

---

335 Definido como a diferença entre o total de receitas dos bens e serviços exportados e o total de gastos com bens e serviços importados.

336 Lembrem-se de que o PIB da zona do euro é muito maior em 2015 do que a da China em 2008. Portanto, um superávit de 9% no balanço de pagamentos hoje representaria três vezes o superávit da China em 2008. Observando os percentuais reais, os superávits do balanço de pagamentos da China e da zona do euro são, hoje, aproximadamente os mesmos, 2,1% do PIB. Por outro lado, a China apresentou em 2008 um superávit de 10%, ao passo que a zona do euro registrou um pequeno déficit.

duas outras tarefas simultâneas: destruir ainda mais a periferia da Europa e desferir um choque deflacionário na economia global.[337]

Os funcionários americanos observam isso tudo do outro lado do Atlântico, aflitos diante do espetáculo e do ruído das forças deflacionárias que uma Europa estúpida, cega para a natureza contraproducente de suas políticas, está enviando na direção de Washington. Após encontrar-me pessoalmente com eles cheguei à seguinte conclusão:

- Eles sabem que os Estados Unidos não têm mais o poder de estabilizar a economia mundial sozinhos;
- Eles percebem que as políticas europeias são prejudiciais ao futuro dos Estados Unidos;
- Eles ficam frustrados que seus interlocutores europeus não apenas ignorem leis macroeconômicas elementares, mas que, curiosamente, nem ao menos se envergonhem de sua ignorância.

Epílogo: o Aprimoramento das Normas Religiosas

Quando as economias afundam, as invenções religiosas não demoram a aparecer. As "normas" da zona do euro, e sua resistência em face de seus terríveis fracassos, não podem ser entendidas plenamente sem que se compreenda um pouco o modo pelo qual as opiniões de origem religiosa assumem o controle durante os períodos de crise prolongada.

---

337 Espero que o leitor aprove minha... aprovação do pragmatismo americano nesses assuntos. Os funcionários e comentaristas americanos têm a capacidade de concordar com "esquerdistas" como o autor quando os assuntos se resumem a uma simples questão de lógica. A prova disso vem do fato de que nos Estados Unidos tanto democratas como republicanos concordam facilmente com relação a esses assuntos. Até aqui tenho citado *New Dealers* e democratas como Geithner e Lew. Eis aqui o que o professor Martin Feldstein, um republicano, tinha a dizer sobre a criação da zona do euro nos idos de 1992: "Se um país ou região não tem o poder de desvalorizar, e se não é o beneficiário de um sistema de compensação fiscal, então não há nada que o impeça de sofrer um processo de declínio cumulativo e terminal que conduz, no fim, à emigração como a única alternativa à pobreza ou à fome". Citado em Godley (1992).

Durante um debate em setembro de 2015[338], o ministro da Economia francês Emmanuel Macron advertiu que a crise duradoura do euro aprisiona a Europa numa nova guerra religiosa entre católicos e calvinistas, sugerindo um impasse entre os países a leste do Reno e ao norte dos Alpes e o resto. Nesse momento eu o interrompi, num tom de brincadeira, dizendo que isso deixa a nós, gregos "ortodoxos", fora da foto, talvez como um povo obrigado a implementar políticas econômicas ortodoxas, mas que, devido ao nosso fracasso, acaba sendo católico em seus protestos.[339]

Deixando um pouco a ironia de lado, Macron e eu fazíamos alusão à falta de uma análise econômica séria que permeasse Bruxelas e Frankfurt e sua substituição por um compromisso religioso para defender a fé original da zona do euro. Esses defensores, eu acrescentaria, parecem ter tomado como exemplo quase todas as igrejas existentes, e não somente ao longo da linha divisória entre católicos e calvinistas. De certa forma, eles são interdenominacionais quando se trata de inventar doutrinas logicamente falhas que os políticos papagueiam pelo continente como se fossem verdades incontestáveis.

"Análises" econômicas (o mais apropriado é chamar de dogmas) são endossadas somente se confirmarem as profecias ortodoxas da Comissão ou do Banco Central Europeu. Quando os fatos discordam delas, pior para os fatos. Por exemplo, uma evidência empírica irrefutável sobre os "méritos" da austeridade Ponzi é recebida com uma estratégia de estilo jesuíta: argumentar simultaneamente em defesa do dogma da austeridade e dos fatos que contradizem o dogma.

Enquanto isso, os rituais burocráticos conseguiram estreitar o círculo dos "verdadeiros crentes" de estilo protestante, a ponto de os excluídos (p. ex., políticos que, em algum momento, rejei-

---

[338] Discursos feitos no 41º Fórum da Casa Europeia-Ambrosetti, 5 de setembro de 2015, lago Como.
[339] N. do E.: O trocadilho faz mais sentido em inglês, uma vez que "catholic" significa não apenas fiel da Igreja Católica Romana, mas também "abrangente" – que, afinal de contas, é também o sentido originário e literal da palavra, a qual vem do grego καθολικός, isto é, "de acordo com o todo", "total", "universal" ou "abrangente".

taram a fé ritualista da Troika) só poderem ser "salvos" por meio da repetição contínua da "epifania" e das fórmulas mágicas dos burocratas em louvor da austeridade redentora.

O institucionalista americano Clarence Ayers escreveu certa vez sobre os burocratas – como se estivesse se referindo ao Eurogrupo, à Comissão Europeia, ao Banco Central Europeu, ao Mecanismo Europeu de Estabilidade etc. – que:

> *Eles elogiam a realidade pela credibilidade que ela confere ao status cerimonial, mas agem assim com o propósito de validar o status, não com o propósito de alcançar a eficiência.*

A Europa está sendo governada, em aspectos importantes, por uma rede de Crença que foi separada da Razão e da Evidência. Suas peculiaridades se parecem menos com o método de Descartes, Hume, Newton ou Leibniz, e mais com a rede de certezas mitológicas que, segundo a descoberta que o antropólogo Evans-Pritchard fez nos anos 1930, seria o mecanismo ideológico de apoio das estruturas de poder de uma tribo africana conhecida como Azande:

> *Os Azande percebem tão bem como nós que o fracasso de seu oráculo em fazer profecias verdadeiras exige uma explicação; mas eles estão tão enredados em teorias místicas que precisam fazer uso delas para explicar o fracasso. A contradição entre a experiência e a teoria mística é explicada fazendo referência a outras teorias místicas.*[340]

A necessidade também faz com que os povos "modernos" se voltem para a crença ritual, especialmente na falta de um debate racional no contexto de uma democracia funcional. Em épocas de crise e tensão, as sociedades modernas envolvidas com crenças rituais descambam para diversas formas de autoflagelação.

---

340 Ver Evans-Pritchard (1937).

Num artigo de 2013 intitulado *We Germans do not want a German Europe* [*Nós, alemães, não queremos uma Europa alemã*][341], Wolfang Schäuble afirmou que a maioria dos europeus apoia sua receita para pôr um fim na crise da zona do euro, ignorando a maioria dos macroeconomistas, o Tesouro americano e o resto do mundo. "[Uma] clara maioria da população", escreveu o ministro das Finanças alemão, "não apenas do Norte da Europa, mas também do Sul, defende que se combata a crise por meio de reformas, cortes do gasto público e redução da dívida."

Pode até ser verdade. Mas é irrelevante. Desnorteados, presos numa espiral descendente sem fim e privados do controle democrático sobre suas vidas, os europeus voltam-se, naturalmente, para dentro, culpando a si próprios. Na Idade das Trevas, quando a peste negra atingiu a Europa, a maioria dos europeus acreditava sinceramente que a peste era provocada por uma vida pecaminosa, e que ela seria exorcisada por meio da autoflagelação. É claro, eles estavam redondamente enganados. Algo semelhante está acontecendo hoje.

O texto predominante hoje não é a Bíblia ou suas interpretações feitas por quem alega ter uma linha direta com o divino. Hoje, o texto determinante na Europa são as "normas" traçadas pelos tratados e pelos acordos de resgate financeiro. "Arranjos contratuais" que aqueles que ingressaram no "Círculo dos Crentes no Euro" devem aceitar se não quiserem sofrer as consequências. Sei do que estou falando porque senti isso na pele: você pode escolher, disseram-me sem meias palavras, entre as atuais condições do acordo de resgate financeiro do seu país (que os governos anteriores assinaram) ou a porta da rua.

O fascinante é que, quando tentei iniciar uma conversa sobre a conveniência e o realismo das condições e das normas nas quais eles se baseavam, a resposta não veio sob a forma de "as

---

341 *The Guardian*, 19 de julho de 2013 – ver http://www.theguardian.com/commentisfree/2013/jul/19/we-germans-dont-want-german-europe?INTCMP=SRCH.

normas são perfeitas, adequadas e aplicáveis porque...", e sim, "as normas são essas e ponto".[342]

Foi um pouco como encontrar Henry Ford de novo, só que dessa vez não no contexto da venda do seu *Modelo T*, que o cliente podia encomendar em qualquer cor que quisesse desde que fosse preta; mas no nível de uma decisão econômica internacional, em que o nosso governo recém-eleito podia escolher qualquer mescla de políticas que desejasse desde que ela fosse praticamente idêntica à política desastrosa imposta pela Troika aos governos gregos anteriores.[343]

A devoção de caráter religioso a normas contraditórias (pelas quais as forças econômicas não têm o menor respeito) derrubaram impérios poderosos no passado – a União Soviética é o exemplo mais recente. A União Europeia parece determinada a trilhar esse caminho que não leva a lugar nenhum. A norma que "proibia os resgates financeiros" é um exemplo relevante. Em 1993, quando foi escrita, tratava-se de uma norma séria. Mas ela era incapaz de entender a inevitável crise do euro que nos atingiu em 2010. Tragicamente, essa antinomia guiou tudo que a zona do euro fez posteriormente.

Em vez de perguntar: "Como devemos lidar com esta crise?", as autoridades no poder fizeram uma pergunta quase religiosas: "Como

---

342 John Maynard Keynes afirmou que esse compromisso cego com as "normas" e os "contratos" é o verdadeiro pai da revolução. Em seu *Tratado sobre a reforma monetária* (p. 68), ele disse o seguinte: "Quando... penetramos no âmbito da ação do Estado, *tudo* deve ser considerado e ponderado segundo seus méritos. As mudanças no tributo sobre herança, imposto de renda, direito de propriedade, licença de comercialização, escravidão, e assim por diante ao longo do tempo, receberam as mesmas acusações dos defensores do absolutismo contratual – que são os verdadeiros pais da revolução".

343 Sem o menor exagero, disseram-me que os parâmetros básicos do "programa" estavam fixados, mas que nós podíamos implementá-los com o "máximo de flexibilidade". O que pareceu razoável, até percebermos que o "máximo de flexibilidade" se resumia a escolher entre cortar o auxílio às famílias com filhos pequenos e reduzir o valor básico da aposentadoria. Ou ter suficiente margem de manobra para regulamentar a quantidade de iogurte que vai numa onça de tzatziki... [N. do T.: *tzatziki*: antepasto típico grego composto de iogurte, pepino, alho, azeite, sal e vinagre].

devemos resgatar financeiramente a Grécia, a Irlanda etc., sem dar a impressão de que estamos violando o dogma do resgate financeiro?" Basta pensar um segundo para perceber que, ao fazer a segunda pergunta em vez da primeira, a Europa estava fadada a perder o rumo.

Obviamente, uma miríade de transgressões decorreu dessa mudança de rota inaceitável. Embora tivesse sido honesto, e perfeitamente legal, permitir que os bancos irlandeses ou o Estado grego declarassem *default* aos seus credores privados (para respeitar a cláusula que "proibia os resgates financeiros"), o desejo culpado das autoridades de socorrer financeiramente os bancos alemães e franceses (sem contar aos contribuintes que era isso que elas estavam afazendo) levou à necessidade de violar a norma que "proibia os resgates financeiros", o que foi feito inventando-se outra "norma": a norma que "proibia o *default*", que nunca fez parte do conjunto original de normas da Europa.

Tanto a norma recém-criada que "proibia o *default*" como a cláusula original que "proibia os resgates financeiros" eram caprichos políticos dos poderosos disfarçados como restrições legais sobre os fracos. Na verdade, os poderosos transgridem as normas à vontade e inventam novas normas sempre que acham que isso lhes convém. O exemplo mais brilhante é a mais recente "descoberta" do Dr. Schäuble, que a Grécia não pode declarar *default* dentro da zona do euro, mas pode fazê-lo depois que for obrigada a deixar o euro.

Resumindo: agora está claro que a devoção religiosa da Europa às "normas" não passa de um disfarce por trás do qual os poderosos criam as normas enquanto continuam atendendo a sua pauta política própria. Talvez isso fosse ótimo se a dita pauta não estivesse conduzindo a passos rápidos a Europa e a economia global para um atoleiro econômico, político e moral.

CONCLUSÃO
DA DISSONÂNCIA À HARMONIA

Durante os cinco meses de 2015 em que eu passei por um "curso intensivo" na linha de frente dos conflitos políticos europeus, confirmei uma coisa: está em curso uma batalha titânica pela integridade e pela alma da Europa, e até o momento as forças da razão e do humanismo estão sendo derrotadas por uma irracionalidade, um autoritarismo e uma maldade cada vez maiores.

O resto do mundo – em particular os Estados Unidos – está preocupado, mas não tanto quanto deveria. Nos últimos duzentos anos, a Europa arrastou o planeta duas vezes para uma situação horrorosa. Ela pode fazê-lo novamente. A Europa (como os New Dealers perceberam nos anos 1940) é importante demais para ser deixada por conta de nós, europeus. O mundo inteiro tem interesse na vitória da racionalidade, da liberdade, da democracia e do humanismo no lugar em que essas ideias surgiram.

Leonard Shapiro, escrevendo sobre o stalinismo[344], advertiu que:

> *O verdadeiro objetivo da propaganda não é convencer, nem mesmo induzir. E sim produzir um padrão uniforme de formas públicas de expressão em que o primeiro traço de pensamento heterodoxo se revele como uma dissonância irritante.*[345]

Durante os cinco meses em que participei de negociações no Eurogrupo representando a Grécia, recebi em cheio o impacto

---

[344] Leonard Shapiro (1900-1983) foi um eminente estudioso do comunismo soviético e professor da London School of Economics.
[345] Citado em Connally (1995).

justamente desse tipo de propaganda. Minhas tentativas de introduzir um pouco de humanismo razoável nas negociações a respeito das pautas fiscal e de reforma do meu país foram recebidas com um esforço redobrado para transformar nossas propostas sensatas numa "dissonância irritante". Basta dizer que chama a atenção que uma abordagem criteriosa escrita outrora sobre o stalinismo tenha tanta ressonância hoje nos corredores do poder em Bruxelas, Frankfurt e Berlim.

De fato, qualquer um que ouse desafiar a versão oficial de que "tudo vai bem na melhor de todas as Uniões Europeias possíveis" é tratado como uma dissonância irritante. Mas os dissidentes não devem desanimar. No fim, os falsos dogmas estão condenados a ser desmascarados na Europa, como o foram na União Soviética e em outros lugares. Minha preocupação é que, na Europa, seria bom que fossem desmascarados rapidamente. Pois o custo humano diário dessa crise é grande demais, além de ter a capacidade de estender suas asas assustadoras e alcançar regiões do planeta que não merecem que seu progresso seja destruído como consequência de mais um fracasso europeu.

Quando perguntaram a Gandhi o que ele pensava da civilização ocidental, ele deu uma célebre resposta: "Seria uma ótima ideia". Se nos perguntassem o que achamos da União Europeia hoje, não seria nada mal observar: "Que ideia magnífica! Se ao menos pudéssemos transformá-la em realidade!".

Acho que podemos transformá-la em realidade. Mas não sem antes romper com o passado da Europa e sem dar um grande estímulo democrático que os criadores da União Europeia teriam desaprovado.

ANEXO – UMA PROPOSTA MODESTA: QUATRO RESPOSTAS PARA QUATRO CRISES EUROPEIAS[346]

A Crise da zona do euro Desdobra-se em Quatro Esferas Interligadas

Crise bancária

Existe uma crise bancária global abrangente, que foi provocada principalmente pela catástrofe do sistema financeiro americano. A zona do euro, porém, mostrou-se singularmente incapaz de lidar com ela, o que é um problema estrutural e de governança. A zona do euro tem um Banco Central, mas não tem um governo central, e governos nacionais que não dispõem de um Banco Central que os apoie, em oposição a uma rede global de megabancos que eles não têm a menor possibilidade de supervisionar. A resposta da Europa tem sido propor uma união bancária plena – uma medida arrojada em princípio, que, na prática, tem ficado permanentemente em suspenso.

---

[346] Trechos de *A Modest Proposal for Resolving the Euro Crisis* [Uma Proposta Modesta para Resolver a Crise do Euro], de Yanis Varoufakis, Stuart Holland e J. K. Galbraith, junho de 2013.

Crise da dívida

A retração do crédito em 2008 mostrou que o *Princípio das Dívidas Públicas e Setores Bancários Totalmente Separáveis* da zona do euro era inexequível. Obrigada a criar um fundo de resgate financeiro que não violasse as cláusulas da carta patente do BCE e do Tratado de Lisboa que proibiam o resgate financeiro, a Europa criou a Facilidade de Estabilização Financeira Europeia (EFSF na sigla em inglês) e o permanente Mecanismo Europeu de Estabilidade (MEE). A criação dessas novas instituições atendeu às necessidades imediatas de investimento de vários Estados-membros, porém manteve o princípio equivocado das dívidas públicas separáveis, e, portanto, não conseguiu conter a crise. Assim, no início do verão de 2012, o BCE apresentou uma nova abordagem: primeiramente, monetizar a dívida pública por meio de uma política que foi anunciada, mas nunca foi implantada (o programa das Transações Monetárias Diretas – OMT na sigla em inglês), e, em 2014, por meio da flexibilização quantitativa vigente baseada no estranho princípio de comprar dívida pública proporcionalmente ao tamanho de cada economia nacional (e não proporcionalmente a sua espiral deflacionária). Embora essas medidas tenham melhorado a retração do crédito, elas não superaram nem a crise da dívida nem o processo deflacionário que aflige o conjunto da zona do euro.

Crise de investimento

A falta de investimento na Europa ameaça seu nível de vida e sua competitividade internacional. Como a Alemanha foi a única a acumular grandes superávits depois de 2000, os desequilíbrios comerciais resultantes asseguraram que, quando veio a crise em 2008, a demanda e o investimento nas regiões deficitárias entrariam em colapso. Com o peso do ajuste recaindo nas economias deficitárias das zonas deficitárias – que não podiam suportá-lo –, e na falta de qualquer mecanismo de compensação por meio da reflação nos países superavitários, o cenário estava montado para que houvesse desinvestimento nas regiões que mais precisavam de investimento. Desse modo, a Europa acabou com um investimento total baixo e uma distribuição desigual desse investimento entre as regiões superavitárias e deficitárias.

Crise social

Anos de austeridade severa cobraram seu preço dos povos da Europa. De Atenas a Dublin e de Lisboa ao leste da Alemanha, milhões de europeus perderam acesso aos produtos básicos e à dignidade. O desemprego é generalizado. A falta de moradia e a fome estão aumentando. As aposentadorias foram reduzidas; enquanto isso, os tributos sobre os bens de primeira necessidade continuam a subir. Pela primeira vez em duas gerações os europeus estão questionando o projeto europeu, enquanto o nacionalismo, e mesmo os partidos nazistas, continua ganhando força.

Limites Políticos Para Qualquer Solução

Qualquer solução para a crise tem de respeitar os limites realistas da ação política... Hoje a Europa está diante de quatro limites:

(a) O BCE não terá permissão de monetizar dívidas soberanas de uma forma que ajude a reduzir o legado difícil das dívidas nos países afligidos por elas. Não haverá compra de títulos governamentais no mercado primário por parte do BCE, e ele não irá alavancar a EFSF-SME para comprar dívida soberana nos mercados primário ou secundário.

(b) O programa de OMT e de flexibilização quantitativa do BCE não equipara estabilidade com crescimento, e, mais cedo ou mais tarde, vai se mostrar insuficiente.

(c) Os países superavitários não vão concordar com eurobônus[347] garantidos "conjunta e individualmente" para mutualizar a dívida; e os países deficitários, principalmente a França, vão resistir à perda de soberania que seria exigida deles sem uma união de transferência federal que funcione adequadamente – algo que a Alemanha, compreensivelmente, rejeita.

(d) A Europa não pode esperar pela federação. Se a solução da crise depender da federação, o zona do euro vai acabar antes. Não se pode – e não se deve – defender que as mudanças indispensáveis no tratado para criar um Tesouro europeu propriamente dito, que tenha a capacidade de tributar, gastar e contrair empréstimos, precedam a solução desta crise. A seção seguinte apresenta quatro políticas que reconhecem esses limites.

A Proposta Modesta – Quatro crises, quatro políticas

A Proposta Modesta não introduz novas instituições da UE nem violar qualquer tratado existente. Em vez disso, sugerimos que as instituições existentes sejam usadas de acordo com a da legislação europeia, mas que possam exercer novas funções e implementar novas políticas.

Essas instituições são:

- O Banco Central Europeu – BCE
- O Banco Europeu de Investimento – BEI
- O Fundo Europeu de Investimento – FEI
- O Mecanismo Europeu de Estabilidade -- MEE

---

[347] N. do T.: Títulos de dívida externa, geralmente de longo prazo, com pagamento de parcelas periódicas de juros e reembolso do principal no vencimento do título, emitidos no Euromercado, podendo ser denominados em diversas moedas, como dólar, euro, etc. Costuma-se empregar também o termo em inglês *eurobonds*.

Política 1 – Programa bancário individualizado (PBI)

Por ora, sugerimos que os bancos que precisam ser recapitalizados pelo MEE sejam direcionados diretamente ao MEE – em vez de fazer o governo nacional contrair empréstimos em nome do banco. Em seguida, o MEE, e não o governo nacional, reestruturaria, recapitalizaria e desmembraria os bancos falidos, aplicando o grosso da sua capacidade de financiamento nesse objetivo.

No final, a zona do euro deve se tornar uma área bancária única com uma única autoridade bancária, um sistema único de seguro para os depósitos e uma salvaguarda fiscal única. Esse objetivo final, porém, tornou-se o inimigo de uma política adequada no presente... Nossa proposta é que o banco falido seja afastado de sua jurisdição nacional e transferido para uma nova jurisdição da zona do euro que se dedique exclusivamente a esse assunto. O BCE indica um novo conselho de diretores cujo objetivo é desmembrar ou recapitalizar o banco. Nesta última hipótese, o MEE fornece o capital, e as ações equivalentes ao aporte necessário de capital serão transferidas ao MEE. A reestruturação do banco pode implicar uma fusão, um enxugamento ou até mesmo um desmembramento total do banco, levando-se em conta que serão tomadas medidas para evitar, acima de tudo, o deságio dos depósitos. Depois que o banco tiver sido reestruturado e recapitalizado, o MEE venderá suas ações e recuperará o que foi gasto...

Política 2 – Programa limitado de conversão da dívida (PLCD)

O Tratado de Maastricht permite que cada Estado-membro europeu emita dívida soberana correspondente a até 60% do seu PIB. Desde a crise de 2008, a maioria dos Estados-membros da zona do euro ultrapassou esse limite. Propomos que o BCE ofereça aos Estados-membros a oportunidade de fazer uma conversão da dívida para a Dívida em Conformidade com Maastricht (MCD na sigla em inglês), enquanto os juros das parcelas nacionais da dívida convertida continuariam a ser pagos separadamente por cada Estado-membro.

Fiel à cláusula de não monetização da dívida presente em sua carta patente, o BCE não tentaria comprar nem garantir a dívida soberana MCD direta ou indiretamente. Em vez disso, ele atuaria como um intermediário, fazendo a mediação entre investidores e Estados-membros. Na verdade, o BCE coordenaria um empréstimo para os juros da conversão para o MCD, com a finalidade de resgatar os títulos vencidos.[348]

O empréstimo para a conversão funciona da seguinte maneira. O refinanciamento da parte da dívida em conformidade com Maastricht, agora mantida em títulos do BCE, seria feito pelos Estados-membros, porém com uma taxa de juros – definida pelo BCE – um pouco superior ao rendimento (extremamente baixo) dos seus próprios títulos. As partes da dívida nacional convertidas em títulos do BCE devem ser mantidas na coluna de débito. Elas não podem ser usadas como garantia de crédito ou na criação de derivativos. Os Estados-membros se comprometem a resgatar plenamente os títulos na data do vencimento, se seus detentores optarem por isso em vez de prorrogá-los a taxas mais baixas e seguras oferecidas pelo BCE.

Os governos que quiserem participar do projeto podem fazê-lo com base na Cooperação Reforçada, que precisa de no mínimo nove Estados-membros. O artigo 20 (Tratado da União Europeia – TEU na sigla em inglês) e os artigos 326-334 (Tratado do Funcionamento da União europeia – TFEU na sigla em inglês) estabelecem que:

> *A cooperação reforçada deve visar à promoção dos objetivos da União, à proteção de seus interesses e ao fortalecimento de*

---

[348] Para um Estado-membro cuja proporção da dívida com relação ao PIB é de 90%, a proporção da dívida que pode ser classificada como MCD é de 2/3. Desse modo, quando vence um título cujo valor de face é de, digamos, € 1 bilhão, dois terços desse montante (€ 667 milhões) serão pagos (resgatados) pelo BCE com recursos angariados (pelo próprio BCE) nos mercados financeiros, por meio da emissão de títulos do BCE.

seu processo de integração. Essa cooperação deve estar acessível, a qualquer momento, a todos os Estados-membros. A decisão de autorizar a cooperação reforçada deve ser adotada pelo Conselho como último recurso, quando ele demonstrar que os objetivos dessa cooperação não podem ser alcançados dentro de um período razoável de tempo pela União como um todo, e desde que ao menos nove Estados-membros participem dela

A aprovação do procedimento de cooperação reforçada pelo Conselho pode ser feita por unanimidade ou por maioria qualificada.

Os que decidirem não participar podem conservar seus próprios títulos para sua MCD. Para preservar a credibilidade dessa conversão, e para oferecer uma salvaguarda aos títulos do BCE que não requeiram monetização por parte dele, os Estados-membros concordam em dar uma precedência extra a seus débitos no BCE; além disso, o mecanismo de empréstimo para pagar os juros da conversão pode ser segurado pelo MEE, utilizando-se apenas uma pequena parte da capacidade de empréstimo deste último. Se um Estado-membro declarar um *default* ilegal antes do vencimento de um título do BCE emitido em seu nome, então o pagamento desse título será coberto pelo seguro adquirido ou fornecido pelo MEE.

Política 3 – Programa de recuperação e convergência baseado no investimento (PRCI)

O PRCI proposto por nós é apoiado no seguinte fato:

A Europa precisa desesperadamente de investimentos em larga escala que induzam o crescimento.

A Europa está cheia de recursos parados, que não são investidos em atividades produtivas pelo temor de que falte demanda agregada quando os produtos saírem da linha de produção.

O BCE quer adquirir ativos em papéis de alta qualidade a fim de estancar as expectativas deflacionárias resultantes dos itens anteriores.

O BCE não quer ser obrigado a adquirir ativos alemães, italianos ou espanhóis para não ser acusado de violar sua carta patente ou de favorecer a Alemanha, a Itália, a Espanha, etc. Para alcançar seus objetivos complexos, o BCE pode fazer o seguinte: o Banco Europeu de Investimento (BEI) [um braço menor do Fundo Europeu de Investimento (FEI)] deve receber sinal verde para participar de um Programa de Recuperação Pan-Europeu Baseado no Investimento até o montante de 8% do PIB da zona do euro, com o BEI concentrando-se em projetos de infraestrutura de grande porte e o FEI em startups, pequenas e médias empresas, empresas tecnologicamente inovadoras, pesquisa de energia sustentável etc.

Há décadas que o BEI/FEI emite títulos para fundos de investimento, cobrindo, assim, 50% dos custos de investimento dos projetos. Agora eles devem emitir títulos para cobrir o financiamento da totalidade do Programa de Recuperação Pan-Europeu Baseado no Investimento; ou seja, romper a regra de que 50% dos fundos são de origem nacional.

Para assegurar que rendimento dos títulos do BEI/FEI não cresça em consequência da emissão em larga escala, o BCE pode intervir no mercado secundário e adquirir a quantidade necessária de títulos do BEI/FEI para manter seu rendimento nos atuais níveis baixos. Para ser coerente com sua presente avaliação, o nível desse tipo de QE pode ser fixado em € 1 trilhão ao longo dos próximos anos.

Nesse cenário, o BCE legaliza a QE por meio da compra de eurobônus confiáveis, uma vez que os títulos emitidos pelo BEI/FEI são emitidos em nome de todos os países da União Europeia (sem a estrutura similar ao CDO dos títulos do MEE). Dessa forma, reduz-se a preocupação operacional relacionada à escolha do país do qual os títulos serão adquiridos. Além disso, o modelo de QE proposto apoia diretamente os investimentos produtivos, em vez de inflar os instrumentos financeiros arriscados, e não tem implicações em termos das normas fiscais europeias (já que o financiamento do BEI não prejudica os déficits nem a dívida dos Estados-membros).

Política 4 – Um Programa de Solidariedade Social de Emergência para combater o aumento da pobreza (PSSE).

Recomendamos que a Europa participe imediatamente de um Programa de Solidariedade Social de Emergência que garanta o acesso à comida e às necessidades básicas de energia a todos os europeus, por meio de um Programa Europeu de Cupom de Alimentação inspirado no equivalente americano e de um Programa Europeu de Energia Mínima.

Esses programas seriam financiados pela Comissão Europeia, utilizando-se dos juros acumulados no interior do sistema europeu de Bancos Centrais, os desequilíbrios do TARGET2, os lucros decorrentes das transações de títulos governamentais e, no futuro, de outras transações financeiras ou de tributos sobre os balanços contábeis que a UE está avaliando no momento.

Lógica

A Europa enfrenta hoje a pior crise humana e social desde o final dos anos 1940. Em Estados-membros como Grécia, Irlanda, Portugal, mas também por toda a parte na zona do euro, incluindo os países industrializados, as necessidades básicas não estão sendo atendidas. Isso é verdade especialmente para os idosos, os desempregados, as crianças pequenas e em idade escolar, os inválidos e os sem-teto. Existe um claro imperativo moral para agir visando satisfazer essas necessidades. Além disso, a Europa está diante de um perigo claro e presente oriundo do extremismo, do racismo, da xenofobia e até do nazismo puro e simples – particularmente em países como a Grécia, que sofreram o impacto maior da crise. Nunca antes tantos europeus tiveram a União Europeia e suas instituições em tão baixa conta. A crise humana e social está se transformando rapidamente numa questão de legitimidade para a União Europeia.

Razão para financiar o TARGET2

TARGET2 é o nome técnico do sistema de contabilidade interna dos fluxos monetários entre os Bancos Centrais que compõem o Sistema Europeu de Bancos Centrais. Numa zona do euro equilibrada, em que o déficit comercial de um Estado-membro é financiado por um fluxo líquido de capital para esse mesmo Estado-membro, as dívidas do Banco Central desse Estado para os Bancos Centrais dos outros Estados seriam exatamente iguais a seus ativos. Esse fluxo comercial e financeiro equilibrado produziria uma cifra próxima de zero para todos os Estados-membros. E era mais ou menos isso que acontecia em toda a zona do euro antes da crise.

No entanto, os importantes desequilíbrios provocados pela crise logo se refletiram em enormes desequilíbrios do TARGET2. Quando os influxos de capital para a periferia secaram e o capital começou a fluir na direção contrária, os Bancos Centrais dos países periféricos começaram a acumular grandes passivos líquidos e os Bancos Centrais dos países superavitários ativos líquidos igualmente grandes.

Os criadores da zona do euro tentaram estabelecer um desincentivo dentro do sistema interno de pagamentos em tempo real do Eurossistema, de modo a evitar o desenvolvimento de passivos enormes de um lado e ativos correspondentes do outro. Ele assumiu a forma de uma cobrança de juros sobre os passivos líquidos de cada Banco Central nacional, com uma taxa igual ao nível principal de refinanciamento do BCE. Esses pagamentos são distribuídos aos Bancos Centrais dos Estados-membros superavitários, que depois os transferem para o caixa dos seus governos.

Portanto, o desenvolvimento da zona do euro partiu do pressuposto de que os desequilíbrios do TARGET2 representariam acontecimentos isolados e raros que seriam corrigidos por meio de uma política nacional.

O sistema não levou em conta a possibilidade de que existissem assimetrias estruturais básicas e que ocorresse uma crise sistêmica.

Hoje, os enormes desequilíbrios do TARGET2 são as pegadas monetárias da crise. Eles traçam a trajetória da resultante tragédia humana e social que atinge principalmente as regiões deficitárias. O interesse crescente no TARGET2 jamais teria surgido se as crises não tivessem ocorrido. Elas só ocorrem porque, por exemplo, depositantes espanhóis e gregos avessos ao risco transferem, de maneira bastante sensata, suas economias para um banco de Frankfurt. Em consequência disso, de acordo com as normas do sistema TARGET2 o Banco Central da Espanha e da Grécia têm de pagar juros ao Bundesbank – que serão repassados ao governo federal em Berlim. Esse estímulo fiscal indireto ao país superavitário não tem nenhuma base racional ou moral. No entanto, os fundos existem, e poderiam ser usados para afastar o risco social e político com que a Europa se defronta.

É fácil justificar que os juros cobrados dos Bancos Centrais dos países deficitários devem ser canalizados para uma conta que financiaria o Programa de Solidariedade Social de Emergência (PSSE) proposto por nós. Além disso, se a UE introduzir um imposto sobre transações financeiras ou uma taxa do selo proporcional ao tamanho do balanço corporativo, também é possível justificar por que essas receitas devem financiar o PSSE. Com esta proposta, o PSSE não será financiado pelas transferências fiscais nem por tributos nacionais.

Conclusão: Quatro políticas realistas para substituir cinco falsas escolhas

Anos de crise culminaram numa Europa que perdeu legitimidade perante seus próprios cidadãos e credibilidade perante o resto do mundo. A Europa continua, desnecessariamente, numa trajetória de investimento baixo e crescimento insignificante. Embora as iniciativas do BCE tenham tranquilizado o mercado de títulos, a zona do euro continua no caminho da desagregação.

Enquanto esse processo vai corroendo aos poucos o potencial que a Europa tem de uma prosperidade compartilhada, os governos europeus encontram-se prisioneiros de falsas escolhas entre:

1. estabilidade e crescimento;
2. austeridade e estímulo;
3. o abraço de afogados dos bancos insolventes com os governos insolventes, e uma admirável, porém indefinida e indefinidamente adiada, União Bancária;
4. o princípio das dívidas totalmente separáveis do país e a suposta necessidade de convencer os países superavitários a bancar o resto;
5. a soberania nacional e o federalismo.

Essas escolhas falsamente binárias tolhem o raciocínio e imobilizam os governos. Elas são responsáveis pela crise de legitimidade do projeto europeu. E elas fazem com que corramos o risco de uma crise humana, social e democrática na Europa.

Por sua vez, a Proposta Modesta responde que: a verdadeira escolha é entre a deflação protecionista e uma recuperação baseada no investimento associada à estabilização social. A recuperação pelo investimento será financiada pelo capital global, fornecido principalmente por fundos de riqueza soberana e fundos de pensão que estejam procurando mercados de investimento de longo prazo. A establização social pode ser financiada, inicialmente, por meio do sistema de pagamentos TARGET2.

Os contribuintes da Alemanha e das outras nações superavitárias não precisam bancar o Programa Europeu de Recuperação Econômica de 2020, a reestruturação da dívida soberana, a solução da crise bancária ou o programa humanitário de emergência de que a periferia europeia necessita com tanta urgência.

Nem uma política monetária expansionista ou um estímulo fiscal na Alemanha e em outros países superavitários – ainda que bem-vindo – seria suficiente para trazer a recuperação para a Europa.

Alguns podem aspirar por mudanças no tratado com vistas a uma união federativa, mas elas vão demorar demais, contam com a oposição de muitos e não são indispensáveis para resolver a crise agora.

Baseado nisso, as quatro políticas da Proposta Modesta representam medidas factíveis para lidar de forma definitiva com a crise bancária europeia, a crise da dívida, o subinvestimento e o desemprego, bem como a situação social e política crítica.

Embora abrangente, a Proposta Modesta não sugere novas instituições e não procura redesenhar a zona do euro. Não precisa de novas regras, pacotes fiscais ou Troikas. Não exige nenhum acordo prévio para se mover no sentido da federação, embora permita o consentimento por meio da cooperação reforçada e não da austeridade imposta. É nesse sentido que esta proposta é, de fato, modesta.

BIBLIOGRAFIA DO AUTOR

Allin, D. "De Gaulle and American Power", em Charles de Gaulle's Legacy of Ideas, B.M. Rowland (org.), Nova York: Lexington Books, 2011.

Ambrose, S.E. Nixon, Vol. 2: The triumph of a politician 1962-1972, Nova York: Simon and Schuster, 1989.

Ball, G. The Past Has Another Pattern, Nova York: Norton, 1982.

Bator, F. "The political economics of international money", Foreign Affairs, 47(1), 1968.

Bator, F. "Lyndon Johnson and Foreign Policy: The Case of Western Europe and the Soviet Union", em Presidential Judgment: Foreign Policy Decision Making in the White House, A. Lobel (org.), Washington: Hollis, 2001.

Becker, A. (2013). "German economic miracle: Thanks to debt relief", website da Deutsche Welle, http://www.dw.de/german-economic-miracle-thanks-to-debt-relief/a-16630511, 2013, último acesso em 20 de dezembro de 2014.

Brecht, B. The Three Penny Novel, tradução de C.I Isherwood e D.I. Vessey, Londres: Penguin, 1989.

Condorcet, M. de. Outlines of an historical view of the progress of the human mind: being a posthumous work of the late M. de Condorcet, Londres: Johnson, 1795.

Connally, B. The Rotten Heart of Europe, Londres e Boston: Faber&Faber, 1995.

Coudenhove-Kalergi, R.N. (Graf von), Pan-Europa, Viena: A.A. Knopf, 1923, 2ª. edição. 1926.

Crawford, A.F. e J. Keever. John B. Connally: Portrait in Power, Austin: Jenkins, 1973.

Dallek, R. Franklin D. Roosevelt and American Foreign Policy: 1932-1945, Oxford: Oxford University Press, 1995.

Eichengreen, B. Exorbitant Privilege: The rise and fall of the dollar, Oxford: Oxford University Press, 2011.

Evans-Pritchard, E.E. Witchcraft, Oracles and Magic among the Azande, Oxford: Clarendon, 1937, 1976.

Ferrell, R.H. (org.). Inside the Nixon Administration: The secret diary of Arthur Burns, 1969-1979, Lawrence: University Press of Kansas, 2010.

Funk, W. "Das wirtschaftliche Gesicht des neuen Europa" in Europäische Wirtschaftsgemeinschaft, Berlim: Verein Berliner Kaufleute und Industrieller & Wirtschafts-Hochschule Berlin, 1942.

Galbraith, J.K. Inequality and Instability: A study of the world economy just before the great crisis, Oxford: Oxford University Press, 2012.

Galbraith, J.K. e Y. Varoufakis (2014). "Wither Europe? The Modest Camp versus the Federalist Austerians", openDemocracy.org, 11 de Junho de 2014, https://opendemocracy.net/can-europe-make-it/james-galbraith-yanis-varoufakis/whither-europe-modest-camp-vs-federalist-austeri

Geithner, T. Stress Test: Reflections on financial crises, Nova York: Broadway Books, 2014.

Gilbert, M. Surpassing Realism: The politics of European integration since 1945, Oxford: Rowman and Littelfield, 2003.

Godley, W. "Maastricht and All That", London Review of Books, Vol. 14 no. 19, 8 de outubro de 1992, pp. 3-4.

Gray, W.G. "Floating the System: Germany, the United States, and the Breakdown of Bretton Woods, 1969-1973", Diplomatic History, 31(2), pp. 295-323, 2007.

Habermas, J. (1975). Legitimation Crisis, tradução de T. Macarthy, Boston: Beacon Press, 1975. Original alemão publicado em 1973.

Halevi, J. e Y. Varoufakis. "The Global Minotaur", Monthly Review, 55 (julho-agosto), 56-74, 2003.

Hersh, S. The Price of Power: Kissinger in the Nixon White House, Nova York: Simon and Schuster, 1983.

Kaldor, N. Collected Economic Essays of Nicholas Kaldor, Londres: Wiley, 1980. Publicado em nome da Real Sociedade de Economia; ver o Capítulo 12, intitulado "Further Essays on Applied Economics", pp.187-220.

Keynes, J.M. The Economic Consequences of the Peace, Nova York: Harcourt Brace, 1920.

Keynes, J.M. A Tract on Monetary Reform, Londres: Macmillan, 1924.

Keynes, J. M. The Economic Consequences of Mr Churchill, Londres: Hogarth Press, 1925.

Keynes, J.M. "The World's Economic Outlook", The Atlantic Monthly, 1932.

Keynes, J.M. The General Theory of Employment, Interest and Money, Londres: Macmillan, 1936.

Keynes, J.M. "Closing Speech, Bretton Woods Conferences, 22nd July 1944", em D.E. Moggridge (org.), Collected Writings of John Maynard Keynes, Vol. XXVI, Activities 1941-1946; Shaping the Post-War World, Bretton Woods and Reparations, Londres: Macmillan, 1980, para a Real Sociedade de Economia.

Kissinger, H. The White House Years, Nova York: Simon and Schuster, 1979.

Kissinger H. Diplomacy, Nova York: Simon and Schuster, 1994.

Klinkowstroem, A. de. Mémoires, documents et écrits divers laissés par la prince de Metternich chancelier de cour et d' état, Paris: Plon, 1880.

Krotz, U. e J. Schild. Shaping Europe: France, Germany and Embedded Bilateralism from the Elysée Treaty to 21st Century Politics, Oxford: Oxford University Press, 2012.

Laughland, J. The Tainted Source, Londres: Little Brown and Co., 1997.

Lipgens, W. (org.). Documents on the History of European Integration, Vol. 1: Continental Plans for European Union 1939-1945, Nova York: Walter de Gruyter, 1984.

Lipgens, W. e W. Loth (orgs.). Documents on the History of European Integration, Vol. 3: The Struggle for European Union by Political Parties and Pressure Groups in Western European Countries 1945–1950, Nova York: Walter de Gruyter, 1988.

Ludlow, P. The Making of the European Monetary System, Londres: Butterworth, 1982.

Marshall, M. The Bank: Birth of Europe's Central Bank and Rebirth of Europe's Power, Nova York: Random House Business, 2012.

Mirowski, P. e D. Plehwe. The Road from Mont Pelerin: The making of the Neoliberal Thought Collective, Cambridge: Harvard University Press, 2009.

Mitchell, B. Eurozone Dystopia: Groupthnk and Denial on a Grand Scale. Cheltenham (RU): Edward Elgar 2015.

Naumann, F. Mitteleuropa, tradução de C. M. Meredith da edição clássica original (1915), Londres: Forgotten Books, 2012.

Piketty, T. Capital in the Twenty[th]First Century, Cambridge, MA: Belknap Press, 2014.

Reinert, E.S. Globalization, Economic Development, and Inequality: An Alternative Perspective. Chelterham (RU): Edward Elgar, 2004.

Rosamund, B. Theories of European Integration, Basingstoke: Palgrave Macmillan, 2000.

Rowland, B.M. (org.). Charles de Gaulle's Legacy of Ideas, Nova York: Lexington Books, 2011.

Rueff, J. The Monetary Sin of the West. Nova York: Macmillan, 1971.

Schaller, M. "The Nixon 'Shocks' and the United States-Japan strategic relations", The Woodrow Wilson Center, Washington D.C, 1996.

Schaller, M. Altered States: The United States-Japan Relations since the Occupation, Nova York: Oxford University Press, 1997.

Schoenborn, B. "Chancellor Erhard's silent rejection of de Gaulle's plans: the example of monetary union", Cold War History, 14(3), pp. 377–402, 2014.

Silber, W. L. Volcker, Nova York: Bloomsbury Press, 2012.

Stephey, M. J. "A brief history of the Bretton Woods System", revista TIME, 21 de outubro de 2008, ver http://content.time.com/time/business/article/0,8599,1852254,00.html, último acesso em 9 de dezembro de 2014.

Stiglitz, J. The Price of Inequality: How Today's Divided Society Endangers Our Future, Nova York: W. W. Norton, 2013.

Stuermer, M. "The General and the Germans", em Charles de Gaulle's Legacy of Ideas, B. M. Rowland (org.), Nova York: Lexington Books, 2011.

Triepel, H. Unitarismus und Föderalismus im Deutschen Reich, Tübingen: J. C. B. Mohr (Paul Siebeck), 1906.

Varoufakis, Y. *O Minotauro Global* [trad. Marcela Werneck]. São Paulo: Autonomia Literária, 2016.

Varoufakis, Y. "Dr Schäuble's Plan for Europe: Do Europeans approve?". Die Zeit no. 29. 15 de julho de 2015. Versão em inglês disponível em: http://www.zeit.de/2015/29/schuldenkrise-europa-wolfgang-schaeuble-yanis-varoufakis.

Varoufakis, Y., J. Halevi e N. Theocarakis. Modern Political Economics: Making sense of the post-2008 world, Londres e Nova York: Routledge, 2011.

Varoufakis, Y., S. Holland e J. K. Galbraith. The Modest Proposal for Resolving the Euro Crisis, 2013. https://varoufakis.files.wordpress.com/2013/07/a-modest-proposal-for-resolving-the-eurozone-crisis-version-4-0-final1.pdf - Disponível em forma de livro em alemão (publicado por Kunstman) e em francês (publicado pelo Institut Veblen), com um prefácio do ex-primeiro-ministro francês Michel Rocard.

Volcker, P. A. "The political economy of the dollar", FRBNY Quarterly Review, inverno, pp. 1-12. [Conferência Fred Hirsch na Universidade de Warwick, Coventry, Inglaterra, 9 de novembro de 1978], 1978-9.

Sobre o autor

Yanis Varoufakis é um economista, acadêmico e blogueiro greco-australiano nascido em 24 de março de 1961 em Atenas, na Grécia. Realizou seus estudos superiores nas universidades de Essex e Birmingham, no Reino Unido, entre 1978 e 1987, mantendo em paralelo ativa militância política. Lecionou em renomadas instituições de ensino superior britânicas, destacando-se nas áreas de Economia Política e Teoria dos Jogos, até se radicar na Austrália, em 1987, onde obteve cidadania. Retornou à Grécia em 2000. Tornou-se professor da Universidade de Atenas e ativo membro da esquerda do Partido Socialista Pan-helênico (Pasok), com o qual rompeu devido à guinada ideológica da agremiação que resultou no desastroso governo do primeiro-ministro Georgios Papandreu. Com o estouro da crise econômica global, em 2008, Varoufakis passou a ser uma das vozes mais firmes contra as políticas de austeridade. Em seu blog, intitulado *Thoughts for the post-2008 world* (hospedado no endereço yanisvaroufakis.eu), criticou ferozmente as medidas governamentais que puniram populações mais carentes. Filiou-se à *Coligação da Esquerda Radical* (Syriza), colaborando com os esforços contrários às medidas de austeridade, que foram particularmente perversas na Grécia. No início de 2015, foi eleito membro do parlamento grego e logo convidado pelo premiê Alexis Tsipras para ocupar o cargo de ministro das Finanças enquanto seu país vivia às voltas com a asfixia econômica promovida pela *troika* – como é conhecido o grupo formado pela Comissão Europeia, Fundo Monetário Internacional e Banco Central Europeu. Sem o apoio do resto do governo para manter o enfrentamento às imposições da *troika*, deixou o governo na esteira da vitória do "não" na famosa consulta popular realizada em 5 de julho de 2015, quando os gregos se recusaram a aprofundar as medidas de austeridade impostas pelas autoridades europeias. Nas eleições antecipadas de setembro de 2015, resolveu não endossar seu antigo partido e apoiou deputados da recém-criada *Unidade Popular*, um racha antiausteridade do Syriza. Convicto de que a solução para a crise europeia não será resolvida isoladamente por cada país, Varoufakis se empenhou nos últimos meses na construção do *Democracy in Europe Movement* 2025, o DiEM (diem25.org/), uma iniciativa pan-europeia, horizontal e em rede que visa democratizar o continente ao longo dos próximos dez anos, lutando ao lado dos movimentos sociais contra a extrema-direita nacionalista e a tecnocracia da atual União Europeia.

Esta publicação foi realizada com o apoio da Fundação Rosa Luxemburgo com fundos do Ministério Federal para a Cooperação Econômica e de Desenvolvimento da Alemanha [bmZ].

Escritório regional São Paulo
diretor
Gerhard Dilger
coordenadores
Cristiane Gomes
Daniel Santini
Jorge Pereira Filho
Verena Glass
administrativo
Catary Minotelli
Davide Simadon
Débora Ruiz
Everalda Novaes

**FUNDAÇÃO
ROSA
LUXEMBURGO**

The protectors of our industries (1883). Desenhado pelo artista Bernhard Gillam

ESTE LIVRO FOI COMPOSTO EM ADOBE GARAMOND
PRO E MODERN SERIF ERODED E IMPRESSA EM PAPEL
AVENA PARA A EDITORA AUTONOMIA LITERARIA EM
JULHO DE 2017